普通高等院校经济管理类"十二五"应用型规划教材
物流系列

# *I*NTERNATIONAL
# *J*LOGISTICS MANAGEMENT

# 国际物流管理

许良 赵小鹏 宋新 编著

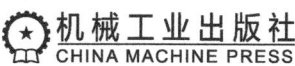

机械工业出版社
CHINA MACHINE PRESS

图书在版编目（CIP）数据

国际物流管理 / 许良，赵小鹏，宋新编著 . —北京：机械工业出版社，2014.11（2025.1重印）

（普通高等院校经济管理类"十二五"应用型规划教材·物流系列）

ISBN 978-7-111-48452-3

I. 国⋯ II. ①许⋯ ②赵⋯ ③宋⋯ III. 国际贸易 – 物流 – 物资管理 – 高等学校 – 教材 IV. F252

中国版本图书馆 CIP 数据核字（2014）第 252737 号

本书从国际供应链或全球供应链的视角，全面而系统地介绍了国际物流的整体管理流程。全书共分 12 章，内容包括绪论、国际性产品设计、国际企业原材料管理、国际企业生产管理、全球配送管理、国际企业库存管理、国际运输管理、海关作业管理、保税物流与供应链金融、逆向物流管理、国际物流整合规划、国际物流方案设计。本书在编写过程中借鉴和吸取了国内外国际物流与供应链的最新研究成果，与国内同类教材相比，在编写内容和体例结构等方面有一定的创新。

本书适合国内高等院校物流管理、物流工程、国际经济与贸易类本科专业的学生作为教材使用，也可作为企业物流管理人员的培训教材或参考书。

出版发行：机械工业出版社（北京市西城区百万庄大街22号　邮政编码：100037）
责任编辑：程　琨　　　　　　　　　　　　　　责任校对：殷　虹
印　　刷：北京捷迅佳彩印刷有限公司
版　　次：2025年1月第1版第6次印刷
开　　本：185mm×260mm　1/16
印　　张：18
书　　号：ISBN 978-7-111-48452-3
定　　价：35.00元

客服电话：(010) 88361066　68326294

版权所有·侵权必究
封底无防伪标均为盗版

# Preface·前 言

众所周知，21世纪已进入一个全球化的时代，制造商必须在全球范围内有效配置资源，实现全球采购、生产与配送，从而促进国际物流的发展。同时，目前物流管理已经上升到从供应链层面进行研究和考量，故本书在借鉴和吸收国内外有关国际物流及供应链管理的最新研究成果的基础上，结合编者多年的国际供应链工作和管理经验，从国际供应链或全球供应链运作的视角，对国际物流的基本概念、整体管理流程及其方案设计进行了系统的介绍，特别是增加了逆向物流管理、保税物流与国际物流金融、国际物流方案设计等目前较新的理论与方法，实现了体例结构、内容等方面的创新。

全书共分12章。第一章介绍了国际物流管理的有关概念和整体概况。第二章至第十章为国际物流各部分的运作和管理流程，其中，第二章介绍了国际企业的产品设计，特别是提出了国际物流导向型的产品设计的理论与方法；第三章至第五章介绍了国际企业的原材料管理、生产管理与全球配送管理；第六章至第八章介绍了国际物流中的库存管理、运输管理和海关作业管理；第九、十章介绍了保税物流与国际物流金融、逆向物流管理的理论与方法。第十一章和第十二章介绍了国际物流整合规划及方案设计的理论与方法。

本书由大连理工大学城市学院许良、赵小鹏、宋新共同编著，其中第一~五、九、十二章由许良编写，第七、八、十章由赵小鹏编写，第六、十一章由宋新编写，许良担任本书主审。另外，在本书编写过程中，大连理工大学城市学院的孙丹老师在书稿的编辑、整理上做了大量的工作，在此表示感谢。

由于国际物流与供应链管理理论和方法处于不断发展和变化之中，加之作者水平和时间有限，错误在所难免，不足之处还望广大专家和同行批评指正。

编者
2014年7月

# 教学建议 · Suggestion

本课程从企业全球化物流运作的观念出发，使学生理解并掌握国际物流的整体管理流程，提升国际物流各环节的运作能力及整体国际物流方案的设计能力。

## 教学方式建议

国际物流管理是一门综合课程，涉及物流管理类专业很多的专业基础课和专业课程的知识点，知识面要求较宽。为实现较好的教学效果，建议在理论教学（即课堂讲授）为主的基础上，采用案例讨论，启发引导学生深入掌握所学理论知识，理论联系实际。同时，建议采用项目导向型教学活动，分小组组织学生结合所学理论知识，针对一个模拟国际物流项目背景，设计一个一体化的国际物流解决方案，从而培养学生分析问题、解决问题的方法与能力。

## 学时分配建议（供参考）

| 章　号 | 教学内容 | 学习重点 | 学时安排 |
| --- | --- | --- | --- |
| 第一章 | 绪论 | （1）国际物流的定义与形成背景<br>（2）供应链、国际供应链的整体架构与内容 | 2 |
| 第二章 | 国际性产品设计 | （1）国际物流导向型产品设计的定义、原则及做法<br>（2）国际物流的标准化与模块化产品设计 | 3 |
| 第三章 | 国际企业原材料管理 | （1）采购/制造决策框架、电子采购、供应商选择及关系管理<br>（2）全球采购策略的选择方法 | 4 |
| 第四章 | 国际企业生产管理 | （1）生产管理技术的发展过程与相关理论<br>（2）产品生命周期与生产模式、全球生产区位选择的配合 | 4 |
| 第五章 | 全球配送管理 | （1）分销需求及资源计划<br>（2）配送网络模型与线路设计<br>（3）全球发货中心区位配置 | 3 |
| 第六章 | 国际企业库存管理 | （1）国际库存管理的特殊性<br>（2）企业库存管理的主要方法（QR/ECR及VMI/SMI、CPFR）、产品生命周期的库存管理与TIM | 4 |
| 第七章 | 国际运输管理 | （1）国际货物的各种运输方式的概念、特点<br>（2）国际多式联运和复合运输的相关内容 | 3 |

（续）

| 章　号 | 教学内容 | 学习重点 | 学时安排 |
|---|---|---|---|
| 第八章 | 海关作业管理 | （1）海关的性质、任务和权力<br>（2）海关监管货物进出境海关作业内容 | 8 |
| 第九章 | 保税物流与供应链金融 | （1）保税物流、物流金融的产生背景和发展过程<br>（2）保税物流、供应链金融的具体运作和业务模式 | 6 |
| 第十章 | 逆向物流管理 | （1）逆向物流的内涵和特点<br>（2）逆向物流的具体运作 | 1 |
| 第十一章 | 国际物流整合规划 | （1）国际物流整合规划和战略、物流网络规划的主要问题及步骤<br>（2）国际物流中的牛鞭效应、发生的原因及解决方法<br>（3）国际物流中的延迟策略和其组合形态 | 4 |
| 第十二章 | 国际物流方案设计 | （1）国际物流方案设计的思想<br>（2）国际物流方案设计的方法、步骤和工具 | 5 |
|  | 课程总结 | 整体课程框架 | 1 |
| 合计 | | | 48 |

# 目录 Contents

前　言
教学建议

## 第一章　绪论　1
- 学习目标　1
- 导入案例　通用汽车公司　1
- 第一节　国际物流管理　1
- 第二节　国际供应链管理　15
- 第三节　国际延伸性企业　26
- 案例分析　丰田北美分公司（NAPO）的国际物流　27
- 本章小结　27

## 第二章　国际性产品设计　28
- 学习目标　28
- 导入案例　产品设计支持国际物流作业——IKEA（宜家）　28
- 第一节　概述　29
- 第二节　面向国际物流的标准化与模块化产品设计　30
- 第三节　面向国际物流的产品包装设计　33
- 案例分析　三星中国的物流加速度　35
- 本章小结　36

## 第三章　国际企业原材料管理　37
- 学习目标　37
- 导入案例　IBM公司面临的采购问题　37
- 第一节　概述　38

|  第二节　国际供应链原材料采购管理 | 39 |
|  第三节　全球供应商关系管理 | 45 |
|  ┆案例分析　中集神话：纵向还是横向 | 50 |
|  ┆本章小结 | 51 |

## 第四章　国际企业生产管理　52

|  ┆学习目标 | 52 |
|  ┆导入案例　台商在全球化运作中面临的生产管理问题 | 52 |
|  第一节　概述 | 52 |
|  第二节　生产管理技术的发展过程与相关理论 | 53 |
|  第三节　产品生命周期与生产制造流程 | 64 |
|  第四节　全球生产区位选择 | 66 |
|  ┆案例分析　透视"零库存"——一汽大众应用物流系统 | 69 |
|  ┆本章小结 | 71 |

## 第五章　全球配送管理　72

|  ┆学习目标 | 72 |
|  ┆导入案例　UPS"世界港" | 72 |
|  第一节　概述 | 73 |
|  第二节　配送网络模型与线路设计 | 82 |
|  第三节　全球配送网络 | 89 |
|  ┆案例分析　沃尔玛（WALMART）物流配送体系 | 92 |
|  ┆本章小结 | 97 |

## 第六章　国际企业库存管理　98

|  ┆学习目标 | 98 |
|  ┆导入案例　戴尔公司的供应链库存管理 | 98 |
|  第一节　企业库存管理概述 | 98 |
|  第二节　国际客户需求快速响应系统、VMI/SMI、CPFR | 103 |
|  第三节　基于产品生命周期的库存管理与全面库存管理 | 114 |
|  ┆案例分析　雀巢公司与家乐福公司的 ECR 管理 | 118 |
|  ┆本章小结 | 120 |

## 第七章　国际运输管理　　121

- 学习目标　　121
- 导入案例　荷兰郁金香降临中国情人节　　121
- 第一节　国际货物运输概述　　121
- 第二节　国际货物运输方式　　126
- 第三节　国际多式联运　　134
- 案例分析　郑欧班列开启中欧"新丝绸之路"　　136
- 本章小结　　137

## 第八章　海关作业管理　　138

- 学习目标　　138
- 导入案例　3 000头澳大利亚奶牛月夜通关　　138
- 第一节　海关概述　　138
- 第二节　海关监管货物的通关作业　　149
- 第三节　海关关税及其他税费的征收　　165
- 案例分析　法国红酒宁波港进口清关代理操作案例　　171
- 本章小结　　172

## 第九章　保税物流与供应链金融　　173

- 学习目标　　173
- 导入案例　天津港保税区国际物流的发展　　173
- 第一节　保税物流概述　　174
- 第二节　保税物流的发展过程　　176
- 第三节　保税物流的具体运作　　180
- 第四节　保税物流的未来发展趋势　　187
- 第五节　国际物流金融　　198
- 案例分析　深圳发展银行的"进口全程货权质押授信业务"　　214
- 本章小结　　215

## 第十章　逆向物流管理　　216

- 学习目标　　216
- 导入案例　宝马在华召回23万多辆汽车　　216
- 第一节　逆向物流概述　　217

第二节　逆向物流的运作　　220
　　第三节　国内外逆向物流发展现状及未来发展趋势　　229
　　案例分析　UPS 为 MBS 提供的图书退货逆向物流服务　　232
　　本章小结　　233

# 第十一章　国际物流整合规划　　**234**
　　学习目标　　234
　　导入案例　日本的物流网络体系　　234
　　第一节　国际物流网络规划　　235
　　第二节　国际物流中的延迟策略　　240
　　第三节　国际物流中的"牛鞭效应"　　250
　　案例分析　惠普公司的供应链延迟策略　　255
　　本章小结　　257

# 第十二章　国际物流方案设计　　**258**
　　学习目标　　258
　　导入案例　日用消费品行业　　258
　　第一节　概述　　261
　　第二节　国际物流方案设计　　273
　　案例分析　布鲁克林酿酒厂的国际物流方案　　274
　　本章小结　　276

**参考文献**　　**277**

# Chapter1 第一章

# 绪 论

## 学习目标
1. 了解物流、国际物流的定义与形成背景。
2. 理解物流、国际物流、国际延伸性企业、国际供应链的整体架构与内容。
3. 掌握供应链、国际供应链的内容。

## 导入案例

### 通用汽车公司

世界上最大的公司之一——通用公司要从分布在世界各地的众多供应商那里获取零配件,而后配送给分布在世界各地的工厂用来组装汽车,最后销往世界各地。

一种简单的汽车,就由数千个零部件组成,来自不同的地区。那么,有100种不同的车型,包括轿车、货车及其他机动车等。如何把恰当的产品在恰当的时间、以恰当的价格送到恰当的地方,满足企业或顾客的需要?

## 第一节 国际物流管理

### 一、物流概述

#### 1. 物流的产生与定义

早期的物流采用的是"Physical Distribution"一词,最早出现于美国。1915年阿奇·萧在《市场流通中的若干问题》一书中就提到物流一词。后来,美国另一位营销学者克拉克于1924年在其著作 *Principle of Marketing* 中也使用了物流概念。1935年,美国销售协会阐述了实物分配(Physical Distribution,PD)的概念,即"实物分配是指在销售过程中的物资资料和服务，从生产场所到消费场所的流动过程中所伴随发生的种种经济活动"。从以上情况可以看出，这时期提出的物流主要指的是销售过程中的物流。

随后在第二次世界大战中，围绕战争供应，美国军队建立了"后勤"（Logistics）理论，并将其应用于战争活动中。该理论通过将战时物资生产、采购、运输、配给等活动作为一个整体进行统一部署、规划，以求后勤补给的总费用最低、速度更快、服务更好。后来，该理论在企业中得到了广泛应用。这时的后勤包含了生产过程和流通过程的物流，是一个包含范围更广泛的物流概念。

近 20 年来，Logistics 逐渐取代 PD，成为物流的代名词，包含生产领域的原材料采购、生产过程中的物料搬运、厂内物流、流通过程中的销售物流（Physical Distribution），这是物流科学走向成熟的标志。

随着经济全球化以及市场竞争的白热化，企业之间的竞争已转变为供应链与供应链之间的竞争。物流管理由原来关注于企业内部的供应链管理发展到侧重于企业之间的供应链管理和全球或国际供应链管理。近年来，进一步发展到注重知识的分享和创造、通过供应链成员企业的紧密合作和能力互补与提升，为最终顾客提供更好产品与服务的国际延伸性企业。

随着物流管理的不断发展，供应链企业之间的关系从过去的竞争与利己，转变为合作与互利。

目前，国内外对物流的定义很多，较具代表性的有以下几个：

"物流是一个控制原材料、制成品、产成品和信息的系统。"

"从供应开始经各种中间环节的转让及拥有而达到最终消费者手中的实物运动，以此实现组织的明确目标。"

"物资资料从供给者到需求者的物理运动，是创造时间价值、场所价值和一定的加工价值的活动。"

"物流是指物资实体从供应者向需求者的物理移动，它由一系列创造时间价值和空间价值的经济活动组成，包括运输、保管、配送、包装、装卸、流通加工及物流信息处理等多项基本活动，是这些活动的统一。"

《物流术语》的国家标准中对于"物流"的定义为"物品从供应地向接收地的实体流动过程。根据实际需要，将运输、储存、装卸搬运、包装、流通加工、配送、信息处理等基本功能实施的有机结合"。

可以看出，物流概念与我国传统的"储运"概念不同，它不仅包含储存、运输，还涉及装卸、搬运、包装、流通加工、配送、信息处理等基本活动，所包含的内容更广泛。同时追求诸活动的系统化、整体最优。

**2. 物流的功能要素**

物流的功能要素指的是物流系统所具有的基本能力，这些基本能力有效地组合、联结在一起，便形成了物流的总功能，就能合理、有效地实现物流系统的总目标。物流的功能要素一般认为有运输、仓储、包装、装卸搬运、流通加工、配送、物流信息处理等。换句话说，物流能实现以上七项功能。

（1）运输。运输是对物资进行较长距离的空间移动。物流部门通过运输解决物资在生产地点和需要地点之间的空间距离问题，从而创造商品的空间效益，实现其使用价值。运输是物流的中心环节之一，是物流最重要的一个功能。

运输的主要方式有铁道运输、汽车运输、船舶运输、航空运输和管道运输。运输成本在物流成本中所占的比重最大，因此，选择经济技术效果最好的运输方式和联运方式、合理确定运输路线，从而对运输活动加强管理十分必要。

（2）仓储。仓储（保管）包括储存、管理、保养和维护等活动，在物流系统中起着缓冲、调节和平衡的作用，是物流的另一个中心环节。仓储的目的是克服产品生产与消费在时间上的差异，使物资产生时间上的效用。

对仓储活动的管理，要求正确确定库存数量，明确仓库以流通为主还是以储备为主，合理确定保管制度和流程，对库存物品采取有区别的管理方式，力求提高保管效率，降低损耗，加速物资和资金周转。

（3）包装。包装包括产品的出厂包装、生产过程中在制品和半成品的包装以及在物流过程中换装、分装、再包装等活动。包装的作用是保护物品，使物品的形状、性能、品质在物流过程中不受损坏，便于作业。同时包装也使物品醒目、美观，可以促进销售。

包装活动的管理，根据物流方式和销售要求来确定。以商业包装为主，还是以工业包装为主，要全面考虑包装对产品的保护作用、促销作用、提高装运率作用、包拆装的便利性以及废包装的回收及处理等因素。包装管理还要根据全物流过程的经济效果，具体决定包装材料、强度、尺寸及包装方式等。

（4）装卸搬运。装卸搬运是指在同一地域范围内进行的、以改变物的存放状态和空间位置为主要内容和目的的活动。它是伴随输送和保管而产生的必要的物流活动，是对物流其他主要环节，如：运输、仓储、包装、流通加工的衔接，故在物流系统中也很重要。

在物流活动中，装卸搬运活动是频繁发生的，因而是产品损坏的重要原因，且所消耗的费用在物流费用中也占有相当大的比重。对装卸搬运活动的管理，主要是确定最恰当的装卸搬运方式，力求减少装卸搬运次数，合理配置及使用装卸搬运机具，以做到节能、省力、减少损失、加快速度，获得较好的经济效果。

（5）流通加工。在流通过程中辅助性的加工活动称为流通加工。流通加工是为了弥补生产过程加工不足，更有效地满足用户或本企业的需要，使产需双方更好地衔接，将这些加工活动放在物流过程中完成，而成为物流的一个组成部分。

（6）配送。配送是物流进入最终阶段，以配货、送货形式最终完成社会物流并最终实现资源配置的活动。过去一直将配送活动看作运输活动中的一个组成部分，未看成独立的功能要素。但是，配送作为一种现代流通方式，集运输、包装、库存、分拣、装卸搬运于一身，已不仅是一种送货运输所能包含的，故将其作为独立功能要素。

（7）物流信息处理。在物流过程中，伴随着物流的进行，产生大量的、反映物流过程的有关输入、输出、流量与流向、库存动态、物流费用、市场情报等信息，并不断传输和反馈，形成物流信息。

通过运用计算机对信息进行加工处理，获得实用准确的物流信息，将有利于及时了解和掌握物流动态，协调各物流环节，有效地组织好物流活动。

**3. 物流系统**

（1）物流系统的含义。系统是指为达成某种共同的目的，若干构成要素相互有机地结合成的复合体。所谓物流系统，是由多个既互相区别又互相联系的单元结合起来，以货物为工作对象，以完成货物实体流动为目的的有机结合体。最基本的物流系统由包装、装卸、运输、储存、加工及信息处理等子系统中的一个或几个有机地结合而成；每个子系统又可以细分为更小的子系统；物流系统本身则处在更大的系统之中。

我们可以从以下几个方面，来加深对物流系统概念的理解。

1）物流系统是由多个既互相区别又互相联系的单元组成的。这是构成物流系统的基本和必要的条件。所谓单元，可以是单位组织，可以是空间，可以是职能、功能，可以是时间，也可以是其他因素。它们都是能够独立完成某一个或大或小的功能任务的独立体。大可以大到很大的系统，小可以小到一个人、一台设备，一台车、一项工作。

2）物流系统以货物为工作对象，以完成货物实体流动为目的。这是物流系统的功能或目的。任何系统都有一个特定的功能或目的，这是构成系统的又一个条件。物流系统既然也是一个系统，当然应有一个特定的功能。物流系统区别于一般系统之处，就在于它是一个以货物为工作对象，以完成货物实体流动为目的的系统。

3）物流系统是一个有机结合体。这是一般系统的基本特征和基本条件，同样，物流系统也具有这个基本特征和基本条件。

4）最基本的物流系统由包装、装卸、运输、储存、加工及信息处理等子系统中的一个或几个有机地结合而成。这是物流系统的子系统的构成。子系统可以按照空间、时间、功能、职能、或其他因素进行划分而构成。包装、装卸、运输、储存、加工及信息处理这些子系统是客观存在的，这也是物流系统的最基本的条件。没有这些最基本的物流活动，也就不能构成物流系统。但是，这并不是说，任何物流系统必须具备所有这些物流活动的全部，有的物流系统只是有"一个或几个"子系统。同时，物流系统一定要组合成一个"有机结合体"，才能够算是一个完整的"系统"。

5）在物流系统中，每个子系统又可以进一步细分，这是说明物流系统的子系统可以往下分成更小的子系统，构成一个等级层次结构。物流系统的细分，既可以按空间分，也可以按功能分，还可以按其他因素分，细分到最基本单元为止。这样构成一个既相互区别又相互联系的多个单元构成的等级层次结构。

6）物流系统本身又处在更大的系统之中。这是说明物流系统往上可以和同等级的其他系统再结合成一个更大的系统。物流系统处在这个更大的系统之中，这个更大的系统构成了物流系统的环境。物流系统也必须适应这个环境才能够生存和发展。

（2）物流系统的构成。按照物流系统的构成结构，企业物流在垂直方向上可分为物流管理层、物流控制层和物流作业层，这三个层次协调配合实现物流系统的整体功能。物流管理层对物流系统统一规划、制定规则和系统评价；物流控制层是对物流作业的实时控制和作业调度；物流作业层则是指运输、保管、搬运、包装、流通加工等要素，实现物品空间位移和时间调度；企业中物流管理层和物流控制层的功能由物流信息系统实现，而物流作业层的活动由物流作业系统实现。

物流系统由物流作业系统和支持物流系统的信息系统（即物流信息系统）两个子系统组成：物流作业系统在运输、保管、搬运、包装、流通加工等作业中使用先进技能和技术，使生产据点、物流据点、输配送路线、运输手段等网络化，以提高物流活动的效率。物流信息系统在保证订货、进货、库存、出货、配送等信息通畅的基础上，使通信据点、通信线路、通信手段网络化，提高物流作业系统的效率。

（3）物流系统的特征。物流系统是一个复杂的、庞大的系统。在这个大系统中又有众多的子系统，系统间又具有广泛的横向和纵向的联系。物流系统具有一般系统所共有的特点，即整体性、相关性、目的性、环境适应性，同时还具有规模庞大、结构复杂、目标众多等大系统所具有的特征。

1）物流系统是一个人机系统。物流系统由人和形成劳动手段的设备、工具所组成。它表现为物流劳动者运用运输设备、搬运装卸机械、仓库、港口、车站等设施，作用于商品的一系列生产活动。在这一系列的物流活动中，人是系统中的主体。因此在研究物流系统的各方面问题时，把人和物流有机地结合起来，作为不可分割的整体加以考察和分析，而且始终要把如何发挥人的主观能动作用放在首位。

2）物流系统是一个可分系统。作为物流系统，无论其规模多么庞大，都是由若干个相互联系的子系统组成。这些子系统的多少、层次的阶数，是随着人们对物流的认识的深入而不断扩充的。系统与子系统之间、子系统与子系统之间，存在着时间和空间上、资源利用等方面的联系，也存在总体目标、总费用以及运行结果等方面的相互联系。

3）物流系统是一个动态系统。物流活动受到社会生产和社会需求的广泛制约。这就是说，社会商品的生产状况、社会商品的需求变化、社会能源的波动、企业间的合作关系等，都随时随地影响着物流。物流系统是一个具有满足社会需要、适应环境能力的动态系统。

为适应经常变化的社会环境，为使物流系统良好地运行，人们必须对物流系统的各组成部分进行不断的修改和完善。在较大的社会变化情况下，物流系统甚至需要重新进行系统的设计。

4）物流系统是一个复杂系统。物流系统拥有大量的商品，商品的大量化和多样化，带来了物流的复杂化。从物流商品上看，品种成千上万，数量极大；从从事物流活动的人来看；需要数以百万计的庞大队伍；从资金占用看，占用着大量的流动资金；从商品供应经营网点上看，遍及全国城乡各地。这些人力、物力、财力、资源的组织和合理利用，是一个非常复杂的问题。

此外，在物流活动的全过程中，始终贯穿着大量的物流信息。物流系统要通过这些信息把各个子系统有机地联合起来，如何把信息收集、处理好，并使其指导物流活动，这也是非常复杂的工作。

物流系统的边界是广阔的。它始于生产企业的原材料供应，经生产制造转换为成品后，再经运输、储存等环节到达消费者手中。物流的范围横跨了生产、流通、消费三大领域。这一庞大的涉及范围，给物流组织系统带来了很大的困难，而且随着科学技术的进步、生产的发展、市场的扩大、物流技术的提高，物流系统的边界范围还将不断地向内深化，不断地向外扩张。

（4）物流系统的目标。一个有效的物流系统，应该实现以下两个方面的目标。

1）服务好。这里的服务好，还不仅仅是像人们通常所说的那样只是服务态度热情友好，而是包括了更广泛的内容。物流系统本身，全部都体现着服务。从本质上看，物流系统就是一个服务系统，它的所有活动都是服务活动——为生产服务、为流通服务、为最终消费者服务。而这种服务的核心，就是满足客户的需求。而满足客户的需求表现在多个方面，比如，最主要的是满足客户对于所需物资的需求，不缺货；还要保质、保量、及时送货、安全可靠地运输，有效储存、包装、装卸，为客户提供信息支持、技术咨询、技术支持和售后服务等，这些要求几乎遍及了物流活动各个方面、各个环节。因此，要做到服务好，实际上就需要物流系统做好各个方面的工作。

2）费用省。费用省是指物流的总费用最省。物流系统是由多个单元构成的，物流活动又由多种类型、多个环节构成，因此各种物流方式、各个物流环节都会产生物流费用。一个物流系统所有的物流方式、物流环节所发生的物流费用的总和，就构成了这个物流系统的总费用。物流系统的第二个目标，就是要使得这个物流总费用最小。

要做到物流总费用最小，则要求整个物流系统要实现优化，各个单元也要优化，要尽量利用各种物流优化技术，充分利用和努力节约资源，提高工作效率，降低物流成本；还要求整个物流系统各个单元、各个环节都要协调配合，协调可以提高生产力，协调可以提高工作效率、降低成本，能够达到一加一大于二的效果，这样才可以实现总费用最省的目标。

但是在物流系统的实际运行中，这两个目标往往会相互矛盾：服务水平越高，物流成本也就越高，服务水平高出一定程度以后，随着服务水平继续提高，则会造成物流成本的急剧上升。在这种情况下，企业要注意学会协调和折中，选取一个既能使总费用较小、又能使服务水平较满意的协调性方案。

对物流大系统来说，在各个子系统之间，存在着互相制约、互相依存的关系，有时甚至是矛盾的。例如在包装环节，如果片面地强调节省包装材料和包装费用，不适当地少用包装材料或用低质代用材料，虽然包装环节费用降低了，但由于包装质量差，在运输和装卸搬运过程中，往往会造成货物破损错乱，从物流系统全过程来看，反而是一种浪费。又如在装卸搬运环节，若单纯为了追求数量，不顾质量，不按操作规程作业，甚至野蛮装卸、损坏商品等，也给客户造成了不应有的损失。再如，在联合运输当中，轮船与码头、车与船、船与货之间，如果各个环节衔接不好，就会出现船等车或车等船、等货的不协调现象，影响物流系统的经济效益。所以，物流系统功能环节及各个子系统之间，既是独立的，又是互相联系、互相制约的。各子系统环节之间，要紧密衔接，互相适应，特别是前一道环节（工序）要为后一道环节创造条件。各个环节要为物流大系统取得最好的、整体的经济效益创造条件，这才是真正的物流系统化。

### 案例　马兰拉面的物流系统

马兰拉面——一个中式快餐品牌，在洋品牌林立的国内快餐业领域内取得了不俗的业绩：自1995年成立至2002年底在全国26个省、市、自治区发展店铺总数达到436家，年销售额达3.6亿元人民币。而且很快就成功地打入了美国市场、欧洲市场和新加坡市场。2000年11月，在中国连锁经营协会组织的全国权威调查统计及专家评选中，马兰拉面被评为全国特许经营优秀品牌，成为我国餐饮业中成功的佼佼者。作为入围2000年中国百强连锁企业唯一的快餐企业，马兰拉面是马兰拉面快餐连锁有限责任公司（以下简称马兰）的拳头产品。马兰的成功很大一部分原因要归功于它规范完善的物流系统设计。科学合理的物流系统保证了企业各个环节的物品供应，使生产、销售能够稳定有序地发展。

**1. 物流规划**

马兰从建立之初就十分注重自己的物流规划，建有一套完备的物流体系。创建初期他们选择了连锁式经营发展模式，克服了传统作坊式生产的弱点，在各连锁店中实行统一配送管理。同时，他们从原材料产地入手，严抓购货源头。在西北和华北两大牧区建立牛肉生产基地；在兰州和北京建立汤料和面剂生产加工基地；在岷汕建立无污染天然调味料种植生产基地；在甘谷建立辣椒生产基地。此外，马兰还建立了花椒、干姜、牦牛肉、筷子等生产基地。在经营管理方面，马兰建立了专门的培训中心，负责对店长、技师进行经营、管理、技术、服务等方面的培训，计划10年之内在国内外建立1万家连锁店。在店堂布置方面，划分出商务区、双人区、单人区和聚会区，将店内的客户流进行合理疏导，实现分区用餐。

**2. 供应物流**

供应物流是指为生产企业提供原材料、零部件或其他物品时，物品在提供者与需求者之间的实体流动。马兰在秦皇岛设有一个总的物流中心，全国各地的原材料都是从这个物流中心发出的，该中心负责配送包括面粉、牛肉、汤料、可乐原浆等主要制作原料。原材料首先从各基地运到秦皇岛，经过严格的质量检验后，按重量分装成标准的包装，再由秦皇岛送到各城市的配送点，最后用小货车送抵各连锁店。其中，从秦皇岛发出的配送物品，大部分由公司自己负责，而进入各城市后基本交由第三方物流公司完成。

像所有的连锁企业一样，马兰也有自己的内部网络，并配有一个庞大的信息管理系统，每个店铺都是一个终端。各店铺提前一天通过网络提出要货申请，包括原料名称、品种、数量等。一般情况下，申请会在一至两日内得到满足。马兰的送货车采用全封闭式的集装箱货车，保证食品的卫生、清洁，防止外界污染。

**3. 生产物流**

生产物流是企业物流的关键环节，它起于原材料、半成品、外购部件，止于成品的生产流通，贯穿生产的全过程，横跨了整个企业（车间、工段），流经范围广、时间长，物料在投入生产过程后，随着工艺进程的推进不断改变形态。

"工艺是龙头，物流是关键"，在马兰拉面的生产过程中，几乎每一种产品都有自己独特的工艺流程，每一种产品都要流经不同的加工间，各工序之间有平行、有交错，但无论路径如何、工艺如何，每一碗面始终都是井然有序地按操作规范实现着它的流程，从点菜单到一碗热气腾腾的拉面出锅，平均时间为2分钟。与麦当劳、肯德基等西式快餐相比，马兰的确显得有些不时尚，但从中式食品复杂的加工工艺来讲，马兰的生产速度是一个质的飞跃，也正是这种速度造就了今天成绩卓著的马兰拉面。

新到的面粉首先进入库房，然后进入拉面间加工成块状，当有客人点餐后直接按要求拉成细或粗的面条。拉面间和前台只隔着一扇透明的玻璃窗，客户可通过它看到拉面制作、下锅、出锅的过程。

马兰拉面除了以爽滑、细腻、面筋含量足、口感好著称外，每碗还辅以鲜嫩的牛肉。牛肉从青海、甘肃等地的天然牧场，经过加工后，由位于秦皇岛的马兰物流中心统一配送到各地区的分中心。牛肉进店后，经加工先放入冰箱，有客户点餐后即在凉菜间切块、装盘。而凉菜间与前台也只是一窗之隔，厨师可以通过窗口直接将菜传给前台的服务人员，既省时、省力，又便于服务人员询问菜的加工情况。

**4. 销售物流**

马兰的生产物流与销售物流只是一窗之隔，几乎没有中途的运输。这也是所有餐饮业的特点。但所有餐饮业店铺尤其是快餐店，都面临着一个共同的问题"等待时间"，所以减少客户等待时间，就成了餐饮业销售物流的重中之重。马兰解决等待时间的办法，就是缩短生产物流与销售物流在空间距离上的间隔，加强前台销售人员与后台厨师的联系，前台的销售人员通过玻璃窗，直接可以观察到面条处在生产加工的何种状态，随时可与厨师直接交流，同时可以反映客户的特殊需求。在等待时，完成筷子、餐巾纸之类的就餐前准备工作。

**5. 回收物流与废弃物物流**

回收物流，是指不合格物品的返修、退货以及周转使用的包装容器，从需方返回到供方所形成的物品实体流动。废弃物物流，是指将经济活动中失去原有使用价值的物品，根据实际需要进行收集、分类、加工、包装、搬运、储存等，并分送到专门处理场所时，所形成的物品实体流动，而马兰的废弃物物流主要分为固体和液体两部分。

固体废弃物包括在生产过程中未用完的物料和客户消费后的剩余物，如：菜叶、包装物、用餐后碗中的食物残渣等。不含汤汁的固体废弃物直接扔进垃圾桶中；而含汤汁的固体废弃物要先经过过滤，除去水分后，再把固体废弃物倒掉。同时对固体废弃物，按可回收与不可回收进行分类回收，其中一部分会被收购用来制作饲料。在每个加工间的地面上都有一个地漏，在生产过程中产生的液体废弃物通过这些地漏直接排到下水道。

马兰拉面的物流之旅在一桶桶的回收垃圾中结束了。餐饮业中，一个企业的物流情况从很大程度上决定了企业的命运，它是企业能否做大、做好、做得精彩的关键要素。麦当劳之所以能将其金黄色的小旗插遍世界各地，也是与其完善的物流管理分不开的。

## 二、物流管理

根据中华人民共和国国家标准《物流术语》中的定义，物流管理（Logistics Management）是指为以最低的物流成本达到用户所满意的服务水平，对物流活动进行的计划、组织、协调与控制。

物流管理实质上是对物流系统的管理。一个完整的物流系统是从供应商提供原材料或零部件开始，经由生产过程转变为产成品后再配送到顾客手里，如图1-1所示。

随着现代物流的发展，物流管理表现出许多特点，主要表现在以下方面。

**1. 物流管理的一体化**

物流管理同时涉及生产与流通两个环节。流通与生产过程相分离，形成相对独立的经济过程而存在，是社会生产力发展到一定阶段的必然结果。然而，现代流通呈现出的则是生产过程与流通过程相互渗透、相互融合的一体化趋势。一方面，生产专业化的发展，使原来完整的生产过程逐步分化为许多个紧密相关的生产过程和流通过程，甚至在发达国家的某些大型企业内部，不同车间之间也形成了带有商品交换性质的物资流转，从而使流通逐步渗透到生产过程中，形成了流通与生产的一体化；另一方面，流通加工这一新兴行业的出现和迅速发展，则是生产过程渗透到流通过程中的一种典型的经济形式。目前，国外还大量发展了生产、流通一体化的特种运输。在运输过程中，同时进行加工活动和利用现代化通信手段进行商品交易活动。生产与流通过程的一体化，必然使物流管理所涉及的领域实现一体化。

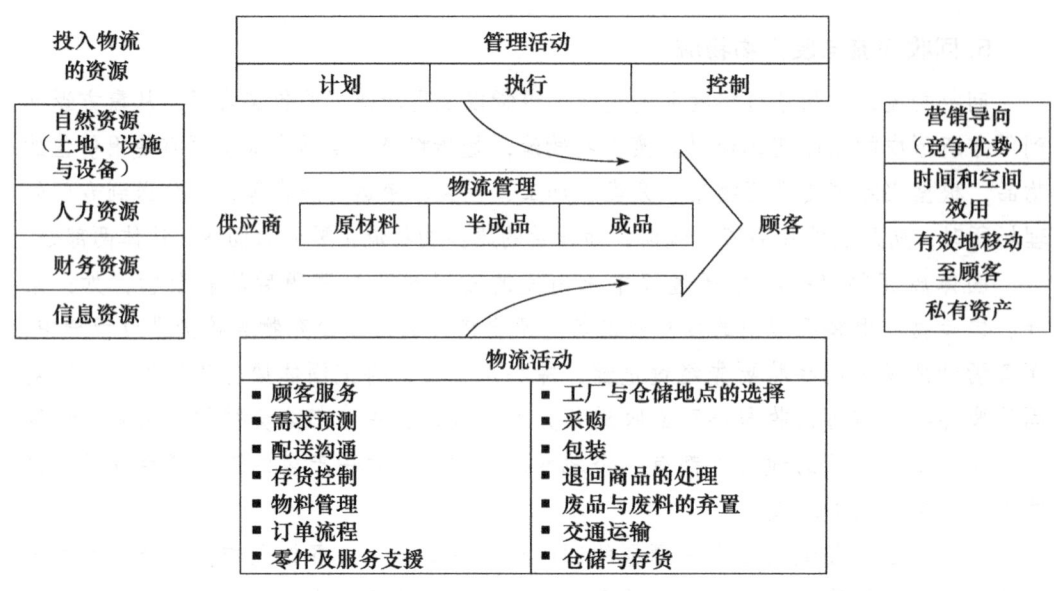

图 1-1 物流管理系统

**2. 物流管理的系统化**

传统上讲，物流管理一般涉及产品出厂后的包装、运输、装卸、仓储，而现代物流管理则从两头进行了延伸并加进了新的内涵，使社会物流和企业物流有机地结合在一起。传统的物流管理往往是从某一企业进行组织和管理，而现代物流管理则是从社会角度实行系统化综合管理。20 世纪 70 年代以来兴起的系统科学在物流管理上得到了广泛应用。产品涉及采购物流、生产物流、销售物流，要经过包装、运输、装卸、仓储、加工配送，最终到达客户手中，最后还要进行回收物流管理。可见，物流管理是从系统的角度来进行组织的。物流过程的系统化管理，其基本标志就是打破了传统物流分散进行的状况，进而把整个物流过程作为一个大系统来进行合理组织和有效管理。

**3. 物流管理的社会化**

生产社会化的发展必然要求流通社会化，而流通社会化的发展又反过来促进了生产社会化程度的提高。同时，流通社会化又提高了自身的流通效率，从而适应和促进了生产的发展。商业内部批发与零售业的分工，批发业的专业化及专业批发公司的迅速兴起，工商业之间批发业务的分工，交通运输部门的独立，运输部门各种运输方式的分工，邮电通信和保险业的发展，以及第三次科技革命的兴起，使得流通过程中的信息流、价值流和使用价值流的有关业务活动纷纷向社会化发展。尤其是在近 20 年来，使用价值流的社会化更加引人注目，原来由企业自己进行的运输、包装、储存、装卸等物流管理活动，逐步走向社会化，交由第三方物流企业进行专门化管理。这种第三方物流企业不仅可以进行集约化物流管理，在一定半径之内实现合理化物流，从而节约大量物流费用，而且可以节约大量的社会流动资金，实现资金流动的合理化，既提高了经济效益，又提高了社会效益。

**4. 物流管理的现代化**

随着现代化技术的应用，信息化、网络化、自动化、智能化的程度在生产领域和物流领域都在不断提高。尤其是信息技术和电子技术在物流管理中的运用，使流通的方式和条件发生了改变，从而带来了流通生产力的重大革命，使物流管理走向现代化。物流管理现代化包括物流管理信息化、网络化、自动化以及智能化。

（1）信息化。电子数据交换技术和因特网的应用，使物流管理质量、效率和效益的提高更多地取决于信息管理技术。物流管理的信息化是指商品代码和数据的建立、运输网络合理化、销售网络合理化、物流中心管理电子化、电子商务和物品条码技术应用等。物流管理的信息化可实现信息共享，使信息的传递更加方便、快捷、准确，提高整个物流系统的经济效益。

（2）网络化。物流管理网络化的基础也是信息化。这里所说的网络化有两层含义：一是指物流配送系统的计算机通信网络，主要指物流配送中心与供应商、制造商以及下游客户之间的联系实现计算机网络化。例如物流配送中心向供应商提出订单这个过程，就可以通过网络来自动实现；物流配送中心通过计算机网络收集下游客户的订货的过程也可以自动完成。二是指物流管理组织的网络化，主要包括企业内部组织的网络化和企业之间的网络化。

（3）自动化。物流管理自动化的核心是机电一体化。自动化的外在表现是无人化，自动化的效果是省力化，另外，自动化还可以扩大物流作业能力、提高劳动生产率、减少物流作业的差错等。物流自动化的设施非常多，如条码/射频自动识别系统、自动分拣系统、自动存取系统、自动导向车和货物自动跟踪系统等。

（4）智能化。物流管理智能化是物流管理自动化、信息化的一种高层次应用，物流作业过程中大量的运筹和决策，如库存水平的确定、运输（搬运）路径的选择、自动导向车的运行轨迹和作业控制、自动分拣机的运行、物流配送中心经营管理的决策支持等问题都需要借助智能化专家系统才能解决，物流管理的智能化已成为新经济时代物流管理的一个重要特征。

**5. 物流管理的柔性化**

柔性化本来是为实现"以客户为中心"的理念而在生产领域提出的，但要真正做到柔性化，即真正能根据消费者需求的变化来灵活调节生产工艺，没有配套的柔性化物流系统是不可能达到的。20世纪90年代，国际生产领域纷纷推出柔性制造系统（Flexible Manufacturing System，FMS）、计算机集成制造系统（Computer Integrated Manufacturing System，CIMS）、敏捷制造（Agile Manufacturing）、企业资源规划（Enterprise Resource Planning，ERP）、大量定制化（Mass Customization）以及供应链管理的概念和技术、这些概念和技术的实质是将生产、流通进行集成，根据需求端的需求来组织生产，安排物流管理活动。因此，柔性化的物流管理正是适应生产、流通与消费的需求而发展起来的一种新型物流模式。这就要求物流管理机构要根据消费需求"多品种、小批量、多批次、短周期"的特点，灵活组织和实施物流作业。

### 6. 物流管理的标准化

物流管理标准化指的是以物流为一个大系统，制定系统内部设施、机械装备、专用工具等各个分系统的技术标准；制定系统内分领域如包装、装卸、运输等的工作标准；统一整个物流系统的标准。随着全球经济一体化的不断发展，各个国家都很重视本国物流与国际物流相衔接，在本国物流管理发展初期就力求与国际物流标准化体系一致。因为若不如此，不但会加大国际交往的技术难度，更重要的是在本来就很高的关税及运费基础上又增加了因标准化系统未统一所造成的损失，使外贸成本增加。因此，物流管理标准化问题日益受到重视，成为人们必须解决的问题。

良好的物流管理系统能使企业的营销作业得到物流系统的配合，获得差异化的竞争优势，也因产品能快速有效地送到顾客的手中，能让顾客获得时间和空间的效用，提高顾客的满意度，进而使企业的获利增加。

由图1-1可以看出，物流管理系统需要得到企业在管理活动上的支持，将企业拥有的各项资源投入到物流系统中，通过采购、制造、配销流程，让物流管理系统能够在企业既有的架构下与其他部门协同运作，达到增加竞争优势、创造时空优势以及增加利润与顾客满意度等企业目标。自原材料采购到最终消费者，相应的物流活动也随之产生，例如采购流程中的物流活动有需求预测、物料采购与物料管理等，制造流程中的物流活动有零件管理、成品或半成品仓储以及废料的处置等，配销流程中的物流活动有包装、配送沟通、顾客服务与退货处理等，配送后还有零件及服务支持等。企业要良好运作，这些整体系统中配合的物流活动也需要有良好的管理与规划。

要让企业的物流系统良好运作，许多相关的物流活动必须得到严密实行，才能有效连接物流系统的各环节。这些相关活动包括产品的设计与需求的预测、原材料的管理、产品的生产规划与决策、成品的配送管理、物流系统中的仓储与存货管理、交通运输的管理与规划、货物运送中的保险与理赔等。在跨国经营中，国际物流还必须处理海关的各项作业。

## 三、国际物流的含义与特点

### 1. 国际物流的含义

国际物流是指货物（包括原材料、半成品和制成品）及物品（包括邮品、展品、捐赠物资等）在不同国家和地区间的流动和转移。

国际物流是发生在不同国家之间的物流，是国内物流的延伸，也称国际大流通或大物流。此外，由于台湾、澳门、香港地区的特殊性，对于台湾、澳门、香港与大陆之间的物流也视为国际物流。

**2. 国际物流与国际贸易之间的关系**

国际贸易是指国际间所进行的商品、劳务和技术的买卖或交换。国际贸易使商品所有权发生了转换，而国际物流则实现了商品在国际间的时空转移，二者之间呈现出互为促进、相互制约的关系。

（1）国际贸易是国际物流产生和发展的基础和条件。最初，国际物流只是国际贸易的一部分，但随着国际分工的不断深化和国际物流的快速发展，国际物流从国际贸易中分离出来。经济全球化国际贸易的发展促进了货物和信息在世界范围内的大量流动和广泛交换，物流国际化成为国际贸易发展的必然趋势。

（2）国际物流促进国际贸易的顺利进行。随着国际市场竞争的日益激烈和消费者需求的个性化和多样化，对国际贸易提出了新的更高的要求。如果缺少高效灵活的国际物流系统的支持，国际贸易中的商品就无法实现在恰当的时间保质保量且低成本地送至目的地，从而影响国际贸易的顺利进行和不断发展。

**3. 国际物流的特点**

国际物流与国内物流所研究的区域不同，需要牵涉到跨国境的活动、更长的供应链和前置期，同时对信息的标准化和运作的信息化要求较高，故对于国内物流来说，国际物流具有更高的复杂度和风险性等特点，具体如表 1-1 所示。

表 1-1　国内物流与国际物流的比较

| 项　　目 | 国内物流 | 国际物流 |
| --- | --- | --- |
| 物流环境 | 较简单 | 复杂，因各国社会制度、法律、人文、习俗、语言、自然环境等不同 |
| 运输方式 | 以陆路（公路、铁路）为主 | 主要以海运为主，空运与多式联运得到较广泛发展 |
| 信息传递 | 语音、文件与 EDI 信息 | 语音与文件效率低；EDI 信息标准化高 |
| 物流单证 | 较少且标准化程度低 | 繁杂且要求具有国际通用性 |
| 风险 | 较低 | 较高 |
| 组织代理机构 | 较少 | 对国际运输代理、报关行等有较强的依赖性 |
| 标准化要求 | 较低 | 较高 |

因国际物流牵涉到跨国境的活动，因此较国内物流来说需要更长的交通运输时间，面对更多、更复杂的各国法律法规、风土人情、地理地貌、语言环境，运输方式主要以海运为主，前置时间也较长，造成企业必须有较多的存货以维持相同的服务品质，财务风险较高，而较长的运输时间和海运方式也增加了货物遗失或损坏的风险。同时，也存在很多法律、通关方面的风险和不确定性。

在信息传递方面，国际物流较国内物流来说，对信息的标准化要求更高，另外因为跨国运作牵涉到通关与法令的问题，文件的种类与复杂性也较高。

在组织方面，因国际物流牵涉的物流活动跨越国界且较为复杂，一般企业较难全部自行运作，故物流作业需依赖跨国物流组织共同完成，例如报关业及承揽业。

在文化部分，国际物流因为各国文化与市场需求的不同，还需处理产品设计、包装设计等问题。

## 四、国际物流的形成因素与发展趋势

### 1. 国际物流的形成因素

全球经济一体化、发展中国家经济的增长、战略联盟观念的普及、全球经贸交流的增加、信息与通信技术的日益发达，以及全球运输与金融解除管制等，是推动国际物流形成与发展的重要因素。另外，全球性自然与人力资源的不均匀分布，也是形成与发展国际物流的重要因素，下面将分别予以说明。

（1）全球经济一体化、经贸交流频繁及发展中国家经济的增长。目前我们已进入到一个全球经济一体化的时代，企业之间跨国、跨区域的经贸交流越来越容易，也越来越频繁，从而极大地促进了全球各区域内的经贸业务。不断增加的国际经贸业务促进了物品由一国企业向另一国企业的国际性流动，推动了国际物流的产生与发展。同时，生产技术的进步让制造商得以大量生产，但发达国家人口增长率却呈现下降的趋势，市场需求萎缩，造成供大于求。因此为了增加营业收入与利润，发达国家的企业必须将产品外销至其他更大的市场，而处于经济成长中的发展中国家拥有强大的购买力和广阔的消费市场，更增强了发达国家企业将本国产品出口至发展中国家的动力，由此也带动了国际物流的产生与发展。

（2）全球性自然资源与人力资源的不均匀分布。全球性自然资源与人力资源分布不均匀，资源丰富的原材料区域、生产成本最低的制造来源与获利最大的市场，多分布在不同的国家和区域。企业为充分利用资源，达到最具经济效益与最大获利的目的，必须实现全球资源的有效配置，逐步扩大全球化资源的采购，并为产品寻找最合适的生产地与市场。亚洲拥有低廉的人力与自然资源，自然成为企业最适合的原材料采购与生产地，欧美各国企业积极地在亚洲成立全球采购中心，使亚洲成为全球廉价劳动力、零件或成品的提供地，并运输到高消费的欧美市场销售。这些跨国运作的趋势，促进了国际物流的产生与发展。

（3）战略联盟观念的普及。过去制造商最重要的经营战略是内部成本控制。然而自20世纪80年代起，企业经营范围扩大到全球范围，竞争也日益白热化，促使企业把有限的资源集中到企业最具有竞争力的环节或领域，其他非核心的业务，如仓储与运输等物流活动实现外包，并与之结成战略联盟的紧密合作关系，有效降低了运营成本。外包成为了企业获利的重要战略，战略联盟观念也被制造商与流通业者普遍接受，从而使得国际物流业者得到更多的国际物流业务，促进了国际物流的发展。

（4）信息与通信技术的日益发达。信息与通信技术的日益发达，使全球性的文件往来更为畅通与快速，缩短了企业间订货的时间，增加了企业间商贸的机会。另一方面，信息与通信技术的日益发达，使消费者能够快速地接受流行或新生事物，对国际性产品的接受度也跟着提高，这种趋势使全球的消费形态趋于一致，也更进一步刺激企业提供全球性的产品，以满足全球消费者的需求，同时也推动了产品的国际化流动。

（5）全球运输与金融解除管制。由于经济全球化和自由化的趋势，世界各国纷纷解除交通事业的管制，国外业者得以进行战略联盟，以营运他国国境内与不同国家间的运输业务。各国也逐渐放宽了国内运输必须使用本国运输业者的限制，并允许运输业者同时拥有并经营复合运输，形成了全球交通事业解除管制的风潮，增进了全球交通往来的便捷。自由化使运输公司更有效率，减少了国际间的运输成本，也提升了国际间的运输往来。

另一方面，由于经济全球化和自由化，迫使全球金融解除管制，使国际货币市场的电子自动交易系统与各国间的货币不再以黄金为交易，而采用浮动汇率，简化了国家间的货币流通。

运输与金融的管制解除，有利于企业国际营运，极大地促进了国际物流的形成与发展。

**2. 国际物流的发展趋势**

20世纪90年代以来，经济全球化加速了国际物流的发展，激烈的市场竞争促使企业必然进行全球化经营，依靠整体供应链来获得竞争优势。同时，面对变化快速的内外部经营环境以及顾客需求的不断个性化和多样化，就要求供应链各节点企业不仅需要更加紧密的合作，而且需要加强知识分享和创造，实现能力互补和不断提升，以便为顾客提供更多更好的服务，从而获得企业的竞争优势。

综上所述，目前物流的作业模式应适应时代潮流，其发展趋势将从物流、国际物流、国际供应链一直到国际延伸性企业。

## 第二节 国际供应链管理

### 一、供应链管理的定义

随着全球市场竞争的日益激烈、产品生命周期越来越短、顾客期望值不断提高，促使供应链及其管理技术不断发展，企业也越来越关注它们的供应链。

关于供应链及其管理国内外有多种不同的表述。

其中，2001年，我国发布实施的《物流术语》国家标准对供应链的定义为"生产及流通过程中，涉及将产品更新换代或服务提供给最终客户的上游或下游企业所形成的网络结构"。并将供应链管理定义为"利用计算机网络技术全面规划供应链中的商流、物流、信息流、资金流等，并进行计划、组织、协调与控制等"。

美国供应链管理委员会对供应链定义为"供应链包括每个有关生产及配送最终产品或服务，从供货商的供货商到客户的客户，这包括管理供给与需求、原材料与零部件、制造及装配、仓储与货物追踪、订购与订单管理以及跨区域直接配送给客户"。

同时，美国供应链管理专业协会定义供应链管理为"供应链管理包含了规划和管理复杂的原料、采购、加工及所有的物流管理活动，重要的是，它也包括与供应链伙伴（供应者、中间商、第三方服务提供者及客户）之间的协调及合作。基本上，供应链管理是跨公司地整合供给与需求"。

在实际运作中，人们常常把供应链和物流、供应链管理和物流管理混为一谈。物流管理是从一家企业的角度，处理商品自原料、生产（在企业上下工序之间的流动）和将成品运到目的地的过程。而供应链管理是从商业运作、跨组织的层面进一步对从最初的原料供应商到最终消费者的流通过程加以整合和优化，从而使整体物流流程顺畅，降低整体成本。其中包括与各公司的合作和正在进行的物流服务的组织和管理，如图 1-2 所示。

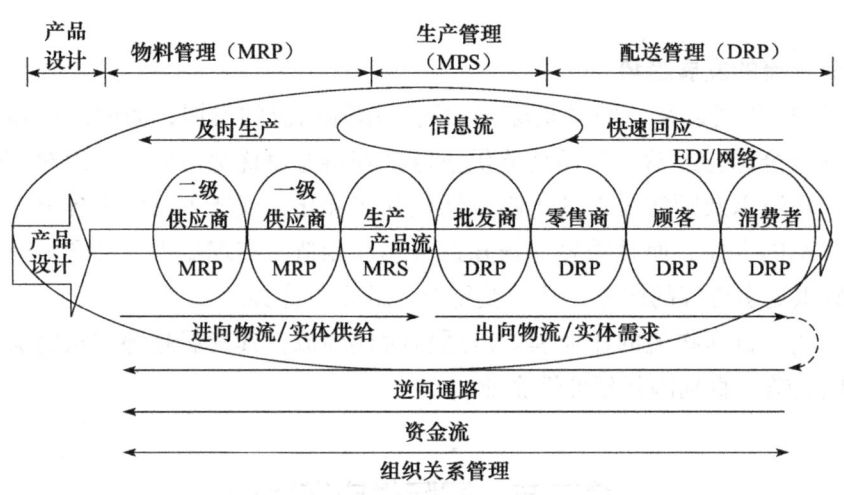

图 1-2　供应链管理

供应链中主要有四流：物流、商流、资金流和信息流（见图 1-2），追求四流合一，物流只是其中之一。

## 二、供应链管理的内涵、类型与效益

### 1. 供应链管理的内涵

供应链管理是新型的管理哲理的理念，是从供应商、供应商的供应商、到企业自身、到分销商、到客户，以及最终客户之间的关系，是合作、协同、信息共享、全程优化、利益均沾、风险分担的赢利伙伴关系。从 20 世纪 80 年代末到现在，供应链管理的内容发生了很大变化，这个变化首先是理念和关注点的变化，供应链管理突破了传统狭窄的视野，从客户的需求开始关注到储运商、销售商和供应商；而传统的管理方法的视野主要集中在自己的企业、部门，对与其联系的其他企业关注不够。供应链管理是对整个供应链系统进行计划、协调、操作、控制和优化的各种活动和过程。新型供应链管理与传统的企业信息化管理之间的差异，如表 1-2 所示。

表 1-2  新型供应链管理与传统企业信息化管理的差异

| | 传统企业信息化管理 | 新型供应链管理 |
|---|---|---|
| 管理理念 | 企业内部的业务过程管理 | 跨越整个供应链上业务的集成管理 |
| 关注点 | 强调的是它的效能，怎样用计算机系统操作替代人工操作，如何节约成本等 | 关注业务流程变革、敏捷性、协调性和互联性，链上成员的业务如何更加紧密地连接、怎样提高响应客户的速度，在供应链上优化资源的配置和使用 |
| 管理对象 | 企业内部业务流程和各部门间的协调 | 供应链上所有企业作为一个整体，上下游企业业务的整合与协同 |
| 管理方法 | 强调的是局部、个体，强调边界，主要关心本企业、本部门，而整个环节的整体效益和效率被放在次要地位 | 强调全局、整体，边界模糊，从整个链条的整体效益的提高来看问题，它强调的是整体大于部分的和。它产生于经济全球化以及企业经营范围、贸易范围的空前扩大 |
| 生产方式 | 强调大规模生产 | 大规模定制，为客户定制产品或服务 |
| 管理功能 | 面向事务处理的管理 | 在面向事务处理的基础上增加了智能、优化和决策等功能，在尽量低的成本下，引导供应和需求达到更加完美的平衡与优化 |
| 驱动方式 | 推式，以 MRP-II/ERP 的计划驱动成品的生产，去匹配市场和客户 | 拉式，从市场和客户的需求这个源头去拉动产品的生产来满足这些需求 |
| 职能部门 | 从传统的、狭隘的职能划分出发，是一种被动反应的工作模式 | 跨越多个业务流程、跨职能部门进行划分，围绕横跨从企业到主要客户和供应商的业务流程，全方位的进行协作以及有效的沟通 |
| 计划制订 | 在各独立职能部门内进行业务计划，业务运作计划与生产计划之间缺乏联系，计划是基于无限资源的基础上制订的 | 把企业计划流程扩展到企业之外，供应链计划SCP、一体化的协同计划预测与补货（CPFR），更频繁和更精细的各层次、各个阶段的运营计划是基于资源约束的基础上制订的 |
| 计划执行 | 基于独立部门的计划执行，较少考虑对其他部门的相互影响，缺少连贯性，通常是被动的反应 | 集成的跨部门间的协同计划执行，更强的可预见性，实时的可视性（横跨整个供应链），灵活性（供应和来源的选择）和主动响应性，以及快速将新产品推向市场 |
| 信息流 | 不连贯的信息流，信息缺乏横跨企业的标准，可视性有限，造成供应链上计划的效率低下 | 贯穿整个供应链上的信息流，信息的标准化和共享性使供应链效率得以提高 |
| 资源利用 | 资源在企业内部实现调度规划，有效利用 | 资源在整个供应链上实现最佳调配、协同利用 |
| 客户服务水平 | 被动式客户服务，与生产和其他前序过程的相互沟通少 | 前瞻性的客户关系管理，实现客户细分和一对一的营销，将客户分类特征和客户服务水平相匹配，有效地进行库存和生产可用性查询，提高对客户的承诺能力 |
| 效益 | 只追求局部效益的传统管理方法，由于整体效益不能提高，所以局部效益也难以有很大的持续性提高 | 整个链上的业务流程更加紧密和协调，减少了中间环节的费用，提高了对顾客的响应速度，增加了顾客的满意程度，整体效益提高，最终也使局部效益提高 |

由上可知，供应链是一个为客户生产产品和提高服务的过程，一个完整的供应链既可以存在于一个单独的企业中，例如 3M 公司在该企业中建立了 30 多个单独的供应链运作系统；也可以横跨多个企业，直到最终的用户。可以想象，当供应链上的成员不断增加时，该供应链的管理也变得非常复杂。供应链中的每个环节都能利用上下游

间的相关信息来协同地进行管理，实现产品从起点开始就以尽可能快的速度、最少的成本和更为完美的供需平衡流向客户的最终目标。

**2. 供应链管理的类型**

供应链管理具有多种类型，按其管理的可见或范围分类，有如下四种类型。

（1）企业内部供应链管理。企业内部供应链管理实现了企业内部各职能部门间的业务和信息集成，形成一条内部集成的供应链。最初，企业信息化管理是从各个单独的业务单元开始的，相对于整个企业，是一些信息化的孤岛。为了使企业的经营运作更为有效，需要将这些孤岛集成起来，形成业务流程和信息连贯的信息化管理，MRP-II/ERP 较好地解决了这一问题，它通过企业内联网和统一的数据库将企业内部的业务，如订单、采购、库存、生产、销售、财务和人力资源等单元连接起来，并将制度体系的建立、组织结构的改造、业务流程的调整以及绩效考核的标准等都纳入到一条业务链内进行管理，实现了有效的企业业务经营过程的自动化事务处理和内部流程的贯通性与信息共享性。为了更好地调配好企业手中有限的资源，满足市场和客户多变的需求，在这些事务性处理的基础上又加入了更高一层次的供应链的管理，如需求管理、供给管理、需求满足、分销计划、运输计划、高级计划与排程 APS（Advanced Planning and Scheduling）系统、供应链计划系统 SCP（Supply Chain Planning）和供应链决策系统 SCS（Supply Chain Strategist）等，并辅以数据仓库与数据挖掘、商务智能等技术进行支持，真正实现了由市场需求来拉动企业的整个业务链条，在优化的决策指导下制订出基于企业资源和能力约束的经营计划和作业计划，并紧跟市场的变化不断地重新安排计划，满足动态市场和客户的多变需求。这种企业内部的供应链管理，如图 1-3 所示。

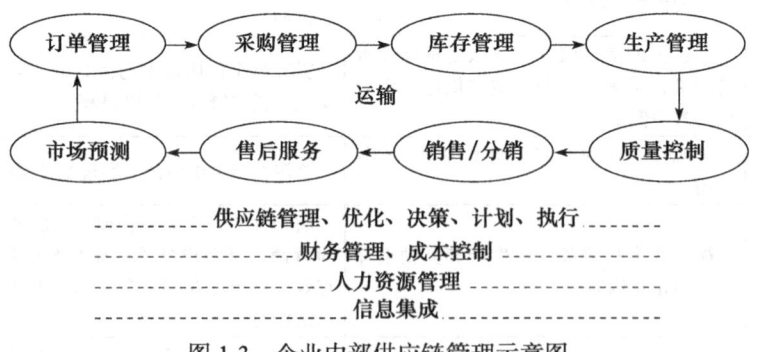

图 1-3　企业内部供应链管理示意图

这种供应链管理关注企业内部资源的调配，实现各种业务和信息的高度集成、共享、控制、管理和协调运营，供应链管理系统和 ERP 通过基于事件的集成技术紧密连接在一起，编制出基于物料和能力约束的企业计划，例如：需求计划、供给计划、采购计划、库存计划、物料和能力计划、生产作业计划和排序/排程、分销计划、运输计划、订单履行计划和服务计划、供应链分析以及供应链计划的执行与控制。它消除了企业内部业务流程中无效的环节和影响业务流程运行的因素，减少企业的库存量，有效地集成企业内部供应链流程的主要计划和业务决策。这种管理的核心是内部集成化供应链管理的效率问题，主要考虑的是在优化资源、能力的基础上，以最低的成本和最快的速度生产多品种的产品或提供多种服务，快速地满足用户的需求，提高企业反应能力和效率。

（2）企业外部上下游供应链管理。"需"与"供"在供应链管理中既是一对矛盾，又是一个统一的共同体。而每一个企业在社会和市场大环境中都不是孤立的，它的"广义的"供应商，是它的上游业务提供者，是它的"供"方；而它"广义的"客户是它下游业务的需求者，是它的"需"方。每一个企业都有其上游和下游供应链，合成在一起就是完整的企业外部上下游供应链。因此，一个企业同时要与其上游和下游的供应链上的成员进行业务往来，下游的需求拉动了它的业务，而它的业务又拉动了上游的业务。

企业在与供应链上其直接的上游企业打交道时，可以借助于供应链管理中的供应商关系管理系统 SRM（Supplier Relationship Management）来更好地获得所需的、由上游提供的产品和服务，并利用所得到的"供"与自己的能力和资源相配合，在企业内部供应链管理系统的控制下高效率和高效益地进行产出。在与供应链上直接的下游企业打交道时，则可以借助于供应链管理中的客户关系管理系统 CRM（Customer Relationship Management）来更好地了解下游客户的"需"，并在企业内部供应链的管理下快速响应和匹配其需求，为之提供产品和服务。

在企业下游供应链上，必须以"使客户满意"为战略中心点，通过信息集成和共享及时掌握客户的需求及其变化，通过协同运作充分利用自己手中的资源，甚至整合其他方资源来最大限度地为客户实现优质和及时的服务，从而扩大客户群落和扩大市场，提高销售额和增加利润。

在企业上游供应链上，必须以"双赢"的经营理念为指导思想，与广义的供应商结成长期的、稳固的和互惠互利的共赢伙伴关系，以最低的成本和在最短的时间内获得策略性的资源，并将供应商的技术、知识和创新能力集成进自己的业务流程中，与供应商共享信息、协同运作来使它们快速和高效地响应自己的需求，从而节约成本、缩短产品投放市场的时间、增强产品和服务创新能力以及自己市场和客户的能力，赢得市场，实现获利。

（3）产业供应链或动态联盟供应链管理。企业内部的供应链管理集成了企业内部各个业务部门信息化的孤岛，实现了内部业务流程的连贯性和连续性整合，使企业各部门、各环节能够更好地共享信息和有限的资源。虽然单个企业实现了信息化，但对于整个行业、市场或整个社会来说，它仍然是一个信息化的孤岛，急需进一步将这些孤岛进行连接，将其集成为产业供应链或动态联盟供应链。这种供应链管理是将企业内部供应链管理思想从上游供应链和下游供应链双向延伸扩展，一直从产品生命线的"源端"开始，终止于"终端"的消费者客户。同时，先进网络技术和通信技术的发展，特别是随着互联网和电子商务技术的发展，为企业实现这种供应链运作提供了支持和技术基础，就使得众多的企业可以从全局和整体的角度考虑产品的竞争力，使得资源从企业内部的管理规划扩展到企业外部的行业或动态联盟供应链上的调配和规划。

在这种供应链上，每一个企业都是供应链上的一个节点，而对于每一个节点，都体现了"供"和"需"的关系，因此，这种供需关系贯穿了整个供应链。在 21 世纪，市场竞争不再体现在单个企业之间的竞争，而是变成这种供应链与供应链之间的竞争，因此，每一个企业都必须将自己完全融入供应链中，一旦某个企业的业务失误和流程的延迟都会影响到整个供应链的运作。这种业务关联紧密、环环相扣的供应链使链上的成员能够在一个统一的供应链管理体系下实现协作经营和协调运作，共同实现对外部市场的竞争，以各自的优势共同满足客户的需求。一个典型的产业供应链或动态联盟供应链管理，如图 1-4 所示。

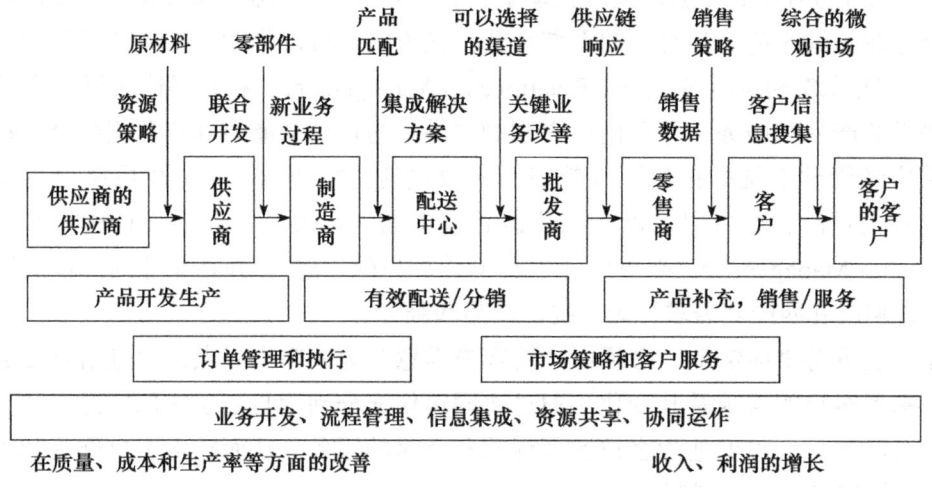

图 1-4　产业供应链或动态联盟供应链管理示意图

在产业供应链上，存在着市场、原料、零件、加工、制造、分销、配送、运输、仓储、流通加工和零售等环节。当然，产业供应链与动态联盟供应链也有些差别。产业供应链是贯穿整个行业从业务源头一直到终端客户市场的全部流程范围，一般其结构较为稳固，有明确的上下游供应链划分；而动态联盟供应链则较为虚拟，常常不具备产业供应链那种稳固的结构，它是一种"市场机会驱动型"的灵活的组织，它从组成到消失完全取决于市场机会的存在与否。它的优点是避免重复投资，可在短时间内形成较强的竞争能力，实现对市场需求的敏捷响应。其缺点是供应链运行的最优目标和效率难以清晰地定义，运作过程蕴涵着较高的风险。

（4）全球网络供应链管理。随着世界经济全球化和一体化的发展，资源的获取和使用更趋于在全球之间调配，据统计，从 20 世纪 80 年代起超过半数的美国公司在海外进行投资，而且在海外开展业务的公司和投资额在急剧地增加。同时，各企业之间、合作伙伴之间甚至是竞争对手之间的业务交流也越来越多，从本土迅速发展到海外，这使得业务过程越来越复杂。因此，企业需要将自己最强的力量放在最擅长做的事情上，其他不擅长的业务则采取外部的策略。这意味着企业与上下游业务伙伴之间的交往越来越多,形成了一种全球范围内协作式的供应链运作模式。

促进供应链全球化的其他原因是信息技术的全球化和因特网、电子商务技术的蓬勃发展,它们为全球供应链提供了信息和业务集成的基础支持。在这种供应链中,企业的形态和边界将产生根本的改变,全球资源随着市场的需求可以动态组合,以响应不断变化的客户需求。全球供应链包括全球范围内的产品开发、采购进货、货物运送、加工/制造、分销/配送、产品销售/服务、信息收集和共享,以及全球范围内的资金流动等。全球网络供应链如图 1-5 所示。

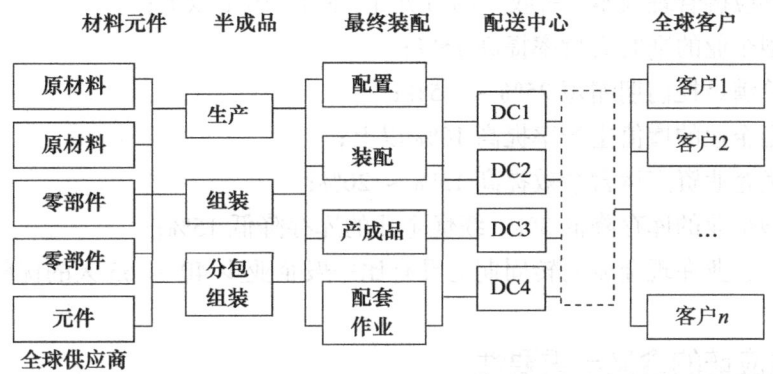

图 1-5　全球网络供应链示意图

这种供应链的运作需要准确的预测、科学的决策、高度的协同、精确的计划、有效的执行和可衡量的绩效标准,供应链网络信息交流层次的沟通与协调将采取交互的、透明的、无对象的方式,生产的组织和实现超越了空间和时间的概念和限制,可以以网络信息为依托,在更广阔的范围内选择合作伙伴,采用灵活有效的管理组合模式,从而更加方便有效地实现多种企业的资源优势互补。这种供应链,以及产业供应链或动态联盟供应链的管理都需要借助一套供应链管理系统的协同和工具,如供应链计划 SCP(Supply Chain Planning)、协同计划、预测和补给 CPFR(Collaborative Planning, Forecasting and Replenishment)、物流信息系统 LIS(Logistics Information System)、供应链决策 SCS(Supply Chain Strategist)以及 CRM、SRM、电子商务等,并与企业内部供应链的管理系统和工具相配合,彻底除去企业间的围墙,实现供应链上的资源根据市场和客户的需求,策略地进行优化配置,快速响应市场需求,提高用户服务水平和降低总的交易成本,并且寻求两个目标之间的动态平衡。

### 3. 供应链管理的效益

供应链管理作为一种新型的管理理念、模式和一套实际的管理软件系统工具,已被越来越多的企业所认识、接受和采用,学术研究界也投入了更多的精力致力于对它的研究,企业也正在努力地开展这方面的实践。世界权威的杂志《财富》(*Fortune*),已将供应链管理能力列为企业一种重要的战略竞争资源。在全球经济一体化的今天,从供应链管理的角度来考虑企业、乃至整个供应链的经营活动,形成这方面的核心能力,对广大企业提高竞争力将是十分重要的。通过实施供应链管理后，整个供应链上的企业可以在开发新产品，使产品或服务进入新市场、开发新分销渠道、提高售后服务水平和用户满意程度、降低库存、物流成本、单位制造成本、提高效益和效率等方面都将获得满意效果。

1997 年，PRTM（Pittiglio Rabin Todd & Mcgrath）公司对 6 个行业的 165 个企业进行了一项关于集成化供应链管理的调查报告，其中化工行业占 25%、计算机电子设备行业占 25%、通信行业占 16%、服务行业占 15%、工业制造行业占 13%、半导体行业占 6%。该报告表明，通过实施供应链管理，企业可以获得以下多方面的效益：

（1）总供应链管理成本（占收入的百分比）降低 10% 以上；

（2）中型企业的准时交货率提高 15%；

（3）订单满足提前期缩短 25% ~ 35%；

（4）中型企业的增值生产率提高 10% 以上；

（5）绩优企业资产运营绩效提高 15% ~ 20%；

（6）中型企业的库存降低 3%，绩优企业的库存降低 15%；

（7）绩优企业在现金流周转周期上具有比一般企业少 40 ~ 65 天的优势。

## 三、国际供应链的含义与重要性

### 1. 国际供应链的含义

国际供应链指一个国际化的企业通过掌握全球最经济的原材料，在最经济的国家生产，以最经济的方式满足全球的需要。

### 2. 国际供应链的重要性

GE（通用电气公司）前总裁杰克·韦尔奇说过："如果你在供应链运作上不具有竞争优势，就干脆不要竞争。"

国际企业利用国际供应链进行全球竞争的目的和原因有以下几点。

（1）可以有效降低企业成本。全球化的市场经营使竞争日益激烈，扩大企业的销售份额和收入越来越困难。故国际企业欲获得收益，就必须着眼于降低运营成本，特别是物流成本。如国际企业可以通过 JIT 运作和整合优化等方法，减少库存成本；通过采用延迟策略，提高采购和生产规模，降低采购和生产成本。因此，国际企业通过国际供应链管理可以有效降低国际运作的成本，从而使获利增加。

（2）能够缩短订货时间，加快响应速度。随着国际市场快速变化以及产品生命周期越来越短，就要求国际企业能够快速响应，及时供给。国际企业通过国际供应链管理可以有效精炼和优化业务流程、通过供应链的信息共享实现快速反应，加快订单传送的速度，满足市场和消费者的需要，从而提高顾客满意度。

（3）可以使售后服务质量提高。随着竞争的日益白热化和产品的复杂度越来越高、消费者对维修等售后服务的需求不断增加，售后服务质量已成为国际企业的竞争优势之一。国际企业通过国际供应链管理可以有效规划其逆向供应链的流程，以较低的成本，满足顾客对售后服务的要求，从而提升消费者的满意度。

（4）可以加快资金周转。由于企业国际化运作，导致业务流程较长且环节较多、收款时间拖长，影响国际企业的资金周转和正常经营。国际企业通过国际供应链管理可以有效整合物流和资金流，使其同步处理，同时也可以与金融机构合作通过供应链金融的方式实现融资，从而加快了资金周转。

综上所述，国际企业在不断变化的市场和日益缩短的产品生命周期的全球经营环境中，可以通过国际供应链管理积极整合上下游国际企业和金融机构等，优化业务流程，通过 IT 技术实现信息共享、快速反应，达到成本的最优化、加快资金周转率、提升售后服务质量和顾客满意度，最终获得较好的收益并提高企业的竞争优势。

### 3. 国际供应链的模式

最初，全球化供应链在初期主要有三种模式。一是国际营销与配送模式。这种模式是企业的采购和生产以国内为主，但有一部分配送系统与市场是在海外，面向海外业务。二是国际采购模式。这种模式是企业的原材料与零部件由海外供应商提供，最终的产品装配是在国内完成，部分产品装配完成后再运回到海外市场。三是离岸加工模式。这种模式是产品生产的整个过程一般都在海外的某一地区完成，成品最终运回到国内仓库进行销售与配送。这是在初期采取的初始模式。然而，由于全球经济一体化的快速推进、国际贸易组织的扩张以及因特网技术的发展使采购和销售在全球范围内进行，国际化供应链及管理已从这些初始的模式逐渐发展到今天跨国集团的设计、采购、生产、配送和销售、服务等业务遍及全球较为高级的全球化供应链的运作和管理模式。例如，戴尔、摩托罗拉、IBM、丰田、大众等跨国企业，就已逐渐形成了各具特点的高级全球化供应链网络的运作管理模式。

在许多方面，全球性供应链的管理与本土化供应链管理的原理基本是一致的，只是涉及了海外的国际业务，地域覆盖更广泛。然而，正是由于包含了跨国业务，使得它的运作方式也更为复杂，同时也存在着更多的风险和挑战，会受到多国家、多城市之间的地域、语言、货币、时差、文化、政治等因素的影响。例如，国际运输方面可能遇到地域方面的限制，订单和再订货可能遇到配额的限制，汇率变动及货币的不同也会影响支付的运作，等等。目前，我国已跨入 WTO 的大门，国际贸易和跨国经营都面临着巨大商机和严峻挑战，为了使我国在世界经济格局中占据有利的地位，提高中国跨国公司的竞争能力和成本优势，开展和加强国际化供应链管理的研究和应用，就具有极为重要的意义。

### 4. 国际供应链的运作案例

中国加入世贸组织后，对外开放的步伐将进一步加快，中国企业面临着新的机遇和挑战，新的贸易壁垒迫使企业进行跨国经营。一方面，在世贸组织规则下，国际市场向我们打开了大门，使我们的企业有了新的契机去更好地利用两个市场和两种资源，发现和利用国外的区位优势，特别是利用和转移这些区位优势去寻求更大的发展空间和活动舞台；另一方面，国际贸易在走向自由化的同时又出现了一些新的贸易壁垒，这给我国进行国际贸易增加了难度，企业只有通过走出去的办法，才能绕过这些壁垒。

因此，我国企业的跨国经营成为它们生存和发展的必然趋势，只有这样，才能使我国企业保持持续的竞争能力，最终实现国家经济的快速增长。我国的一些骨干企业如中国石油、中国石化、海尔集团已经成功地走出了国门，正在参与新一轮的全球市场的竞争。

海尔集团正是为了顺应世界经济在生产、分配和消费各环节的一体化趋势，充分利用生产要素在全球范围内自由流动、配置的低成本因素，利用世界科技最新成果以及创新能力，尤其是网络技术的发展，利用信息技术、极大地降低了各种经济活动、特别是跨国活动的交易成本，不断地构建自己的国际化供应链网络和开拓海外市场。

海尔集团在海外的拓展是从不同的业务方面实现的。其一，在体制上，设立了海外推进本部和商流推进本部，由这两个部门共同开展海外业务。其二，在营销业务上，搭建了全球的营销网络，从全球的用户资源中获取订单。过去各事业部都是各自在市场上做营销，造成营销费用急剧上升，客户来谈生意，要分别与冰箱、洗衣机、彩电部门谈，加上程序复杂，客户意见很大。商流推进本部和海外推进本部成立后，统一品牌销售、出口，方便了海内外的客户，也收到了很好的市场效果。其三，在采购上，随着产品品牌的知名度在海外不断地提高和海外业务不断地扩展，从最初采用多头采购，由多家小分供方共同供应一种原材料的模式，逐步转变为按优胜劣汰的原则，借助网络在全球范围内对原有的分供方进行了优化选择，由具有国际化供货经验的大企业供货的模式。其四，在设计上，遵循技术创新目标国际化、技术创新课题市场化和技术创新成果商品化的原则，利用国际科研已有的成果为基础来制定主攻方向，并在海外建立研发基地以满足产品国际化和本地的需求。目前，海尔已在洛杉矶、阿姆斯特丹、东京、里昂、蒙特利尔和硅谷等地建立了海外设计分部，专门开发适合当地消费者需要的家电产品，海尔现已批量生产适合欧、美、亚不同消费者需要的不同功能的家电产品，因而较快地提高了它在国际市场上的竞争力。最后，在资本运作上，海尔集团的海外子公司大多采取合资控股的投资方式，兼并现有的国外企业，这种方式同在东道国建设新厂或采用独资方式相比，具有缩短项目建设周期、减少资本支出、迅速扩大企业生产和经营规模、直接占有被兼并或合资企业原有市场和销售网络，迅速扩大海外销售额等优势。

沃尔玛公司在美国本土正面临着需求下降的趋势，与 20 世纪 90 年代公司每年新开办 150 家商店的速度相比，目前已下降到每年仅增加 100 家左右。国内这种需求状况已不能实现公司的赢利目标，因此公司把获利的希望寄托于海外市场。"如果我们的国际化战略获得成功，沃尔玛将会成为现在的两倍，"执行总裁大卫 D. 格拉斯说，"我们对未来非常看好。"格拉斯认为，在未来的 3～5 年内，公司的海外业务增长将达到沃尔玛年总销售额与利润增长额的 1/3。沃尔玛公司南美的 16 个商店的业绩将会很好地验证这一点。在加拿大与墨西哥，许多消费者对交叉柜台购货已经很熟悉。通过与当地的零售商联系，沃尔玛公司迅速扩大了规模，降低了成本。在南美与亚洲市场，沃尔玛公司已经从竞争激烈的市场上分得一杯羹，并将其国际化战略拓展到中国、印尼这两个充满希望与风险的国家。

然而一开始，沃尔玛在巴西的经营并不顺利，充满竞争的市场似乎并不适应沃尔玛公司的大规模低价的营销策略，以往沃尔玛公司推出的那种"天天低价"的惊人战略如今已不再奏效，沃尔玛遇到了一些意想不到的麻烦。

经过一系列的分析之后发现，主要原因在于公司没有进行充分的市场调研就贸然进入了市场。

首先，公司开业时不仅进了大批不受消费者欢迎的活蛙鱼与美式足球，还进口了许多不合适的产品，如一般的南美人很少用的无线工具，在以丛林为主的圣保罗地区基本上没有用处的叶片式吹风机等货物。

其次，是日常业务管理方面，沃尔玛公司引进了存货摆放设备，但却不能与当地的货盘相吻合；采用了一套计算机化的账务处理系统，然而该系统却没有考虑巴西地区极其复杂的税收政策；在公司的竞争哲学上，最初"沃尔玛风格"很大程度上也引起了供应商与雇员的不满；另外，沃尔玛对巴西迅速变化的信用政策反应滞后，迟迟不接收"事后日期支票"的信用方式，而这种信用自从巴西 1995 年采取稳定货币政策以来，已成为一种主要的信用形式，也早已被其他竞争对手所采纳。

再次，在营销方面，它的萨姆俱乐部方式采取了只对会员服务的营销方式，是一种一次性大批量的购买方式，在巴西并不受欢迎。这是由于一是顾客不习惯在购物之前必须付会员费的消费方式；二是人们家里没有存放大批商品的空间；三是做小生意的客户担心当局能从他们的购买记录上获得税收信息，不愿意从沃尔玛的这种商店进货。

最后，是供货策略方面，供应链上的低成本对沃尔玛的"天天低价"的营销战略非常重要，在美国，这一策略基本没有什么问题，沃尔玛公司就像运转良好的机器，控制着一个十分复杂的仓储管理系统和自己的配送中心。但是，在巴西的圣保罗地区，道路拥挤的状况使得及时供货遇到问题。在该地区，沃尔玛主要依靠供应商与合同运输公司直接运货到店。由于沃尔玛在这里没有自己的配送系统，它不能像在美国那样控制运输情况，造成从口岸到商店的运输途中产品还经常莫名其妙地失踪了。在该地区的沃尔玛商店有时一天要处理 300 批运货，而在美国一般只要处理 7 批。此外，当地的一些供应商达不到沃尔玛要求的"方便搬运的包装"与质量标准，结果逼得零售商只得依靠进口货物，但巴西的经济稳定政策一旦有变化，这一做法将会面临严重问题。另外，11 家南美供应商对沃尔玛的低价要求已有不满，有一段时间，他们甚至对沃尔玛拒绝供货。

为此，沃尔玛随后采取了一系列的本地化措施。为适应当地的消费习惯已经做了许多改进：一箱箱的活蛙鱼被一种名为苏西的鱼所取代；美式足球被换成了英式足球；腓吉达，一种以牛肉与猪肉的混合物制成的食品现在被放置在食品柜上的显眼位置；一种标价 19.99 美元的美式牛仔裤也被降到了 10 美元；在账务处理和信用制度方面都进行了本地化的改进，逐步去适应这种商业运作环境；在萨姆俱乐部商店里也作了一些改进，对某些产品，商店对顾客提供一天的会费免费，以此来吸引顾客，这种方式在巴西开始慢慢地被接受；同时，为了改善供货问题，沃尔玛在阿根廷和巴西分别建造了一座配送仓库，最终解决了供应链的低成本问题。

沃尔玛公司做出的本地化努力没有白费，它在巴西的经营也获得了成功。它的销售额已达 1 050 亿美元，利润达到上亿美元。为此，沃尔玛的国际部总经理非常有信心地认为，公司最终会成为南美最主要的零售商，"诱人的果实已经触手可及"，"市场已经成熟，敞开大门欢迎我们"。

## 第三节 国际延伸性企业

如第一节所述，企业的物流作业模式，其发展趋势将从物流、国际物流、国际供应链一直到国际延伸性企业。下面将介绍国际延伸性企业的有关概念及与国际供应链的差异。

### 一、国际延伸性企业的含义

国际延伸性企业是指从上游到下游，从原材料到终端消费的所有合作组织，通过共同的作业将价值带到市场上。

上述定义感觉与前面介绍的供应链管理相类似。但二者实际上存在不少的差异。

### 二、国际延伸性企业与国际供应链的差异

国际延伸性企业与供应链的比较，如表 1-3 所示。

表 1-3 国际延伸性企业与供应链的比较

| 项目 | 国际供应链 | 国际延伸性企业 |
| --- | --- | --- |
| 环境 | 更稳定和静态 | 动态和变化 |
| 焦点 | 倾向于以企业本身为中心 | 寻找可带给公司解决方案的伙伴 |
| 价值创造方式 | 影响自我的能力 | 调控全体成员的能力 |
| 关系类型 | 伙伴关系 | 借助伙伴关系强化合作行为 |
| 动因 | 成本驱动 | 价值驱动 |
| 知识 | 仅限于企业内部分享 | 系统广泛分享 |
| 倾向 | 强调业务流程 | 强调知识管理与学习 |

国际供应链重点是管理整体流程中的物流作业，通过从上游到下游整体流程的顺畅达到成本的节省和服务水平的提高，侧重信息管理和成本。

国际延伸性企业重点是通过合作与学习的运作方式持续提高企业内成员的能力，通过整体网络为顾客提供增值的产品与服务，从而提高顾客的满意度，扩大市场份额，获得企业的竞争优势，侧重知识管理和增值。

## 案例分析

### 丰田北美分公司（NAPO）的国际物流

最近几个月，要想在跨国物流中维持 JIT 战略越来越困难，而丰田北美分公司（NAPO）却通过大幅度地降低物流费用把 JIT 战略维持下来了。NAPO 的经营哲学就是在恰当的时间、恰当的地点、以最低的价格为顾客提供最好的产品。为此，NAPO 实施了一项物流成本缩减计划，该计划使得 NAPO 的平均存货周期由 3.33 个月缩减到 3.1 个月，运输费用由占销售总额的 5.5% 下降到 4.82%。

NAPO 准备继续在墨西哥实行 JIT 战略，以满足那里日益增长的市场需求。为此，NAPO 计划实行一项新的计划，以保证日本、美国、墨西哥三地之间的物流快速、高效地进行。他们选择了 Expeditors 公司作为货物代运人和报关行，这是一家总部设在西雅图的国际物流公司。

当远在墨西哥的零售商通过"经销商互动系统"从网上下达订单时，物流活动就开始了。该订单直接输入 NAPO 的客户管理系统，而无需通过分销商。然后，产品就会从丰田设在 He-bron 的工厂空运出来。产品抵达墨西哥以后，需经政府的审核、报关、包装、贴签，然后 Expeditors 公司将其登记入账。最后的运输交给 TTR 公司完成，这是由丰田公司和 Ryder 公司合资组建的，总部设在 Florence 的专业物流公司。TTR 公司既具有 Ryder 公司的专业物流管理经验及先进的系统集成技术，又拥有丰田仓储运作的经验。正如 NAPO 所说："TTR 公司的存在是整个物流系统的一个关键环节，它保证了低成本、迅速、安全的配送。此外，它还提供了许多非常有价值的顾客反馈信息。"

**案例讨论题**

1. 请画出 NAPO 的国际物流系统。
2. 在案例中，Expeditors 公司和 TTR 公司的角色分别是什么？其各自的主要业务包括哪些？
3. NAPO 通过哪些做法缩短了平均存货周期，提高了快速反应能力？

## 本章小结

本章在回顾了物流的概念和七大功能要素（运输、包装、仓储、配送、流通加工、装卸搬运和信息处理），以及物流管理的相关基本知识点之后，提出了国际物流的概念和特点，分析了国际贸易和国际物流之间的相互影响相互促进的关系，阐述了国际物流形成的因素以及未来发展的趋势。供应链管理已然成为企业尤其是跨国企业经营的核心竞争力，对于供应链管理的内涵、类型以及信息化管理的优势等方面内容也在本章进行了详细的阐述。此外，还强调阐述了国际供应链管理的含义和重要性，并通过国际供应链管理的案例来分析国际供应链管理的模式。最后，介绍了国际延伸性企业的内涵及其与国际供应链的区别。通过大量基础知识的介绍，对整个国际物流系统和国际供应链管理的整体框架和核心内容加深理解，为后面的知识进行了铺垫。

# 第二章 Chapter2

# 国际性产品设计

## 学习目标

1. 了解国际物流的包装设计。
2. 理解国际物流导向型产品设计的定义、原则及做法。
3. 掌握国际物流的标准化与模块化产品设计。

## 导入案例

### 产品设计支持国际物流作业——IKEA（宜家）

瑞典的家具零售商 IKEA 是世界上最大的家具零售商，市场分布于 30 多个国家，分店超过 200 家，正以创新家具产业的姿态在全世界快速扩展，每年营业额超过百亿美元。

传统的家具销售途径通常为百货公司或是小型的地区型店铺，离销售地点距离较远的消费者下订单后，甚至要等上两个月的时间，订购的商品才会送达。

IKEA 颠覆原有的营运及陈列经营模式，在远离城镇的大型仓库中展示它们多达 10 000 种的商品，家具的存货也储放于同一仓库中，但因为产品经过设计，使其模块化且容易储存，并已经紧密而有效率地包装在小箱子里，所以就算储放了这 10 000 种商品的存货，仍然不会占去太多的空间而使仓储成本过高；又因为产品能装在小型的箱子中，所以顾客能够自行将产品带回家中并自行组装，而且为了让顾客乐于将产品带回家中组装，在产品设计时，也以简单容易装配的概念设计。

紧密包装的小箱子除了节省仓储成本并让顾客方便提取外，因为小箱便宜并能方便运输，所以 IKEA 比起其他家具商更有本钱寻找便宜的生产地点，在少数几家工厂中高效率地生产，并将产品分别运输到世界各地。IKEA 运用这种产品设计方式达到了生产、运输与储存的规模经济，比其他的竞争者更能销售高品质低价格的商品给消费者。

## 第一节 概 述

### 一、物流导向型产品设计

21世纪信息时代的到来，顾客的需求和对产品的要求越来越高，企业间的竞争日趋激烈，导致市场的不确定性大大增加，产品生命周期缩短，产品品种数量膨胀，对产品交货期和服务质量的要求越来越高。

早期的面向制造的设计（DFM）、面向装配的设计（DFA）等主要是对制造环节进行优化，没有考虑到物流和供应。同时，在我国产品设计和物流是两个单独的领域或部门。在产品设计过程中设计师们往往是根据市场的需要和个人的喜好来进行产品的设计，很少与采购、制造、包装、运输、仓储、财会等物流部门合作，不能适应企业的快速发展。现在的供应链管理把产品的制造作为供应链中的一个环节，为了使整个供应链的成本和性能最优化，产品设计必须面向供应链物流的整体进行优化，而不是仅仅针对其中的部分环节。

随着市场竞争的日益激烈、消费者需求的个性化和多样化以及产品生命周期的不断缩短，产品设计时需要我们不仅要考虑市场与顾客的需求、产品的易制性，而且要关注便于整体供应链的物流操作和降低物流成本、实现零部件的标准化和模块化、尽量让最终产品的差异化延迟到顾客下订单时再进行，即物流特性。

物流导向型产品设计即是在产品设计时将市场与顾客的需求、产品的易制性以及物流特性一并考虑，形成三个维度，又称三度同步工程。

### 二、国际物流导向型产品设计

国际物流导向型产品设计是指国际性产品在新产品设计与开发阶段，采用同步工程的方式，将各国市场销售人员、产品设计者、生产制造者、零件供应商与国际物流业者一起纳入，共同集思广益，针对顾客的需求、包装的方式以及国际运输可能的工具来设计产品。

### 三、国际物流导向型产品设计的具体做法与原则

**1. 标准化和模块化**

简化设计、减少零件的种类、实现零件标准化，尽可能共享零件、易制造和组装，包装、配送与仓储尽量简单方便。并将最终产品的组装工作延迟到各国的物流中心；模块化设计是将产品上同一功能的单元设计成具有不同性能可以互换的模块，选用不同模块，即可组成不同类型、不同规格的产品，其原则是力求以少数模块组成尽可能多的产品。

**2. 经济包装与运输**

因为产品的体积和重量均影响物流成本和操作，减少包装物的体积和重量，实现紧密包装可以有效降低运费，节省仓储成本，同时也便于物流的装卸搬运等操作。

**3. 组建跨部门（企业）的产品设计团队**

让供应商、生产人员、物流人员、销售人员等都加入到产品设计的团队，集思广益，协同合作，减少由于信息的沟通不畅而造成的重复和返工，加快产品开发速度，降低供应链的总成本，争取利益的最大化。

## 四、国际物流导向型产品设计的效益

采用国际物流导向型产品设计的方式，可以获得如下效益。

**1. 减少仓储、采购、制造、运输等成本**

由于减少了零件品种和实现了零件的标准化和通用化，从而使得每个品种的零件采购数量和生产数量增加，形成采购和生产的规模效益，降低了采购和生产的成本；由于产品实现模块化设计和经济包装，且采用延迟生产，故仓储、库存及运输成本也得以有效降低。

**2. 提高顾客服务水平**

由于采用延迟生产，缩短了订单履行的周期，能够快速响应顾客及市场的需求，提高了顾客的满意度。

# 第二节 面向国际物流的标准化与模块化产品设计

在以前传统的生产模式中，常常在产品生产之前需要预测该产品的种类与数量，即按预测进行生产。这种生产模式常常由于预测与实际市场需求不符，导致缺货或库存过多、成本上升以及过时库存增加的风险。然而采用标准化与模块化的产品设计，可以有效降低采购、库存、运输及生产成本，特别是极大地降低了过时库存的成本。

## 一、标准化产品设计

**1. 零件标准化（Part Standardization）**

零件标准化是将通用的零件共用于多种产品，从而设计出能供多种产品使用的半成品，有助于集成多个产品线的需求，统一零部件库存，降低库存水平。如 HP（惠普）公司的激光打印机产品主要销售市场是欧洲和北美，但这两个市场所使用的电源部件在所需的电压方面不同，分别是 220 伏和 110 伏。产品重新设计进行标准化，使其具有双重性，从而减少了电源种类，实现了两个市场的库存合并，从而减少了库存、生产等成本。

### 2. 程序标准化（Process Standardization）

程序标准化是对一个产品系列中的不同产品的相关流程步骤进行标准化，以尽可能使产品系列中的所有产品（或其子集）经过同样的流程步骤生产出来。从而将产品的差异点尽量延迟到晚些（需求）时候，这种做法又称为延迟（Postponement）。

如油漆生产和配送，传统上需要在油漆工厂里实现不同颜色的油漆生产，通过邻近的商店，这些油漆被交付到顾客手里。

现在，把上述生产过程分为两个流程模块：①一个一般性的油漆和颜料生产步骤②一个油漆和颜料的混合步骤，以得到一种特殊色调的油漆。将初期的生产流程模块标准化，同时把混合油漆和颜料的第二个流程模块延迟到邻近的商店，可以集中管理库存，减少可能的供需不匹配。

羊毛衫的生产是程序标准化的另外一个例子。如：传统上，羊毛衫的生产是先将毛线染成不同的颜色，然后把染好的毛线编织成衣服。成品衣服被库存起来，运送到不同的零售商。

经过程序标准化重新设计流程，将原来的编织和染色操作调换顺序，储存"本色的"（未染色的）编织服装库存，从而有效地延迟了羊毛衫颜色这个差异点，并最终减少了库存。

### 3. 产品标准化（Product Standardization）

设计符合市场多数消费者需求的标准化产品，加上可变换的少许配件，可以满足市场上大部分消费者不同的需求，故可保留少量的存货。如惠而浦（Whirlpool）设计了一个对于所有洗碗机通用的金属框架模块，以及一个基于顾客偏好插入金属框架中的彩色片状模块，使得惠而浦可以在仓库中储存适量的一般性的洗碗机和彩色薄片，并在晚些时候，基于顾客的要求将适当的彩色薄片插入金属框架，可以满足市场上大部分消费者不同的需求。

在产品标准化的情况下，可以采用向下替代（Downward Substitution）的做法，用有限的产品种类和数量满足消费者的多样需求。

向下替代，即在产品标准化的条件下，若订购的产品缺货，可在不违反顾客需求的前提下，以更高性能的产品来替代。如：租车公司只准备几种等级的车辆供出租，每一等级的车种只保持适当数量。在低等级车辆出租完后，若消费者仍想租赁，便以中高等级的车辆代替，仍能满足消费者的需求，从而不必保留过多的低等级车辆。另外，航空公司的客满机位升等、旅馆客房升等都是常见的例子。

### 4. 采购标准化（Procurement Standardization）

工厂生产不同的产品，尽量采用相同的标准化原材料或零部件、设备，可降低采购成本及提高设备利用率。

## 二、模块化产品设计

### 1. 模块化
指针对具有特定用途及功能的零件单元，使其标准化，因而容易装配或分解的一种理念或设计。

### 2. 模块化的形式
产品模块化和程序模块化。

（1）产品模块化。模块化的产品是由一些模块所组成，而这些模块的不同组合能组成不同的产品。如：PC（个人计算机）可根据不同的硬盘、内存、CPU（中央处理单元）等模块组合成不同的 PC 产品；山地自行车等也属于此类情况。

（2）程序模块化。是将制造程序分离成若干个作业模块，使这些作业之间可以储存半成品。借以不同作业模块的组合，形成不同的制造过程，可以创造产品的差异化。

### 3. 模块化设计的原则
（1）通用原则。将产品模块设计为通用的具有不同功能的零件单元，这些模块的不同组合可以组合成所有不同需求的产品。

（2）分割原则。各个产品模块之间性能明确，既相互独立又具有互补性，以便根据顾客的需求选用合适的模块，组合成不同的产品方案。

（3）连接原则。各产品模块间具有较好的连接性，或连接各模块的连接模块具有较好的共通性。

（4）适当原则。在分割模块时，采用适当原则，并非分解得越精细越好。

### 4. 模块化设计的好处
（1）可以实现模块化零件的规模经济效应。采用模块化设计，可以使各模块零件的数量增加以达到经济规模且集中生产，可以形成生产的规模经济，降低成本。

（2）能够有效降低库存。如某企业的主要产品由 A、B 部件所组成，每一个部件包含的类别有 A1、A2、B1、B2、B3、B4，由此可组合出 8 种不同的产品（2×4＝8）。如每一种产品均需保持一定的存货，则存货的种类与数量将会大增，库存成本较高，特别是容易产生过时库存。若以模块化的状态存在，则只需储存 6 种部件（2＋4＝6），等到顾客下订单后再进行最后组装，能有效降低库存成本，减少过时库存。同时，库存价值低，占压资金较少。

（3）运输成本低。以模块化的状态进行运输，可以节省空间，从而降低运输成本。

（4）顾客服务水平高。通过采用延迟策略和集中预测，可以快速响应市场和顾客的需求变化，从而提高顾客的满意度。

如：惠普（HP）的打印机产品，其供应欧洲的产品在新加坡生产，由于欧洲各国电源规格不同，故在各国配送中心将不同规格的电源插上，以配合各国差异，既满足了各国顾客的需求，同时制造、运输与库存成本也降低了 5%。

## 三、标准化与模块化在国际物流中的应用

国际企业在进行国际物流策略的选择时，可以根据企业产品与程序模块化的能力，决定标准化的策略，从而降低物流成本，如图 2-1 所示。

|  | 程序 | |
|---|---|---|
|  | 非模块化 | 模块化 |
| 产品 模块化 | 零件标准化 | 程序标准化 |
| 非模块化 | 产品标准化 | 采购标准化 |

图 2-1　标准化作业策略

#### 1. 程序及产品均模块化——采用程序标准化策略

程序标准化策略可以在顾客下订单时使装配、组装流程方便移动与重新编排，能更快地响应市场与顾客需求的变化，降低预测失败的风险，从而有效降低库存成本。

#### 2. 产品模块化而程序非模块化——采用零件标准化策略

将产品分别制造成标准化的模块，等到顾客下订单时，再进行大量组装生产与配送。与程序标准化不同的是，不能在产品生产程序进行到某一阶段（因为程序非模块化），再进行组装、装配的差异化。

#### 3. 程序模块化而产品非模块化——采用采购标准化策略

采用采购标准化策略能够有效降低各作业模块的相关设备的成本和原材料（或零部件）采购成本。

#### 4. 程序及产品非模块化——采用产品标准化策略

由于程序及产品均非模块化，无法实现分割，可以设计符合市场多数消费者需求的标准化产品，加上可变换的少许配件，可以满足市场上大部分消费者不同的需求，故可保留少量的存货。

## 第三节　面向国际物流的产品包装设计

长期以来，包装设计往往过多地考虑制造和市场营销方面的要求而忽视了物流的要求，例如：为了吸引消费者，在销售上多采用大容量和特殊尺寸的包装，但却不利于物流。包装对于物流系统的成本和生产率有较大影响，包装设计应当把物流作业、产品设计、生产制造和市场营销各方面的要求统筹考虑。

## 一、包装的种类与功能

包装通常分为两类，即商业包装和工业包装。前者是一种面向市场、有利于消费的包装；而后者则是适应物流需求，便于分拣、运输等作业的包装。

#### 1. 商业包装

商业包装又称为销售包装、小包装、内包装。除了保护商品外，有美化、宣传、

促销商品的作用，较重视图案设计、装潢设计。

### 2. 工业包装

工业包装又称为运输包装、大包装、外包装。在流通过程中保持品质和数量完好、便于运输、储存、装卸等，较注重结构强度和使用方便。

## 二、包装与物流成本

### 1. 包装对物流成本的影响

包装会影响每一项物流活动的成本。例如，库存盘点要求人工或自动化识别系统具有较高的准确性，而识别与商品包装密切相关；分拣的速度、准确性和效率也分别受包装的形状和操作的简便程度等的影响；包装尺寸和密度直接影响到运输的成本，也会影响仓储成本，因为它会占用仓库空间的使用、堆积的稳定性等；包装的尺寸与密度还会影响到装卸搬运的效率和成本。

### 2. 减少包装对物流成本影响的方法

企业欲降低包装对物流成本的影响，可采用以下方法：

（1）在实现所需的必要保护前提下，改变包装形状、尺寸及结构。

（2）尽量减少包装物的重量。

另外，还要关注降低包装材料及其附属物的成本。

例如，强生公司的卫生产品在女性中间占领了很大的市场。公司生产出一种船形杯子状的产品，名叫"Serenity"。每个包装盒中装有12个或24个产品。由于担心该产品太过松弛，而零售店内的货架空间有限，可能会因为存储数量不足而导致经常缺货，也限制了产品在消费者面前展示的机会，最终影响销售。物流管理人员提出了解决问题的办法：改变产品密度。他们将产品对半折叠，再压成袋状，包装盒的尺寸比原来的一半还小。这样做不仅满足了市场营销的要求，还节约了仓储、运输和包装成本。

再如，汽车保险杠通用的包装方式是将保险杠放在纸箱中，这是保护性较优的方案。保险杠具有空间曲率形状，包装纸箱的空间利用率低，物流运行环节中占用大量的仓库空间和运输体积，是不经济的包装方式。从零件的防护性和经济性两方面分析，采用按零件空间形状包裹的气泡袋包装方式更加合理，如图2-2所示。

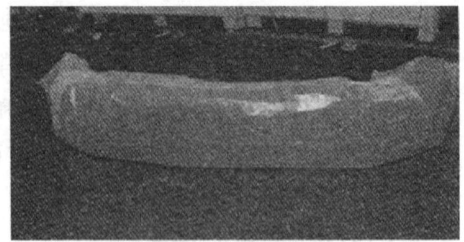

图 2-2　汽车保险杠的气泡袋包装方式

## 三、国际包装的特性及对物流的影响

当企业进行国际运作、商品实现跨国运输时，由于国际运作，需要更长的运输距离和更多的装卸搬运，同时要面对不同国家的法律法规，所以国际物流包装的特性不同于国内物流的包装，既强调商品的卖相，同时更要注重商品在流通过程中的安全保护。有关国际物流包装的特性具体如下。

**1. 国内包装不适合出口使用，须符合各国包装的规定**

正如前文所述，由于国际物流比国内物流需要更长的运输距离和更多的装卸搬运，要面对不同国家的法律法规，同时由于海关作业的要求，包装上需要贴满各种标签、单据等，所以国内包装不适合于国际出口的需要。企业出口时需要认真了解进口地国家的市场情况与相关规定，选择最好且适合的包装，以适应各国的不同规定与喜好。如：美国、欧洲、澳大利亚、日本、埃及等规定，凡用木箱（包括木质栈板）进口的货品，均需提供熏蒸证明。美国、澳大利亚、新西兰、挪威、菲律宾等则更进一步禁止使用稻草作为包装材料。埃及规定，包装箱应里、外均防水，且用双层铁皮捆扎牢固。沙特阿拉伯规定，所有货物应先用栈板集装后再装入集装箱，不准有散装，以利机械装卸，且每件集装箱栈板重量不得超过 2t。

**2. 符合国际趋势——绿色包装（环保包装）**

随着科技进步和节能环保的理念不断普及，国际上，特别是较发达国家对于绿色环保包装的要求越来越高，不断通过立法手段对于进口商品的包装提出需符合环保的要求。如：含 CFCs 的聚苯乙烯泡沫塑料（EPS）、聚氯酯（PUC）等发泡塑料在生产过程中会破坏大气臭氧层，同时使用后不容易降解，德国便已全面禁止使用该类材料制作包装衬垫或容器。

**3. 重视包装对作业的安全性**

为了在物流操作中保护人身安全、避免作业伤害，同时也考虑到方便作业，各国有具体的规定。如加拿大为便于搬运工人操作、确保作业过程中的安全，规定一个外包装的毛重不可超过 35kg，超过就要罚款，万一搬运工人因搬运超重对象而受伤害，有权提出申诉，要求赔偿。沙特阿拉伯也有类似加拿大的规定，要求每袋袋装货物，重量不得超过 50kg，否则不提供仓储服务，除非这些袋装货物有栈板集装。另外，阿拉伯联合酋长国基于货物转运的需要，也规定商品包装应牢固，能承受高温和高湿度，以及承受粗暴的装卸和可能发生的偷窃等。

## 案例分析

### 三星中国的物流加速度

三星电子目前已经成为世界上最大的内存生产商、销售收入全球第一的液晶显示屏生产商，以及系统芯片和消费电子元器件最大的生产商之一。三星电子包括数字电视、显示器、笔记本电脑、手机等在内的终端产品部门，使用的核心元器件都来自集团内部。2005年，据美国《财富》杂志的统计，三星电子纯利高达 94.1 亿美元，高居 IT 行业首位。

不过，以高端技术起家的三星电子，仍要学习面对不确定的市场变化。单论研发、制造和销售，三星电子每一方面的能力都很出色，但供应链的地域跨度过大，且出于品牌定位的考虑拒绝制造外包，这给三星电子的市场响应能力带来了巨大的考验。如何在一条横跨全球的供应链条中，既保持研发能力和制造成本的优势，又不影响到销售的速度？这显然不是单一技术所能解决的问题。如今，三星电子希望给这个链条中注入更多的物流动能。

在具体运作中，三星电子通过主动控制的方式首先从供应链的源头——产品设计做起。

如同平日一样，早上不到 8 点，惠州三星电子有限公司研发部门的小张已经在电脑前忙开了。与其他电子公司的研发人员不一样，他还要熟悉集装箱的知识。这些知识如今对三星电子来说是必要的：在运输成品（比如液晶显示屏）的时候，一般一个集装箱可以装 100 台左右，而经过特别设计尺寸和包装的产品，一个集装箱则能装到 200 台以上。这意味着运费节省了一半！

在三星电子这家位于中国华南的生产基地，研发部与物流部之间类似的合作比比皆是，研发人员对采购、生产乃至装船的环节必须熟知。而整个产品链条上的成本，从制造、包装到运输，都是由研发部门负责计算的。

通过国际物流导向型产品设计的方式，成就了三星电子的市场竞争力！

**案例讨论题**

1. 国际物流导向型产品设计的方式，为何能够提升三星电子的市场竞争力？
2. 试分析，作为三星的研发人员，除了要了解集装箱知识外，还可能需要了解哪些方面的知识呢？
3. 尝试对比一下，三星电子与宜家在国际物流导向型产品设计方面的做法的异同点。

## 本章小结

本章主要通过介绍国际物流导向型产品设计的定义、原则及做法，了解物流导向型产品设计在国际物流系统中的作用和地位，其中，在现实应用中常采用的标准化和模块化产品设计的类型、原则及策略，是本章的一个重点。最后，分析了国际包装的特性及其对整个物流系统在成本、效率等多方面的影响。

# Chapter3 第三章

# 国际企业原材料管理

### 学习目标

1. 了解企业原材料管理的概念及内容。
2. 理解采购/制造决策框架、电子采购、供应商选择及关系管理。
3. 掌握全球采购策略的选择方法。

### 导入案例

#### IBM 公司面临的采购问题

全球 IT 业巨擘 IBM 公司过去的采购管理工作非常落后,即先由员工填单子、领导审批、投入采购收集箱、采购部定期取单子。管理人员研究发现:繁琐的环节、不确定的流程、质量和速度无法衡量,甚至要降低成本都不知如何下手。当时 IBM 不同地区的分公司、不同的业务部门的采购大都各自为政,实施采购的主体分散,重复采购现象普遍,采购流程自成体系,权限、环节各不相同,合同形式五花八门。

摆在 IBM 公司面前的问题是:采购成本如何减少?采购商品质量如何保证?

国际性产品设计完后,就进入到国际企业原材料管理阶段。原材料管理位于国际供应链的源头,其管理的好坏直接决定了原材料供给的价格、质量、数量、可靠性与及时性,是国际物流管理的重要内容。

## 第一节 概　　述

### 一、企业原材料管理的基本概念

#### 1. 原材料管理的定义

原材料管理是包括与原料、半成品或零部件有关的预测、采购、包装与存货管理等。

从上述定义可知，企业原材料管理不同于原材料采购，企业原材料采购只是原材料管理的其中一部分活动，或一个环节。

#### 2. 原材料管理的范围和内容

国际企业原材料管理的范围与内容包括以下六部分。

（1）预测，选择供应商和采购时机，监控原材料使用情况。

（2）进料运输管理。

（3）仓储、存货管理与控制。

（4）生产控制。生产规划直接决定原材料、半成品等的需求时间、品种、地点和数量，所以企业原材料管理必须实现有效地与生产系统（规划）相协调，对整体的由原材料到产成品的生产系统进行控制，才能在成本较低的情况下，保证生产的顺利进行。

（5）原材料的回收利用与废弃处理。由于近年来各国政府和社会大众环保意识的提升与相应法律法规的实施，使得国际企业必须重视逆向物流作业。

（6）数据与信息系统。通过原材料管理数据和信息系统，国际企业管理者可以很好地进行需求预测、供应商管理、运输管理、仓储与库存控制、原材料的回收利用、废弃处理以及与生产系统的协同等管理和决策。

#### 3. 原材料管理的目的

原材料供给会造成进料不平稳、价格较高及缺料现象的发生，故准确地预测原材料的需求，正确地选择采购策略，并进行有效的供应商关系管理，十分必要。

### 二、原材料绩效管理

原材料管理可以用以下具体的绩效指标进行衡量和控制。

（1）供应商服务水平：具体可通过供应商的订货周期、订单完成率和可能造成生产上延迟的各种失误等指标对其服务水平进行考量。

（2）存货周转率：通过实际存货周转率与目标值、行业标准、竞争对手或历史记录进行比较。

（3）价格水平：可以通过主要原材料实际购买价格与目标值、行业标准、竞争对手或历史记录进行比较。

（4）质量：通过原材料不合格品的比率与目标值、行业标准、竞争对手或历史记录进行比较。

原材料绩效管理必须通过完整的作业记录来实施。

## 第二节　国际供应链原材料采购管理

### 一、国际供应链原材料采购管理的功能

在整体国际供应链系统中，原材料管理是其源头，而原材料管理的核心是原材料采购管理，从需求分析、生产订单开始，选择合适的采购策略，寻找恰当的供应商、进行洽商并达成协议，安排国际运输与仓储计划，直至原材料送达目的地进行质量检验后，完成付款。良好的原材料采购管理可以实现在恰当的时间，以恰当的方式和成本，把恰当数量的恰当的原材料，送达恰当的地点，以确保企业生产的顺利进行和整体供应链的运作顺畅。国际原材料采购管理在整体国际供应链中的角色，如图 3-1 所示。

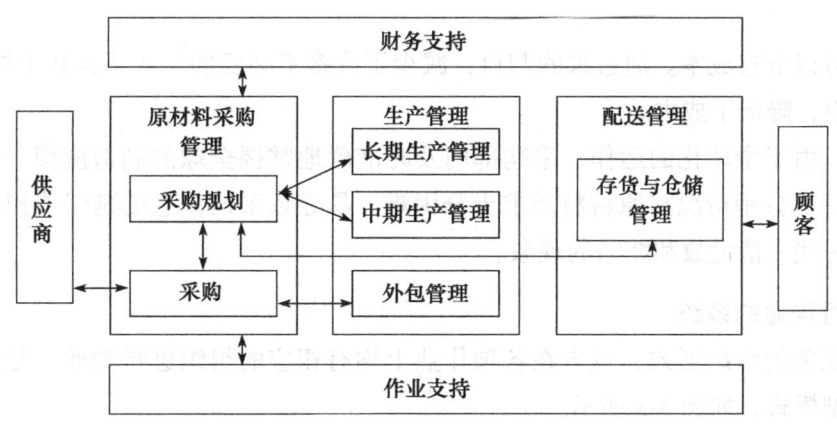

图 3-1　原材料采购管理在供应链中的角色

### 二、原材料采购渠道

采购渠道是供应商与购买商之间交流的渠道。良好的采购渠道可以有效支持供应链后续的制造活动。建立采购渠道的形式有以下两种。

**1. 依序沟通的系统**

特点：双方的沟通是由购买方的采购人员与供应商的销售人员所完成，双方只有一个对口单位交换信息，如图 3-2 所示。

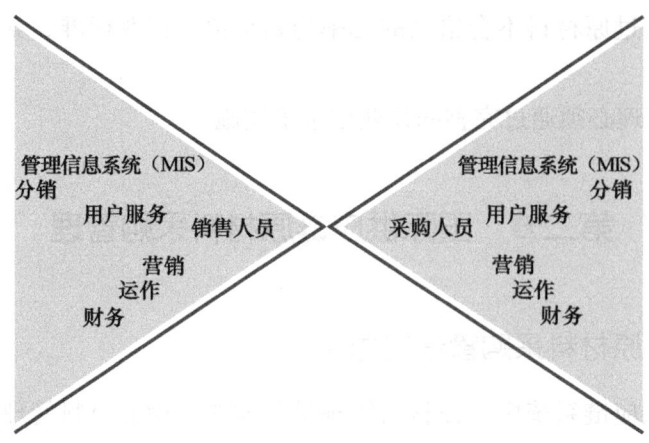

图 3-2　依序沟通系统

优点：

（1）采购归口，一口对外。采购部门负责一切原材料采购事宜，所有信息汇集到采购部门，由其向供应商的销售部门进行沟通和处理。

（2）可以减少不必要的信息混淆。由于一口对外，获取的原材料信息只有一种，不会混淆。

（3）可以节省成本。通过采购归口，减少了许多不必要的作业，也利于规模采购，提高了效率，降低了成本。

缺点：由于全球化的运作，采购部门及时准确地掌握全球的制造流程、库存情况及产品设计、分销情况与原材料需求十分困难，易导致采购信息的延误或扭曲。另外可能发生一些人情世故和贿赂的现象。

**2. 平行沟通的系统**

战略联盟的组织形式，双方在各项作业上均有相应的组织进行沟通，是一种信息沟通的新型模式，如图 3-3 所示。

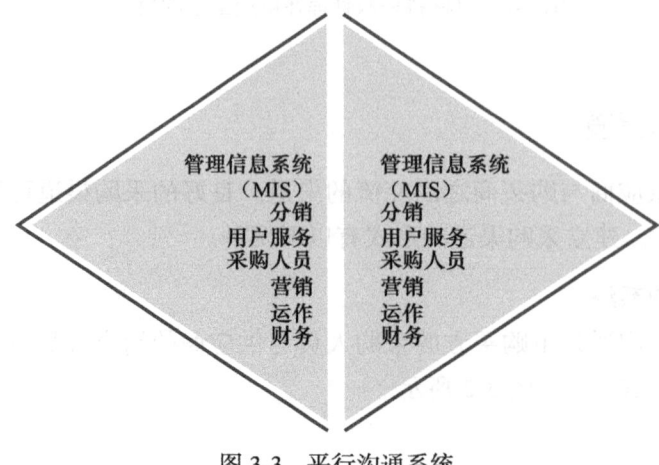

图 3-3　平行沟通系统

优点：克服单一窗口的缺点，避免采购信息的延误或扭曲，较少违规操作。

缺点：沟通点和参与者多，复杂，协调统一较困难。

### 三、采购、制造决策框架

企业在进行生产和采购时，需确定哪些零部件由自己生产，哪些零部件可以外包，这样才可以专注于自己的核心竞争力。

下面将进行外包的原因划分为两大类。

**1. 基于生产能力**

在这种情况下，企业具备生产该零部件的知识和技能，但由于各种原因决定外包。

**2. 基于知识**

在这种情况下，企业不具备生产该零部件的人力、知识和技能，外包是为了能够获取这些能力。

如丰田公司，作为一家成功的日本汽车制造企业，该公司设计和生产了30%的汽车零部件，具体的外包决策如下。

（1）丰田公司具备生产发动机的能力和知识，100%的发动机都是公司自己生产的。

（2）对于传动装置，公司具有设计和生产全部零部件的知识，但却依靠供应商的生产能力，故70%的零部件生产已经外包出去。

（3）汽车电子系统完全由丰田的供应商设计并生产，公司在能力和知识两方面都依赖外部力量。

另外，在企业进行外包决策时，还要对产品结构有深入的了解，要能区分模块化和整体化产品。

（1）模块化产品，是由不同的零部件组装而成，如PC计算机，顾客可以随意选择内存和硬盘的大小、显示器、软件等。模块化产品的特点如下。

1）零部件是各自独立的。

2）零部件是可更换的。

3）使用标准化的接口。

4）零部件能在不考虑其他零部件的情况下进行设计和改进。

5）客户偏好决定产品配置。

（2）整体化产品，是由一系列功能紧密联系的零部件组装而成的。其特点为：

1）整体化产品不是根据独立零部件生产出来的；

2）整体化产品是用统一的从上到下的设计方法按系统进行设计的；

3）对整体化产品的评价应建立在整个系统的基础上，而不能单独对某一零部件进行评价；

4）整体化产品的零部件具有多样性。

在现实生活中，只有很少的产品是单纯的模块化产品或整体化产品。实际上，产品模块化或整体化的程度是不同的。模块化特征最典型的例子是 PC 计算机，而与此相反的是飞机，被称为高整体化产品。例如，汽车既有模块化部件，如音响或其他电子设备，同时又包含许多整体化部件，如发动机等。

表 3-1 是由法恩（Fine）和惠特尼（Whitney）开发的一个用于采购/制造决策的简单框架。

表 3-1 采购/制造决策框架

| 产品 | 依赖知识和能力 | 不依赖知识但依赖能力 | 不依赖知识和能力 |
| --- | --- | --- | --- |
| 模块化 | 外包有风险 | 外包是一个机会 | 外包有降低成本的机会 |
| 整体化 | 外包风险非常大 | 可以选择外包 | 自己生产 |

该框架同时考虑了模块化和整体化产品及企业对知识和能力的依赖程度。

对模块化产品来说，不论自己有没有能力，获取有关产品的知识都是更为重要的。如，对一家 PC 生产商来说，应当了解不同零部件的设计特性。如果企业具备了这种知识，将生产过程外包出去就能降低成本。而如果企业既没有相关知识，也不具备能力，那么外包就是一个较危险的战略，因为由供应商开发的这种知识可能会转移到竞争对手的产品中去。

对整体化产品来说，只要有可能就应当同时掌握产品的知识和能力，企业在自己的工厂里生产这种产品是最好的选择。但如果企业这两者都不具备，那就可能是因为进入了一个错误的领域。

### 四、全球原材料采购管理策略

（1）企业进行全球化采购之前，首先需建立国际采购管理制度和流程，如图 3-4 所示。

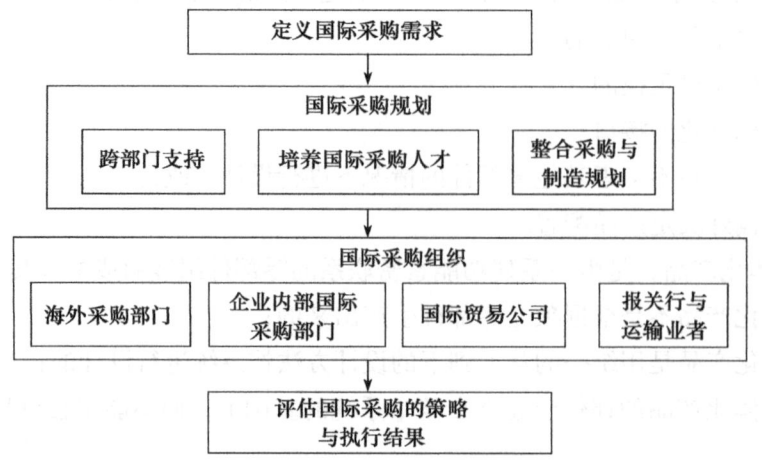

图 3-4 国际采购管理制度和流程

企业在进行全球化采购时，首先需要根据企业的生产需求、预测等整体策略与目标，确定国际采购的商品品名、规格、数量、价格水平和时机等项目。

接下来进行国际采购规划：国际采购比国内采购的复杂性高，同时也更为困难，这就需要培养一批熟悉商品及进出口业务、各国法律法规和国际惯例、熟练使用外语的国际采购人才；同时获得企业内外各相关部门的通力合作和大力支持，有效整合采购系统与制造系统，实现信息共享，从而保证采购系统及时准确地得到制造系统的需求信息。

然后，企业需要建立一个专门的国际采购组织，不仅包括企业内部的国际采购部门及海外采购部门，还要与外部的国际贸易公司、报关行与运输仓储业者进行合作，形成全球化的原材料采购体系。

最后，国际采购组织应以企业事先所设定的整体策略与目标为基准，持续评估国际采购的执行结果，然后不断反馈与调整之前的策略和目标，形成一个闭环的采购系统。

（2）全球原材料采购管理策略。一个国际化企业，可以按照原材料或零部件的重要性和购买的困难度，采取不同的采购策略，具体如下。

1）购买困难、重要程度高的零部件与原材料。对于此类零部件与原材料，应集中采购，并注意掌控原材料的来源，最好与供应商结成战略联盟的紧密合作关系。

2）购买困难、重要程度低的零部件与原材料。对于此类零部件与原材料，应集中采购，同时要求供应的一致性与可靠度。

3）购买较容易、重要程度高的零部件与原材料。对于此类零部件与原材料，应集中采购但分权管理，注重原材料的来源与成本。

4）购买较容易、重要程度低的零部件与原材料。对于此类零部件与原材料，应分权采购与管理，同时注意采购的经济效益。

另外，可以按照原材料或零部件的重要性和购买的困难度这两个维度，构建出一个采购矩阵，如图 3-5 所示。

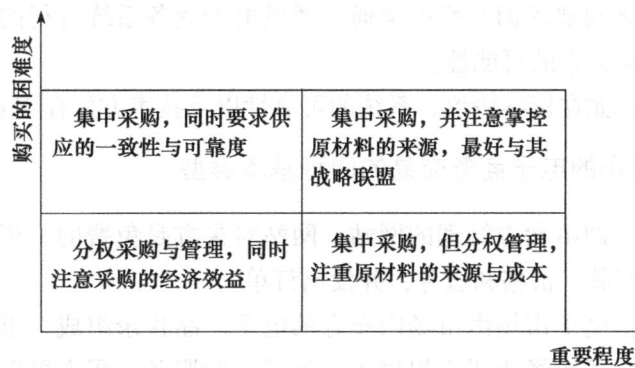

图 3-5　采购矩阵

## 五、电子采购

采购是较早使用电子商务的经营过程。最初，企业使用 EDI（电子数据交换）技术实现与主要客户连接处理采购订单、发送运货通知和资金转账。但是，EDI 技术费用高，且需要特殊的技术才能实现。随着互联网的不断普及和应用，特别是 B2B（企业对企业）电子商务交易量的不断扩大，有效解决了与 EDI 有关的投资和技术问题，从而打开了更多使用电子商务采购的大门。一些企业开发了自己的在线采购系统，可以使买方利用电子方式方便地查询企业的存货、价格磋商、订单发出和检查、签发发票和接受付款等。

### （一）电子商务采购的优缺点

**1. 优点**

（1）降低采购运营成本。首先，书面工作的减少、无纸化经营、电子转账以及与文件处理、整理、保管相关的成本的降低，构成电子商务采购成本节约的主要方面；其次，电子商务采购减少了采购时间意味着提高了劳动生产率，在一定的时间内可以处理更多的订单；最后，电子商务信息的实时性使销售商可以及时获得最新的需求信息，并据此调整其生产或采购行为以满足当前的需求水平，这样就可以有效控制存货和成本。

（2）提高采购效率。电子商务采购可以在全世界范围搜寻某一产品或服务的供应商，从而迅速发现新的供应商；其次，电子商务采购增进了买卖双方的信息交流，减少了订货周期时间，从而最终提高了采购效率。

（3）降低采购价格。由于买方可以获得更多潜在供应商的价格信息，并进行竞价比较，故可以降低实际的采购价格。

**2. 缺点**

（1）采购的安全性。如黑客的攻击、病毒、电脑订单超载等造成的业务被迫中断以及信息的泄露或被盗取等。

（2）买卖双方之间缺乏面对面的沟通。通过电子商务系统进行的买卖行为减少了建立起紧密的供应商关系的可能性。

（3）技术问题。如在标准协议、系统的可靠性以及技术方面存在着不足。

### （二）采购中应用的电子商务交易的四种基本类型

（1）卖方系统。即由卖方管理的网站，网站对买方是免费的，买方可以登录卖方网站，浏览卖方的产品、价格和服务，并发出订单。

（2）电子市场。电子市场由市场内卖方的电子产品目录组成，市场由卖方之外的第三方进行管理。电子市场为买方提供了一站式采购服务，买方可以在一个网站对不同供应商提供的产品或服务进行鉴别判断。

（3）买方系统。该 B2B 系统属于买方系统，并由买方管理。买方预先确认可以进入系统的供应商，这些供应商所提供的产品和服务的价格事先已经经过协商。由于要在大量的供应商目录清单中维护并管理系统，买方系统的成本很高，通常为大型公司所用。

（4）在线交易社区。由第三方的技术供应商提供，大量的买家和卖家在这个社区里进行交易。在线交易社区与电子市场的不同之处在于电子市场主要是提供供给信息，而在线交易社区允许买卖双方进行商业交易。

电子采购已经存在并将继续发展。它不会取代所有的采购活动，但是它会涉及一个公司的总体采购活动的 80% 及以上。

## 第三节　全球供应商关系管理

### 案例　供应商与采购商新型的"双赢"的业务合作伙伴关系

美国波音公司商用飞机公司多年来的业务重点一直是放在对性能卓越的喷气机系列 747、757、767、777 机型的市场推广上。尽管每一架飞机都是由波音公司设计和制造的，但实际上全球的供应商们都做出了他们的贡献。当最初在开拓日本市场时，波音公司遇到了前所未有的挑战，即日本在接受其飞机产品的同时，作为附加条件，波音公司必须把某些有关的零件制造业务承包给日本的公司。为了打开和占领日本市场，波音公司的管理者接受了这种条件。

接下来，波音公司开始与 4 家日本的飞机制造公司，即 Ishikawajima-HarimA 重工业公司、Mitsubishi 重工业公司、KawasaKI 重工业公司和富士重工业公司建立和开展了长期的供应商关系。为了成功地向日本航空公司推销自己的产品，长期占领日本飞机市场，波音公司长期以来一直与它们保持着密切和良好的业务伙伴关系。

这就使双方开始了一个动态的策略变化过程，最终导致了二者目前紧密的相互依赖关系。

到了 20 世纪 90 年代末，部件外购的部分已占到一架飞机总价值的 50%。事实上，日本这 4 家公司在宽体喷气式飞机的机体中已贡献了将近 40% 的价值，使用的专业技术和工具在许多方面都是全球最领先的。

这是一种双赢的伙伴关系，双方都是大赢家。日本人购买了大量的飞机，帮助波音公司成为全球主导的商用机公司；同时，与波音的关系也使日本的制造厂家改进了它们的技术能力，从而增加了它们对波音和世界范围内其他生产商的吸引力。尽管波音公司对其供应商有很大的依赖性，波音公司的管理层相信，它们的系统设计能力和整合技术将防止任何供应商或若干供应商联合起来从它们手里夺走行业的控制权。

在供应链上的企业与自己的上游供应商间，如何实现紧密的业务联系和协同运作？如何既经济又及时地获取最好的资源？如何使供应商及其资源能够更有效地参与到自己的产品设计和生产制造、甚至是投放市场的过程中，以降低成本、减少库存等？解决了上述问题，就能使企业更具竞争优势。而供应商关系管理能够较好地解决这些问题，帮助企业实现与上游企业结成战略伙伴，实现紧密连接和协同运作，以获取更廉和更优的资源。

## 一、供应商关系管理的定义

供应商关系管理（SRM）无权威定义，从字面意义上，它是一种致力于改善与供应商之间关系的管理思想和基于软件技术的解决方案。

从上述定义，可以看出，供应商关系管理有两层含义。

（1）供应商关系管理是一种新的管理思想和经营理念，旨在改善企业与供应商之间关系的新型管理机制，通过与供应商建立长期的、紧密的业务关系，实现双赢的企业管理模式。

（2）同时，供应商关系管理又是以信息技术为支持和手段的一套先进的管理软件和技术，它将先进的电子商务、数据挖掘、协同技术等信息技术紧密集成在一起，为企业产品设计、资源获取、合同的洽谈及物品内容的统一管理等过程提供了一个优化的解决方案。

## 二、供应链合作关系的演变过程

在供应链上，企业之间的关系是根据市场环境的不断演变而发展的，大致可分为5个阶段，如图3-6所示。

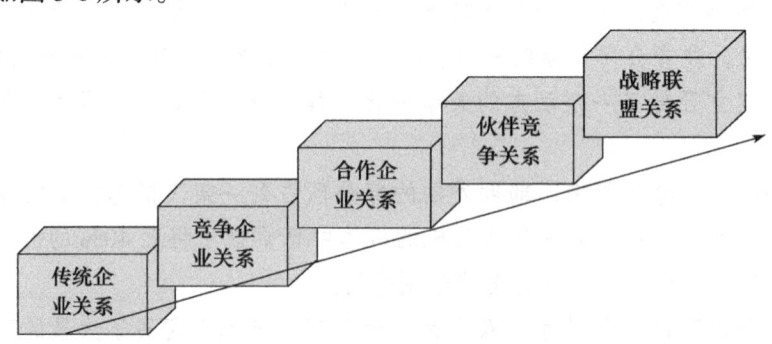

图3-6 企业关系发展过程

（1）20世纪70年代以前，传统企业关系。由于该时期市场环境基本上是供不应求，其管理策略是尽量改进工艺和技术，提高生产率，扩大市场规模以生产更多的产品，降低单位产品成本。这一时期的企业是各自为政，企业间和平相处，无激烈竞争，是一种传统企业关系阶段。

（2）20世纪七八十年代，企业竞争关系。进入到20世纪70年代以后，市场上产品呈现供大于求的状况，企业间竞争激烈，市场竞争压力高，是一种企业竞争关系阶段。

（3）20世纪八九十年代，合作关系。20世纪80年代，一方面，市场进入到高度竞争时期，另一方面，客户的需求日益多样化，对产品质量的要求越来越高，使企业开始寻求与上下游企业进行合作，以确保最终产品具有更强的竞争性，是一种企业合作关系阶段。

（4）20世纪90年代到20世纪末，伙伴关系。到了20世纪90年代，市场变化加快，企业面临的市场经营风险和投资风险不断增大，促使企业采取快速响应的竞争战略，企业间逐渐确立了伙伴关系，经营合作具有一定的层次性，是企业伙伴竞争关系阶段。

（5）20世纪末到21世纪初，战略联盟关系。20世纪末到21世纪初，由于经济全球化的发展，资源开始在全球化范围内调配，经营难度和风险不断加大，企业为了更好地利用稀缺的资源，一改过去你死我活、单打独斗的竞争，开始转向业务联盟和供应链之间的竞争，不断加强更紧密的合作。于是产生了"共赢"的合作竞争和供应链战略联盟，进入了企业战略联盟关系阶段。

近年来的趋势可以看出，企业间的关系是向更紧密的战略联盟关系发展。然而，战略联盟既然如此有效，是否要与所有供应商建立这样的关系呢？

## 三、企业与供应商建立战略联盟关系的决定因素

战略联盟是两个贸易伙伴之间的一种关系，这种关系需要多个职能领域的交互——从工程设计和市场营销到生产计划、库存以及质量管理。

战略联盟可以为双方企业带来很大的合作利益，实现双赢。但企业也不是跟所有的供应商都建立这样的关系，基于以下因素，企业可与供应商建立战略联盟关系。

（1）所采购的零部件的战略重要性。如果该零部件对于企业的竞争力或战略至关重要，那么它最好是内部生产。如果企业不具备建立起生产该零部件的能力，它应该与有能力并乐于合作的供应商形成密切的联盟。如发动机对于波音公司无疑是具有战略意义的，波音公司与飞机发动机的供应商建立了战略联盟关系。

（2）能够提供零部件或服务的供应商的数量。如果只能得到一个供应商，那么该企业可能需要与其保持密切的关系。如：惠普（HP）公司与佳能（CANON）公司存在长期的战略联盟关系，因为佳能公司是很少几个能够生产高质量的激光打印机引擎的供应商之一。

（3）采购的零部件与产品其他零部件之间界面的复杂性，以及供应链自身的复杂性。波音公司与三家飞机发动机制造商形成战略联盟——通用电气、劳斯莱斯公共有限公司以及惠普公司。由于发动机与机身之间极度复杂的界面，要求必须由双方相互

联合来进行设计。

（4）供给的不确定性。如果对于购买企业来说很重要的目标领域，一种采购关系会造成高度的不确定性，那么就应该发展更密切的关系。如：在20世纪70年代，杜邦（DUPONT）公司依靠石油作为其许多产品的原材料，由于成本和交付是杜邦公司的重要目标，并且石油供应的振荡产生的关于价格和石油可获性的高度不确定，我们也许可以估计到，杜邦公司会与一家石油公司发展战略联盟。实际上，杜邦公司走得甚至更远。它通过收购康菲石油公司进行了后向集成，主要是为了减少这种不确定性。

## 四、企业间战略联盟关系的风险及解决方案

战略联盟对双方既然如此有效，是否毫无风险呢？

全球型企业通过与少数供应商结成战略联盟的紧密合作关系，有效地控制原材料的供应质量和时机，同时集中了采购数量，降低了采购成本。另外，由于双方紧密合作、信息共享，又增加了运作的柔性。但是，战略联盟仍存在如下风险与缺陷。

因为只有少数供应商进行长期的供应，可能形成垄断，缺乏竞争，响应速度低；同时企业由于规模采购的需要及控制质量，对单一原材料供应商的数量有持续减少的趋势，则增加了缺货的风险。如：1997年2月1日，日本某著名品牌汽车的刹车供应商的工厂突然发生火灾，整车厂和部分供应商被迫停工。根据日本经济计划局估算，该厂因大火停产一天，日本经济总产值就下降0.1个百分点。事后检讨，由于该汽车公司把刹车这一关键零部件的生产权只授予了这一家工厂，公司没有其他紧急供应渠道可以在发生诸如地震、火灾等突发事件时保证及时的零部件供应，这才导致了这一严重后果。等到恢复正常生产时，累计减产7.2万辆汽车。通用和其他汽车生产商通过研究和分析受到了很多启发。为了保证供应和必要的竞争，整车厂并不是集中在一家零件厂订货，而是由2~3家供应同一零部件。

平行供应商系统可以有效解决上述问题、化解以上风险。

所谓平行供应商系统是指企业生产不同的产品型号，皆采用相同的原材料，每种产品型号由不同的供应商各自提供相同的原材料。一旦一家供应商缺货，可由另一家供应商补齐。这种方式可以引入竞争机制，增加供应商之间的竞争，同时也能降低原材料缺货的风险，如图3-7所示。

## 五、供应商关系管理对企业的好处

供应商关系管理能支持四种主要的企业流程。

### 1. 产品设计

由于消费者的需求变化越来越快，导致产品的生命周期越来越短，这就要求国际企业必须快速地设计产品并投放市场，同时还要尽量降低成本。而研究数据表明，产

品总成本的 70% 是产生于设计阶段。

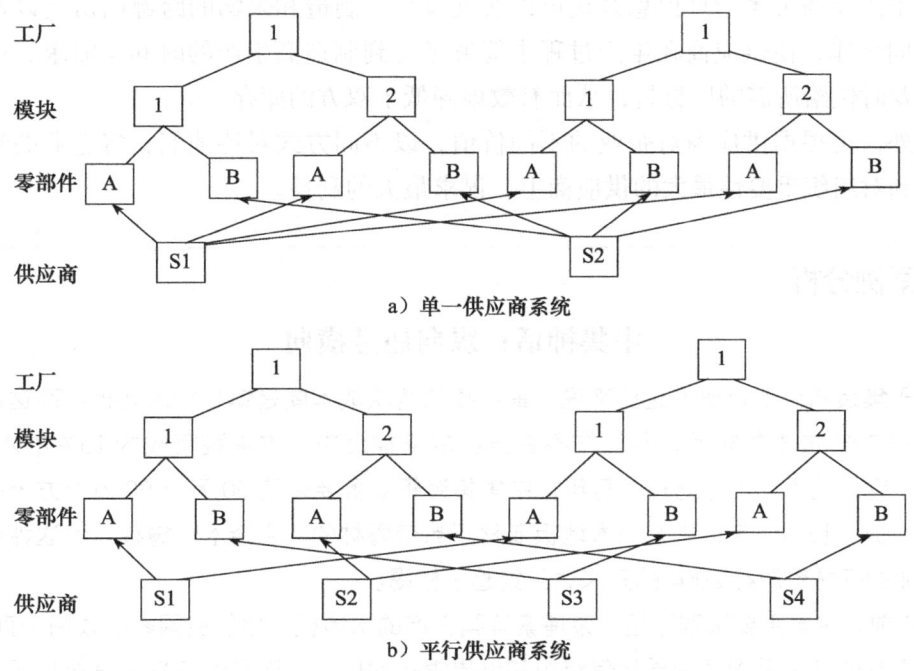

图 3-7　单一供应商系统与平行供应商系统

要想在成本较低的情况下，实现快速设计与投放市场，供应商参与新产品的设计与开发便是方法之一。良好的供应商关系管理可以使供应商更早地针对制造商产品的功能、特色、规格设计、模具开发和原材料的使用与要求等工作进行信息沟通和协商，从而大幅度地减少产品开发的时间与成本。

**2. 供应商的搜寻与选择**

许多在市场上领先的企业都在努力寻找和培养最好的供应商，与其建立长期的合作伙伴关系，并不断改善这种关系。供应商关系管理可以帮助企业实现这一目标。它的功能包括供应商分配分析、供应商表现记分卡、供应商风险分析、搜索新的/备选的供应商和货源组织目录等。企业能够利用这个功能去对新的/备选的供应商进行对比和合并供应源，定期对现有供应商的表现及对整体国际供应链的贡献进行评估和监控，保证企业能够由最好的供应商为之供货和获得最佳的资源。

**3. 原材料的采购**

国际企业应依据生产计划来进行原材料适时适量的采购。供应商关系管理能够快速有效地完成采购任务，同时又能利用信息系统减少人工干预，降低人员成本，减少事务处理时间并提高采购效率。同时利用供应商关系管理信息系统可以实现设计、制造和采购的跨部门协同以及跨组织的协同合作，有效地降低了成本、减少了时间、提高了采购效率和质量。

### 4. 生产协同运作

由于供应商关系管理信息系统可以实现设计、制造和采购的跨部门协同以及跨组织的协同合作，使供应商在生产过程中能够考虑到制造商生产的时间与需求、设计的要求等及时供给所需的原材料，从而有效地降低了双方的库存。

另外，可根据供应商对企业的不同价值，以不同方式对待他们，将企业的管理资源投入到对组织重要性最大的供应商上，谋求最大的利益。

## 案例分析

### 中集神话：纵向还是横向

对于集装箱制造行业的企业来说，最头疼的两块成本就是钢材和木地板，而这两块合起来占据 70% 成本的东西，却往往不在自己的掌控之中。占集装箱成本 15% 的木地板，是仅次于钢板的第二大原材料。每年，中集集装箱业务要采购 50 万～60 万立方米的海量成品木地板。长期以来，集装箱木地板取材于热带雨林的"克隆木"树种，但这种专用于集装箱业的森林资源经 20 年的开采后已经趋于枯竭。

5 年前，中集主要采购印尼、柬埔寨等国出产的木地板，但供应国家的政局一直不稳，对热带雨林的开采受到了世界环保组织和世界银行的压力，而导致开采政策变化无常；另外，集装箱行业的主要地板工厂都被垄断在几大供应商手中，随着集装箱业务旺季淡季的转换，集装箱地板的价格也跟着暴涨暴跌，市场混乱，投机行为肆虐。中集的决策层感到，木材供应的不稳定状态，已经威胁到集装箱主业的安全。因此，投资木业成了中集"保主业"的一种战略行为。

2002 年的时候，集装箱业者都明白，谁要是能够开发出可以和克隆木板竞争的环保型地板，就一定能在集装箱地板市场上大赚一笔。但是，实力雄厚的东南亚木业工厂，依赖于近在咫尺的资源优势，不会主动投入经费研究克隆木的替代品，而集装箱厂商对复合材料的尝试性研究，却找不到质量、性能和成本中的最佳平衡点。在研究的最后阶段，目标锁定在澳大利亚桉树身上。

澳大利亚桉树是全球三大人工林之一，资源丰富，且价格较便宜，在国内也有大量种植，适合将来本土化采购。2001 年下半年，经过工艺的反复调整，硬是把合格的桉木地板生产了出来。在接下来的半年中，新会中集的市场人员竭尽所能向"箱东"们推荐使用新型的地板，中集找来了 BV、GL、ABS、CCS 等世界各地的船级社对地板进行质量认证，还推荐给国际集装箱租箱协会进行试验。随后，短短半年时间就有大量海运公司接受这种新产品，其中包括马士基、P&O 等大集团的产品。进入 2003 年，采用新型木地板已经是大势所趋。

但 2003 年开始，另一块最主要的成本——钢材价格，因为受需求和上游成本推动而大幅度上升，对中集赢利能力无疑又是一个严峻考验。为保障主业的安全，中集可以对钢材采取和木业一样的策略，但是中集没有那样做。去年，中集的用钢量为 250 万吨，达到一个中型钢厂的年产量，从理论上推断，中集完全有理由自己投资收购一个500万吨年产量的钢厂，保障其一半的产品为中集所用，一半进入市场赚钱，但是中集依靠强化供应链管理来解决问题，而没有朝更加深度的纵向一体化方向发展。中集把钢结构的集装箱变成主流，为钢厂开拓了一个巨大的市场，中集同时也推动了钢板本地化生产。7年前，国内的钢铁厂并无能力生产集装箱用的钢板，中集通过和宝钢、武钢、鞍钢等大型钢铁集团的联合开发，集装箱钢板的生产技术趋向于成熟和普及。吴发沛说，中集的供应链管理得益于这种共同推进的过程，长期协作使得中集和各主要钢厂形成了非常稳定的"战略合作关系"。"在钢材供应紧张的时候，他们支持我们，当钢铁市场萧条的时候，我们支持他们，这就是'战略合作'的真谛。"如在2003年，出于对整个集装箱市场将全面旺盛的预期，中集对钢材的供应作了提前准备，支付了约5 000万元给主要钢铁供应商以充当钢材采购保证金，这种对供应商资金上的支持，不仅保障了来年的供应，也客观上平抑了未来钢材供应价格的波动，为中集创造更多的利润空间。

2004年，中集实现主营业务收入265.68亿元，比上年同期增长了92.52%；净利润23.89亿元，比上年同期增长了249.94%，利润上升的幅度远大于销售增长幅度。当然，如果直接投资钢铁业，中集2004年的收获也许会更大，但是中集对此似乎并不后悔，它依旧考虑的是不景气时期"上下通吃"对风险的放大。周期性强、竞争激烈，中国的钢铁业相比木业，需要投入多出百倍的资金，而且未必能够产生立竿见影的效果；另外，钢板的供应还没有窘迫到中集非得自己出手才能够解决问题的地步。集装箱业务的不景气往往会波及整个产业链，中集集团技术管理部副总经理刘春峰说，如果在纵向多元化方面发展往往会"过分集中"，就意味着"风险过大"。

**案例讨论题**
1. 中集针对木地板和钢材的采购战略分别是哪一种？纵向还是横向？
2. 试分析中集采取纵向和横向相结合的采购战略的目的。
3. 中集是如何建立起与其钢材供应商的战略合作关系的？

## 本章小结

本章主要研究的是企业在进行国际化采购的过程中所选择的决策、管理的方法和策略以及对供应商的选择和关系管理等问题。企业在进行生产和采购时，通常会根据自身等情况，做出哪些零部件由自己生产，哪些零部件可以外包的决策，形成采购、制造的决策框架，并确定全球原材料采购管理的策略，制定相关的制度和流程，其中，电子采购逐渐成为全球采购的新宠，以多种形式应用于各类企业的采购策略之中。此外，供应商关系管理对全球采购策略的实现起着至关重要的作用。对于企业来说，如何选择并建立这种战略关系，出现了风险又该如何解决就成为企业要面临的关键问题。

# 第四章 Chapter4

# 国际企业生产管理

## 学习目标

1. 了解生产组织管理的相关理论。
2. 理解生产管理的概念及重要性、生产管理技术的发展过程与相关理论。
3. 掌握产品生命周期与生产模式的配合、全球生产区位选择的主要因素。

## 导入案例

### 台商在全球化运作中面临的生产管理问题

在现今企业全球化运作的环境中，供应链的成员常有分属不同国家的情形，如：台商将生产基地放在中国大陆，批发、零售商遍及世界各地，物流中心放在中国台湾。那么，企业如何进行生产管理？

国际制造商的生产管理须考虑两个方面：

1. 生产流程管理
2. 生产基地的全球布局

国际型企业在完成了产品设计、原材料采购等工作，即进入到生产管理阶段。生产管理主要关注两个方面：生产流程管理（微观）和生产基地的全球布局（宏观）。

## 第一节 概 述

### 一、生产管理的定义

生产管理是对制造产品或提供服务的过程或系统的管理，或对生产系统的管理。

生产系统包括投入（资本、劳动、信息等），通过一个或多个转换过程（如：储存、运输、加工等）产出产品或服务。另外，为确保获得满意的产出，需要在转换过程的各个阶段进行检测（反馈），并与制定好的标准作比较，以决定是否需要采取纠正措施（控制），如图 4-1 所示。

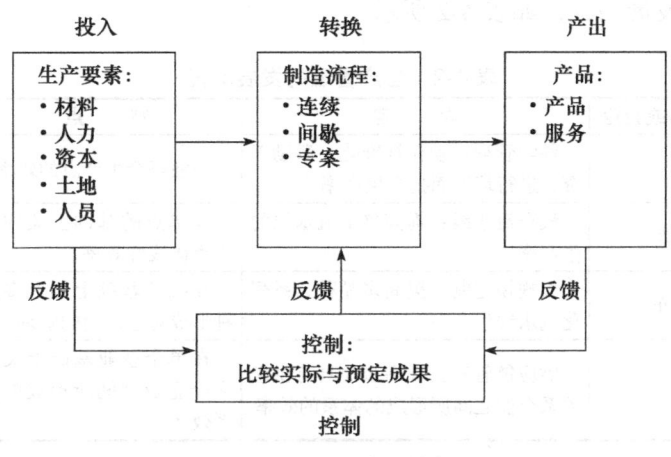

图 4-1　生产系统

制造业和服务业均有生产系统的实例，如表 4-1 所示。

表 4-1　生产系统实例

| 系统类型 | 输　入 | 系统资源 | 转　换 | 输　出 |
| --- | --- | --- | --- | --- |
| 制造企业 | 原材料、零部件 | 工具、设备、工人 | 加工与装配 | 产品 |
| 运输公司 | 发货地物资 | 运输设备、人员 | 运输、搬运 | 目的地物资 |

## 二、生产策略对企业的重要性

成功的生产策略可以有效地支持企业营销目标和财务目标的实现，为企业创造巨大的效益和竞争优势。

在当前激烈的市场竞争环境中，生产管理和策略尤为重要。因为若是竞争激烈的产品，是很难提高其销售价格和份额的，那么企业提高利润的途径唯有降低成本，特别是制造成本。如果自己公司的产品既便宜，质量又好，顾客就愿意购买。所以实施成功有效的生产管理和策略就可以保证产品质量、降低生产成本，为企业创造竞争优势，从而有效地支持企业营销目标和财务目标的实现，为企业创造巨大的效益。

## 第二节　生产管理技术的发展过程与相关理论

管理思想与理论的发展，从众所周知的 19 世纪 40 年代末的管理运动到现在已经走过了100多年的历程。在这100多年间，制造业的管理观念及技术从刚开始的发起科学管理活动到现在的供应链管理、流程再造，它是随着企业自身的不断发展及外界环境的日益影响而逐渐地进行扩展的，是从单纯地关注管理技术到关注管理理念的过程。从整个企业管理发展的历史来看，先进的管理理论与技术常常来源于制造业。制造业生产管理的发展历程，如表4-2所示。

表4-2  生产管理的发展历程

|  | 代表人物或企业 | 内容 | 特点 | 关键技术 |
|---|---|---|---|---|
| 点效率 | 泰勒 | 科学管理：动作标准化、激励工资、进行培训而提高生产率 | 关注每个生产点的效率 | 生产标准化 |
| 线效率 | 福特汽车 | 汽车流水线：提高整个流水线的生产率 | 在单点的基础上关注多点整体线性效率 | 生产线平衡 |
| 面效率 | 日本汽车 | 大规模定制：提高多品种、系列化流水线生产率 | 在线性基础上加上多品种形成对生产面的管理 | JIT、TQM等 |
| 体效率 |  | 供应链管理：提高多个具有供求关系企业之间所形成的体系的效率 | 在单个企业基础上关注多个企业之间所形成的体系效率 | 价值链分析、流程再造、敏捷制造等 |

在制造业管理技术的发展过程中，追求线效率阶段的福特公司采取的是低成本战略，企业的成功在于高效率的流水作业线显著地降低了生产成本。追求面效率阶段的通用汽车公司实施的是差异化战略，企业的成功在于在线效率的基础上成功地满足了顾客多样化的需求。而追求体效率的公司，其战略采取的是柔性及基于时间的战略——即多企业模式战略，企业的成功在于能够整合整个供应链，以最快时间、最小成本满足顾客多样化的需求。因此，企业生产技术的逐渐发展、进步、完善——从追求点效率到追求体效率，是企业为不断适应外界环境、顾客需求以及企业内部自身发展的需要而不断推动的，也是追求企业竞争优势的过程。

供应链管理是在ERP（企业资源规划）的基础上发展而来的，由于ERP是面向事务的管理，因此为早期的供应链管理提供了大量的事务处理和计划执行方面的支持。而ERP又是从MRP（物料需求计划）、MRPII（制造资源计划）发展而来。那么，下面分别介绍一下MRP、MRPII、ERP以及它们的由来、概念、组成部分和功能。

## 一、物流需求计划——MRP

自18世纪产业革命以来，出现了制造业。随后，由于市场在相当长的一段时间内处于"卖方市场"，产品供不应求，制造业达到了鼎盛时期。企业追求的运营目标是如何生产出所计划的产品，追求这一目标的结果使制造业产生了一些问题，如企业可能销售出大量的产品，但是生产线上的工人却无法如期交货，车间管理人员则抱怨采购部门没有及时供应所需的原料，实际上，库存饱和、资金周转很慢；许多企业要用很长时间才计算出所需的物料量，因此交货期延长。面临越来越多问题的出现，制造业必须寻求一种好的制造管理方法。

20世纪30年代，企业为了避免在生产中的停工待料现象，采用订货点法对库存和物料进行管理；20世纪60年代初，计算机被用来对生产所需的物料进行计算和控制，出现了MRP技术和相应的软件系统，实现了计算机采购订货管理和库存控制。

MRP（Material Requirement Planning），即物料需求计划，源于60年代美国，它是以计算机为基础的生产与库存控制系统，其特点是结合了生产订单对产品的构成进行管理，按照产品物料清单BOM（Bill of Material）展开并利用计算机计算物料需求计划，根据该计划监控在库物料，实现减少库存的目标。它是一种根据产品生产的实际需求和预测来决定物料供应和生产计划的方法，可提供物料需求的准确时间和数量，把采购与生产紧密联系在一起。

按需求的来源不同，企业内部的物料可分为两种类型，即独立需求物料和相关需求物料。独立需求物料是其需求量和需求时间由企业外部的需求所决定的物料，例如，客户订购的成品、售后维修需要的备品备件等；而相关需求物料是由独立需求的物料根据产品物料之间的结构组成关系所派生的需求，例如，半成品、零部件和原材料等的需求。

MRP具体的计划与管理功能如下。

（1）从最终产品的生产计划（独立需求）导出相关物料（零部件、原材料等）的需求量和需求时间（相关需求）。

（2）根据物料的需求时间和生产周期来确定其开始生产的时间。

（3）根据主生产计划（MPS）、项目的需求量预测、库存记录文件和物料清单（BOM）等编制零件的生产计划和采购计划。

MRP的逻辑非常简单。首先，MRP是对应于产品生产的，在生产过程中，它必须回答4个问题：

（1）我们要生产什么？（根据主生产计划）

（2）生产这些产品需要什么物料？（根据BOM）

（3）我们已经有了什么？（根据库存记录）

（4）我们还缺什么？何时购买？（由MRP计算）

具体MRP工作流程分为原始数据输入、计算机处理和输出结果三大部分，如图4-2所示。

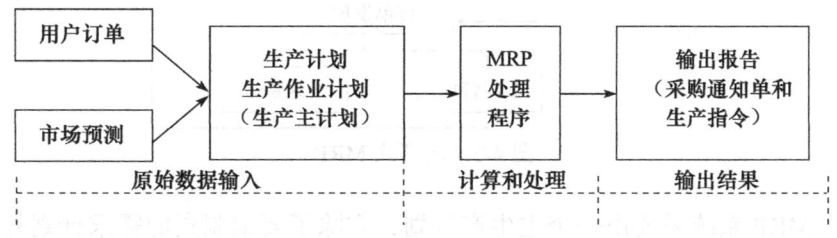

图4-2　MRP工作流程

## 二、闭环式 MRP

MRP 系统的建立首先是假定已有了主生产计划，并且主生产计划是可行的前提下，这就意味着在已经考虑了生产能力是可能实现的情况下，有足够的生产设备和人力来保证生产计划的实现。对于已定的主生产计划应该生产什么，属于 MRP 系统功能的管辖范围。而工厂的生产能力有多大，能生产什么，则属于主生产计划的范围，对此，MRP 显然无能为力了。其次，MRP 系统的建立是假设采购计划是可行的。而实际上，由于市场的变化，会出现供货不足、运输紧张而无法按时、按量满足物料采购计划。因此，用 MRP 方法所计算出来的物料需求的计划可能因设备和工时不足而没有能力生产，或因原材料供应不足而无法生产。此外，MRP 系统没有涉及车间作业计划及作业分配，因此不能保证作业的最佳顺序和设备的有效利用。

为解决以上问题，80 年代初，MRP 发展为闭环式 MRP，它是一个结构完整的生产资源计划及执行控制系统。美国生产与库存管理协会（APICS）发表的闭环式 MRP 模式结构，如图 4-3 所示。

该系统的特点有以下几方面。

（1）以整体生产计划为系统流程的基础。主生产计划及生产计划的过程中均是按能力需求计划而制定，这样使物料需求计划成为可行的计划。

（2）具有车间现场管理、采购管理等功能。

（3）具有反馈和及时调整功能，在系统实施过程中，系统可根据车间管理、供应商、计划人员的反馈信息适时调整生产计划和实行生产控制，从而增强生产的应变能力。

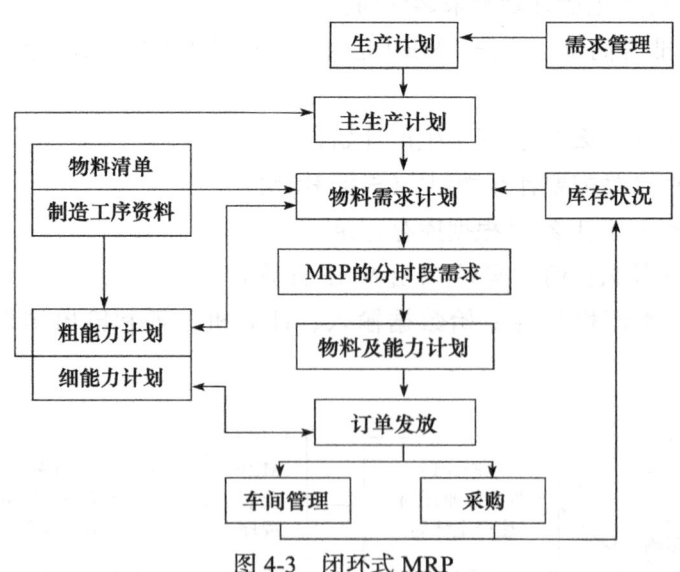

图 4-3 闭环式 MRP

闭环式 MRP 系统需要由一个主生产计划，它除了要编制资源需求计划外，还要制订能力需求计划，同各个工作中心的能力进行平衡。只有在能力与资源都满足负荷需求时，才能开始执行计划。要保证实现计划就要控制计划，执行 MRP 时要用派工单来控制加工的优先级，用采购单来控制采购的优先级。这样，闭环式 MRP 系统把生产能力需求计划（CRP）、车间作业计划等纳入系统，并在过程中加入了对计划和实施的评价，然后根据评价结果对计划进行反馈，再调整原计划，这样不断地反复执行，形成一个封闭循环系统，从而使生产管理对市场的应变能力增强。

### 三、制造资源计划——MRPII 系统

闭环 MRP 的出现，使生产活动方面的子系统得到了统一，但与生产密切相关的还有财务和其他管理系统。在许多企业中是由其他部门另行管理的，这就造成了数据的重复录入和存储，甚至造成数据的不一致性，以及业务的不集成性。因此，企业需要一个集成化的管理系统，把财务子系统与生产子系统结合起来。20 世纪 80 年代初出现的 MRPII 实现了这种集成，它把生产、财务、销售、工程技术、采购等各个子系统集成为一个整体，共用一个统一的数据库，具体如图 4-4 所示。

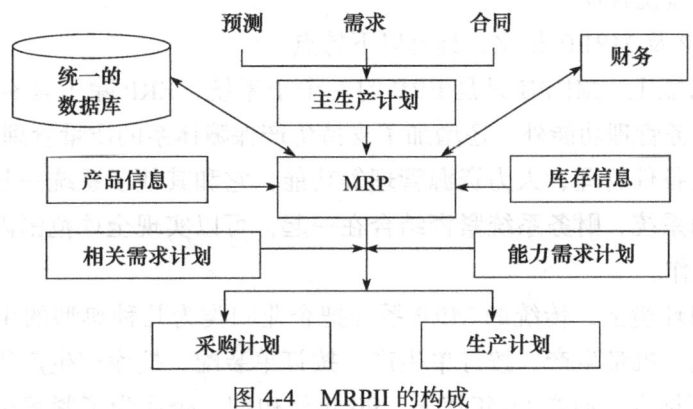

图 4-4　MRPII 的构成

为了区分物料需求计划 MRP，此时 MRP 称为 MRPII——制造资源计划。同 MRP 相比，它具有优越的特点。

（1）MRPII 是一个综合管理信息系统，它覆盖了企业中几乎所有管理职能，利用计算机通信网络把它们有机地连接起来，能在一个系统内进行统一协调的计划和监控，从而实现企业管理的整体优化。

（2）MRPII 完成了功能和数据两个层次上的集成。功能集成是在数据集成和信息集成的基础上实现的，MRPII 系统内的所有数据由中心数据库集中管理和维护。各子系统实现信息共享，提高了数据管理的效率和水平。

（3）MRPII 充分应用管理科学、计算机仿真等先进的决策工具和其他各种系统优化决策的计算机软件，从而为企业的经营决策提供依据。

### 四、企业资源规划——ERP

20 世纪 80 年代后期，仅面向"生产经营"的管理方式已不适应全球化的市场竞争

环境，企业更加注重产品的研究开发、质量控制、销售和售后服务等环节。同时，企业仅靠自己的资源不能有效地参与竞争，必须把与经营过程有关的供应商、客户、制造工厂、分销网络等纳入一个紧密的供应链中，才能有效地安排企业的产、供、销活动，满足企业利用一切市场资源快速而又有效地进行生产经营的需求，以期进一步提高效率，在市场上获得竞争优势。同时，也考虑了企业为了适应市场需求变化不仅组织"大批量生产"，还要组织"多品种小批量生产"，用不同的方法来制订生产计划。

ERP（Enterprise Resource Planning），即企业资源规划，它是在MRPII的基础上扩展了管理范围，给出了新的结构，将客户需求和企业内部的制造活动及供应商的制造资源整合在一起，体现了完全面向用户的管理思想。

ERP的基本思想是将企业的运营流程看成是一个紧密相连的供应链，其中包括供应商、制造工厂、分销网络和客户等，将企业内部分为几个协同作业的支持子系统，包括财务、市场营销、生产制造、人力资源、质量控制、服务维护和工程技术等，还包括竞争对手的监视管理。

ERP与MRP及MRPII相比，具有以下特点。

（1）管理功能上，MRPII只是ERP的一个子系统，ERP除了具有MRPII系统的制造、分销、财务管理功能外，还增加了支持生产保障体系的质量管理、实验室管理、设备维修和备品备件管理、人力资源管理等功能，它和其他子系统一起把企业所有的制造场所、营销系统、财务系统紧密结合在一起，可以实现全球范围内的多工厂、多点的跨国经营运作。

（2）在应用环境上，传统的MRP系统把企业归类为几种典型的生产方式进行管理，如重复制造、批量生产、按订单生产、按订单装配、按库存生产等，对于每一类型都有一套管理标准。而在80年代末、90年代初期，企业为了紧跟市场变化，生产从单一方式向混合型生产发展，许多企业生产方式是"多品种小批量生产"和"大批量生产"并存，很少有单纯的离散制造环境和单纯的流程环境。ERP能很好地支持和管理混合型制造环境，从而满足了企业多元化经营的要求。

（3）适时性强。MRPII的适时性较差，一般只能做月度分析，基本上是一种事后控制。而ERP强调的是事中和事前控制，它是在管理事务级信息集成处理的基础之上为企业的计划和决策提供多种模拟功能和财务决策支持系统，使之能对每天发生和将要发生的事情进行分析，监控整个业务过程，快速做出决策。

（4）应用对象扩大。ERP在MRPII的基础上发展起来的，但它作为一种先进的管理思想，将企业的内部资源同客户、供应商等外在因素有机地整合在一起，其目的是寻求企业从人财物到产供销的内外部所有资源的最佳配置和利用。它的应用已不限于制造业，可以拓展到金融、通信、零售、外贸、咨询服务等各行业，以提高企业的生产经营管理水平，增强企业的应变能力和竞争力。

（5）ERP系统技术支持的扩展。ERP系统是一个由多个子系统构成的网络系统。网络体系采用浏览/服务器体系结构（B/S)，此时的客户机称为瘦客户机，它兼备了集中处理模式和客户机/服务器（C/S）体系结构的分布协同处理模式的优点。

另外，现代制造模式的发展（如并行工程、精益生产、敏捷制造等）和人工智能技术的应用，进一步丰富了 ERP 系统的内涵。关系数据库技术、面向对象（OO）技术、多媒体技术以及电子交换技术（EDI），为 ERP 软件的开发和应用提供了良好的支持环境。

## 五、准时制生产——JIT

JIT（准时制生产）是 20 世纪 70 年代起源于日本丰田汽车公司的一种生产管理方法。由于它不仅适用于汽车生产，随后就被国际上的许多行业和企业所采用。

它的基本思想可概括为"只在需要的时候，按需要的量生产所需的产品"。这种生产方式的核心是追求一种无库存的生产系统，或使库存达到最小的生产系统。为此而开发了包括"看板"在内的一系列具体方法，并逐渐形成了一套独具特色的生产经营体系。

JIT 是以"均衡化生产"为前提条件，由"生产的流程化"、"确定符合需求数量的节拍时间"、"后道工序在必要的时刻到前道工序去领取必要数量的必要品"这三种思想观念所组成。

要实现 JIT，还要活用看板。JIT 是倒过来（从后道工序开始）看生产流程的。

所谓均衡化是指使产品稳定地平均流动，避免在作业过程中产生不均衡的状态。

### 1. 生产的流程化

生产的流程化是指在加工组装的时候实施一个流程生产，从而使作业流程顺利运行。要实现生产的流程化，必须具备以下条件。

（1）必须设计一条理想的生产流程。

（2）按照生产流程顺序依次排列机器设备，减少运输的浪费。

（3）为了减少移动的浪费，采用 U 字形生产线。

（4）为了能使作业人员同时控制多道工序，要培养多能工，同时站着作业。

### 2. 确定符合需求数量的节拍时间

节拍时间是指生产一个产品所需的时间，即作业速度。有效的生产就是要使各道工序的时间尽可能地接近节拍时间。按照节拍时间来生产，可以防止生产过剩。

### 3. 后道工序领取

后道工序领取是指前道工序只生产后道工序所要领取的产品和数量。

传统的生产方式是在前道工序生产好零件以后，将其拿到后道工序进行进一步的加工。如果前道工序在机械设备和人力上有余力，就会不断地生产很多零件，如果与后道工序需求数量不一致就会产生库存、空间、搬运等浪费。

大野耐一从超市销售中得到启示，即后道工序在必要的时间按照必要的数量到前道工序领取必要的产品或零件，前道工序只生产后道工序所要领取的产品和数量，这样就不会生产出多余的产品，因此就不会产生浪费。

### 4. 看板

看板（Kanban）一词来自日语，意思是卡片或标签。它是一种用来生成产品、组装配件、外购与自制零件得到补充的执行技法，由日本丰田汽车公司首创并完善，是JIT控制的一种特定的、基于卡片的方法。

看板的主要功能是传递生产和运送的指令。在JIT方式中，生产的月度计划是集中制定的，同时传达到各个工厂及协作企业。而与此相应的日生产指令只下达到最后一道工序或总装配线，对其他工序的生产指令通过看板来实现，即后工序"在需要的时候"用看板向前一工序去领取"所需的量"时，同时就等于向前工序发出了生产指令。

看板大致可分为两种：一种是用于在生产过程中指示作业的"生产指示看板"；一种是用于把零部件领取到生产线上的"领取看板"。

### 5. JIT成功的关键因素

（1）必须与运输业者建立长久的合作关系，因为运输活动是实行JIT成功的重要因素。

（2）供应商少批量多批次生产。上游供应商的生产流程必须配合生产商的少批量多批次生产方式，才能适应生产商生产的变化。

（3）供应商厂址必须靠近生产商。

## 六、JIT与MRPII/ERP的比较

MRPII是由美国人提出的适用于大批量生产的管理模式和方法，而JIT却是由日本人发明的适用于精益生产的管理技术。它们的区别与联系，如表4-3所示。

表4-3 ERP/MRP-II与JIT的比较

| | JIT | ERP/MRP-II |
|---|---|---|
| 库存 | 一种不利因素，尽一切努力减少库存 | 一种资产，用来预防预测的误差，机床的故障，供货商拖期交货等，其目的是要控制适量的库存 |
| 批量 | 仅生产立即需要的数量，对自制件与外购件都只下达最小的需求补充量 | 用某种公式来计算批量，一般对库存费用和生产准备费用加以折中考虑，用某个公式修正得到最佳批量 |
| 生产准备时间 | 使生产准备时间最少，要求最快地更换刀卡具，以对生产率的影响最小，或是备有已经完成生产准备的其他机床，迅速地更换工卡具以实现小批量生产，并允许频繁地生产不同的零件 | 生产准备时间不十分紧张，一般的目标是最大的输出，很少有与丰田同样的想法和做出同样的努力来达到快速更换工卡具 |
| 在制品库存等待加工队列 | 取消等待加工队列，当出现等待加工队列时，确定发生的原因，并纠正它们，当在制品库存减少时，说明这一纠正过程是正确的 | 是必需的投资，上道工序发生问题时，在制品库存可保证连续的生产 |

（续）

|  | JIT | ERP/MRP-II |
|---|---|---|
| 供货商 | 合作者，他们是协同工作的一部分，把供应看成是自己的扩展部分 | 是有矛盾的甲乙关系，一般都有多个供货来源，这是一种典型的对供货商造成威胁以便从中取利的方法 |
| 质量 | 废品为零，如果质量不是100%的合格，则生产就处于问题状态 | 允许一些废品，记录实际废品数，并用一些公式来预测废品数 |
| 设备的维修 | 设备稳定并有效的运行，设备的故障要减少到最少 | 设备维修是必需的，由于允许在制品库存，所以这个问题不是关键 |
| 提前期 | 使提前期压缩，销售、采购及生产管理简化，所以提前期压缩 | 提前期长，大多数工段长和采购部门希望提前期加长而不是缩短 |
| 工人 | 在没有达到一致意见之前不进行改革，关键的是工人感到这是自己的企业 | 按法令进行管理 |

## 七、精益生产（LP）方式

精益生产方式是 JIT 的一种延伸。起源于日本，后由美国的麻省理工学院在 20 世纪 90 年代初总结出的一种较完整的生产管理理论。

精益生产是对 JIT 生产方式的进一步提炼、发展和理论总结，是一种扩大了的生产管理、生产方式的概念和理论。它破除了以往那种大量生产方式的做法，从企业组织、经营理念、生产方式、人员配置、工艺设置到质量控制等各个方面都有了突破性的改进。其主要内容特征，如图 4-5 所示。

（1）以客户为中心。采取对外以客户为中心，以客户的需求驱动生产，生产出多变品种、适宜价格、优良质量和服务、适销对路的产品来赢得客户和市场。

（2）以人为本。对内以人为本，充分调动和发挥一线职工的积极性和创造性，使他们积极为改进产品质量献计献策，真正成为"零缺陷"生产的主力军。

（3）企业组织。在企业组织方面，主

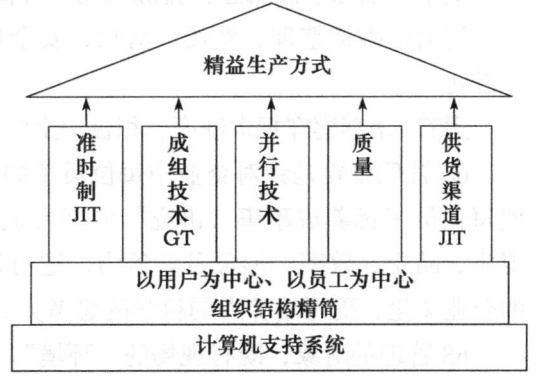

图 4-5 精益生产的内容和特征

要落实在"精"上，根据生产工艺要求，尽可能地除去多余的岗位和人员。在人员配置上采用多面手的方式，做到每一个岗位都能"人尽其职"。采用先进的成组技术、JIT 和看板方式组织生产和管理物流，大幅度地减少人员、生产和物流成本。

（4）产品设计。采用并行设计和由专业人员组成的多功能设计小组对产品的开发和生产进行指导和集成，负责所有产品型号的开发和生产，并根据实际情况调整原有的设计和计划。这种工作方式打破部门界限，在提高生产率、保证产品质量、快速响应用户的需求等方面都取得巨大成功。

（5）质量管理。采用全面质量管理保证产品质量，全员参与将次品消灭在设计和生产过程中，达到无废品、零缺陷的目标。

（6）供货环节。采用 JIT 方式，保证最小的库存和最少在制品数。

综上所述，从管理理念上来说，精益生产总是把现有的生产方式、管理方式看作需要改进的对象，并号召企业全员参与，高效地发挥自己的聪明才智并实现创新，不断地追求进一步降低成本和费用、质量完美和零缺陷、产品多样化等目标。

## 八、6S 管理

所谓 6S 管理，是指对生产现场各生产要素（主要是物的要素）所处的状态不断进行整理、整顿、清扫、安全、清洁及提升人的素养的活动。由于整理（Seiri）、整顿（Seiton）、清扫（Seiso）、安全（Safety）、清洁（Seiketsu）、素养（Shitsuke）这六个词在日语的罗马拼音或英语中的第一个字母均是"S"，所以简称 6S。开展以整理、整顿、清扫、安全、清洁和素养为内容的管理活动，称为 6S 管理。

**整理**：区分哪些是有用的、哪些是无用的东西，然后将无用的东西清除出现场，只留下有用的东西。

**整顿**：将工具、器材、物料、文件等的位置固定下来，并明确数量及进行标示，以便在需要时能够立即找到。

**清扫**：清扫到没有脏污的干净状态，注重细微之处。

**安全**：消除事故隐患，排除险情，保障员工的人身安全和生产正常进行。

**清洁**：维持整理、整顿、清扫、安全后的没有脏污的干净、整洁的状态，并进行标准化。

**素养**：培养遵守规章制度、积极向上的工作习惯，养成良好的文明习惯及团队精神。

6S 管理主要是针对企业中每位员工的日常行为提出要求，倡导从小事做起，力求使每位员工都养成事事"讲究"的好习惯，这种管理不但可以迅速提升企业的安全、卫生、品质、效率、形象及竞争力，还可以控制成本开支、改善工作环境、创建良好的企业文化，更可培养人的科学的思考方式。

6S 管理的对象，既有现场的"环境"，对生产现场环境全局进行综合考虑，并制定切实可行的计划与措施，从而达到规范化管理，又有现场工作的"人"，6S 管理的核心和精髓是素养，如果没有员工队伍素养的相应提高，6S 管理就难以开展和坚持下去。

## 九、敏捷制造（AM）

20 世纪 80 年代末，由于日本的 JIT 生产方式取得了巨大的成功，使得美国的制造业产生了危机感。特别是在 20 世纪 90 年代初，美国的信息技术飞速发展，走在了世界的最前沿，给制造业改变生产方式提供了技术支持，也为美国借此重新夺回 80 年代被日本、德国所夺去的在制造领域的领先地位提供了强有力的支持。因此，一种面向

21世纪的新型生产方式——敏捷制造就在这种背景下出现了。

敏捷性实质在于响应时间的快速与跟踪变化的能力。敏捷制造的三要素是生产技术、管理和人力资源，即生产制造的敏捷性是通过将技术、管理和人员三种资源集成为一个协调的、相互关联的系统来实现的。

在生产技术上，首先，实现敏捷必须要具备高度柔性的生产设备，具有结构可改变性、智能性、可量测性和程序可控性。其次，在产品开发和制造过程的管理中，采用并行工程的方法，能在运用计算机设计复杂的产品的同时，同步实现可靠地模拟产品的特性和状态，并准确地模拟产品制造过程，即同时开发新产品，编制生产工艺规程，进行产品销售。

在管理上，敏捷制造认为，新产品投放市场的速度是当今最重要的竞争优势。推出新产品最快的办法是利用不同企业的资源，使分布在不同企业内的资源能随意互换，然后把它们结合成靠电子手段联系的虚拟企业或动态联盟。虚拟企业或动态联盟是指为完成向市场提供商品或服务等任务而由多个企业相互联合所形成的一种合作组织形式，通过信息技术把这些企业连成一个网络，以更有效地向市场提供商品和服务来完成单个企业不能承担的市场功能。虚拟企业或动态联盟是专门为完成特定计划而出现，只要市场机会在，它就形成；市场机会消失了，它就会解体。快速形成虚拟企业或动态联盟的能力将是企业21世纪强有力的竞争武器，可以使单个企业享用联盟中其他企业的资源，以完成特定的任务。

在人力资源上，它的基本思想是，在动态竞争环境中，最关键的因素是人员。柔性生产技术和柔性管理要使敏捷制造企业的人员能够实现他们自己提出的发明和合理化建议。

## 十、约束理论（TOC）

约束理论是近年来流行于管理领域的先进工具，由以色列物理学家、企业管理顾问高德拉特博士独创，在优化生产技术（OPT）的基础上发展起来的管理哲理。

约束理论是通过瓶颈产能最大化来保证生产系统的产销率最大化的生产管理与控制方法，是对MRPII和JIT在观念和方法上的发展。约束理论最初被理解为对制造业进行管理、解决瓶颈问题的方法，经过实践演变，发展成为了以"产销率、库存"等为基础的指导体系，并逐渐完善成为旨在增加产销率而非传统的单纯减少成本的管理理论和工具。现在，该理论已经覆盖了企业管理的所有职能领域。

约束理论的思想和工具可以归纳为"企业是一个系统，它的目标是在当前和今后为企业获得更多的利润"。一切阻碍企业实现整体目标的因素都是"约束"因素。一个系统的能力取决于瓶颈的能力，在非瓶颈作业节省时间对于系统来说等于零。瓶颈的节奏控制着系统的节奏。尽力识别瓶颈并提高其能力，使其满负荷，持续改进。

很多企业在运用约束理论开展改进活动中受益匪浅，被业界评为比准时制投资少却更实用、更快速见效的方法。美国福特汽车的电子部曾经在花巨资实行了两年准时制之后，发觉产品的生产期只缩短了少许，仍然落后日本甚远，转而改用约束理论方法开展改进工作，收效超乎想象，一年内就甩开了对手。

## 第三节　产品生命周期与生产制造流程

### 一、产品生命周期

产品和人类从出生到死亡的历程相类似，从开始上市到退出市场，将会经历一个完整的生命周期。

一般来说，产品的生命周期可划分为导入期、成长期、成熟期和衰退期四个阶段，如图4-6所示。在图4-6中，产品以其销售量及其获利的不同，其时间与销售量及利润的关系经常呈现S型。

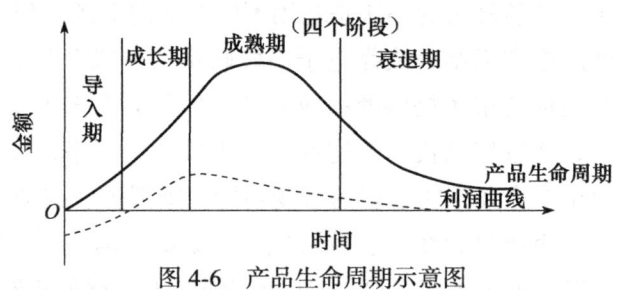

图 4-6　产品生命周期示意图

产品在生命周期的不同阶段具有不同的特点，如表4-4所示。企业必须分析其产品处于产品生命周期的哪一个阶段，进而做出相应有效的营销、财务、制造、采购及人事策略，以求在动态的竞争环境中，提升产品的竞争力，从而达到延续产品生命及增加获利能力的目标。

表 4-4　产品生命周期各阶段的特点

| 阶　　段 | 导　入　期 | 成　长　期 | 成　熟　期 | 衰　退　期 |
| --- | --- | --- | --- | --- |
| 产品现象 | 刚进入市场，知名度低，需要很多推广与营销费用，消费者的喜好与接受度较低 | 之前的推广活动产生效益，产品知名度上升并获得消费者的接纳 | 市场趋于饱和，且制造商间以价格战激烈竞争，营销费用使用于维持市场占有率 | 产品不再受到欢迎，市场开始萎缩 |
| 销售额 | 上升速度缓慢 | 快速增加 | 开始减缓 | 快速下降 |
| 利润 | 常有 | 大有所获 | 减少 | 微薄甚至无利可图 |

但要注意的是，并不是所有的产品都遵循以上这种产品生命周期曲线。某些产品快速地导入，也快速地结束；有些则停留在成熟期很长时间；而某些产品虽已进入衰退期，但经由强势的促销及重新定位后，重新回到成长期。故企业在进行相关决策时，需按照组织本身及市场实际情况加以判断，才能做出正确的决策。

### 二、生产模式

生产模式可以根据不同的标准和需要，分成多种不同的类型。下面按照制造流程生命周期划分的两种生产模式在国际供应链管理过程中很具代表性。

**1. 基于工作中心的生产模式**

是将执行相同功能的机器放在一起成为一个群组，或按工序划分，一个工序对应一个中心。每一工作中心可处理不同的产品，每一产品在不同工作中心（机器）间操作，整体过程称为每一产品的工作路径。常采用批处理来提高作业效率，如图4-7所示。

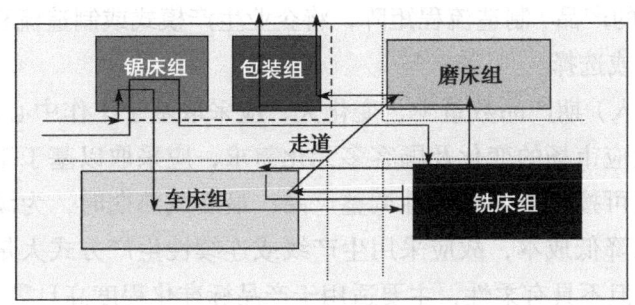

图 4-7　基于工作中心的生产模式

**2. 流程式生产模式**

是指所有的生产工作都以相同的生产流程进行，机器按生产流程部署，即所有的生产都沿着相同的路径进行。

## 三、产品生命周期与生产模式的配合

在当前市场竞争越来越激烈、变化越来越快、竞争压力日趋增大的情况下，如何选择恰当的生产模式或制造流程系统，以加强企业的竞争优势，就变得尤其重要。管理者可以根据产品生命周期不同阶段的特点，运用产品/制造流程矩阵来选择合适的生产模式，如图4-8所示。

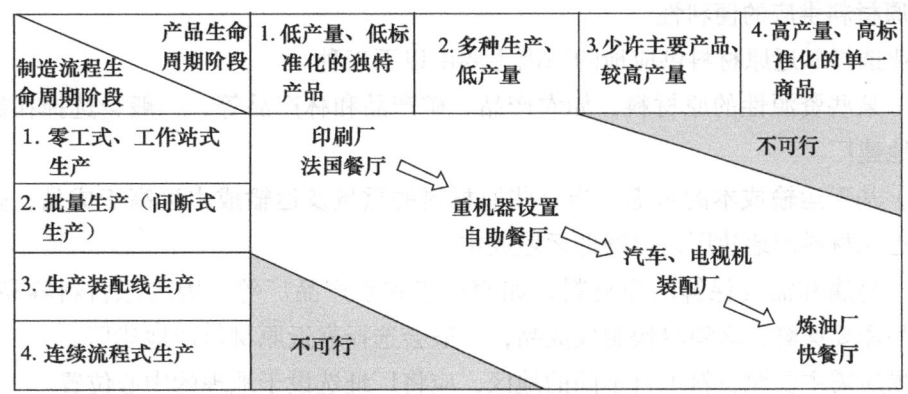

图 4-8　产品/制造流程矩阵

如图4-8所示，在产品生命周期方面，产品由导入期的低产量、低标准化的独特产品，逐渐演变成成熟期的高产量、高标准化的单一商品；与之相应的产品生产模式或制造流程方面,由基于工作中心的生产模式,渐渐转变成流程式的生产模式,采用以上方法,其产品的单位生产成本逐渐降低。从产品/制造流程矩阵中也可以看到,生产模式的选择若与产品生命周期配合在对角线上,则其生产成本最低。如果管理者选择图4-8中深色区域以外的其他可行区作为其生产模式,则其追求的目标不在成本,而是产品差异化。

根据图4-8中的产品/制造流程矩阵,将企业生产模式或制造流程的方式随着产品生命周期进行改变或选择。

产品上市(导入)期产品数量少、变化大,应采取基于工作中心的少量生产方式;成长期由于需要适应市场的变化及顾客多元化需求,应采取以基于工作中心的批量生产方式为主,以便可按生产周期弹性调整产品;最后成熟期时,为满足顾客的大量需求必须大量生产以降低成本,故应采用生产线或连续性生产方式大量生产标准化的产品,因生产效率高但不具有柔性,主要适用于产品标准化程度高且需求量大的产品。

## 第四节　全球生产区位选择

### 一、企业区位选择的主要因素

企业区位选择,是指企业为了达到某种目的,通过选用某种评价策略对影响区位选择的因素进行综合评价,选取出最优的投资、经营的地理位置。企业区位的选择是一个复杂动态决策过程,企业选择区位的好坏直接影响到企业的生存和发展。

一般来说,运输费用、劳动力成本、市场因素、资源禀赋等因素强烈地影响着企业区位的选择,具体如下。

**1. 原材料供应的便利性**

企业选择靠近原材料供应地的原因主要由以下三种。

(1)某些资源性的原材料,如农产品、矿产品和林产品等,一般会选择在靠近原材料产地建厂。

(2)基于运输成本的考虑。当有些原材料的重量及运输成本远高于成品,企业会选择靠近原材料产地建厂,以降低运输成本。

(3)易腐和需要保鲜的原材料,如面包店和水产品厂等,因为原材料容易腐烂,且水产品需要保鲜,必须尽快制成成品,一般会选择靠近原材料产地建厂。

如果所需主要原材料来自不同的地区,应将厂址选设于地理的中心位置。

**2. 市场位置**

考虑到分销成本、成品易腐和保鲜及利于销售等因素,可能会选择靠近消费市场的位置。

### 3. 劳动力供给

附近地区的劳动力成本、可获得数量、难易度与素质的符合度等，也是工厂选址时应考虑的重要因素。

### 4. 其他因素

如气候、税收等，也会影响员工上班或交货期；税收因素会影响企业和员工的收益，故在企业选址时也扮演了重要角色。

## 二、企业区位选择与产品生命周期的配合

企业区位的选择应与产品生命周期相配合，从而获得较好的竞争优势，具体如下。

1. 产品上市期。小批量生产——生产地点：拥有研发、测试功能，不必寻找低成本。
2. 成长期。批量生产，快速反应——生产地点：制造流程能弹性调整。
3. 成熟期。大量生产——生产地点：大规模与低成本。

产品越不成熟，生产地点越以技术方面为主；产品越成熟，生产地点越以成本方面为主。

以 Philips 的消费性电子产品为例，作为一个国际性的消费性电子商品制造者，飞利浦必须考虑其整体的生产网络，追求更短的运输时间与更佳的生产活动协调，以获得更好的作业效率，让其生产的商品可以适时响应当地消费者的需求。所以 Philips 实施动态的生产配置，在从原材料的取得、量产与大量生产的过程中，以转换生产地点的方式获得更佳的原材料取得与销售优势。

如图 4-9 所示，Philips 的研究室设置于荷兰，所以产品试产的地点会选择在荷兰或是比利时等邻近研究地点的国家。在产品经过试验与调整，准备进行销售前，Philips 会将生产的地点移至人工成本低廉的国家（如奥地利）进行。当销售量逐渐上升，需要大型且稳定的生产基地时，便会将生产设施移向亚洲。

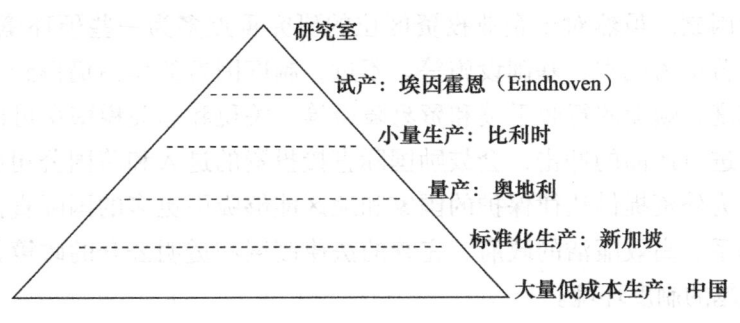

图 4-9　Philips 动态生产配置

产品生产制造流程与区位配合产品生命周期，可形成不同的生产策略，如表 4-5 所示。

表 4-5　配合产品生命周期的生产制造流程与区位策略

| 生产管理策略 \ 产品生命周期 | 上 市 期 | 成 长 期 | 成 熟 期 |
|---|---|---|---|
| 生产制造流程 | 研发测试<br>小量生产 | 按市场状况定时调整<br>批量生产 | 技术成熟、成本降低<br>大规模生产，创造经济规模 |
| 区位结构 | 具有技术优势地点 | 邻近市场且具有生产弹性地点 | 具有成本优势和可大量生产地点 |

### 三、国外设厂问题

在当今社会，经济活动的全球化正席卷全球，对各国的经济社会产生日益重要的影响。随着全球经济一体化趋势进一步发展、市场需求不断加快的个性化和现代产品技术和管理技术的发展等企业竞争环境的快速变化，导致企业的活动领域和范围进一步拓展。企业为提高效率和竞争能力，往往也需要进行区域性甚至全球性的结构调整和重组。在这种情况下，作为一个具有全球战略眼光的企业家，就必须做出一系列的投资区位决策，如在哪里进行投资，在何处建立新的分支机构，或者购并其他的企业。虽然区位决策并不经常发生，但投资区位一旦选定，将会对企业的生产经营产生长期的影响。故国外设厂成为一个重要的课题。

在国外设厂需要考虑许多因素，主要有以下几点。

（1）生产成本。随着交通和通信技术的提高，运输成本不再是制约企业投资区位选择的唯一成本要素，劳动力成本、交易成本等也是生产成本的重要组成部分。

（2）产业集聚。大量的研究也表明，集聚经济对企业区位选择有着重要的影响。大量的相关企业在地域上相互集中在一起，将可以节约生产成本，扩大生产和消费需求，并有利于相互竞争和协作，提高管理和办事效能。如果一个区域拥有发达的基础设施，可以得到特定的服务设施和熟练劳动力，具有好的区域形象以及大量产业的集中等优势，将对外来的直接投资有很大的吸引力。

（3）制度因素。虽然对于企业投资区位的研究重点多为一些硬环境和经济因素，如市场规模、劳动力成本、基础设施等。不过，制度因素的作用仍得到了重视，例如关税、政治制度、烦琐的行政手续和贸易障碍等。关税和非关税壁垒可以使跨国公司在东道国免受进口产品的冲击，会鼓励国际直接投资的进入和跨国公司出现；对外资的环境态度及为外资提供法律保护的国家和地区能够吸引更多的国际直接投资，同时良好的运营体系、高效廉洁的政府、完善的法律制度和透明公开的政策将会为国际直接投资提供优越的制度环境。

（4）文化联系。除了以上因素外，一些软环境因素，如经济文化联系对于企业的投资区位选择也有重要影响。以克拉维斯、弗里德曼、凯夫斯及部分北欧学者为代表，十分强调市场的接近性、市场规模及增长潜力以及所谓的心理距离对跨国公司投资区位的影响，认为接近市场意味着可以降低运输成本以及相关的市场搜寻成本，招聘到合适的熟练工人和经营管理人员，听取和反馈消费者的意见。较大的市场规模和快速增长的市场潜力，对外商直接投资也具有较大吸引力。心理距离的远近意味着企业克服障碍成本的高低，跨国公司对外投资的区位选择一般遵循心理距离由近到远的原则。另外，由于各国的市场规则和经济成熟程度不同，在一个地区的投资意味着学习效果和知识的不断积累，这种经验的积累对外商直接投资的区位选择显得极为重要。事实上，中国较早开放的地区能够理解跨国公司的战略意图和商务惯例，已经学会了同外国人从事商务合作的方法。通过学习和经验的积累，改善了投资环境，对外商直接投资更具吸引力。随着时间的推移，这些地区在同外商交往的过程中将更加符合国际惯例，和世界经济更加融合，风险和不确定性逐步减小，由此减少了外国投资者"在国外从事商务的成本"，这样就增加了跨国公司进一步追加投资的可能性。

## 案例分析

### 透视"零库存"——一汽大众应用物流系统

一汽大众汽车有限公司目前仅捷达车就有七八十个品种、十七八种颜色，而每辆车都有2 000多种零部件需要外购。从1997年到2000年年末，公司捷达车销售量从43 947辆一路跃升至94 150辆，市场兑现率已高达95%至97%。与这些令人心跳的数字形成鲜明对比的是公司零部件居然基本处于"零库存"状态，而制造这一巨大反差的就是一整套较为完善的物流控制系统。

一个占地9万多平方米，可同时生产三种不同品牌的、亚洲最大的整车车间，它的仓库也一定壮观非常吧？可这里的人却告诉记者：我们这儿没有仓库，只有入口。

走进一个标有"整车捷达入口处"牌子的房子，只见在上千平方米的房间内零零星星地摆着几箱汽车玻璃和小零件，四五个工作人员在有条不紊地用电动叉车往整车车间送零件。在入口处旁边的一个小亭子里，一位姓孙的小伙子正坐在电脑前用扫描枪扫描着一张张纸单上的条形码——他正在把订货单发往供货厂。这时，一辆满载着保险杠的货车开了进来，两个工作人员见状立即开着叉车跟了上去。几分钟后，这批保险杠就被陆续送进了车间。据姓孙的保管员说，一汽大众的零部件的送货形式有三种：第一种是电子看板，即公司每月把生产信息用扫描的方式通过电脑网络传送到各供货厂，对方根据这一信息安排自己的生产，然后公司按照生产情况发出供货信息，对方则马上用自备车辆将零部件送到公司各车间的入口处，再由入口处分配到车间的工位上。刚才看到的保险杠就采取这种形式。第二种叫作"准时制生产"，即公司按过车顺序把配货单传送到供货厂，对方也按顺序装货直接把零部件送到工位上，从而取消了中间仓库环节。第三种是批量进货，供货厂每月对于那些不影响大局又没有变化的小零部件分批量地送一到两次。他说，过去这是整车车间的仓库，当时库里堆放着大量的零部件，货架之间只有供叉车勉强往来的过道，大货车根本开不进来。不仅每天上架、下架、维护、倒运需要消耗大量的人力、物力和财力，而且储存、运送过程中总要造成一定的货损货差。现在每天平均两个小时要一次货，零部件放在这里的时间一般不超过一天。订货、生产零件、运送、组装等全过程都处于小批量、多批次的有序流动当中。公司原先有一个车队专门在各车间送货，现在车队已经解散了。为什么短短几年的时间一汽大众就会有如此大的变化？陪同记者采访的公司生产服务部的规划员丁一飞自豪地说："我们用不到300万元人民币打造了'傻子工程'"。

在该公司流行着这样一句话：在制品是万恶之源。用以形容大量库存带来的种种弊端。在生产初期，捷达车的品种比较单一，颜色也只有蓝、白、红三种。公司的生产全靠大量的库存来保证。随着市场需求的日益多样化，传统的生产组织方式面临着严峻的挑战。1997年，"物流"的概念进入了公司决策层。考虑到应用德方的系统不仅要一次性投入1 500万美元，每年的咨询和维护费用也需数百万美元，中方决定自己组织技术人员和外国专家进行物流管理系统的研究开发。1998年年初，公司开发的物流控制系统获得成功并正式投入使用。如今，这个仅用了不足300万元人民币的系统已经受住了十几万辆车的考验。在整车车间，记者看到生产线上每辆车的车身上都贴着一张生产指令表，零部件的种类及装配顺序一目了然。计划部门按装车顺序通过电脑网络向各供货厂下计划，供货厂按照顺序生产、装货，生产线上的工人按顺序组装，一伸手拿到的零部件保证就是他正在操作的车上的。物流管理就这样使原本复杂的生产变成了简单而高效的"傻子工程"。令人称奇的是，整车车间的一条生产线过去只生产一种车型，其生产现场尚且拥挤不堪，而如今在一条生产线同时组装两到三种车型的混流生产方式下，不仅做到了及时、准确，而且生产现场比原先节约人员近10%。此外，零部件的存储减少了，公司每年因此节约的成本达六七亿元人民币。同时，供货厂也减少了30%至50%的在制品及成品储备。先进的管理带来了实实在在的效益，也引发了一场深刻的管理革命。难怪公司总经理陆林奎感慨地说："一个单位谁是头儿？电脑！"

随着物流控制系统的逐步完善，电脑网络由控制实物流、信息流延伸到公司的决策、生产、销售、财务核算等各个领域中，使公司的管理步入了科学化、透明化。现在公司主要部门的管理人员人手一台微机，每个人以及供货厂方随时可以清楚地了解每一辆车的生产和销售情况。公司早已实现了"无纸化办公"，各部门之间均通过"e-mail"联系。德国大众公司每年的改进项目达1 000多个，一汽大众依靠电脑网络实现了与德方同步改进，从而彻底改变了过去那种对方图纸没送来就干不了活儿的被动局面。工作方式的改善，不仅使领导层得以集中精力研究企业发展的战略性问题，也营造了一个充满激烈竞争的环境，促使每个员工不断提高自身的业务素质。透过"零库存"，我们看到，对于一个企业来说进行物流管理，领导者的超前意识、一批兢兢业业的专业技术人员和企业较强的开发能力是必不可少的前提。

**案例讨论题**

1. 一汽大众的零部件为何要采用三种供货方式？
2. 你认为，一汽大众的"零库存"需要哪些实施条件？
3. 试讨论信息化对于实现"零库存"的重要性。

## 本章小结

本章从生产管理所关注的两个主要方面,生产流程管理(微观)和生产基地的全球布局(宏观)切入,分别阐述各自所重点研究的内容,其中,在生产流程管理方面,重点提出了 MRP、MRPII、ERP、JIT、LP、6S、AM 和 TOC 等企业生产管理策略,并且将相似的策略进行了相对比较,明确各自的特点及适用的情况。另一方面,本章也对企业全球区位选择进行了深入的介绍,并引入产品生命周期的概念,使企业生产模式、区位的选择与产品生命周期相配合,从而获得更好的竞争优势。此外,本章还针对企业在国外设厂的情况,提出在国外设厂应考虑的众多因素,并从微观方面分析国外设厂的众多复杂因素,形成多角度、全方位的思维方式。

# 第五章 • Chapter5

# 全球配送管理

### 学习目标
1. 了解实体配送的趋势、分销需求及资源计划、DC货位优化管理的规则。
2. 理解配送及配送管理的相关概念、理论及重要性、配送网络模型与线路设计。
3. 掌握全球发货中心区位配置。

### 导入案例

UPS "世界港"

午夜23时,在美国路易斯维尔国际机场总会呈现出一片别样的星空,点点繁星在深暗的天幕中闪烁着、移动着,朝着机场的方向汇集。但它们并不是真正的星星,而是即将着陆的飞机。

从晚上的23时到次日凌晨的4时,这里或许是世界上最繁忙的空港,因为这里是UPS全球最大的全自动化包裹处理中心——UPS"世界港"。每天晚上会有超过100架的飞机满载着各式各样的包裹,从世界各地飞抵这里,然后再带着分拣好的包裹飞往世界各地,其最繁忙的时候,每分钟都会有一架飞机起降。转运中心规模相当于90个足球场大小,面积达到520万平方英尺,周长7.2英里,包裹处理能力提升了37%,达到每小时分拣41.6万件。

当飞机降落以后,可以直接滑行到飞机装卸点,与分拣中心形成最短的衔接。按照需要处理的包裹的外形,分拣中心传送设备分为3个系统,分别处理小件包裹、正常包裹和异形包裹。总长150英里、3万多条传送带叠加交错在一起,却井井有条,有的地方是平行排列,有的地方是反复迂回,有的地方是层叠向上,而最高的地方达4层楼的高度。

根据智能标签上的信息,传送系统会把包裹按不同送达地点分拣到不同区域。一件包裹的行程最少要走800米,而最长的要走10英里,传送设备的运转速度可以根据货量来改变，平均来说，它们的"旅行"时间为13分钟，这期间一般要被扫描6次。

正是在这个"世界港"，每天有数百万份的UPS快件在这里分拣、转运，数百架次货机在这里起降，飞向全美及世界各地。快件前一天傍晚寄出，后半夜在"世界港"处理，第二天凌晨送至目的地城市，拂晓前送到收件人。

## 第一节 概　述

国际性企业在完成了产品的生产加工后，进入到全球配送业务，其流程起始于制造者端，终止于消费者端。为了使消费者所购买的商品或服务能在恰当的时间，以恰当的成本，送达恰当的地点，制造者必须进行配送流程的规划与管理。

同时，国际物流的运作由于需要跨越国界的运输和仓储，涉及各国海关的监管、关税与配额限制等因素，故较之国内物流要更加复杂。下面介绍本章所涉及的配送及配送管理的定义与重要性、渠道的定义与类型、实体配送的趋势等内容。

### 一、配送管理

配送实质上是由运输派生出的功能。所谓配送，是按客户的订货要求，在物流据点进行分货、配货后，将配好的货物在规定的时间内，通过合适的渠道，安全、准确地送交用户的物流活动。

配送是"配"与"送"的集成活动，它不单是送货，还包括分货、配货、配车、调度与路线优化等资源配置工作，包含了物流的运输、仓储、包装、装卸、搬运等七种活动，是物流的缩影。一般来说，配送主要是面向小范围、短距离、小批量的运输，是物流体系末端的延伸，发生在生产或流通与消费的交汇处。

配送具有一定规模，常常需要配送中心的支持。而配送中心是物流体系上的一种多功能、集约化的、专门从事配送工作的物流据点。它从供应商处购进商品，进行储存保管、配货、分拣、流通加工、信息处理，按下游客户的需求配齐商品，以令人满意的服务，迅速、及时、准确、安全、低成本地进行配送。

而要想把消费者需要的恰当数量的恰当的商品，在恰当的时间，以尽可能低的成本运送到恰当的地点，以满足消费者的需求和服务水平，就需要良好的配送管理。

所谓配送管理是对顾客的需求进行分析，以规划发货中心的区位及功能、完整的运输配送系统以及达到在"适宜的时间"提供"适宜的数量"商品为目标，运用快速反应系统，满足消费者的需求。

实际上，配送管理是通过科学的管理方法和技术，来解决配送系统的总成本与消费者服务水平之间的博弈关系。

### 二、渠道

配送是通过合适的渠道，把消费者需要的恰当数量的恰当的商品，在恰当的时间，以尽可能低的成本运送到恰当的地点,以满足消费者的需求和服务水平。渠道分别连接生产者与顾客,提供所需的各项功能,完成分销任务。

渠道是指将产品在从生产者送交顾客的过程中,所流经的各个组织与活动所形成的通道。

按照渠道内参与组织的数目与层级的多少,可以分成不同的渠道种类,如图5-1所示。

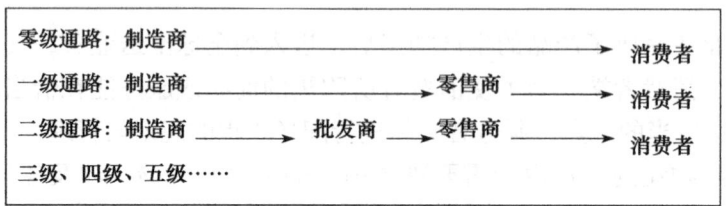

图5-1 渠道的层级

**1. 零级渠道**

零级渠道是指制造商直接安排运输服务,将商品交给消费者。要形成这种渠道,消费者可以是企业或一般的个人。前一类型渠道的消费者需求量通常较大,他们有可能是另一种商品的制造商,通常利用这些大量购入的物资再创造商品价值。不过由一般的个人消费者所形成的零级渠道也在日益增加,现今的消费者可在制造商的网页或其他的接口商浏览商品与服务,并在网上完成订购与付款,而后制造商安排运输服务将商品直接交给消费者。

**2. 一级渠道**

一般的消费者通常不会直接从制造商那里获得商品,他们会来到已经搜集了各类制造商商品的零售商这里,向零售商选购需要的商品或服务。在一级渠道中,零售商作为制造商和消费者的中介。其存在让制造商可以专注于生产,而消费者可以更加便利地获取多种商品与服务而不需要和太多的制造商接洽。零售商在一级渠道中扮演着加速物流流程的角色。

**3. 二级渠道**

随着产品品项与产品输入国家的增多,零售商无法顾及如此多变化的商品线,于是便有了批发商的存在,而这样的渠道便称为二级渠道。批发商会有各自负责的某些品牌或地区性商品,零售商可以从批发商那里取得这些商品,远比自行引进商品更为有效率。

### 三、配送及配送渠道的重要性

最近一二十年,配送经营的范围已经扩大到了很多国家和地区,在发达国家,配送不但广为实行,而且早已成为企业经营活动的重要组成部分。配送不仅能够把流通引入专业化、社会化道路，有益于物流业快速发展，更重要的是，它能以特有的运动形式调整流通结构，使物流活动演化为规模经济活动。综上所述，配送具有以下几方面的作用。

（1）准确可靠的配送活动，提高了供应保证程度，减少了生产和流通领域对于库存的需求，从而降低社会的总库存。

（2）集中高效的配送活动，可以简化物流的流程，提高物流系统效率和服务水平。

（3）合理顺畅的配送活动，可以提高车辆和装载利用率，降低物流成本、节约能源、减少污染、缓解大中城市的交通运输状况。

在商品配送流程中，配送渠道具有十分重要的作用，具体如下。

（1）渠道的选择影响市场组合和实体配送网络的结构。不同价位、档次的不同产品需要不同的渠道来配合，故渠道的选择会对营销组合产生影响。如，浙江某男装品牌近年来花巨资聘请了国内某著名影星担任品牌形象代言人，并相应投入更大的预算进行品牌形象推广。而该影星在中国观众中也颇具号召力，其充满阳刚之气的影视形象与该品牌男装的消费群体特性也颇为吻合，该男装品牌定位于中高级男装，加上厂家的大力推广，使得该品牌从一个默默无闻的男装品牌渐渐为市场所了解，中高档品牌形象逐步确立。

最近，笔者在对服装市场作实地勘察的过程中，发现该男装品牌的渠道终端如下：①杭州百货大楼②延安路（杭州最繁华的黄金地段）该男装品牌专卖店③乐购超市④钱江小商品市场⑤龙翔服饰城

可以看出，针对这一中高级品牌的男装，选择杭州百货大楼和延安路（杭州最繁华的黄金地段）该男装品牌专卖店是恰当的，但其他三种渠道则是与其产品不匹配的。

另外，配送渠道的选择，也会影响实体配送网络的结构，包括相应的仓储配送设施、运输的方式和库存水平等。特别是当配送网络的范围延伸到全球时，配送渠道的选择会影响到全球化的配送网络的结构，包括通关业务、国际运输、仓储、库存控制、配送中心选址及内部布局和设施等，渠道的设计将更为复杂。

（2）良好的渠道伙伴对公司的重要性。因为配送是一个整体的物流系统，故良好的渠道伙伴对整体配送系统的顺利运作具有十分重要的作用。一方面，对于最终消费者而言，配送渠道最末端的零售商代表着生产商，其服务水平决定了配送的成败和生产商的形象。另一方面，只有配送渠道中的所有成员企业之间及其与外部组织相互合作形成整体，才能准确、及时、低成本地完成配送任务，以满足顾客的需求。

## 四、配送中心的核心工艺

配送中心有若干种配送工艺，其中难度较大的配送工艺路线是"多品种、少批量、多批次"的配送。因此，这里只介绍这种配送工艺。这种配送有三条基本的工艺路线，即拣选式工艺路线、分货式工艺路线和直取式工艺路线。

**1. 拣选式工艺**

拣选式工艺又称摘果式（摘取式）工艺，由于操作过程极似人到各个果树去摘取果子的方式而得此名。它是由负责拣货的人员或拣货机械，按提货单指示巡回于储存货物的各个储存点，取出所需货物，并将货物配齐。配好货后通知发货部门，向客户发货。它适用的范围是客户数量不大但种类繁多、每种需求数量变化较大、各客户需求的种类有较大的差别或临时的紧急需求，以及分货工艺无法操作的大件货物。在这些情况下，采用拣选式配货，有助于使配货准确无误，有利于简化工序、提高效率。

**2. 分货式工艺**

分货式工艺又称播种式（或播撒式）工艺，亦称货到人前式工艺，由于这种工艺的操作过程极似将一口袋种子播撒到田中而得名。它是分货人员或分货工具从储存点集中取出各个用户共同需要的货物，然后巡回于各用户的货位之间，将这一种货物按用户需要量分放下，再集中取出共同需要的第二种。如此反复进行，最后，将各客户所需的货全部配齐，即完成了一轮配货任务。其适用范围是客户数量多且客户需要的种类有限、每种货物的需要量不大、各客户需求种类差别不大，以及客户有较稳定计划的需求情况。在这些情况下，采用分货式作业，可提高配货速度，节省配货的劳动消耗，提高效率。

**3. 直取式工艺**

直取式工艺配货是采取人到货前取货的策略。它是拣选式配货的一种特殊形式，当客户所需种类很少，而每种数量又很大时多采用此种方式。其作业过程是送货车辆可直接开抵储存场所装车，随时送货，而不需要设置配货工艺。这种方式实际上是将配货与送货工艺合为一体，减少了几道工序。直取式也是一种很重要的拣选和配送方式，在我国使用较广，尤其是在大宗生产资料配送中广为采用。

### 五、配送模式

配送业务根据不同的分类方式有不同的类型，下面就介绍几种主要的分类类型。

**1. 基于数量和时间差别的配送模式**

（1）定量配送模式。定量配送是指在一定的时间范围内，配送方按照规定的批量配送货物的一种运行方式。定量配送的最大的特点是配送的货物数量是固定的，业务也较为稳定。这种配送方式能够充分利用某些固定的运输容器如托盘、集装箱和车辆等，根据其装载量来测算和定量。这些容器具有较大的装载能力，可以大大提高配送的作业效率。由于这种配送方式对时间的限制不严格，因此配送方可以充分利用运输工具进行合理的调度。同样，对客户而言，每次接收货物的品种、数量基本上固定，易于集中合理安排人力和库位。但由于送货的时间不确定，客户需要备有一定数量的库存以防缺货。

（2）定时配送模式。定时配送模式是配送方按照合同中规定的时间为客户准时、固定地配送货物。定时配送的时间间隔长短不等，要根据客户的业务、货物的需求情况而定，短的仅几个小时，长的可达几天。由于配送的时间是固定的，对供需双方来说，都便于制订计划、安排发货和接货。但如果客户突然调整货物的品种、数量和交货时间，在变化情况较大时，会给配送方带来麻烦，也会给配送作业带来困难。

常见的定时配送有两种方式，即看板供货方式和日配方式。看板供货形式是定时配送中的一种更为精细、准确、水平更高的配送形式，它是 JIT 的一种扩展及其在配送中的应用，也是物资供应与生产同步运作的一种表现。看板供货要求配送方根据生产节奏和生产程序准时将货物运送到生产场所。与普通的定时配送相比，它的特点是配送的货物无需入库，配送作业需要有较高水平的物流系统和各种先进的物流设备来支撑，配送的服务对象（用户）比较集中，常常是"一对一"地进行配送。日配形式是定时配送中广泛施行的一种形式。日配的时间要求是接到用户的订单后 24 小时内将其所需要的货物运送到指定的地点（仓库或生产线）。

（3）定量、定时配送模式。定时、定量配送是配送方按照与客户商定的时间和规定的数量配送货物的运作方式。这种配送活动是上述两种活动的综合，它兼有定时、定量配送两种方式的优点。定时、定量配送对配送方的要求比较严格，作业难度也很大，没有一定的实力和能力是难以胜任的。由于这种形式的配送计划性强，准确度高，因此，它只适合于在生产稳定、产品批量较大的用户中推行。

（4）定时、定路线配送模式。定时、定路线配送类似于公交车辆运行。从形态上看，按照运行时刻表，沿着规定的运行路线进行配送就属于定时、定路线配送。实施此种配送，用户须提前提出供货的数量和品种，并且须按规定的时间在确定的站上接收货物。在用户较多而且比较集中的地区，采用这种形式配送，可同时为许多用户提供服务（供应物资）。据此，它可以做到充分利用运输工具有计划地安排运送及接货工作。由于定时、定路线配送只适用于消费者集中的地区，并且配送的品种、数量不能太多，所以，它又有一定的局限性。

（5）即时配送模式。即时配送是根据用户提出的时间要求和供货数量、品种要求及时地进行配送的形式。即时配送可以满足用户（特别是生产企业）的急需，它是一种灵活的配送活动。对于配送方来说，实施即时配送必须有较强的组织能力和应变能力，必须熟悉服务对象的情况。由于即时配送完全是按照用户的要求运行的，客观上能促使需求者压缩自己的库存，使其货物的"经常储备"趋近于零。

**2. 基于不同管理主体的配送模式**

（1）连锁企业自有的配送模式。这种配送模式的核心是要解决连锁企业的采购、库存和配送等问题。通常连锁企业要对 90% 以上的商品选择中央采购制度，由总部采购或授权的配送中心负责大部分商品的采购，商品的引入与淘汰、价格的制订与促销计划也完全由连锁企业总部统一规划实施。各店面的库存和销售信息要及时、准确、分类地汇报到总部，由总部对这些信息进行分析，以指导以后对商品采购的品种、结构、数量等的决策。采购后的商品质检、计量、储运、分拣是在总店的配送环节中进行的，而配送中心的中心库存和配送能力必须与店铺的销售能力相适应，既要保证不出现断货，又要尽可能减少各店铺和中心的库存。减少库存不仅是出于财务管理上减少资金占用的需要，而且也是为了降低配送成本，提高仓库利用效率。据调查，我国许多连锁企业普遍采用单店经营式的仓库作业流程，配送成本较高，作业效率较低，这是一个亟待解决的问题。

（2）社会化配送模式。社会化配送模式是客户充分利用社会化配送的能力和服务，将对所需货物的采购、挑选、储存、整理、拆零、再包装、检测和贴签、拼配、送货等一系列具体的配送业务交由社会上专业配送中心来完成的配送模式。在这种模式中，从事配送业务的企业，通过与上家（生产、加工企业）建立广泛的代理或买断关系，与下家（零售店）形成较稳定的契约关系，从而将生产、加工企业的商品或信息进行统一组合、处理后，按客户订单的要求，配送到店铺。这种模式的配送，还表现为在客户间交流供应信息，合作从事配送业务，从而起到调剂余缺的作用。该模式必须是在物流和配送业务达到了一定的社会化水平之后，才能实行，它与我们提到的第三方物流、配送服务是分不开的。配送方需要有现代化的物流与配送设施，高水平的信息管理系统来实行专业化的服务。这种模式的配送也使货主企业充分享受到灵活性和客户化的服务，而把精力集中到主要业务（如销售）上去。

（3）共同配送模式。共同配送模式是一些配送经营企业间为实现配送合理化、以互惠互利为原则、互相提供便利的配送服务的协作型配送模式。它是指由若干个配送企业联合在一起，共同对某一地区的用户进行配送，而不是由一个企业独自进行的配送。共同配送是在配送中心这一核心组织的统一计划和调度下进行的，协调指挥机构必须有较强的组织能力才能推行这种配送形式。由于共同配送是一种协作性的配送活动，可以充分发挥配送企业的整体优势，合理调配、调度运输工具和综合利用物流设施，对于参与协作的配送企业来说，可以借此扩大销售渠道和开展联合经营。

共同配送主要采用多家企业联合设置接货点和货物处置场地，交叉利用他方的配送中心和机械设备，集中人力、物力开展配送。它具有如下三种方式。

1）厂商联合配送中心。它是在生产厂家与批发商或供应商与连锁总店共同在他们之间进行的配送。一是将不同厂家和不同批发商按区域进行共同配送，每个批发商只负责特定区域的商品配送，在这些区域除配送自己经营的批发商品外，还负责在这一区域配送其他批发商的商品；在其他区域，别的批发商同时也为他提供同样服务。二是众多厂商通过配送中心的共同配送向众多的连锁总店配送商品，每个厂商都要将配送给各连锁店的商品先送到配送中心，再由配送中心为各连锁店进行共同配送。

2）物流企业的配送中心。物流企业的配送中心是指独立核算的物流公司或配送中心，这类配送中心可能是由专业的物流公司建立的，也可能是由大型的连锁公司独资兴建或控股的物流子公司兴建的。这类公司不仅承担物流作业，而且往往也兼有采购和批发的职能，实际上是一种配销中心。当然也有可能只从事物流作业活动。

3）商业企业的配送中心。它是由批发商、零售商、连锁公司共同组建的配送中心向同一地区众多的零售店铺进行共同配送。

### 3. 基于不同企业业务关系的配送模式

（1）专业性独立配送模式。专业性独立配送是根据产品的性质将其分类，由各专业经销组织分别、独立地进行配送。专业性独立配送的优点是可以充分发挥各专业企业的优势，便于客户根据自身利益选择配送企业，从而有利于形成竞争机制。

目前，在现实流通中的专业性独立配送主要包括下述几种产品的配送活动：小杂货配送，其产品包括小机电产品、轴承、工具、标准件、各种小百货等；生产资料配送，其中包括金属材料配送、燃料配送、水泥配送、木材配送、化工产品配送等；食品配送，配送的对象包括保质期较短的生鲜食品和保质期较长的干鲜果品；服装配送，配送对象是各种成衣。

（2）综合配送模式。综合配送是指将若干种相关的产品汇集在一处，由某一个专业组织进行的配送。综合配送是对客户提供比较全面的服务的一种配送形式，它可以使客户很快备齐所需要的各种物资，从而能减少客户的进货负担。但综合配送又有一定的局限性，如性状差别很大、关联不密切的产品就不宜综合在一起，因此难以开展综合配送。

（3）共同配送。共同配送是指对某一地区的用户进行配送不是由一个企业独自完成的，而是由若干个配送企业联合在一起共同完成的配送。

目前，我国主要存在着四种配送模式：集团企业内自营型配送、单项服务外包型配送、社会化的中介型配送和共同配送模式。其中，企业自营型是目前生产、流通或综合性集团企业所广泛采用的一种配送模式。它是由企业集团通过独立组建配送中心，实现对内部各部门、厂、店的物品供应。这种配送模式中因为糅合了传统的"自给自足"的"小农意识"，形成了新型的"大而全"、"小而全"，造成了新的资源浪费，但是，就目前来看，它在满足企业内部生产材料供应、产品外销、零售场、店供货和区域外市场拓展等自身需求方面都发挥了重要作用。较典型的集团企业内自营型配送模式是连锁企业的配送。大大小小的连锁公司或集团基本上都是通过组建自己的配送中心，来完成对内部各场、店的统一采购、统一配送和统一结算的。

单项服务外包型配送主要是由具有一定规模的物流设施（库房、站台、车辆等）及专业经验技能的批发、储运或其他物流业务经营企业，利用自身业务优势，承担其他生产性企业在该区域内市场开拓、产品营销等开展的纯服务性的配送。在这种配送模式中，生产企业租用批发、储运等企业的库房，作为存储商品的场所，并将其中的一部分改造为办公场所，设置自己的业务代表机构，配置内部的信息处理系统。通过这种现场办公式的决策组织，生产企业在该区域的业务代表控制着信息处理和决策权，独立组织营销、配送业务活动。提供场所的物流业务经营企业，只是在生产企业这种派驻机构的指示下，提供相应的仓储、运输、加工和配送服务，收取相对于全部物流利润中小比率的业务服务费。开展这种模式配送的物流企业，是"脑袋长在别人身上"，对所承揽的配送业务缺乏全面的了解和掌握，无法组织合理高效的配送，在设备、人员上浪费比较大。

**4. 各种配送模式的优劣分析**

首先，从总体来看，社会化型配送模式是目前应充分肯定和大力推进的模式，代表着配送发展的一个方向。这不仅仅因为它能以较大的价格优势和规模效益，起到降低流通费用、减少对人力、物力、财力的浪费等作用，从而为企业带来明显的经济效益。其主要的意义和价值还体现在，这种配送模式有利于专业化、社会化商品配送中心的形成。对我国而言，这种模式的实现还需要不断探索、改进，才能逐步走向规范化。

其次，集团企业内自营型配送模式的实行，尽管因其"大而全"、"小而全"造成了较大程度的浪费，但在目前专业化、社会化配送还没有广泛形成，这种被认为"自己的东西用着方便"的配送模式在一定程度上还可使连锁生产企业在商品和原材料供应上做到了"万事不求人"。因此，这种配送模式有利于本集团企业在某一时段内的发展。但在规模发展到一定程度之后，应加以调整，进行创新。

最后，单项服务外包型配送模式是一种雇佣式的配送，它是第三方物流配送形式的初级阶段，使第三方物流得到了发展。第三方物流使物流设施设备充分得到了利用，物流企业的收益显著地增加，这是实行市场经济以来物流企业一直期望的模式。同时，这种模式的配送也使货主企业充分享受到了第三方物流模式的灵活性和客户化的服务。

## 六、实体配送的趋势

近年来，大型零售商纷纷兴起，已逐渐成为渠道中的关键角色。大型零售商越过批发商，直接将产品配送到消费者手中，改变了传统渠道中的配送模式与权力结构。这种趋势让中间商的仓库需求数量和分配区域在初期均会上升，对生产商的实体配送网络有很大的冲击与影响。

此外，另一个趋势是市场从稳定状态转而成为快速变化的状态，因此配送网络也需要随时适应市场持续不断地有所变化，物流中的组织更需要培养适应渠道改变或是产品重新分配而随时具有的应变能力。从实际运营层面来看，配送管理发展的趋势包括以下几个方面。

（1）零售商逐渐成为渠道中的关键角色，通过扩大经济规模，加大采购量来降低价格，减少批发商通路，建立自营物流中心，实时补货减少存货。主导权由供应链的制造端逐渐转移到零售端。

（2）使用 POS 系统、条码和连续性补货信息系统，应对市场的快速变化。

（3）零售业国际化：零售商不仅在国内开展采购、销售与配送，而且随着全球国际化进程的不断深化，积极扩大运营范围，实现国际采购与分销配送等国际化经营业务。

## 七、分销需求/资源计划

企业在进行分销配送时,需依赖强有力的信息系统进行支持,分销需求计划和分销资源计划就是企业常用的分销管理信息系统。

### 1. 分销需求计划(Distribution Requirement Planning,DRPI)

集成于 MRP 中的分销功能的模块,由分销需求驱动 MPS(Master Production Schedule,主生产计划),进而进行 BOM 和采购计划、加工计划的制订。

### 2. 分销资源计划(Distribution Resource Planning,DRPII)

DRPI 的延伸,控制管理配送渠道,规划配送系统的主要资源,如:仓储、人力资源水平、运输方式和车辆及其财务等。可与 MRPI/MRPII 整合,由配送需求驱动 MPS,从而控制 BOM。

### 3. DRP 的功能及效益

(1)实现对分销商、批发商、零售商和客户的管理,完成商品发货、结算、应收应付联查业务单据和跟踪业务活动,对分销渠道的经营活动进行监控,从而可以改善服务,提高客户满意度。

(2)通过信息管理,实现资源共享,可以进行各渠道成员之间的库存调度,减少库存成本。同时可以快速补货。

(3)可以制订合理的运输路线方式和时间,从而降低运输成本。

(4)辅助企业进行促销活动,对促销结果进行客观评估,增加促销活动的效果和针对性。

(5)可根据所积累的历史经营数据,为生产企业制定发展战略和销售业务提供辅助信息。

(6)能够与企业相关的信息系统,如:MRPI/MRPII 实现集成连接,从而可将 DRP 的输出作为其他信息系统的输入,实现一体化运作。

### 4. DRP 案例

加拿大的阿伯特实验室(Abbott Laboratories)在三家工厂进行生产,通过分拨中心把产品销往加拿大各地。使用 DRP 后,其客户服务水平从 85% 提高到 97%,同样库存减少了 25%,总分拨成本下降了 15%。此外,产品过期率也下降了 80%。

赫斯顿公司(Hesston)位于美国中西部,是一家农用机械维修配件的供应商,通过 8 个分拨中心向 1 200 个经销商供货。DRP 带来的收益既有数量上的,也有质量上的。除了成本节约 20%,客户服务水平提高到 97.5% 之外,公司运作的灵活性与应变能力都有所增强,对未来需求进行计划的能力得到改善,分拨分析报告还表明公司的生产效率得到了提高。

霍华德·约翰逊公司(Howard Johnson)利用 DRP 在美国东海岸地区配送冰激凌。据称,其客户服务水平提高了 12%,库存减少了 25%,配送总成本下降了 10%。库存管理的改进还使产品过期率降低了 80%。

## 第二节  配送网络模型与线路设计

### 一、配送网络模型

配送网络设计直接关系到配送运输成本与供应链的反应速度，所以，配送网络设计的核心要求是以最低的成本获得最快的客户响应速度。

#### 1. 直接配送模型

直接运输的模型，是由供应商直接把货物运输到客户或零售终端。这种模型下，运输线路是预先设定的，只是运输的数量需要根据库存情况决定，如图 5-2 所示。

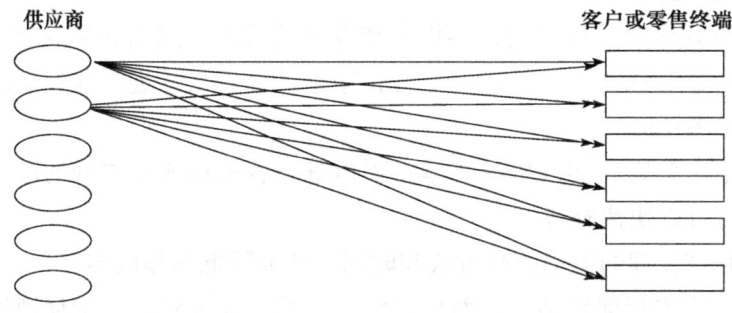

图 5-2  直接运输模型

这种模型的主要优势是减少了中间库存，操作简单，方便协调。从供应商到客户或零售终端的时间短。

如果客户或零售终端的需求量大，补货的量也是整车规模，直接运输模型就具备明显的优势，但相应的运输成本也比较高。如果采用整车运输，则固定成本高，而且需要的安全库存量大。如果采用零担承运人运输，运输成本和交付时间都会增加。如果采用包裹运输，运输成本会非常高。如果每个供应商都采用直接运输模型，客户收货的成本就会很高。

#### 2. 直接配送与 Milk Run（循环取货）结合模型

Milk Run 模型就是在一个线路上，由单一供应商给多个客户终端送货，或者从多个供应商给单一客户终端送货，如图 5-3 所示。

在直接运输加 Milk Run 模型中，一个车辆执行多个终端或多个供应商运输或配送的任务，在这种模型下，物流经理不仅要决定发货量，还要决定每个 Milk Run 的线路。

直接运输提供了减少中间库存的优势，Milk Run 将多个商店的货物用一个车辆承运，降低了运输成本。Milk Run 实现了多个供应商或多个商店的集运整合，实现了运输能力的有效利用，所以，能够降低运输成本。在很多情况下，如果一个区域多个终端的直接运输加 Milk Run 模型内存在多个小批量、多频次配送的供应商或客户，采用 Milk Run 模型可以显著降低运输成本。例如，不论在日本还是在美国，丰田汽车都采用 Milk Run 模型从供应商进货，有效保证了制造系统的准时制（JIT）。

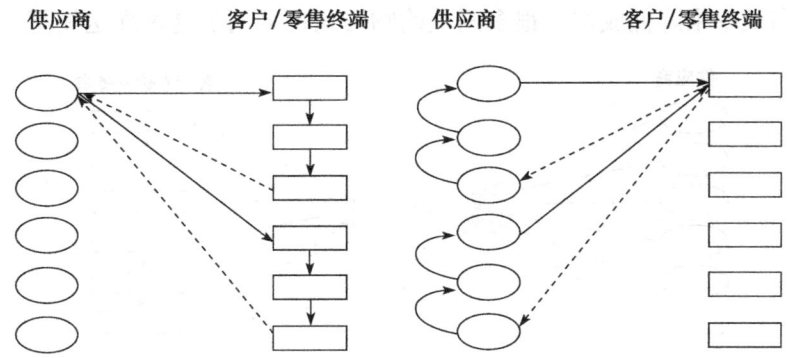

图 5-3　多个终端的直接运输加 Milk Run 模型

### 3. 中央配送中心模型

所有供应商的货物不是直接送到客户或零售终端，而是送到中央配送中心。所有客户或零售终端按照地理范围分开，每个区域设立一个 DC（配送中心）。由 DC 负责将货物运输到商店，这种模型如图 5-4 所示。

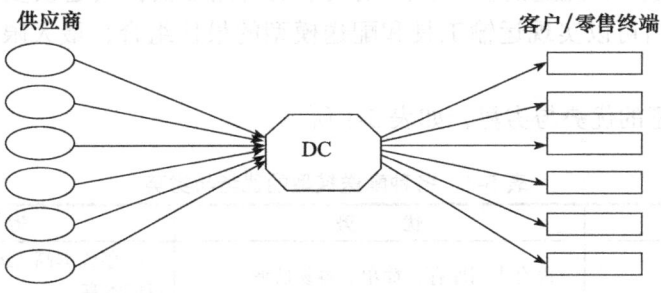

图 5-4　配送中心模型

DC 成为供应商和客户的中间层，而且可以扮演两个角色。一是承担商店的库存，二是扮演运输中转的角色。在任何一种情形下，当供应链离客户较远、运输成本较高时，DC 的出现都会降低供应链成本。

DC 的出现，使供应链获得规模效益。对内向运输来说，所有供应商可以大量将所有商店的货物送到离商店最近的点。DC 服务于所有商店。由于 DC 离商店很近，外向运输的成本不高。

如果运输方面的规模经济要求进入 DC 的货物批量很高，DC 就可以储存库存，再以小批量配送到零售终端。如果商店的补货量达到一定程度，DC 就不需要持有库存，这样，DC 就可以采用越库操作的方式，把内向运输分割成小批量，直接转运到配送车辆。越库的主要优势，就是加快了供应链流速，减少了中间库存。越库节省了储存环节,所以也降低了操作成本。

### 4. 配送中心与 Milk Run 结合模型

如图 5-5 所示,如果 DC 发货的批量较小、频次较高,就可以采用 DC 加 Milk Run 模型。Milk Run 模型的集运整合降低了外向运输成本。很多零售店、蔬果店采用这种模型提高效率来降低成本,很多网上购物公司也采用了这种配送模型。

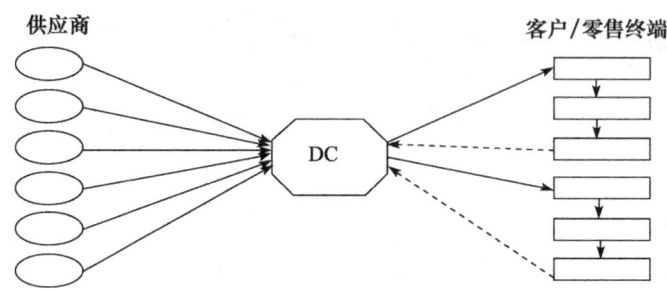

图 5-5 配送中心加 Milk Run 模型

### 5. 定制模型

定制模型是前几种配送模型的适当组合。运输和配送采用了与越库、Milk Run、整车方式、零担方式相结合的形式,其目的就是根据实际需要,尽量获得各种方式的综合优势。大批量产品发给大的批发商可采用直接运输模型;小批量货物发往小的零售终端则采用通过 DC 配送的模型。定制模型的运用需要投资建设复杂的管理信息系统,但这样的网络可以实现运输工具和配送模型的最佳组合,最大限度地降低运输和库存成本。

各种配送模型的优势与劣势,如表 5-1 所示。

表 5-1 各种配送模型的优势与劣势

| 网络设计模型 | 优 势 | 劣 势 |
| --- | --- | --- |
| 直接运输模型 | 没有中间库存,简单、容易协调 | 库存成本高(运输批量大导致),收货成本高 |
| 直接运输加 Milk Run 模型 | 小批量的运输成本较低,库存量较低 | 协调难度加大 |
| DC 模型 | 采用集运降低了内向运输成本 | 增加了库存成本,增加了 DC 操作成本 |
| DC 加越库模型 | 要求的安全库存量非常低,采用集运降低了内向运输成本 | 增加了协调难度 |
| DC 加 Milk Run 模型 | 小批量的外向运输成本降低 | 进一步加大了协调的复杂性 |
| 定制模型 | 运输与配送方式的选择能更好地配合每个产品和客户的需要 | 最高的协调复杂性 |

### 6. 配送模型的选择与成本权衡

供应链中的所有运输和配送决策,都要考量对供应链总成本的影响,包括对库存成本、设施运营成本、协调管理成本、客户响应速度和服务水平的影响。例如,戴尔采用包裹承运人将 PC 配送到客户,增加了运输成本,但使戴尔公司可以采用集中仓储设施的模型。如果戴尔要降低运输成本，则可能要牺牲对客户的响应速度，或者增加仓储设施数量使库存接近客户。

协调运输的操作成本通常不容易量化。企业在选择不同的运输和配送方式的时候，不仅应该考量各种可变成本，还要考虑企业的收入，然后按照操作的难度对各项成本进行排列。

在决定运输模型的时候，必须考虑以下的成本权衡：
- 运输和库存成本的权衡；
- 运输和客户反应度之间的权衡。

（1）运输和库存成本的权衡。在设计配送网络的时候，运输成本和库存成本之间的替换关系是十分明显的。不论是考虑运输方式，还是考虑库存，都涉及这两个基本的成本替换关系。

1）运输方式的选择。选择运输方式既是一个操作问题，也是一个决策问题。在任何情况下，发货人都应该考虑供应链总成本。低成本的运输方式并不一定能够降低供应链总成本。低成本的运输，往往需要较长的提前期，较大的发货量，这都将导致供应链的库存水平上升。小批量发货可以降低库存，但运输费用较高。所以，选择运输方式，不能够仅仅从运费的角度决策。戴尔采用空运方式，主要是因为快速运送高价值产品能降低库存水平，进而降低存货持有成本。

表 5-2 列出了各种运输方式对库存、反应时间和运输成本的影响。每个指标都从 1 到 6 排列，由最低到最高。

表 5-2 各种运输方式对供应链绩效的影响

| 供应链绩效 \ 运输方式 | 铁路 | 整车 | 零担 | 包裹 | 空运 | 水运 |
|---|---|---|---|---|---|---|
| 排量大小 | 5 | 4 | 3 | 1 | 2 | 6 |
| 安全库存 | 5 | 4 | 3 | 1 | 2 | 6 |
| 在途库存 | 5 | 4 | 3 | 1 | 2 | 6 |
| 运输成本 | 2 | 3 | 4 | 6 | 5 | 1 |
| 运输时间 | 5 | 3 | 4 | 1 | 2 | 6 |

不论选择何种运输方式，考虑供应链总成本是关键。

2）集中库存。如果将库存集中到一个地点，企业往往能够大幅度降低库存成本。例如，亚马逊公司一直致力于减少仓库和配送中心的数量，以降低库存成本。

然而，当库存集中的时候，运输成本就会上升。以 Border 公司为例，他们实行门店销售，只需承担供应商到书店的内向运输成本，购书者自己把书带回家。如果采用网上售书模式，该公司就得雇用包裹承运人，增加外向运输的开支，总的运输费用将会上升。因此，所有企业在计划集中库存的时候，都要考虑运输成本、库存成本和仓储设施成本之间的权衡。

（2）运输和客户响应的权衡。供应链中发生的运输成本与供应链的响应性直接相关。如果企业采用高响应性，所有的订单都在当天发货，客户都在当天收到货物，那么就要采用小批量发货，因此将产生较高的运输成本。如果降低客户响应性，将订单集中到相对较长的一段时间再统一发货，企业就会获得规模经济性，一次发货量增大将使运输成本降低。因此，企业必须考虑客户响应性和运输成本之间的权衡。

例如，钢厂的总经理认为客户其实并不看重2天的响应时间，4天能够送到就很满意了。随着响应时间的增加，钢厂有机会将几天的货集中到一起运输。如果按照3天的响应时间发货，钢厂就可以集中后2天的订单一起发货。

**7. 定制运输的成本权衡**

在定制运输的情况下，企业设计配送网络时必须考虑客户密度和距离。理想的选择模型，如表 5-3 所示。

表 5-3 基于客户密度和距离的运输模型选择

|  | 短距离 | 中距离 | 长距离 |
|---|---|---|---|
| 高密度 | 自营车队 Milk Run | 越库加 Milk Run | 越库加 Milk Run |
| 中密度 | 第三方车队 Milk Run | LTL 承运人 | LTL 承运人或包裹承运人 |
| 低密度 | 第三方车队 Milk Run 或选择零担（LTL）承运人 | LTL 承运人或包裹承运人 | 包裹承运人 |

当企业客户离 DC 较近、密度很高时，最好自营一个车队，采用 Milk Run 模型服务客户，因为这种模型的车辆利用率很高。

如果客户密度高，但离仓库远，采用 Milk Run 模型就不经济了，因为车辆运行的距离长，而且都要空车返回。在这种情况下，最好采用公用承运人，用大车将货物拉到越库配送中心，临近客户，将货物转到小批量的车辆上，再采用 Milk Run 的方式配送到客户。

当客户密度较低时，采用零担承运人（LTL）或第三方物流企业用 Milk Run 的方式可以降低成本。第三方可以将不同客户的货物集运。同样，在客户密度低、距离长的情况下，采用包裹承运人快递可以增加客户的响应性。

## 二、配送线路设计

配送线路的设计和规划问题是配送管理的重要内容。企业必须确定每辆车的载货数量和运输频率。线路设计的主要目标是以最低的运输成本、最少的车辆、最短的运距和最好的服务（如尽量减少延迟送货）完成配送服务。

配送线路的设计方法有很多，如运用线性规划、整数规划、非线性规划等数学规划技术来进行最优决策的算法：分支定界法、割平面法、网络流算法和动态规划算法等精确性算法，但由于计算量一般随问题规模的增大呈指数增长，从而使该类算法只能有效求解中小规模的确定性配送线路的设计问题，并且通常这些算法都是针对某一特定问题设计的，适用能力较差，因此在实际中其应用范围很有限，所以寻找近似算法是必要和现实的。目前在配送线路的设计中常用的是节约里程法，下面就对该方法做一下介绍。

节约里程法又称节约算法或节约法，是指用来解决运输车辆数目不确定问题的最有名的启发式算法。

节约里程法的核心思想是依次将运输问题中的两个回路合并为一个回路，每次使合并后的总运输距离减小的幅度最大，直到达到一辆车的装载限制时，再进行下一辆车的优化，从而使配送的时间最小、距离最短、成本最低。

该方法的基本原理是几何学里三角形一边之长必定小于另外两边之和。利用节约法确定配送路线的主要出发点是根据配送中心的运输能力和配送中心到各个用户以及各个用户之间的距离来制定使总的车辆运输的公里数最小的配送方案。另外还需满足以下条件：①所有用户的要求；②不使任何一辆车超载；③每辆车每天的总运行时间或行驶里程不超过规定的上限；④用户到货时间要求。

### 例 5-1

假如一家配送中心（DC）向两个用户 A、B 运货，配送中心到两个用户的最短距离分别是 L1 和 L2，A 和 B 之间的最短距离为 L12，A、B 的货物需求量分别是 Q1 和 Q2，且（Q1＋Q2）小于运输装载量 Q，如图 5-6 所示，如果配送中心单独送货，那么需要两个车次，总路程为 TL＝2（L1＋L2）。

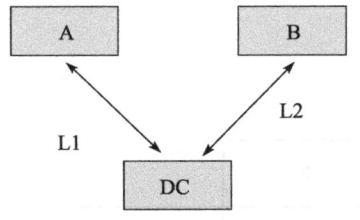
图 5-6　配送中心单独送货

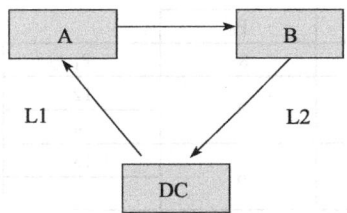
图 5-7　对两客户进行巡回送货

如图 5-7，如果改用一辆车对两客户进行巡回送货，则只需一个车次，行走的总路程为 TL1＝L1＋L2＋L12。

通过三角形的性质，我们知道：L12＜（L1＋L2），所以第二个方案明显优于第一个，且行走总路程节约：L*＝（L1＋L2）－L12。

### 例 5-2

已知配送中心 $P_0$ 向 5 个用户 $P_j$ 配送货物，其配送路线网络、配送中心与用户的距离以及用户之间的距离（见图 5-8），配送中心有 3 台 2t 卡车和 2 台 4t 两种车辆可供使用。利用节约里程法制定最优的配送方案。

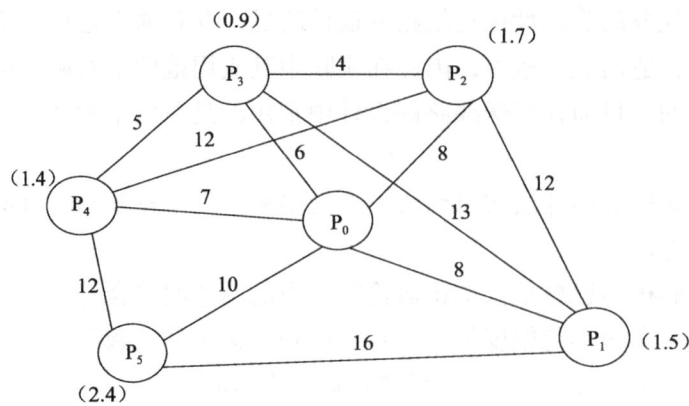

图 5-8 配送路线网络图

第一步,作运输里程表,列出配送中心到用户及用户间的最短距离,如表 5-4 所示。

表 5-4 运输里程表

|       | 需求量 | $P_0$ |       |       |       |       |       |
| ----- | ---- | ----- | ----- | ----- | ----- | ----- | ----- |
| $P_1$ | 1.5  | 8     | $P_1$ |       |       |       |       |
| $P_2$ | 1.7  | 8     | 12    | $P_2$ |       |       |       |
| $P_3$ | 0.9  | 6     | 13    | 4     | $P_3$ |       |       |
| $P_4$ | 1.4  | 7     | 15    | 9     | 5     | $P_4$ |       |
| $P_5$ | 2.4  | 10    | 16    | 18    | 16    | 12    | $P_5$ |

第二步,按节约里程公式求得相应的节约里程数,如表 5-5 所示。

表 5-5 节约里程数

| 需求量 | $P_0$ |    |       |    |       |       |
| ---- | ----- | -- | ----- | -- | ----- | ----- |
| 1.5  | 8     | $P_1$ |    |    |       |       |
| 1.7  | 8     | 12 | $P_2$ |    |       |       |
|      |       | 4  |       |    |       |       |
| 0.9  | 6     | 13 | 4     | $P_3$ |    |       |
|      |       | 1  | 10    |    |       |       |
| 1.4  | 7     | 15 | 9     | 5  | $P_4$ |       |
|      |       | 0  | 6     | 8  |       |       |
| 2.4  | 10    | 16 | 18    | 16 | 12    | $P_5$ |
|      |       | 2  | 0     | 0  | 5     |       |

第三步,将节约里程按从大到小顺序排列,如表 5-6 所示。

表 5-6 按从大到小顺序排列节约里程表

| 序号 | 路线 | 节约里程 | 序号 | 路线 | 节约里程 |
| --- | --- | --- | --- | --- | --- |
| 1 | $P_2P_3$ | 10 | 6 | $P_1P_5$ | 2 |
| 2 | $P_3P_4$ | 8 | 7 | $P_1P_3$ | 1 |
| 3 | $P_2P_4$ | 6 | 8 | $P_2P_5$ | 0 |
| 4 | $P_4P_5$ | 5 | 9 | $P_3P_5$ | 0 |
| 5 | $P_1P_2$ | 4 | 10 | $P_1P_4$ | 0 |

第四步，根据载重量约束与节约里程大小，顺序连接各客户结点，形成两个配送线，如图 5-9 所示。

$P_2P_3$–$P_3P_4$–$P_2P_4$–$P_4P_5$–$P_1P_2$–$P_1P_5$–$P_1P_3$–$P_2P_5$–$P_3P_5$–$P_1P_4$

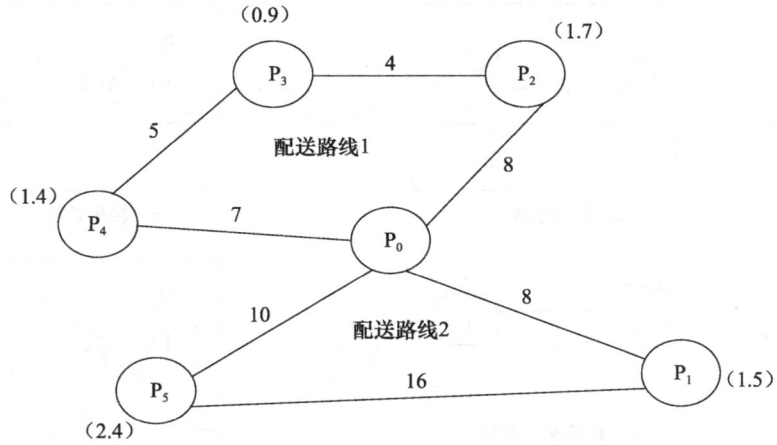

图 5-9　配送线路图

得出结果：

配送线路一：

运量＝ 1.7 ＋ 0.9 ＋ 1.4 ＝ 4t

运行距离＝ 8 ＋ 4 ＋ 5 ＋ 7 ＝ 24km

用一辆 4t 车运送，节约距离为 18km。

配送线路二：

运量＝ 2.4 ＋ 1.5 ＝ 3.9t<4t

运行距离＝ 8 ＋ 10 ＋ 16 ＝ 34km

用一辆 4t 车运送，节约距离为 2km。

初始方案：配送线路 5 条，需要车 5 辆，配送距离 =39×2=78km。

优化后的方案：2 条配送路线，2 辆 4t 车，配送距离 =24 ＋ 34=58km。

## 第三节　全球配送网络

### 一、全球发货中心区位配置

全球发货中心的区位配置必须要兼顾成本和服务顾客的时效性，尽量达到二者的平衡。全球发货中心的区位配置主要有以下四种模式，如图 5-10 所示。

全球发货中心区位配置的决定因素如下：

（1）仓储存货成本

（2）长途运输与短途配送成本

（3）可能缺货导致的收入损失

全球发货中心的区位选择应在满足顾客需求的时效性前提下，尽可能降低包括上述成本的总成本。

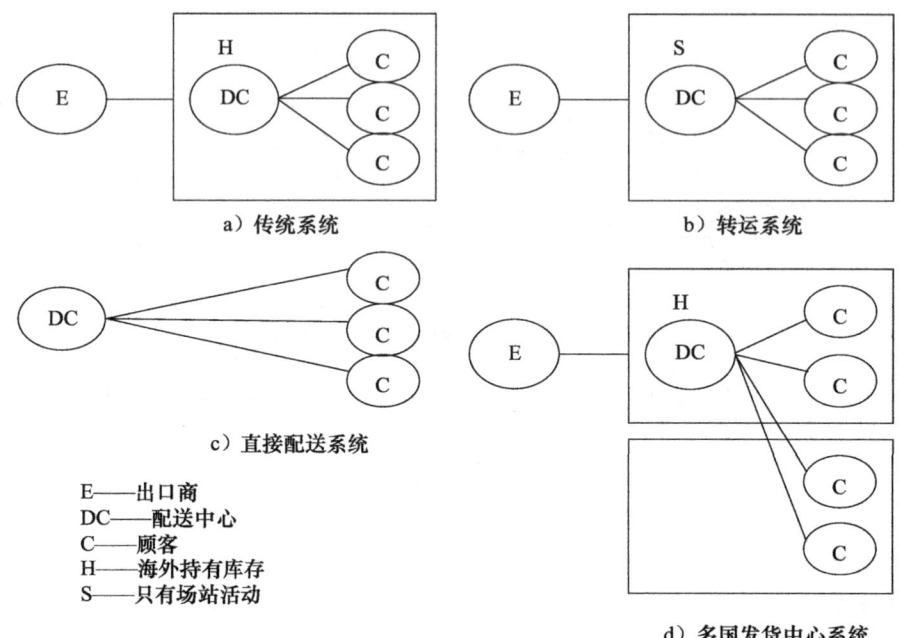

图 5-10　全球发货中心区位配置

## 二、全球配送策略

（1）传统配送策略，以国家为单位，各自建立配送中心，满足该国的配送需求。

缺点：成本上升，层级多，时效性低，库存量大。

（2）越库作业配送策略。

1）越库简介。越库并不是一个新概念。在美国，UPS是越库操作最早的实践者。虽然美国邮政的服务开始时主要是递送信件，但他在19世纪末期，看到邮购业务的一个巨大商机——包裹递送。1872年，蒙哥马利·沃德开始了他的首批目录邮购（Catalog Business）业务。随后，西尔斯-罗巴克公司（Sears, Roebuck and Company）迅速跟进，并极力宣传他们能达到每分钟有四套西装及一只手表售出，每两分钟就有一支左轮手枪售出，每十分钟有一辆手推车售出——所有这些出货均通过可靠的包裹邮递。当时，包裹从目录邮购公司发出，通过邮局中转站时，交叉分拨，并通过铁路分别送达目的地客户。

随着信息技术的飞速发展，企业对成本的控制越来越重视。同时，客户对速度和准确性的要求也在不断提高。这一切都在促使仓储管理经历着一个变革——从一个用于缓解库存预测错误的迟钝的物理设施，转变为一个以最短时间和最低成本进行产品配送的系统。产品流经这种新仓库时将几乎不需要任何存储，分拣活动被减少到最低，这就是越库战略。现在，这些邮局中转站已演变成先进的分拨设施，每天越库的包裹数以百万计。包裹在收到的当天发出，美国邮政与其他快递公司，如联合包裹（UPS）和联邦快递（FedEx），代表着越库应用的最前沿。

2）越库的定义。美国仓储教育协会（WERC）对越库作如下定义：越库是产品在作业场所和其他去向同一目的地的产品迅速集中配载，不经过长时间的存储，便尽早运出的过程。这个定义中明确了越库操作的三个核心问题：集中配载、少经存储和过程迅速。

①集中配载。无论是收货过程还是发货过程，货物的集结时间都必须尽可能减少，一些专家认为，如果货物在临时堆放地点（Staging Area）存放的时间超过一天以上，那么就不应当考虑越库操作。

②少经存储。收货后，货物应当被直接运出，放在暂存区或者进入拣货区，而绝不应该使其成为预留库存。正因为越库使得货物在收到之后能够被立即运出，因此，对于存储操作的需求大大减少。

③过程迅速。过程迅速意味着系统能够同时对货物和信息进行快速有效的交换。协调越库操作涉及的相关执行者，会对供应商的送货计划和配送中心发货计划给予足够关注，通过计划、调整使二者相匹配，达到货物不必长时停留的目的。

3）越库类型。由于越库操作在整个供应链上所处的位置不同，越库操作通常可以采取不同的形式。

①制造商越库。在制造领域，制造商或为制造商提供服务的第三方实行了越库操作，将来自于多家供应商预先已经确定数量的原材料或零部件，进行收货、集货并发送至生产厂。产品所需数量的零部件会在组装生产线需要前的几小时提前发货。正因为JIT本质上要求快速反应，供应商和越库中心通常位于离制造商组装工厂几英里的范围之内。

②经销商越库。对于经销商来说，越库需要针对多品种类别的商品。通常的应用操作是，各地的制造商们向一个共同的经销商补货，这个经销商对产品进行重新组配，并码放至放有多个存货单元的托盘上，然后再把托盘运送到供应链的下一环节。

③运输公司越库。关于运输提供商的越库服务不是讨论重点，但不提及UPS、FedEx这些全球首屈一指的企业的越库操作，对越库的讨论就不能算作完整。通常，这些运输公司们对包裹和托盘货物按照货物目的地的地理位置进行分类和合并拼装。通过对发往同一区域货物进行拼装，可以提高货物满载率，降低运输成本，也可以降低集货所带来的时间迟滞。

④零售公司越库。如今，在零售行业的许多超级市场、百货公司等都使用了大量的越库作业。如沃尔玛山姆会员俱乐部，BJ公司和Costco等，都是这方面的例子。产品在这些零售商的配送中心被接收后，越过站台，与其他商品合并后再共同配送至商店。

越库作业配送策略是商品从制造商送到发货中心后，立即按照零售商的订单加以分类，并迅速装运发出，尽量减少在发货中心停留时间。

优点：可以减少储存成本、订货时间和发货中心停留时间。

缺点：要求信息系统必须完善，对销售量不大的零售渠道不适合。

（3）直接配送策略，制造商直接将商品运送到零售点和消费者手中。

优点：缩短订货时间，降低设立发货中心的成本。

缺点：运输成本上升。

适用于大量的商品或对时间要求较高的商品，如：冷冻、鲜活商品及贵重物品等。

（4）典型仓储策略，如多国发货中心。全球发货中心区位的配置，已逐渐走向多国发货中心系统。即国际企业在各洲内建立洲内多国发货中心，进行统一存货，并在各国顾客或零售点订单发生时，利用便捷的洲内航空与公路综合运输系统，将产品运送到顾客处。

多国发货中心：

1）集中存货，降低配送中心数量，平衡各个国家需求的不确定性因素，降低总库存水平及成本。

2）可发挥长途运输的规模经济优势，降低运输成本。

3）较少中间环节，可以按照各国零售商的要求，及时补货；也可利用延迟技术在订单来时，进行组装、定制等，从而更好地满足顾客需求，减少缺货成本。

## 案例分析

### 沃尔玛（WALMART）物流配送体系

沃尔玛公司的总部在阿肯色州的一个小城市——本顿维尔，现在人口大约是20 000人。沃尔玛公司的总部也就是沃尔玛第一配送中心，沃尔玛的总部就在这个配送中心之中。

沃尔玛的最早创始人山姆·沃尔顿，在1962年开设了第一家沃尔玛商场，而配送中心一直到1970年才成立。现在沃尔玛的配送中心已经有了超过30年的历史，第一配送中心是供货给4个州32个商场，物流配送在沃尔玛公司当中是非常重要的。沃尔玛去年在物流方面的投资是1 600亿。现在的业务还要继续增长，要增长到1 900亿美元，因此沃尔玛将从现有的销售额中提取250亿美元，非常集中地用于物流配送中心建设。在美国目前，有1 800多家沃尔玛商场。除此之外，沃尔玛还有一类沃尔玛超级中心，这是在过去8年中才开发出来的。沃尔玛公司有721个这样的超级中心，这些超级中心是由规模较大的商场及附近一些小的副食店，加在一起而形成的一个超级中心。它有一些比较常规的日常用品，同时也卖一些食品。这些结合在一起，沃尔玛就可以为顾客提供一站式的消费服务。这样，顾客来到这里在一个商场当中所有东西都可以买到，这是沃尔玛业务增长的一个模式。沃尔玛在美国新开的商场都是这种超级购物中心。在美国沃尔玛还有463个山姆会员店，在中国的深圳也有这样一个会员店。这种会员店是这样一种商场：商场中货物量更大一些，每一个包装都比较大。比如说，在那里卖的沙琪玛，不是一个一个卖，而是三个在一起。

从国际上来讲，在阿根廷有13家商店，在巴西有14家，在加拿大有166家，在中国有8家，在德国有95家，韩国有5家，在墨西哥有462家，在波多黎各有15家，在英国有232家商场。沃尔玛在美国有885 000名员工，在美国之外的世界上的其他地方沃尔玛有255 000名员工，所以加在一起沃尔玛的员工有大约110多万人。

在美国国内，沃尔玛做自己的物流和配送。沃尔玛拥有自己的卡车运输车队等，用沃尔玛自己的后勤和物流方面的团队，但是在国际上的其他地方沃尔玛就没有这样的专门力量来做了，所以就由向沃尔玛提供物流服务的飞驰公司来完成。

在物流运营过程当中，要尽可能降低成本，因为在沃尔玛降低成本之后就可以让利于消费者，这是沃尔玛的哲学，就是"以最佳服务，最低的成本，提供最高质量的服务"。飞驰公司同沃尔玛是一种合作伙伴的关系，也是沃尔玛大家庭的一员，并百分之百献身于沃尔玛的事业。它与沃尔玛共同的目标就是努力做到最好。

在物流方面，沃尔玛尽可能降低成本。为了做到这一点，沃尔玛为自己提出了一些挑战。其中的一个挑战就是要建立一个"无缝点对点"的一个物流系统，能够为商店和顾客提供最迅速的服务。这种"无缝"的意思指的是，使整个供应链达到一种非常顺畅的链接。沃尔玛所指的供应链是说产品从工厂到商店的货架，这种产品的物流应当是尽可能平滑，就像一件外衣是没有缝的。但是，沃尔玛真正的挑战是能够提供顾客所需要的服务。大家都知道，物流业务要求比较复杂，如有的时候可能会有一些产品出现破损，因此在包装方面就需要有一些对产品特别的运销能力。因此，对沃尔玛来说，能够提供的产品的种类与质量是非常重要的。在与沃尔玛的合作当中，沃尔玛似乎已经能够寻求到这种高质量与多品种结合，而且对于商场来说，它的成本也是最低的。

物流的循环没有结束，也没有开始，它实际上是循环的过程，是一个圆圈。在这个循环过程当中，任何一点都可以作为开始，而且循环涉及每一点。沃尔玛就从顾客这一点开始谈。（因为顾客是第一位，因此，沃尔玛就从这里开始。）顾客到一个商店之中，他们买了一些产品，比如说给孩子买尿布。如果物流循环是比较成功的，那么在他买了之后，这个系统就开始自动地进行供货。这个系统当中的可变性使得这些卖方和买方（工厂与商场）可以对于这些顾客所买的东西和订单能够进行及时的补货。这个系统应当是与配送中心联系在一起的。这个配送中心应当从供货商那里就可以直接拿到货。这个配送中心实际上是一个中枢，有供货方的产品，然后提供给商场。这个供货商应当只提供给配送中心，如果提供给每个商店的话，那就太困难了，因此这个配送中心可以为供货商减少很多成本，他只需要送到配送中心这一个地方就可以了。

沃尔玛有的时候是采用空运，有的时候采用轮船运输，还有一些采用卡车进行公路运输。在中国，沃尔玛百分之百采用公路运输，就是卡车把产品运到商场，然后卸货，然后自动放到商店的系统当中。在沃尔玛的物流当中，非常重要的一点，沃尔玛必须要确保商店所得到的产品是与发货单上完全一致的产品，因此沃尔玛整个的过程都要确保是精确的，没有任何错误的。这样，商店把整个卡车当中的货品卸下来就可以了，而不用把每个产品检查一遍。因为他们相信过来的产品是没有任何失误的，这样就可以节省很多的时间。沃尔玛在这方面已经形成了一种非常精确的传统，这可以有助于降低成本，而这些商店在接受货物以后就直接放到货架上，来卖给消费者，这就是沃尔玛物流的整个循环过程。

沃尔玛进行物流业务的指导原则，不管是在美国还是世界上其他地方，都是百分之百一致和完整的物流体系。不管物流的项目是大项目还是小项目，沃尔玛必须要把所有的物流过程集中到一个伞形结构之下。我刚才讲到，在供应链中，每一个供应者都是这个链当中的一个环节，沃尔玛必须要使整个供应链是一个非常平稳、光滑的过程，一个顺畅的过程。这样，沃尔玛的运输、配送以及对于订单与购买的处理等所有的过程，都是一个完整的网络当中的一部分。这样的优势就可以大大降低成本。在沃尔玛的供应链当中，能够做到这一点，就可以把所有环节上可以节省的钱都节省下来。这样，整个链条、整个环节就可以节省不少钱。

沃尔玛进行全天候的运作，而且是每天 24 小时，每周 7 天的运作。沃尔玛的产品卖得非常多，物流的支持是非常必要的，必须要确保这些产品是在不断地流向沃尔玛的商店，而没有任何停止的过程。沃尔玛必须采用一些包括零售技术在内的最尖端的技术，采用更加先进的、现代化的技术，可以提高效率、节省成本。目前在美国沃尔玛有 30 家配送中心。这些配送中心分别服务于 18 个州 2 500 家商店。刚才讲到，美国的商店有各种不同的种类，有一些超级市场，有一些一般的日常用品商场，还有一些山姆会员店。沃尔玛有一些区域配送中心，是一些比较大的配送中心，但同时沃尔玛也有一些比较小的可用于进口产品和副食品等等的各类配送中心，所有这些不同种类的配送中心，都是沃尔玛整个网络当中的一员。

沃尔玛之所以能够取得成功，是因为有一个补货系统。每一个商店都有这样的系统，包括在中国的商店。它使得沃尔玛在任何一个时间点都可以知道，现在这个商店当中有多少货品，有多少货品正在运输过程当中，有多少是在配送中心等等。同时它也使沃尔玛可以了解，沃尔玛某种货品上周卖了多少，去年卖了多少，而且可以预测沃尔玛将来可以卖多少这种货品。沃尔玛之所以能够了解这么细，就是因为沃尔玛有 UPC 统一的货品代码。商场当中所有的产品都要有一个统一的产品代码叫 UPC 代码。沃尔玛所有的货品都有一个统一的产品代码，这是非常重要的，在中国叫 EAN 代码。沃尔玛之所以认为所有这种代码都是非常必要的，是因为可以对它进行扫描，可以对它进行阅读。在沃尔玛的所有商场当中，都不需要用纸张来处理订单。沃尔玛这个自动补货系统，可以自动向商场经理来订货，这样就可以非常及时地对商场进行帮助。经理们在商场当中走一走，然后看一看这些商品，选到其中一种商品，对它扫描一下，就知道现在商场当中有多少这种货品，有多少订货，而且知道有多少这种产品正在运输到商店的过程当中，会在什么时间到，所有关于这种商品的信息都可以通过扫描这种产品代码得到，不需要其他的人再进行任何复杂的汇报。在商场当中，商场的经理拥有这样的自由度——他可以不听从这些物流系统对他的建议。虽然系统的建议很多，但是经理还可以订更多的货；或是系统建议的数额太大，经理有一些自主权来减少一些。在美国，这个系统每天提供的这种信息，都下载到沃尔玛的世界各地的办公室当中，世界各地的这些信息又都可以传送到沃尔玛的总部当中。只要有一个人进行订单，沃尔玛就通过这种电子方式来和供货商进行联系。

沃尔玛还有一个非常好的系统，可以使得供货商们直接进入到沃尔玛的系统，沃尔玛叫做零售链接。任何一个供货商可以进入这个系统当中来了解他们的产品卖得怎么样，昨天、今天、上一周、上个月和去年卖得怎么样。他们可以知道这种商品卖了多少，而且他们可以在 24 小时之内就进行更新。供货商们可以在沃尔玛公司每一个店当中，及时了解到有关情况。在中国，沃尔玛有三百多家供货商，在深圳他们也可以进入沃尔玛的零售链接当中，可以了解他们的商品卖得如何。在中国，沃尔玛没有数以千计的商店，而在美国沃尔玛则有数以千计的商店。通过零售链接，供货商们就可以了解卖的情况，来决定生产的状况。根据沃尔玛每天卖的情况，他们可以对将来卖货进行预测，以决定他们的生产情况，这样他们产品的成本也可以降低，从而使整个过程是一个无缝的过程。

由于在美国沃尔玛有数以千计的商场，因此产品的要求量是非常大的。沃尔玛每一个配送中心都是非常大的，平均面积约有 11 万平方米。在这些配送中心，每个月的产品价值超过两亿美元。沃尔玛降低配送成本的一个方法就是把这种配送成本和供应商伙伴们一起来进行分担。刚才讲到，这些供货商们可以送货到沃尔玛的配送中心，也可以送到一百家商店当中。这两者进行比较，如果供货商们采用这种集中式的配送方式，可以节省很多钱，而供货商就可以把他省下来的这部分利润，让利于消费者。而且这样做，这些供货商们也可以为沃尔玛分担一些建立配送中心的费用。所有这些做法最终目的是为向消费者进行让利。通过这样的方法，沃尔玛就从整个供应链中，将这笔配送中心的成本费用节省下来。

沃尔玛的集中配送中心是相当大的，而且都在一层当中。之所以都是一层，而不是好几层，是因为沃尔玛希望产品能够流动。沃尔玛希望产品能够从一个门进从另一个门出。如果有电梯或其他物体，就会阻碍流动过程。因此，沃尔玛所有的这种配送中心都是一个非常巨大的一层的一个配送中心。沃尔玛使用一些传送带，让这些产品能够非常有效地进行流动，对它进行处理不需要重复进行，都是一次。比如说，在某某货品卸下来以后，沃尔玛要对这些产品进行一些处理。如果处理好几次，这个成本就会提高，而如果沃尔玛采用这种传送带，运用无缝的形式，就可以尽可能减少成本。

沃尔玛所有的系统都是基于的 UNIX 系统的一个配送系统，并采用传送带，采用非常大的开放式的平台，还采用产品代码，以及自动补货系统和激光识别系统，所有的这些加在一起为沃尔玛节省了相当多的成本。

沃尔玛每一个星期可以处理的产品是 120 万箱。由于沃尔玛公司的商店众多，每个商店的需求各不相同，这个商店也许需要这样，那个商店可能又需要另一样。沃尔玛的配送中心能够自动把产品根据商店的需要，自动分类放入不同的箱子当中。这样，员工可以在传送带上就取到自己所负责的商店所需的商品。那么在传送的时候，他们怎么知道应该取哪个箱子呢？传送带上有一些信号灯，有红的、绿的，还有黄的，员工可以根据信号灯的提示来确定商品应被送往的商店，来拿取这些商品，并将取到的这些商品放到一个箱子当中。这样，所有这些商场都可以在各自所属的箱子当中放入不同的货品。

沃尔玛有各种不同类型的配送中心，有一些时装的配送中心或者有一些需要特别处理的一些产品，比如说需要小心提取的，还有一些副食品的，蔬菜，水果等等。以沃尔玛在美国对于香蕉的处理方法为例。在美国，香蕉一般来自于南方的地区，不能让它太冷，但是为了在运输过程当中不至于损害，采的时候是绿的。当然，到商店不能还是绿的，要在运输的过程让它成熟。沃尔玛的配送中心各自处理不同的物品有一些是退回的东西，还有一些损坏的产品，还有印刷品，还有邮品等。当然沃尔玛还有一些非常大的区域配送中心，这是刚才讲到的一个星期可能要处理一百万箱的配送中心。

配送中心的职能，对于这些非常大的配送中心所进行的集中以及转运配送，例如这个门进，那个门出，沃尔玛把这个过程叫转运，就是在一天当中进出，在一天当中完成。另外对服装进行销售，需要加订标签，这是需要手工的过程，需要比较小心，因为不能损害产品，这是一个单独的过程。每个商品都会有一定的库存，比如软饮料、尿布等等，也就是在这些商场当中需要有一个稳定的库存。这些配送中心可以做到这一点，它们根据这种稳定的库存量的增减而进行自动的补送，每一天或者每一周根据以前确定的一些量来为商场提供。这些配送中心可以保持这种 8 000 种产品的转运配送，另外就是通过这种灯光来提取货物，大约可以处理 6 000 个品种的商品。

另外，对于新商场开业的订单。在这些新商场开业之前，沃尔玛要对这些产品进行最后一次的检查，然后运输到这些新商场当中，沃尔玛把这种叫新商场开业的订单配货。这是配送中心的最后一项职能，运输到新商场以及山姆会员店。

运输车队是很重要的。因为车队的燃料是相当昂贵的，此外还需要请司机。在整个物流过程当中，最昂贵的就是沃尔玛运输这部分，车队省下的成本越多，那么整个供应链当中所节省的钱就越多，让利给消费者的部分也就越多。沃尔玛用一种尽可能大的卡车，大约可能有 16 米加长的货柜，相当大，比集装箱运输卡车要更长或者更高。如果你到过美国，在公路上可能就会看到有沃尔玛的车队，你会看到它有多大。沃尔玛的车辆，都是自有的，而且这些司机也是沃尔玛的员工。他们在美国各个州之间的高速公路上运行，而且车中的每立方米都填得满满的，这样非常有助于沃尔玛节省成本。

沃尔玛的车队大约有 5 000 名非司机员工，还有 3 700 多名司机。车队每周每一次运输可以达 7 000～8 000 公里，而且是 300 万公里无事故的。这些卡车也是沃尔玛整个供应链当中的一部分。沃尔玛采用全球定位系统，来对车辆进行定位。因此，在任何时候，调度中心都可以知道这些车辆在什么地方，离商店还有多远，同时他们也可以了解到某个产品运输到了什么地方了，还有多长时间才能运到商店，沃尔玛可以精确到小时。沃尔玛知道卡车在哪里，产品在哪里，就可以提高整个系统的效率。沃尔玛的卡车不仅是比较昂贵的，而且卡车会比较危险，可能会出事故等，因此，对于运输车队来说，要保证他们的安全，也要保证公路的安全，来减少出事故的危险。沃尔玛的口号是"安全第一，礼貌第一"。在运输过程当中，如果其他车的人需要帮助的话，这些卡车司机也经常帮助。卡车司机们都非常遵守交通法规。沃尔玛定期也对公路进行调查。卡车上面都带有公司的号码，如果看到沃尔玛司机违章，包括越红灯或者违章的驾驶，就可以根据车上的号码来进行报告。而事实上，很多人打来的电话都是表扬沃尔玛的司机，说他们非常有礼貌，而且非常遵守交通规则，这样的公众来信有很多，大都表扬这些司机对于其他开车人的帮助。这些都证明，沃尔玛的司机做得非常好，实际上他们的行动并不是沃尔玛进行的一种公关的活动，对于沃尔玛来说，卡车不出事故，就是节省公司的费用，就是节省成本。

那么，沃尔玛在运输方面有一些什么样的战略和策略呢？沃尔玛都把卡车装得非常满，所有的产品从卡车的底部一直装到最高填得满满的。一些商场，只在白天开门，但是物流部门却是 24 小时地在进行工作。如果，货物晚上送到商店当中，这些商店就可以把它整个卸下来，而不用打扰他们白天的运营。在配送中心，沃尔玛也和这些供货商都定好时间，而且跟商店之间也是定好时间的，都按照运行的时间表来进行。沃尔玛可以对时间进行很好的管理，就可以节省时间、提高效率。

刚才讲到，这些产品是用不着逐个进行检查。正是因为沃尔玛有这种非常精确、正确的传统，才可以减少成本、节省时间。

那么，供货商怎么样来帮沃尔玛一起来分担整个过程当中的费用呢？采用沃尔玛的运输系统，他们自己完成运输，因为沃尔玛的运输成本比供货商来进行运输要低。如果他们用沃尔玛的卡车来运输货物的话，这些供货商也可以节省费用。集中配送中心，把所有这些因素都集中在一起，这些供货商就节省很多的费用。他们采用沃尔玛的物流配送系统可以对他们进行成本上的节省，而且从厂商到货架的过程，沃尔玛增加的部门并不会增加运作的成本，合理安排反而会降低运作的成本。沃尔玛最终的目的就是将更加物美价廉的产品提供给消费者。当然，如果有些供货商对这个过程不了解，沃尔玛还可以告诉他们怎么样进行日程上的安排。如果他们遵守时间，提高效率的话，对双方都是一个很大的帮助，而且最终让消费者来受益。

从工厂到商场一直到货架，我并不认为整个配送系统是一种成本，它实际上是节省了成本，而沃尔玛把这些费用节省下来，又可以让利给消费者。简而言之，一个比较合理的物流安排可以使运作成本更低、效率更高。沃尔玛采用最现代化、最先进的系统，进行合理的运输安排，通过使用电脑系统和配送中心，使得零售业更加成功。沃尔玛正带领着零售业物流运作的潮流，是物流方面的领跑者，这样的物流动作使供货商与商场和双方的顾客获得更大的收益，这是一个团体协作的精神。

**案例讨论题**

1. 沃尔玛建立"零售链接"系统的目的是什么？
2. 沃尔玛的"无缝点对点"是如何建立起来的？
3. 沃尔玛降低成本的手段有哪些？

## 本章小结

由于全球配送涉及地域和国家政策等众多复杂因素，企业在进行配送模式和全球区位配置选择等问题时，就需要从宏观到微观，从管理到技术各个层次来考虑。本章首先介绍了配送的渠道、配送中心的核心工艺、常用的配送模式，DRPI、DRPII 等配送基本知识，其次，通过几种常见配送网络模型的介绍，阐述了各种配送网络模型的特点及适用情况，以及如何通过与成本的权衡来做出选择。同时，还介绍了计算最优化配送方案的节约里程法。最后，提出了全球发货中心的区位配置和全球配送策略。

全球配送业务，其流程起始于制造者端，终止于消费者端。配送的模式、渠道、优化方案、策略的选择，以及配送中心的区位配置和核心工艺的选定都将影响企业的国际物流成本和效率。

# 第六章 Chapter6

# 国际企业库存管理

### 学习目标

1. 了解影响库存管理方法的因素、库存管理不良的情况及改进方法。
2. 理解企业库存管理的基本概念、国际库存管理的特殊性。
3. 掌握企业库存管理的主要方法、QR/ECR、VMI/SMI、CPFR 的内容和实施条件、产品生命周期的库存管理的策略及全面库存管理的理念。

### 导入案例

#### 戴尔公司的供应链库存管理

戴尔公司通常被认为是过去 10 年中业界一个伟大的成功故事。它的成功在很大程度上是由于其供应链库存管理。戴尔公司首创了直销模式，这是一种简洁有效的供应链方法。戴尔公司直接从它的顾客接受订单，按照实际需求生产个人电脑，绕过了传统的经销商渠道。这种做法的结果是，戴尔公司消除了持有大量成品库存所带来的成本和风险。戴尔公司还利用技术和信息，与位于戴尔公司工厂附近的供应商们的仓库进行连接，从而使得零部件供给能够及时，也使得戴尔公司只需在它自己的设施中保留 4 天的库存，而与之相比，它的一些竞争者需要持有 30 天的库存量。依靠这个精炼的供应链模型，戴尔公司已经成为世界第一的个人电脑生产商，并且在 2001 年获得了 3.61 亿美元的利润，而与此同时，这个行业中其他的企业总亏损达到 11 亿美元。

## 第一节 企业库存管理概述

### 一、库存的定义

当原材料或者产品沿着供应链从上游向下游移动时，企业会在供应链的各个环节储存一些物料、半成品和成品，因而形成了库存。库存具有狭义和广义两种含义。狭义的观点认为，库存仅仅是指在仓库中处于暂时未被利用的物资。广义的观点认为，库存是指暂时处于闲置状态，尚未被利用的各种社会资源。而资源停滞的位置可以是仓库、生产线，也可以是机场、码头和车站等流通节点，甚至可以是运输途中。

## 二、库存的种类

（1）周期库存，指企业在正常的经营环境下为满足日常需要而建立的库存。这种库存随着每日需求不断减少，当库存降低到某一水平时，就需要产生订货来补充库存以满足生产和销售的需求。

（2）在途库存，又分为运入在途库存和运出在途库存。运入在途库存是货款已经支付或虽未支付货款但已取得所有权、正在运输途中的各种外购库存。运出在途库存是指按照合同规定已经发出或送出，但尚未转换所有权，也未确认销售收入的库存。

（3）安全库存是指为了防止由于不确定性因素（比如订货提前期延长、需求的临时变动等）而导致缺货而准备的缓冲库存。

（4）季节性库存，指为了满足特定季节中出现特定需求而建立的库存（例如：空调），或指季节性生产的原材料在生产的季节大量收购所建立的库存（例如：罐头厂夏季大量收购桃子储存）。

（5）投机性库存是指为了避免因货物价格上涨造成损失或为了从商品价格上涨中获得利益而建立的库存。例如，因预测某原材料价格可能上涨而预先购买较多数量，以获取差额利益。

（6）无效库存，指公司内部的库存经过一段时间后，已经没有任何需求存在，而仅能以废弃物处理，或运送至其他地区贱卖掉。

## 三、库存管理的重要性及方法

### 1. 库存管理的重要性

库存管理是根据外界对库存的要求和企业订购的特点，进行预测、计划和执行的一种补充库存的行为，并且还要对这种行为进行控制，重点在于确定如何订货、订购多少、何时订货的问题。库存管理的基本目标就是要帮助企业维持合理的库存数量，防止库存积压或者库存不足，保证稳定的物流以支持正常的生产，但又要最低限度的占用资金，提高系统的效率，以强化企业的竞争力。

由于需求形势出现了个性化、多样化、特色化的改变，生产方式也变为多品种、小批量的柔性生产方式。物流也由少品种大批量的物流模式进入多品种、小批量或者多批次、小批量的时代。库存管理的功能也从重视保管效率逐渐变为重视如何才能更顺利地进行发货和配送作业。加之如今信息技术在物流领域的广泛应用，如何利用计算机和网络技术实现库存管理的信息化成为提高库存管理效率的关键。在国际物流系统中，仓库作为跨国界物流服务的据点，在流通过程中发挥着重要的作用，它不再以储存保管为主要目的，而要提供拣选、配货、检验、分类、包装、附加标签等具有增值性的物流服务内容，并能够为客户提供多品种小批量、多批次小批量等个性化要求，提高客户的满意度，增加国际物流系统的整体效果。

**2. 衡量库存效率的指标**

库存管理的目的在于理解与评估企业库存政策的改变所带来的影响，目标是希望在物流成本最小化的前提下满足客户的要求，达到获利的增加。衡量库存效率的目的在于了解库存管理对企业获利能力的影响，对库存相关成本的降低、无效库存的减少以及预测准确性的增加。主要衡量指标如下：

（1）库存周转率（Inventory Turnover）= 年销售额 / 年平均库存值。

（2）订单完成率（Fill Rate），即当订单产生时可满足订单的货品数量。

**3. 影响库存管理方法的因素**

（1）需求形态。需求形态可分为：推动式与拉动式需求系统、独立与相关需求。其中，推动式需求是根据客户需求而进行长期预测所得出的数据作为订单来生产，而拉动式需求是根据终端消费者真实需求作为订单来生产。独立需求一般是指对产成品的需求，而相关需求则是根据产成品需求数量对上游原材料的引申需求。

（2）需求的确定性。在存置成本与订购成本已知、且需求稳定的条件下，企业可以采用"经济订购批量模式"（EOQ），找出最佳数量。

① EOQ 模式。利用 EOQ 方法计算每次最佳订购数量的方法如下：

$$Q = \sqrt{2PD/CV}$$

式中，$Q$ 为 EOQ 最佳经济订购数量；$P$ 为每次订购成本；$D$ 为年需求数量；$C$ 为年存置成本占库存成本的百分比；$V$ 为库存单位成本。

② 调整后 EOQ 模式。将 EOQ 模式加入运输数量和订购数量折扣等因素后，变成调整后的 EOQ 模式，公式如下：

$$Q1 = 2RD/C + (1-R)Q$$

式中，$R$ 为订购数量大时获得的折扣；$D$ 为需求量；$C$ 为存置成本所占比率；$Q$ 为 EOQ 数量；$Q1$ 为调整后数量。在产品消耗率较为固定的前提下，可运用上述的 EOQ 模型计算出每次的订货量。

（3）订货方式。订货方式要根据实际情况而定，通常有定量订货法和定期订货法两种方法。其中，EOQ 模式代表的是定量订货法，而根据实际情况设定固定的订货周期的方法叫做定期订货法。

（4）顾客服务水平。为满足顾客日益多样化和个性化的需求，企业所持有库存的种类和数量必定要有所增加。通常情况下，顾客服务水平要求得越高，其库存的持有水平也会相应的提高，与此同时，库存持有成本以及风险也就相应的增加，因此，如何在顾客服务需求与库存水平之间寻求到平衡点成为了问题的关键。企业可以应用更多样的库存管理方法，比如 ABC 库存管理法、定量订货法、定期订货法、供应商管理库存等方法可以在有限的成本下提高服务水平。

（5）生产排程。生产企业的生产排程与企业所采用的库存方式有直接的关系，若想通过调整生产排程来降低库存水平，那么，库存水平降低所减少的成本必须多于生产排程改变增加的成本，这才会是有效的库存政策。

## 四、库存管理的不良征兆及改进方法

### 1. 库存管理的不良征兆

（1）回溯订单增加。由于缺货等原因导致同一张顾客订单上的需求无法被全部满足时，顾客就需要在短时间内再次对先前缺货的商品重新下订单。通常热销商品会有以上情况，这种现象表示订单完成率过低。

（2）取消订单数增加。当客户所订购的商品出现缺货，且又没有其他可以替代的商品和解决方案时，客户通常会选择取消订单。这样的结果通常说明该企业的库存结构或者管理存在严重问题。

（3）库存周转速度太慢。若仓库的库存商品的周转速度过慢，说明所存储商品的种类、数量和比例存在问题，应及时做出调整和监管。

（4）主要库存周转变异过大。根据二八原则，仓库内的主要库存占据了企业主要的空间资源和财务资源，理应带给企业最稳定与最大的收益。但若主要库存存在过大的变异，则说明企业认定的主要库存在需求和结构上的偏差，不宜长期作为主要库存，而应根据客户需求的特点选择长期稳定的商品作为主要库存管理，其他的则根据其需求情况，选择弹性的方式进行仓储管理。

（5）与中间商关系恶化。企业通常作为供应链的上游，很难接收到终端市场的真实信息，其主要信息来源于其下游中间商，倘若与中间商关系恶化，将会失去主要市场信息的真实性和可靠性，失去了信息的参考依据，就无法做出正确的库存决策。

（6）弃置库存增加。库存长期处于闲置的状态，而必须加以弃置。这种情况发生在由企业的库存管理不良所导致。

### 2. 改进方法

（1）ABC 库存分析法。ABC 库存分析法源于"二八法则"，是指将库存的商品按照品种数的比率和一定期间的消耗金额的比率分成 ABC 三类，区别管理。其管理的关键就是分清"关键的少数和次要的多数"，抓住"关键的少数"，增加其库存而降低其他低获利商品的库存是降低库存和有效库存管理的关键。

（2）选择合理的预测方式。消费者的需求常通过下列两种方式进行预测。

1）分析购买者意向。通过邮寄问卷、登门拜访、电话访问的方式收集资料，以建立销售预测。这种方法准确度高但成本昂贵。

2）抽样判断。将销售人员或者专家的意见进行汇总，并做出预测判断。这种方式速度快且成本低。

（3）采用订货系统。借助信息技术和管理技术，建立一个自动化且具备整合功能的订单处理系统，可以将顾客需求、库存情况等相关信息与预测和生产系统有效结合起来，减少了订单处理与库存补充之间的人为作业以及时间上的落差，使得整个物流系统更为顺畅和高效。

（4）与上下游企业保持良好的伙伴关系，进行信息共享。企业应与其上下游企业保持良好的合作关系，才能从下游企业获得更真实准确的客户需求信息，也能使得上游企业更加高效地满足其订单需求且降低库存持有水平。比如，供应商管理库存（VMI）就是通过建立上下游企业良好的稳定的合作伙伴关系，采用信息共享等手段使得各个环节企业的库存水平降低，客户服务水平提高。

## 五、国际库存管理的特殊性

当企业在国际范围内确定库存管理策略的时候，会面临一些特殊问题，比如更长的订货前置期、更多的在途库存或者在哪里设置库存既可以提高需求响应速度又可以降低库存成本等。

### 1. 由于地理和政策等原因会导致订货提前期延长

国际物流通常发生于国际贸易和跨国经营这两种情况下，不论是国际贸易中将商品或半成品跨越国界的销售，还是企业从国外供应商采购原材料和零部件，由于地理上的距离以及各国海关政策的要求，都会延长交易的时间，因为这个时间包括必要的贸易手续、单证处理时间、海关和检验程序等。与此同时，这些贸易手续、海关和检验程序可能会因为各个国家的政策而变得难以预测。比如，由于我国政府加强了稀土出口的管制，我国出口稀土产品所需要办理的出口许可申请和审查时间也都延长了，出口检验也由抽检变成全检，因而检验时间也延长了，这使得整个订货提前期都延长了，为了应对这个改变就要调整安全库存的策略。此外，供应链上某一企业的订货提前期延长，其产业链上的各个环节企业也都会不同程度地增加相应的库存来满足客户的需求，或者调整自身的库存策略来对变化的市场做出快速反应。

### 2. 由于长途运输导致在途库存增加且风险增大

国际物流中长时间的运输过程会大大增加在途库存，同时多环节的转运可能增加货物损失的风险。货物的运输方式也影响着在途库存和货损。四种运输方式在速度、运量、在途时间、价格和风险等方面都有各自的优势，企业在选择运输方式和物流公司时，应全面的考虑各方因素，选择最优化的方案。比如，可以采用多式联运降低转运的货损风险。

### 3. 库存地点的选择要合理化

国际企业利用各个国家的生产要素存在的成本和质量的差异，把研发、营销等涉及产品和服务品质的生产环节配置在能够提供高质量要素的国家，而把制造加工等涉及成本压力的环节配置在低成本地区，为的是利用区域经济带来更多的赢利，但是这样的生产组织带来物流成本上升的问题。一个突出的问题就是分散库存和集中库存的策略问题。分散库存需要更多的仓库设施和人员，从而会增加固定资本的投入；集中库存则需要更多的运输环节，增加了物流处理的费用。如果再考虑到产品销售的库存因素，在贴近市场的地方设置库存可以提高需求响应能力，也会增加成本。那么如何综合考虑供应商、制造商、配送中心、消费者等诸多因素来确定合理的库存地点就是国际企业的一个重要决策内容。此外，也可以采用诸如经销商一体化等方式，充分应用信息化手段，进行库存的整合优化，并选择合理的配送中心位置，借助物流技术等手段，缩短物资流通的时间，达到在满足客户需求的情况下，减少库存水平，降低总成本。此外，还可以从供应链的角度，创新企业间的合作形式，整合上下游企业间的优势，增强这个供应链的效益，从而降低各环节企业的成本。

此外，政治因素也可能影响物流成本。一些国家的自由贸易港区为国际库存提供了有利的因素，保税、清关等便利能够吸引国际企业在这些地方设置库存。比如一些在中国"长三角"经济圈或者"珠三角"经济圈设立制造工厂的日本企业愿意把库存中心设置在新加坡，因为中国境内的制造工厂所需要的原材料和零部件是从东南亚采购的，而在中国境内制造的产品很多销往日本、美国和东南亚国家，从地理位置上新加坡已经具有优势，而新加坡的自由贸易港政策进一步为外国企业的仓库和转运提供了便利。

> **案例阅读6-1**
>
> 机床制造商美国OA公司实施了经销商一体化系统。OA公司制造许多昂贵的机床和修理部件，由于高额的成本，其在北美和南美的46个经销商不可能持有其所有的产品系列。因此，公司要求每一个经销商持有最低数量的机床和部件。公司管理整个系统，使每个机床和配件在系统中都有库存。系统使得每个经销商在寻找所需部件时，都能查询仓库中的库存，并与其他经销商进行沟通，以找到该部件，公司确保能够迅速地将部件配送到需要的经销商那里。公司正计划着系统升级，以便每个经销商对其他经销商持有的库存有全面地了解。系统实施后，整个系统的库存成本下降，因库存缺货而使经销商损失的机会也降低，而客户满意度则大幅提高。

## 第二节　国际客户需求快速响应系统、VMI/SMI、CPFR

传统销售体系中由于环节多，且没有实现信息共享，不能及时获悉最终消费者的需求信息，经常造成缺货或库存过多、响应速度慢、客户满意度低等现象，产生"牛鞭效应"。国际企业可以采用以下方法解决传统销售体系中的问题。

## 一、快速响应系统（QR/ECR）

### 1. QR（Quick Response，快速响应）的概念

快速反应 QR 的主导思想是用终端销售信息作为零售商的采购决策以及制造商的生产决策，在零售商、制造商和供应商之间通过信息共享建立战略合作伙伴关系，借助信息技术（如 EDI 等）的应用对供应链中终端销售信息以及订货补充的信息进行交换，通过简化企业间的订货程序、缩短订单处理时间，提高物流运作的效率，以便对消费者的需求做出更快的反应，降低整个供应链上的库存水平，提高客户服务水平，获得更高的收益。由图 6-1 可以看出，要快速响应消费者的需求，需要从原材料起的每个成员互相支持，只有这样才能达到目的。

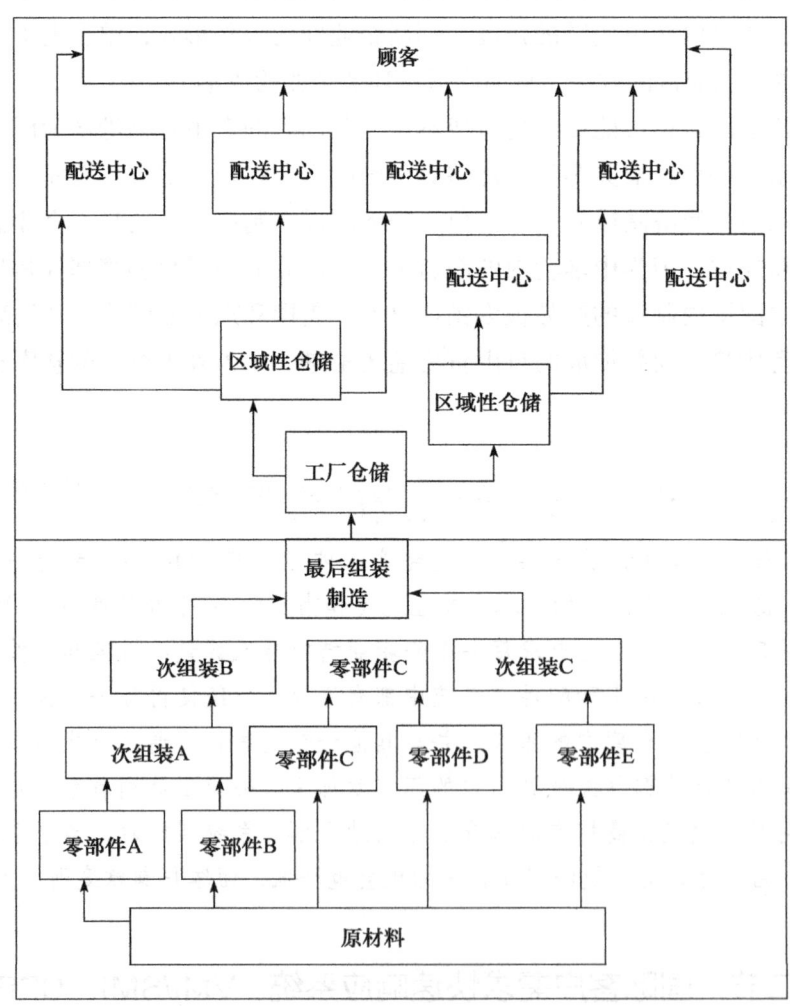

图 6-1　快速反应系统成员作业关系图

QR 是伴随着美国的国货运动而产生和发展的。从 20 世纪 70 年代开始，美国纺织服装行业面临着国外进口商品的激烈竞争。在 20 世纪 80 年代初期，国外进口服装在

美国市场上占据了 40% 的份额。面对来自国外商品的激烈竞争，美国纺织服装行业采取了一些措施，一是通过政府提高贸易壁垒（比如提高关税等），另一方面是加大对现代化设备的投资，以提高生产效率。到了 20 世纪 80 年代中期，尽管受到贸易壁垒的保护和生产率的快速提高，美国服装行业的本土产品的市场份额仍在下降。1985 年，美国 Kurt Salmon 公司对美国服装行业进行了调研，结果发现：尽管各个环节企业的效率都比较高，但整个供应链的效率却十分低。数据显示，从原材料到消费者购买的总时间需要 66 周，其中制造占用 11 周，仓库和运输占据 40 周，在商店 15 周。这样长的周期导致了市场反应能力差、相关费用高、预测的准确性很差、库存量高和供需不匹配等问题，造成了整个服装行业每年总损失 25 亿美元，其中 2/3 的损失来自于零售或制造商对服装的降价处理以及商品的缺货。为了解决这个问题，Kurt Salmon 公司建议纺织服装厂和零售业者要联合起来，密切合作，通过建立一个快速响应系统来进行共享信息资源，进而实现销售额的增长、库存成本和缺货成本的降低、客户服务水平的提高。

**2. QR 的实施步骤**

QR 的实施可以分成六个步骤，每个步骤都需要以前一个步骤作为基础，加上一定的额外投资，最终获得比前一个步骤更高的效果和回报。如图 6-2 所示。

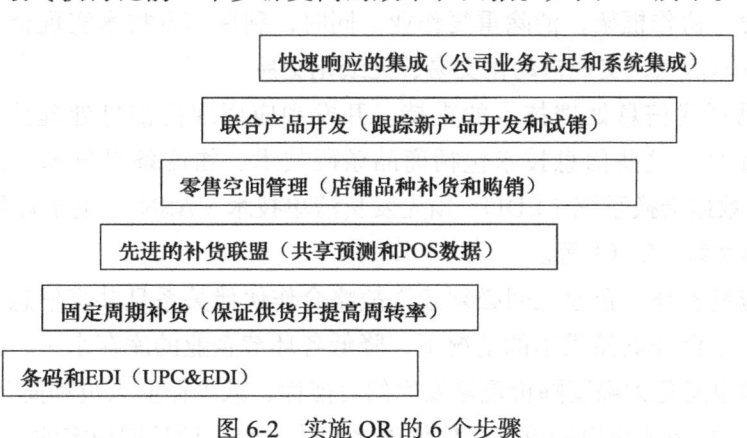

图 6-2 实施 QR 的 6 个步骤

（1）对所有的商品采用条码识别。对所有的商品消费单元用 EAN/UPC 条码表示，对商品储运单元用 ITF-14 条码表示，对贸易单元用 UCC/EAN-128 条码标示。然后，将这些标准化的信息以标准化的格式，通过 EDI 等通信网络方式，在各个环节企业之间进行传输和交换，甚至自动处理，这极大地缩短了信息处理和传递的时间，成为提高快速反应能力的一把利器。

（2）进行固定周期补货。QR 固定周期补货的目的在于确保商店不缺货，进而提高销售额。制造商要根据固定周期的合理测算，进行及时补货。

（3）建立先进的补货联盟。由制造商和零售商联合起来根据共享的销售信息制定未来的需求计划和预测信息，以保证补货业务的顺畅，使之既能保证零售商的销售量又不会产生过多的库存成本和物流成本。

（4）管理零售空间。QR 的零售空间管理就是要求根据每个店铺的需求模式规定经营商品的补货业务和花色品种。一般来说，制造商可以参与零售商关于花色品种、数量、店内陈列及售货员培训或者激励等方面的决策。这种零售空间模式可以使配送中心得到改进，从而适应多频次小批量运输的要求。

（5）联合产品开发。针对于服装产品的生命周期相对较短的情况，制造商与零售商可以联合起来开发新产品，制造商可以接收到更准确的市场信息，而零售商可以更早地得到商品的信息，从而缩短从产品开发设计到上市的时间，极大的增强市场的反应速度。

（6）快速响应的集成。整合以上五个步骤，通过重新设计业务流程，将快速反应决策中的业务与各环节企业的整体业务集成起来，形成整体战略的发展。

### 3. QR 实施的条件

（1）改变传统的经营方式，革新企业的经营意识和组织结构。企业需要改变传统的独立经营的思想，学会与供应链各方建立合作关系，相互协作共同经营的意识和组织结构，有效的整合各方的资源和优势提高经营的效率才是大势所趋。在垂直型 QR 系统中，零售商是起点，在该系统中也处于主导地位，应该明确垂直型 QR 系统内各企业之间的分工协作框架，消除重复作业。同时，利用信息技术实现企业间的公开的销售信息和成本信息，实现自动化交易、无纸化交易。

（2）借助现代信息处理技术的支持。开发和应用现代信息处理技术是 QR 成功运行的前提条件，这些信息技术包括商品条码技术、物流条码技术、数据读取系统（POS）、电子数据交换系统（EDI）、预先发货清单技术（ASN）、电子订货系统（EOS）以及电子支付系统（EFT）等。

（3）供应链各环节企业之间必须建立战略合作伙伴关系且共享信息。建立合作关系的目的是为了保证商品供给的情况下，降低各环节企业的库存水平，减少商品流通的风险，同时也避免大幅度降价现象发生的可能性，减少作业人员和简化事务性作业。因此，QR 的合作形式应更侧重于合作伙伴之间建立起一种长期稳定的、分工和协作分明的合作关系，双方在合作交流中必须共享信息（包括销售信息、库存信息、生产信息、成本信息等），才能一起发现问题、分析问题并最终解决问题。

（4）供应商必须缩短生产周期，降低库存水平。为了迎合消费者小批量多批次的需求特点，供应商必须要缩短其生产周期，且要进行多品种小批量生产和多批次少批量的配送，才能做到满足客户需求的快速反应，同时降低库存水平。QR 系统将传统模式以预测和库存储备的重心转移到对顾客需求做出快速反应上来，系统运行后，商品的销售额和周转率都将大幅提高。

### 4. ECR（Efficient Customer Response，有效客户反应）的概念

有效客户反应（Efficient Customer Response，ECR）是 1992 年美国食品业和超市

业推出的类似快速反应的供应链管理策略,目标是降低供应链各个环节不必要的成本和费用。ECR 的管理思想是以消费者需求为导向,以零售商、批发商和厂商的紧密合作为前提,降低和消除供应链上的浪费,提高客户服务水平。

ECR 欧洲执行董事会给出的定义:"ECR 是一种通过制造商、批发商和零售商各自经济活动的整合,以最低的成本,最快、最好地实现消费者需求的流通模式。"

ECR 的优势在于,供应链各方为了提高消费者满意这个共同的目标进行合作,同时分享信息和诀窍。ECR 是一种把以前处于分离状态的供应链联系在一起来满足消费者需要的工具。ECR 概念的提出者认为,ECR 活动是一个过程,主要贯穿供应链各方的四个核心过程组成,如图 6-3 所示。其战略主要集中在以下 4 个方面:有效的新产品导入、有效的店铺分类管理、有效的补货和有效的促销,如表 6-1 所示。

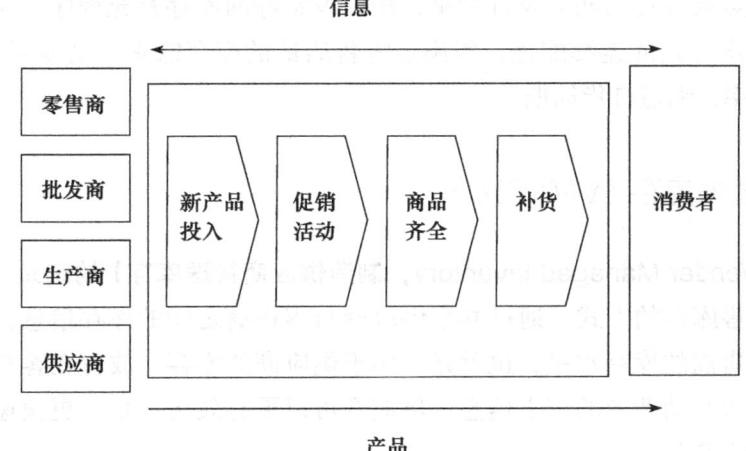

图 6-3　ECR 与供应链

表 6-1　ECR 的 4 要素

| 有效的新产品导入 | 通过采集和分享供应链伙伴间及时、准确的销售数据,分析市场消费趋势,引入有效商品,提高新产品成功的概率 |
|---|---|
| 有效的店铺分类管理 | 通过有效地利用店铺的空间和店内布局,来最大限度地提高商店的赢利能力。如建立货架管理系统,有效的商品品种等 |
| 有效的促销 | 通过有计划地推出相关的促销活动,吸引消费者购买,使贸易和促销系统的效率最高 |
| 有效的补货 | 通过自动连续补货和计算机辅助订货等技术手段,使补货系统的时间和成本最优化,从而降低商品的销售价格 |

5. ECR 的主要技术

(1)电子数据交换。EDI 的应用能力是有效实施 ECR 的核心要素之一,是能够有效整合供应链上的各环节企业的资源和业务集成的关键技术。随着互联网的多样化发展和应用,供应链上的各环节企业间也可以综合运用和结合互联网和 EDI 标准构建一个整合的、由数据驱动的供应链,使供应链的效率更高。

(2)品类管理。商品品类是指具有某种共同消费功能的商品集合,比如日化用品、冷冻食品等。商品品类管理主要关注：依据每个店铺的目标客户群体的需求和特点，设定其产品结构并匹配对应的服务水平；以信息为导向，制定出每日的运营计划，并具备对此做出快速反应的能力；通过多种方式增加消费者购物的便利性和乐趣；随时监控市场动态信息，把握消费新趋势，并引进新品种，引领消费趋势。

（3）店铺空间管理。是对店铺的空间布局、各类商品的展示布局以及商品的货架陈列等方面进行优化的配置和管理。通常，在 ECR 系统中，店铺空间管理要和商品品类管理同时进行，相互影响。比如在超市中，各大类别商品要分区分类陈列，根据商品的价值和消费者的特点，不同品种的商品所占据的货架位置和面积以及陈列方式都有所不同，最终的目标就是以提高单位营业面积的销售额和收益率。

（4）连续补货。利用及时准确的 POS 数据，根据零售商或批发商的库存信息和预先设定的订货点或订货周期以及订货量，按照设定好的库存补充程序，完成实时的以小批量、多批次方式的连续配送，既满足零售店铺的库存需求，又能降低库存水平，提高库存周转率，缩短订货周期。

## 二、供应商管理库存（VMI/SMI）

### 1. VMI（Vender Managed Inventory，制造供应商管理库存）的定义

是一种寄售库存的方式，通过共享供应商与零售商之间的库存信息，由制造供应商负责控制零售商的库存水平，也就是"属于供应商的库存，放置在客户所在地点"，通过销售资料得到消费者的需求信息，供应商可以更有效地计划、更快速地反应市场变化和消费者的需求。

VMI 中的库存是供应商的库存，暂存于零售商处，只有在卖出后，才收款。这种方式不仅知道零售商买多少，而且知道其卖多少，以及卖什么等真实的销售情况。另外，零售商需将促销情况向上反馈，增强了制造商对下游经销商的监控能力，也能更直接准确地掌握市场的动态信息和趋势。

一直以来，供应链上的环节企业对于库存策略都是各自为政，都有着自行设定和控制的库存水平，制定着自己的库存策略和补货计划。而在 VMI 的模式中，这种传统的模式被打破了，它是由供应商代替客户去管理客户的库存，由供应商来决定何时订货，订购什么，订购多少等。下面我们对比一下它与传统模式的不同，如图 6-4 所示。

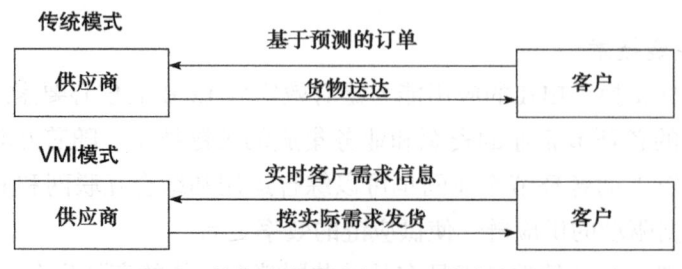

图 6-4　传统库存模式与 VMI 模式的比较

（1）传统模式：分销商通常根据自己掌握的数据进行库存策略、计划、补货时间和数量等业务。分销商会设定一个库存水平，当库存量低于这个水平时，它就会向生产商发出订货通知，由生产商进行供货，一旦货到达分销商后，该货物就由分销商拥有，并需要按照合同向生产商支付货款。

（2）VMI 模式：生产商从分销商那里接收到分销商的 POS 数据和库存水平等相关真实的信息，并据此信息进行分析处理，生成分销商的订单以及库存计划。订单是由生产商生成的，而非分销商，当货物送到分销商处，货物的所有权仍然由生产商持有，直到销售出去后，才得到分销商支付的货款。因此，这也是 VMI 属于寄售库存方式的原因。

### 2. VMI 的运作流程

制造供应商管理库存主要为供应方主动向需求商补货，设为供应商采取周期供应方式，其意义为供应商替需求商设定目标库存量，以更频繁的配送周期补充库存，但其需配合共同配送才能达到经济效益，具体工作流程如图 6-5 所示。

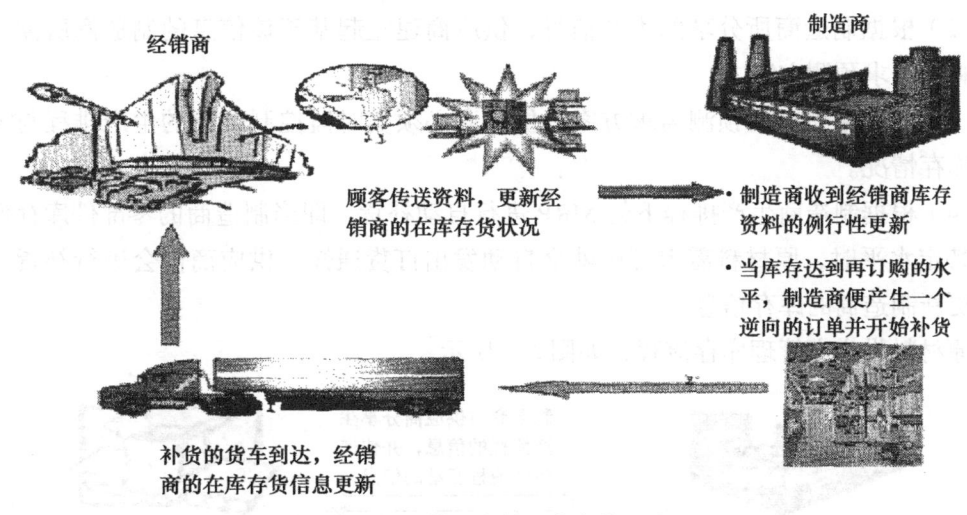

图 6-5　制造供应商管理库存作业流程

### 3. VMI 实施条件

VMI 是一种战略性的合作模式，实施 VMI 要求双方企业之间必须建立起紧密的合作关系，具体需要以下基本条件。

（1）VMI 双方之间存在强烈的合作意愿以及相互信任的态度。因为在实施 VMI 时需要双方进行销售及库存等信息的共享，这些商业机密要处于透明状态，必须建立在双方互相信任的基础上，拥有良好的合作精神才能达到良好的合作效果。

（2）建立合作双方的协调机制和互惠互利机制。合作双方本着责任共担、利益共享的精神，必须建立起相关的组织结构和规章制度，签订合作框架协议，明确双方各自的责任和义务以及利益的共享和分配，如此才能保证 VMI 模式的正常运转，确保双方通过合作获得更大的收益。

（3）供应商要详细掌握客户的销售信息和库存消耗信息。供应商必须掌握用户的 POS 数据以及库存消耗信息，并据此发现相关规律并调整相关生产计划和采购计划，才能真正意义上做到由供应商来管理库存。因此，要求合作双方必须建立起通畅的信息传输网络和信息管理系统，实现企业间信息的及时传输和快速处理。

### 4. SMI（Supplier Managed Inventory，原材料供应商管理库存）的定义

原材料供应商管理库存（Supplier Managed Inventory，SMI），是研究制造商与其原材料供应商之间的物资／零部件库存管理的。SMI 也称为 VMI Upstream，是将 VMI 的模式应用于供应链上游的原材料／零部件供应商与制造商之间。

### 5. SMI 的运作流程

SMI 研究原材料由供应商流通到制造商的过程，其运作模式如下：

（1）制造商根据其接收到的销售信息进行预测并产生生产排程计划，并与其零部件供应商分享其生产排程的相关信息。

（2）根据制造商所分享的生产信息，供应商建立起基于该信息的制造商所需要的原材料的需求预测方案。

（3）根据原材料的预测需求方案，供应商必须实时监控制造商的生产排程与零部件的库存情况。

（4）根据制造商生产排程下的 MRP 进行自动补货，即当制造商的零部件库存低于某一特定水平时，原材料需求订单就会自动发出订货通知，供应商便会进行补货，并同时更新制造商的库存信息。

原材料供应商管理库存流程，如图 6-6 所示。

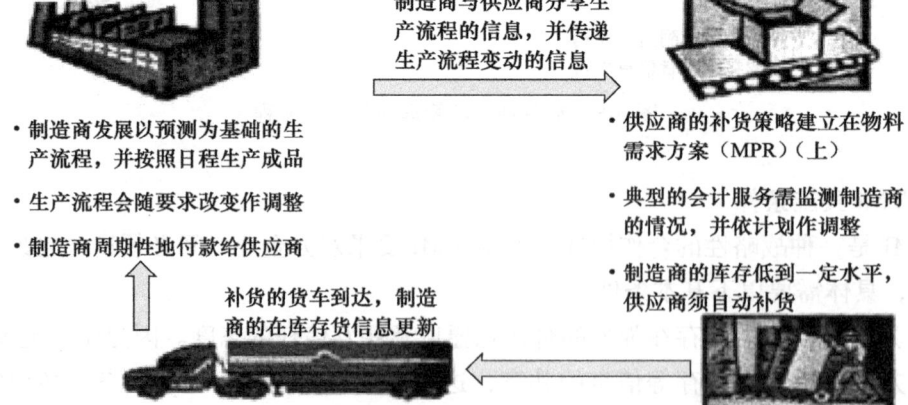

图 6-6　原材料供应商管理库存流程图

SMI 模式的精髓在于供应商与制造商之间生产和库存信息的共享，使得供应商可以对制造商的生产流程和需求的变化做出更有效的计划和快速的反应，从而提高供应链的效率，降低双方的库存水平，提高客户服务水平。SMI 模式同 VMI 模式一样，都

是要建立在合作企业之间相互信赖的基础上的一种库存管理的活动。

### 6. VMI 与 SMI 的对比

从整体实体物流的角度来说，SMI 偏重于上游原材料到制造商的流通，VMI 则为制造商到分销商整体渠道的流通部分，如图 6-7 所示。VMI 与 SMI 两者的共同之处都是通过上下游企业建立相互信任的基础上进行信息的共享，并根据共享的信息由上游企业管理并自动补货至下游企业的机制和模式。但两者也存在着许多的不同点，具体如表 6-2 所示。

表 6-2　VMI 与 SMI 的不同点

| SMI | VMI |
| --- | --- |
| 原材料供应商对制造商补货 | 制造商对分销商补货 |
| 对原材料及零组件的需求量取决于成品的需求量（相关需求） | 只对成品产生需求，与其他商品的需求无关（独立需求） |
| 依据制造商的生产计划和库存情况决定补货量 | 依据分销商的销售数据和库存情况决定补货量 |

图 6-7　SMI 与 VMI

## 三、CPFR（Collaborative Planning, Forecasting & Replenishment, 协同计划、预测和补货）

### 1. CPFR 产生的背景及概念

1995 年 9 月，在沃尔玛及其供应商 WL，管理信息系统供应商 ASP，供应链软件商 M、美国咨询公司 BP 等企业的联合推动下，推出了协同预测和补货系统，意在加强供应链中零售商和制造商之间的合作，改善预测的准确性、降低库存成本，提高供应链的整体效率。这一系统推动了供应链协调计划、预测和补货的发展，CPFR 借助一系列的信息处理技术和模型，提供覆盖整个供应链的合作过程，通过生产企业与零售企业信息的共享和业务流程的共同管理，共同对产品的需求做出预测并形成连续系统，从而改善双方的伙伴关系，提高预测的准确度，最终达到减少库存、提高供应链效率和消费者满意程度的目的。

CPFR 最大的优势是能及时准确的预测由各项促销措施或异常变化带来的销售高峰和波动，从而使销售商和供应商都能做好充分的准备，赢得主动。

CPFR 的关键在于将确定需求和满足需求的计划行为有机地结合起来。CPFR 利用 EDI 或互联网等手段将促销、预测、产品目录和订单等方面的信息与合作伙伴进行分享。通过参与各方的协作，向计划人员提供各方共同开发的信息，从而更为准确地确定市场需求量，明确补货需求，并且使生产运作与实际需求相匹配。

**2. CPFR 的本质特点**

CPFR 是一种协同式的供应链管理方法。其本质特点表现为协同、计划、预测、补货。

（1）协同。CPFR 的核心思想在于合作伙伴之间要建立起长期稳定的、相互信赖的、信息共享的合作机制，从而确立起协同性的经营战略。此种战略是必须建立在信任和承诺的基础上，虽然合作初期会有一定的难度，但是合作伙伴之间取得长远发展和良好绩效的必经之路。因此，协同的第一步是签署保密协议、建立纠纷机制、确立供应链记分卡以及形成共同的激励目标。

（2）计划。计划包括合作计划以及合作财务，其中合作计划包括品类、品牌、分类及关键品种等；合作财务包括销量、订单满足率、定价、库存及毛利等。除此之外，在计划中，还包括合作伙伴之间协同制订促销计划、库存政策变化计划、产品导入和终止计划以及仓储分类计划等。

（3）预测。CPFR 中所强调的预测是合作伙伴双方必须能够做出最终的协同预测。具体过程大致如下：制造商和零售商各自先根据销售趋势、促销计划等影响因素进行独立预测，然后，双方再通过信息平台进行相互交换各自的预测结果。如果预测的差异超过了预先设定的百分比，则双方需要提供书面的交换意见以及相关的辅助数据。经过多次的意见交换，最终双方将达成一个都可以接受的预测结果。

（4）补货。供应链各环节企业之间协调预测出的销售数据进而转化为订单预测，货物在环节企业间的实体流动以及处理需要受到诸如订单处理周期长短、前置期长短、订单批量、商品单元化以及零售方长期形成的购买习惯等多方面因素的影响，这些因素也会影响到补货策略，因此需要双方加以协商解决。此外，形成协同运输计划也是保证补货业务顺畅的主要因素。还有一些诸如存货百分比、预测精度、安全库存水平等例外情况也需要双方进行协同处理。

**3. CPFR 的实施步骤**

从程序上，CPFR 的实施共分为 9 个步骤，3 个阶段：计划阶段、预测阶段和补货阶段。其中第 1 个计划阶段包括第 1～2 步，第 2 个预测阶段包括第 3～8 步，第 3 个补货阶段是第 9 步。

（1）制定框架协议。框架协议的制定是 CPFR 实施的前提，其内容主要包括明确规定了各方的职责和绩效评价的方法，以及各方为保证成功所需要的行动和资源、合作的目的、保密协议、资源使用的授权等，阐明了各方为获得最大收益而愿意加强合作并实现信息交换和风险共担的义务等。

（2）协同商务方案。合作方要共同基于共享的业务信息制定协同的业务计划，这首先是要求合作方建立在战略合作伙伴关系的基础上，然后再分别定义各部门的职责、目标和策略，并建立合作项目的管理细节（比如订单最小批量、交货期、订单间隔和提前期等）。

（3）生成销售预测。合作方利用零售商 POS 或其他有关预测数据对已计划事件信息进行预测，创建一个初始的销售预测，并将此预测与另一方协商，或双方各持一份报告进行协商。

（4）鉴别预测异常。根据框架协议中规定的异常标准，对预测报告中的每一个项目进行审核，最后得到异常项目表。

（5）协商解决异常。找出异常项目后，双方通过查询共享数据以及各种交流方式协商，共同解决销售预测中的异常情况，这样不但可以使报告更加准确，减少风险，而且还加强了合作伙伴之间的交流。

（6）生成订单预测。通过综合 POS 数据、库存信息以及相关信息生成具体的订单预测报告。订单实际数量要随时间而变，并反映库存情况。订单预测周期内的短期部分用于产生订单，长期部分用于计划。

（7）鉴别预测异常。确定哪些项目的预测超出了框架协议中规定的预测极限。

（8）协商解决预测异常。识别订单预测的例外项目，进行订单预测例外项目的合作。

（9）生成生产计划。将订单预测转变为已承诺的订单，订单生成可以由制造商或销售商根据自己的资源、能力和系统来完成。这样，就完成了补货工作。

### 案例阅读 6-2　CPFR 在 Nabisco 有限公司和 Wegmans 食品市场的应用

对于那些成功地实施分类管理和供应链管理的公司来说，这些管理方法已被证明为它们带来的显著的竞争优势。贸易伙伴企业将这些管理方法与协作计划、预测和补货运作相连接，可以取得更大的效果。CPFR 能够有效地将参与各方共同协作制定的计划贯穿于整个供应链的运作过程中。由贸易双方共同对计划进行监督，并保持其适时性。只有在制造商和分销商之间建立起双向互动的有效沟通，才能够使彼此在促销计划和预测结果方面进行有效的交流，只有这样，才能真正形成上述协作局面。

Nabisco 公司是一家以生产饼干、零食、优质食品和杂货为主的国际型制造商，公司的销售市场遍布美国、加拿大等 85 个国家和地区。wegmans food Markets 公司是一家领先型和革新型的家族式企业。1998 年这两家企业实验了 CPFR 项目。这个项目的试验范围包括 Planters 品牌下的 22 种果仁食品。该项试验是在没有增加任何人员和技术资源的条件下进行的。在前 6 个月，双方通过 Excel 电子邮件完成了信息的相互交流。

1998 年 7 月至 1999 年 1 月的实际运作结果向我们显示出了 CPFR 试验项目的成果。与市场中其他零售商销售额普遍下降 8% 相比，Nabisco 公司的分类销售额提高了 13%。截至 1999 年 1 月 17 日。IRI 的调查结果显示，Planters 品牌销售额增长最为显著——30 周内销售额实现了 53% 的大幅增长。零售额大幅增长的主要归功于贸易双方通过协作制定商业计划，这些商业计划不仅强化了企业的分类管理策略，同时也增加了各类商业的吸引力。

通过实施 CPFR，企业把对供应链的压力降至最小，并且取得了巨大成功。从操作方面来看，供应链对商店的服务满足率水平由过去的 93% 增加到目前的 97%，库存天数缩短了 2.5 天（即库存周期的 18%）。这些积极的结果使得 Nabisco 公司和 wegmans food Markets 公司决定延长这一试验项目的时间，扩展试验产品的范围，将 Milk-Bone 宠物食品也包括进去。此外，双方还对商业用途的协作软件进行测试，寻求潜在的技术解决方案。与此同时，这两家公司也正在各自与其他的合作伙伴开展新的合作项目。

## 第三节　基于产品生命周期的库存管理与全面库存管理

### 一、基于产品生命周期的库存管理

任何企业的市场需求都不是一个静态的过程，它总是随着企业的发展变化而变化，随着产品生命周期的变化而变化。伴随着不同阶段的变化，企业将会以不同的库存策略和物流模式相配合，以创造最优化的效果。

**1. 产品生命周期的特点**

一种产品在从进入市场，到最后衰落退出市场的整个生命周期内，企业针对自己的产品在各个阶段会制定不同的战略目标，在引入期以吸引顾客为主要目的，在成长期以占领市场为目标，在成熟期为打造企业品牌，而在衰退期的战略目的则是开发新产品。并针对不同阶段给予库存规划和控制管理的策略，保证满足商品供给的同时降低成本。产品的生命周期主要包括了产品的导入期、成长期、成熟期和衰退期，产品生命周期曲线，如图 6-8 所示。

（1）导入期。产品的导入期是指新产品开始投入市场的阶段。此时顾客对产品还不了解，但市场的潜在需求在日益增长，产品供不应求，市场销量虽然较小，但销量在增长。企业为了增大产品的知名度，将会花大量的时间和精力在广告投入和终端的促销上。在物流方面，

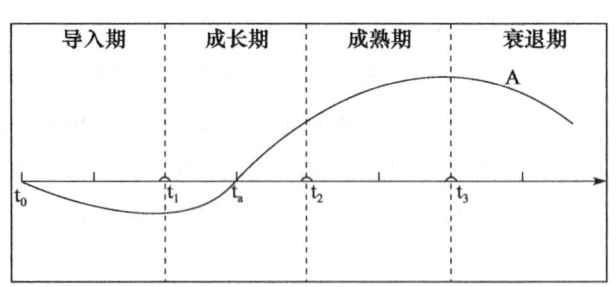

图 6-8　产品生命周期曲线图

物流模式的选择需要有高度的产品可得性和灵活性，在制订新产品的物流支持计划时，必须考虑厂商是否具有迅速而准确地提供产品补给的能力。本阶段顾客购买会出现小批量、高频率、需求极其不稳定的特点，为了满足顾客的需求，库存品种结构和数量以及订货方式都是至关重要的内容，因为，一旦出现缺货，就有可能抵消营销战略所取得的成果。因此在这一阶段，如何权衡充分满足顾客需要又回避高代价的物流支持

是管理者必须面对的问题。此时在设计供应链时，原材料、零部件应小批量采购，尽量减少企业自身的库存，但同时又要和供应商保持信息共享，能快速及时的发货。而对于企业生产物流而言，同样要在减少产成品库存的基础上，能够及时按照订单柔性生产。在销售物流方面，完善分销渠道，简化"生产商——经销商——零售商"这一传统的渠道模式，因为中间环节越多，送货周期越长，交货及时性越差，并且对于小批量货物的分销，很难形成规模效应，中间环节越多，物流成本越大。

（2）成长期。当产品取得了一定程度的市场认可，品牌数量在快速增长，市场销量上升，市场绝对利润上升，并且需求预测较为准确的时候，预示着产品进入了成长期，此时企业的战略任务就是最大限度的扩大市场占有率，同时也要开始收回企业当初投入在引入期的成本费用，即物流活动的重点已从不惜任何代价提供所需服务，变为更趋平衡的服务与成本绩效。处于这种成长周期的企业为了满足企业供应链管理战略和竞争战略的匹配，开始改变原来的柔性化供应链设计，开始转向赢利性的供应链，通过大批量采购和生产来最大程度上追求规模效应，降低成本。同时也将建立广泛且密集的分销渠道，结合物流网络的支持，完成市场的覆盖率。企业的物流系统得到充分利用，运输、流通加工、装卸搬运等物流功能的劳动生产率和设备利用率也得到很大的提高，改变供应链设计，合理安排物流运作，让企业的供应链成为真正的"价值链"。

（3）成熟期。经过成长期之后，销售量的增加趋势逐渐趋于平稳，市场需求也已达到了饱和，此时的产品边际利润降低，潜在需求不确定性也变小。同时，市场上的众多同类型品牌在淘汰中不断优化、集中化，形成一些名牌产品，形成激烈竞争的局面。因此，此阶段，企业的战略目标是营造品牌，以产品品牌延长产品生命周期。面对激烈的竞争和较低的边际收益，企业要打造自己的品牌，就必须提高顾客忠诚度，提供更多的增值服务，这其中很大一部分是由物流部门来完成，可以通过成立大型配送中心，覆盖所有的销售网络，完善现代增值物流服务，也可以采用第三方物流外包的形式进行资源的优化整合，从而提高物流服务水平。

（4）衰退期。随着科技的发展、新产品和替代品的出现以及消费习惯的改变等原因，产品的销售量和利润会出现明显减少，此时就是该产品退出市场的时候。退出市场并不意味着简单的停止生产。当企业决定将市场上的产品召回时，将会有更多的问题需要企业去解决。例如：将被撤回的产品的维修和备件的可获得性，以及保留住忠诚的客户。然而，企业在这一阶段的战略目标是开发新产品，对于原有产品的物流投入减少到零，企业不再需要大量采购原材料和零部件，甚至只需要把积压的库存处理掉。即使偶尔会有顾客需求购买，对于衰退期这种低需求量并且响应时间不高的物流需求来说，保持较高的安全库存是完全没有必要的，采用按订单生产才是最适合的。所以，合适的物流需求对策是产品存储在制造商处，利用直接发货或在途合并递送到顾客处。

综合以上对产品生命周期的描述，我们从"投入成本"、"利润"、"市场份额"、"竞争者的数量"以及各阶段"管理的重点"几个方面对产品生命周期的不同阶段的特点进行了对比，具体内容如表6-3所示。

表 6-3 产品生命周期不同阶段的特征对比

|  | 导入期 | 成长期 | 成熟期 | 衰退期 |
|---|---|---|---|---|
| 投入成本 | 非常高 | 较高 | 低于导入期和成长期 | 低 |
| 利润 | 几乎为零，甚至为负数 | 逐渐增加 | 获得最大利润 | 迅速减少 |
| 市场份额 | 从零开始，市场份额低 | 逐渐提升 | 稳定的市场份额 | 被新品替代，老产品市场份额降低到最低点 |
| 竞争者数量 | 几乎没有竞争者 | 数量增加到最大 | 一定数量的竞争者 | 减少 |
| 管理的重点 | 广告和促销 | 产品改进，申请专利 | 配送系统改进 | 售后服务 |

资料来源：沈婷婷、陈斯，2013 年。

### 2. 基于产品生命周期的库存策略

制定库存策略对于一个企业来说是非常重要的一项决策，其关系到产品的采购计划、生产排程、营销策略、物流方式等整个系统的运行效率，具有牵一发而动全身的作用。因此，从产品生命周期的角度研究的库存策略，要在基于库存的状况下，配合营销策略等因素进行综合的分析，并制定出适合不同生命周期阶段的库存策略，如表 6-4 所示。

表 6-4 产品生命周期不同阶段的库存策略

|  | 导入期 | 成长期 | 成熟期 | 衰退期 |
|---|---|---|---|---|
| 需求特点 | 需求量小，需求不稳定，需求难以预测 | 需求量迅速增加，需求不确定性，无法有效预测 | 需求进一步增加，需求的变化相对稳定，需求可以预测 | 需求迅速减少，需求不确定，难以预测 |
| 营销策略 | 产品铺满货架，投入大量的广告和促销成本 | 大量宣传，产品品质和服务的提升，提高客户服务水平 | 改进分销系统，通过售后服务进一步提升客户服务水平 | 保持售后服务水平，通过开发新产品逐渐替代老产品 |
| 供应链 | 拉式供应链 | 混合式供应链 | 推式供应链 | 混合式供应链 |
| 订货策略 | 及时补货，(t, R, S) 订货策略 | 不允许缺货，多仓库协同管理，定量订货策略，仿真方法确定订货点和订货量 | 允许少量缺货，区域仓库管理，(Q, R) 订货策略，随机需求的 EOQ 模型确定订货点和订货量 | 允许缺货，(t, R, S) 订货策略，降低 R 的水平 |
| 安全库存 | 维持在比较低的水平 | 建立较高的安全库存 | 安全库存水平低，根据企业预期的客户服务水平确定 | 可以不设安全库存 |

（1）导入期的库存策略。在新产品引入阶段，企业要投入大量的广告并配合促销活动使得新产品快速地被大范围的消费者所知晓。同时，此阶段要求有高度的产品可得性和物流的灵活性作为后勤保障，虽然此时的需求量较小，暂时的缺货不会造成大量客户的流失，但是需要及时补货以避免消费者对产品失去兴趣的状况。因此，必须要考虑到顾客随时可以获得产品的及时性和企业迅速而准确的供货能力。否则，如果存货短缺或配送不稳定，就可能抵消营销战略所取得的成果。采用（t，R，S）的订货策略（t 代表周期；R 代表订货点；S 代表最大库容量），即在固定的库存检查周期 t 内对现有库存的数量进行检查，如果现有库存量 I 小于订货点 R，则进行订货；如果现有

库存量 I 大于订货点 R，则不订货，进入到下一个周期直到库存量低于订货点 R 进行订货。但此（t，R，S）订货策略中 R，S 的设置应该根据经销商铺满货架的采购量来设置最大库容量 S，定期对库存水平进行检查，若库存水平没有达到订货点 R 时，不进行订货；当库存水平达到订货点 R 时进行订货。订货点 R 根据历史同类产品导入期的订货点进行设置。

（2）成长期。在产品生命周期的成长阶段，通过广告和促销的手段，产品取得了一定程度的市场认可，销售量剧增，同时，市场上开始出现竞争企业的同质产品。此时，企业必须"趁热打铁"，在广告和促销手段继续跟进保证品牌识别度的情况下，企业必须提高安全库存的数量，以确保及时的补货。同时，企业也将接受由于提高库存量而引起的库存成本的增加。因为，保证库存量是增加销售量的前提，也是避免消费者由于缺货而迅速转向竞争企业产品的可能。因此，借由本阶段中需求的高度不确定性，可以采用多仓库协同的定量订货策略降低缺货损失，并且在订货成本、库存成本以及缺货损失成本间寻求平衡以达到成本最优的点，运用系统仿真的方法确定订货点和订货量。满足消费者不确定的需求。

（3）成熟期。当产品具有一定的知名度，需求量和市场占有率也逐渐趋于稳定时，预示着产品进入了成熟期。此阶段中，企业可以根据历史销售的数据对消费者需求进行预测，其预测的安全库存主要是用于应对订货提前期内消费者需求的变化而设定，所以，此时的安全库存不用设置得很高。但是也要结合企业的营销战略，设置企业需要满足的客户满意度水平（96%～98%）来计算安全库存。在此阶段中，面对缺货，消费者要么会选择等待，要么暂时选购可替代的产品，但也有一些对于品牌忠诚度高的消费者会选择下次购买时再选择该品牌。因此，在这期间，企业必须通过及时补货来提高客户服务水平来弥补，或者结合其他的促销策略来保持其市场占有率。此阶段需求稳定，但不固定，需求服从一定的随机分布规律，运用随机分布的 EOQ 模型确定经济订货批量和在订购点进行库存管理。成熟期阶段企业生产形成规模效应，使生产、库存等各方面成本降低，达到企业利润最大化。

（4）衰退期。所有的产品都会经历由盛而衰的过程。当产品在一定时期内需求量出现迅速下降，这是进入衰退期的信号。进入衰退期阶段，降低库存及其他管理的成本就成为企业的主要目标，企业会把资金运用到新产品或者可替代品的生产和研发上。但对于产品仍然进行客户忠诚度的维护和售后服务的跟进，允许缺货，但会采取一定的策略对衰退期的产品进行管理。这个阶段仍然可以采用（t，R，S）的订货策略，和导入期的（t，R，S）相比，企业可以根据仓库的容量分配和预期的服务水平来降低订货点 R 和库容量 S，同时拉长检查周期，降低管理的成本。

## 二、全面库存管理

全面库存管理（Total Inventory Management，TIM），其简单的定义是指全面参与库存管理。具体可以解释为企业管理的全库存意识、企业全员参与、全流程库存控制、全面考核库存管理水平，以及需要与供应链管理合作伙伴的全部参与。全面库存管理既是一种先进的现代企业管理思想，也是一种实现现代企业管理根本目的的根本手段。因为企业管理的所有流程都应该是库存管理有关的，也就是必须进行所谓全流程的库存考核的。从高层到底层，从企业的董事长、CEO 到普通员工，大家在日常管理活动中都必须树立一种库存管理的意识与概念。往小里说，库存可以决定一个企业的生死；往大里面讲，库存问题直接关系到我国国民经济的运行质量问题，它是一个链条的问题，也是一个社会问题。

## 案例分析

### 雀巢公司与家乐福公司的 ECR 管理

雀巢公司是世界最大的食品公司，总部位于瑞士威伟市，由亨利·雀巢于 1867 年创立，目前在全球范围内拥有 200 多家子公司，500 多家工厂，员工总数约有 22 万名，其产品行销 80 多个国家，主要产品涵盖婴幼儿食品、乳制品及营养品类、饮料类、冰淇淋、冷冻食品及厨房调理食品类、巧克力及糖果类、宠物食品类与药品类等。雀巢公司自 1983 年进入台湾，1987 年开始进入中国大陆以来，业务发展迅速。

家乐福公司是世界第二大的连锁零售集团，于 1959 年在法国设立，全球有 9 061 家店，24 万名员工。截至 2008 年，家乐福在中国大陆拥有 130 家店，中国台湾拥有 55 家店，业绩也在不断攀升。

雀巢公司和家乐福公司均在 ECR 方面的推动下了很大的力气。从 1999 年开始，两家公司在 ECR 方面计划进行更密切的合作，于是在中国台湾等地的分公司开始进行供应商管理库存 VMI 示范计划，并希望将相关成果在各自的公司内推广。VMI 是 ECR 中的一项运作模式，主要指供应商依据销售及安全库存的需求，替零售商下订单或补货，而实际销售的需求则是供应商依据由零售商提供的每日库存与销售资料进行统计、预估得来的。通常供应商有一套管理系统来处理相关的事务。这样将大幅改进供应商面对市场的回应时间，从而能尽早得知市场确切的销售信息，降低供应商与零售商的库存，进一步提早安排生产，降低缺货率。

台湾雀巢公司从 1999 年 10 月开始，积极与家乐福公司合作，建立 VMI 示范计划的整体运作机制，总目标是增加商品的供应率，降低家乐福库存天数，缩短订货前置时间以及降低双方物流作业成本。具体指标包括雀巢对家乐福物流中心的产品到货率达 90%，家乐福物流中心对零售店面的产品到货率达 95%，家乐福物流中心库存天数下降至预设标准，以及家乐福对雀巢的建议订货单修改率下降至 10% 等。另外，雀巢也希望将新建立的模式扩展至其他销售渠道上加以运用，以加强掌控能力并获得更大规模效益，而家乐福也会与更多的重点供应商进行相关合作。

整个计划是在 1 年之内，建立一套 VMI 的运作环境，并且可以循环执行。具体而言，分为两个阶段。

（1）第1个阶段包括确立双方投入资源、建立评估指标、就所需条件进行谈判，确定整个运作方式以及系统配置。时间约半年。

（2）第2个阶段为后续的半年，修正系统与运作方式，使之趋于稳定，并以评估指标不断进行问题寻找与改善，直至自动运行为止。

在人力投入方面，雀巢与家乐福双方均设置了一个协调机构，其他部门如物流、采购、信息等部门则是以协助的方式参与。在经费的投入上，家乐福公司主要是在EDI系统建设的花费，雀巢公司除了EDI系统建设外，还引进了一套VMI系统。

在计划的实际执行上，还可细分为5个子阶段：①评估双方的运作方式与系统在合作上的可行性；②一把手的推动与团队建立；③沟通协调系统的建立；④同步化系统与自动化流程；⑤持续性训练与改进。

在系统建设方面，雀巢与家乐福双方均采用EDI网络的方式来进行资料传输，而在雀巢公司的VMI管理系统部分，则是采取外购产品的方式来建设。雀巢在家乐福、法国及其他国家雀巢公司的建议下，充分考虑系统需求特性后，最后选用了Infule的EWR的产品。

经过近1年的推进实施，雀巢公司和家乐福公司整个VMI运作方式逐渐形成了如下5个步骤的运作模式。

（1）每日9:30以前，家乐福用EDI方式传送结余库存与出货资料等信息到雀巢公司。

（2）9:30～10:30，雀巢公司将收到的资料合并至EWR的销售资料库系统中，并产生预估的补货需求，系统将预估的需求量写入后端的BPCS ERP系统，依实际库存量计算出可行的订货量，产生建议订单。

（3）10:30前，雀巢公司以EDI方式传送建议订单给家乐福公司。

（4）10:30～11:00，家乐福公司在确认订单并进行必要的修改后回传至雀巢公司。

（5）11:00～11:30，雀巢公司依据确认后的订单进行拣货与出货。

除了建设一套VMI运作系统与方式外，在具体目标方面也获得了显著成果。

雀巢公司对家乐福公司物流中心的产品到货率由原来的80%左右提升到95%；家乐福公司物流中心对零售店面的产品到货率也由70%左右提升至90%左右，而且仍在继续改善中；库存天数由原来的25天左右下降至目标值以下；在订单修改率方面也由60%～70%的修改率下降至10%以下。

而对雀巢来说，最大的收获却是在与家乐福公司合作的关系上。过去与家乐福是单向的买卖关系，家乐福享受着大客户的种种优惠，雀巢公司则尽力推出自己的产品，这样，彼此都忽略了真正的市场需求，从而导致卖得好的商品经常缺货，而不畅销的商品却库存积压。经过这次合作，双方有了更多的相互了解，也有了共同解决问题的意愿，并使原本各项问题的症结点一一浮现，这对从根本上改进供应链的整体效率非常有利。而同时，雀巢公司也开始考虑将VMI系统运用到其他销售渠道。

因此，要推动ECR的落实，需要把握以下几个关键点才能有预期成效。

（1）一把手是推进ECR的前提。ECR首先是经营理念的转变。在ECR的推动过程中，如果没有一把手自上而下关注、发动和督促，在供应商和零售商之间长期以来形成的惯性就无法打破，ECR 的理念再好，也将使得 ECR 成为一个不可实现的目标。

（2）团队精神不可或缺。在 ECR 的实施与运用过程中，往往因供应商与零售商的价格对立关系以及系统和运作方式的不同，而很难有具体的合作运用，供应商和零售商彼此的执行人员均习惯于过去的买卖关系，难以产生对等和互相信任的态度，并且由于参与 VMI 示范计划的大部分人员没有完整的相关知识与实务经验，再加上彼此既有的运用方式的显著差异，大大增加了 VMI 示范计划执行的复杂与困难程度。在这个漫长的发展过程中，双方参与人员的团队精神便成了 ECR 实施过程中至关重要的一个因素。雀巢公司和家乐福公司的 VMI 示范计划参与人员同样经历了一个团队的形成过程，在历经了沉默、争吵与对立等过程之后，直到彼此有共同的认知与分享意愿，参与人员彼此互相学习。正是由于逐步发挥作用的团队精神，才使得雀巢公司和家乐福公司最终能从该项目中获益。

（3）IT 的运用要面向经营核心。如果 IT 的运用和电子商务只是将即有的作业电子化与自动化，那么它能带来的意义只限于作业成本的减少，唯有面向经营的本质发挥作用，才能使公司产生较大幅度地效益提升，对流通业而言这种本质改善就是 ECR。雀巢公司与家乐福公司的 VMI 示范计划就是其中的一种应用，透过经营模式的改变而逐步改善库存和供货效率。

从供应链的角度看，ECR 更可能影响整个后端的工厂制造与前端店面之间生产与库存效率的提升。然而，所有这些工作中最难的是创造合作的氛围，唯有上下游双方均有宏观的思考，愿意共同合作，才会有进步的可能。雀巢公司与家乐福公司的合作计划虽然还有很长的路要走，但是却给我们一个很好的示范。

资料来源：http://www.chainawuliu.com.cn.

**案例讨论题**

1. 雀巢公司与家乐福公司的 ECR 策略中用到了哪些物流技术？
2. 通过 ECR 的实施，雀巢公司与家乐福公司的供应链管理有哪些改善？
3. 本案例中 VMI 模式的应用对企业产生哪些效果？
4. 实施 VMI 模式需要具备哪些条件？

## 本章小结

本章主要在介绍了企业库存管理的重要性和出现库存管理的不良征兆及解决方法，以及在国际库存管理特殊性的基础上，重点介绍 QR、ECR、VMI/SMI、CPFR 几种策略的特点、实施条件及步骤，认识到企业与其供应链上下游企业之间建立起合作关系，采用诸如 QR、VMI 等策略，是可以极大地减少供应链环节企业的库存水平，提高企业快速反应能力。此外，本章还从产品生命周期的角度，分析企业处于不同的产品周期阶段，可以采用不同的库存管理策略，以满足市场需求，降低物流总成本。

# Chapter 7 · 第七章

# 国际运输管理

### 学习目标
1. 了解国际货物运输的地位和作用，以及各种国际货物运输方式的概念、特点。
2. 掌握各种国际货物运输方式的运输种类、国际多式联运和复合运输的相关内容。

### 导入案例

**荷兰郁金香降临中国情人节**

由荷兰领事馆携手国内网络电商发起的"爱从荷兰来"鲜花预售引发抢购热潮，最低只用99块钱，就可以在情人节当天收到来自原产地荷兰的郁金香。2014年1月开始，50万支荷兰鲜花在网上预售，并于情人节当天送到消费者手中，为天下有情人送上爱的祝福，点燃节日的激情。

本次的郁金香由荷兰鹿特丹空运至上海，并通过航空快递的方式保证在情人节当天将所有鲜花送达消费者手中，范围涵盖北、上、广等26个城市，开创了进口鲜花销售的新模式。由于鲜花保鲜期短，境外直供的空运鲜花还需要过关等环节，这给国际物流配送带来极大挑战，随着这条全新跨境高端冷链技术的运用，有望打破鲜花销售线下独大的格局，降低物流配送成本。

## 第一节 国际货物运输概述

### 一、国际货物运输的含义与特点

运输是人和物的载运及输送，即以各种运载工具沿着相应的输送路线，将人和物等运输对象从一地送到另一地的位移过程。运输，依据运送对象不同，可分为货物运输和旅客运输。货物运输专指"物"的载运及输送，又可依据地域划分为国内货物运输和国际货物运输。国际货物运输是指货物在国家与国家、国家与地区之间的运输。国际货物运输包括国际贸易物资运输和国际非贸易物资（如展览品、个人行李、援外物资等）运输两种。由于国际货物运输主要是贸易物资的运输，所以国际货物运输通常也被称为国际贸易运输或外贸运输。

与国内货物运输相比，国际货物运输具有以下几个主要特点。

**1. 国际货物运输具有很强的政策性**

国际货物运输是国际贸易的一个组成部分，是一项涉外经济工作，需要经常同国外发生直接或间接的广泛的业务联系。在组织货物运输的过程中，如运力组织、航线安排等，都需要在国家的宏观调控下，在平等互利的基础上，与国际法规和国际惯例，以及有关国家的法律、管理条例相适应。而且国际政治、经济形势的变化，也会间接地影响国际货物运输。因此，国际货物运输是一项政策性很强的涉外活动。这就要求我们不仅要有经济观念，而且要有政策观念，按照相应对外政策的要求从事国际货物运输。

**2. 国际货物运输距离长、环节多**

国际货物运输是国家与国家、国家与地区之间的跨国运输，一般来说，运输的距离都比较长，少则数千里，多则数万里。在国际货物运输过程中，往往需要使用多种运输工具，变换不同的运输方式，经由不同的国家和地区，中途还要经过多次装卸搬运，中间环节很多，其中任何一个环节发生问题，都会影响整个的运输进程，并最终影响货物安全、迅速、准确、高效、方便地运达目的地。

**3. 国际货物运输涉及面广，情况复杂多变**

国际货物运输涉及国内外许多部门，需要与不同国家和地区的货主、交通运输、商检机构、保险公司、银行或其他金融机构、海关、港口以及各种中间代理商等打交道。同时，由于各个国家和地区的法律、政策规定不一，贸易、运输习惯和经营做法不同，金融货币制度的差异，加之政治、经济和自然条件的变化，都会对国际货物运输产生较大的影响。

**4. 国际货物运输的时间性强**

在国际贸易中，按时装运进出口货物，及时将货物运至目的地，对履行进出口贸易合同，满足市场需求，提高市场竞争力，及时结汇等，都有着重大意义。特别是一些鲜活商品、季节性商品和敏感性强的商品，更要求迅速运输，不失时机地组织供应，才有利于提高商品的国际竞争能力，有利于巩固和扩大销售市场。因此，国际货物运输必须加强时间观念，争时间、抢速度，及时完成运输任务，以免造成经济上的损失和信誉上的不良影响。

**5. 国际货物运输风险较大**

由于在国际货物运输中环节多，运输距离长，涉及的面广，情况复杂多变，运输沿途需要经过各种制度不同的国家和地区，国际形势的变化、社会的动乱，各种自然灾害和意外事故的发生，以及战乱、封锁禁运或海盗活动等，都可能直接或间接地影响到国际货物运输，甚至有可能带来严重后果，因此，国际货物运输的风险较大。为了转嫁运输过程中的风险损失，各种进出口货物和运输工具，都需要办理运输保险。

## 二、国际货物运输的地位和作用

国际货物运输在各国的经济发展过程中都占据着重要的地位，并为各国经济长远发展发挥着重大作用。

**1. 国际货物运输是国际贸易不可或缺的环节，并不断促进国际贸易的发展**

在国际贸易中，进出口商品在空间上的流通范围极为广阔，其空间位移离不开国际运输。商品成交以后，只有通过运输，按照国际贸易合同约定的时间、地点和条件把商品交给对方，贸易的全过程才算最终完成。因此，国际货物运输是国际贸易不可或缺的环节。

随着国际货物运输工具的不断改进，如船舶现代化、智能化等，运输体系结构、经营管理工作日趋完善和现代化，使得各国开拓更大国际市场的可能性大大提高。而且，由于国际货物运输质量更高，费用更节省，极大提高了对外贸易的经济效益，使得国际间的经济联系日益加强，促进了国际贸易的发展。

**2. 国际货物运输促进了交通运输的发展**

交通运输可按运输的对象和运送的范围分为国内旅客运输、国际旅客运输、国内货物运输和国际货物运输，因此国际货物运输是交通运输的重要分支。从世界范围来看，海上运输的绝大部分货运量属于国际货物运输；航空运输中的国际货运量也占了较大比重；此外，国际货运量在铁路和公路运输中也占有一定比例。

国际贸易竞争日趋激烈，迫使各国的外贸运输部门不断根据新形势的要求，及时采用和引进国际先进的运输组织技术，开辟新的运输渠道，这就加速了先进技术在交通运输领域的推广和应用，促进了交通运输的发展。

**3. 国际货物运输体系的形成和国际货物运输服务贸易的参与程度是决定一国在国际经济中生存和竞争能力的因素之一**

随着国际货物运输服务贸易的开展，各国之间的经济贸易往来越来越频繁。没有国际货物运输，要进行国际间的商品交换是不可能的。因此，是否拥有相对先进的运输体系或享有便捷高效的国际运输服务在很大程度上决定了一国商品在国际上的成本、价格和可达性，进而决定了一个国家是否能够充分参与国际竞争，并取得国际竞争优势。

**4. 国际货物运输的发展将有力推动建筑业、能源工业、冶金业等诸多行业的发展**

在现代工业社会里，发展运输业就是发展工业。尤其是随着国际形势的日新月异，国际货物运输在应用和推广各种新技术上进步迅速，带动各国铁路、公路、港口和机场的大规模修建，促进了建筑业的大发展；运输业的巨大能源消耗，促进了能源工业的兴旺；运输工具和运输基础设施对金属的需求，是采矿业和冶金业迅猛发展的主要原因之一；各种运输工具和辅助运输机械的大量生产，有力地推动了机械加工工业的发展。总之国际货物运输的发展带动了与之相关的行业有了较大发展。

**5. 国际货物运输能够改变资源分布不平衡的状况**

从全球来看，资源在各国的分布并不均衡，有些国家资源丰富，有些国家资源相对贫乏。国际货物运输网络可以改变传统的经济地理概念，扭转自然的资源分配状况，使缺少资源的国家和地区通过进出口贸易，实现对全球资源的使用。

**6. 国际货物运输是平衡一国外汇收入的重要手段**

国际货物运输是一种无形的国际贸易，它用于交换的是一种特殊的商品——运力。所以，就一个国家来说，拖入国际货物的运力越大，效益越高，相应的投入国际市场的商品就越多，也就能得到越多的外汇收入。

## 三、国际货物运输方式和运输对象

### （一）国际货物运输方式

国际货物运输方式很多，根据使用的运输工具不同，可以分为海上运输、陆上运输、航空运输和管道运输，其中陆上运输又分为铁路运输和公路运输。目前国际货物约有三分之二是经由海运完成的。

各种运输方式都有各自的特点，在国际货物运输中，应该根据进出口货物的性质、运量的大小、运输距离的远近、货物需求的缓急、运输费用的高低、装卸货的条件、法律法规与国际惯例、气候与自然条件以及国际政治形势的变化等因素，慎重地选择运输方式，这对于完成国际货物运输任务而言非常重要。

此外，随着国际物流的发展，以及客户对货物运输"门到门"的要求，越来越多的国际货物不再采用单一的运输方式完成全程运输，而是采用多种运输方式联合的复合运输或多式联运的形式来完成全程运输。

### （二）国际货物运输对象

国际货物运输对象就是国际货物运输部门承运的各种进出口货物如原材料、工农业产品以及其他产品等，它们的性质和形态各不相同，对运输工具、装卸条件、保管条件、运输期限等都有不同的要求。根据国际货物运输的需要，可以从货物的包装形态、性质、重量、运量等几个不同的角度进行简单分类。

**1. 从货物的包装形态角度分类**

从国际货物在运输过程中的包装形态角度，可以把货物分为以下三类：

（1）包装货物。为了保证货物在运输、装卸过程中的安全和便利，必须使用一些包装材料对它们进行适当包装，这种货物就叫作包装货物。按照包装所使用的容器和材料可以分为箱装货物、桶装货物、袋装货物、捆装货物和其他包装货物。

（2）裸装货物。不加包装而成件的货物称为裸装货物，如各种钢材、车辆、机械设备、木材等。

（3）散装货物。不加任何包装，采取散装方式，不能计数但能称重的货物称为散装货物，如煤炭、粮谷、化肥、铁矿、工业用盐等。这类货物便于使用机械化装卸作业进行大规模运输，因此有时也称为大宗散货。

### 2. 从货物性质的角度分类

从货物性质的角度，可以把国际货物分为以下两大类：

（1）普通货物。是指从货物性质角度来看，对运输、装卸、保管无特殊要求的货物，如茶叶、粮食等清洁货物，普通饮料、药品等液体货物，水泥、化肥、烟叶等粗劣货物等都属于普通货物。

（2）特殊货物。是指从货物性质角度来看，对运输、装卸、保管有特殊要求的货物，如易燃、易爆等危险货物，果蔬、肉类、奶制品等冷藏货物，金、银等贵重货物，活的动植物等都属于特殊货物。

### 3. 从货物重量角度分类

按照货物重量和体积的比例大小来分类，可以把国际货物分为以下两大类：

（1）重量货物。海运货物根据国际上统一的划分标准，凡1吨重量的货物，体积小于40英尺或1m³的称为重量货物。

（2）轻泡货物。海运货物根据国际上统一的划分标准，凡1吨重量的货物，体积大于40英尺或1m³的称为轻泡货物，也称体积货物。

### 4. 从货物运量大小角度分类

从运量大小角度，国际货物可以分为以下三大类：

（1）大宗货物。一批运输的货物运量很大的，称为大宗货物，如化肥、煤炭、粮食等。大宗货物约占世界海运量的75%～80%。

（2）件杂货物。大宗货物以外的货物称为件杂货物。这类货物一般具有包装，可以按件计数。

（3）长大笨重货物。在运输中，凡单件重量超过限定数量的货物，称为重件货物或超重货物。凡单件某一尺寸超过限定数量的货物，称为长大货物或超长货物。一般情况下，超长货物往往又是超重的，超重的货物中也有些是属于超长的。货物的这种划分，对于国际货物的装载和计费，具有十分重要的意义。

## 四、国际货物运输组织

国际上从事货物运输的组织机构种类和数量众多，但基本上可以归纳为三个方面，即承运人、货主（也称托运人或收货人）和货运代理人。这三方当事人构成国际货物运输工作的主体。它们之间虽然在工作性质上有区别，但在运输业务上则有着密不可分的关系。

**1. 承运人**　承运人（Carrier），是指国际货物运输中专门经营水上、铁路、公路、航空等运输业务的交通运输部门，如船舶公司、铁路或公路运输公司、航空公司等。它们通常都拥有大量的运输工具，面向社会提供运输服务。

**2. 货主**　货主（Cargo owner），是指专门经营进出口商品业务的进出口商或商品生产厂家。在国际货物运输合同中，他们也通常被称为托运人或收货人，承运人通常是接受他们的委托为其货物提供运输服务。

**3. 货运代理人**　货运代理人（Freight Forwarder），是指根据委托人的要求，代办货物运输业务的机构。他们有的代理承运人向货主揽货，有的代理货主向承运人办理托运，有的兼营两方面的代理业务。他们通常既没有运输工具，也没有货物，属于运输中间人性质，在承运人和货主之间起着桥梁作用。

此外，国际货物运输工作与海关、商检、保险、银行以及包装、仓储等部门也有着十分密切的关系。

## 第二节　国际货物运输方式

### 一、国际海上货物运输

#### （一）海上运输的基本要素

海上运输基本要素包括船舶、航线和港口。

**1. 船舶**　船舶是海上运输的主要工具，其主要分为三大类：货船、客船和客货船。其中，国际海上货物运输主要用到的是货船，货船主要的类别有杂货船、散货船、集装箱船、冷藏船、油轮、滚装船和载驳船等。

**2. 航线**　航线是指海上船舶航行的道路。按航行的时间和港口是否固定分为定期航线和不定期航线；按航行的水域范围分为沿海航线、近海航线和远洋航线。

**3. 港口**　港口是指具有水陆联运设备和条件，供船舶安全进出和停泊的运输枢纽，是工农业产品和外贸进出口物资的集散地，是供船舶停泊、装卸货物、上下旅客、补充给养的场所。由于港口是联系内陆腹地和海洋运输（国际航空运输）的一个天然界面，因此，人们也把港口作为国际物流的一个特殊结点。

港口按照不同的标准可以分为不同的类别。比如按照港口的基本功用划分，可以把港口分为商港、军港和避风港；按照地理位置划分，可以把港口分为海港、河口港和内河港；按照国家政策划分，可以把港口分为国内港、国际港和自由港；按照建设难度划分，可以把港口分为天然港和人工港等。

## （二）海上运输的特点

与其他运输方式比较，海上运输具有以下特点：

（1）海上运输运量大、成本低，非常适合大宗货物的运输。

（2）水上航道四通八达，通航能力不受限制，而且投资少。

（3）海上运输是开展国际贸易的主要方式，是对外经济发展和友好往来的主要运输工具。

（4）与其他运输方式相比，海上运输速度较慢，受自然气候和条件的影响较大。

（5）风险较大。海上运输易受自然气候影响，有时世界政治风云变化也会给海上运输带来风险。这些都有可能造成船舶航期不准，遇险的可能性大。

尽管海上运输存在航行速度慢、风险大的劣势，但由于它运费低和运量大的优势，使得其在国际货物运输中的重要性远远超过其他运输方式。

## （三）国际海上货物运输的种类

国际海上货物运输，按照船舶的营运方式可以分为班轮运输和租船运输两大类。

### 1. 班轮运输

班轮运输又称定期船运输，简称班轮，是指船舶按公布的船期表在确定航线上，以公布的挂靠港顺序、公布的费率、有规则地从事航线上各港间的货物运输。班轮运输比较适合于货流稳定、货种多、批量小的杂货运输。在国际海运业务中，除了大宗商品利用租船运输外，大都通过班轮运输。对于零星成交、批次多、到港分散的货物，只要班轮有舱位，不论数量多少，也不论直达与否，班轮公司都愿意承运，再加上班轮运输手续简便，而且能提供较好的运输质量，因此大多国际货物的货主会选择班轮运输的方式完成国际海上运输。

班轮运输具有以下四方面的特点：

（1）具有"四固定"的特点，即固定航线、固定港口、固定船期和相对固定的费率。这是班轮运输的最基本特征。

（2）班轮运价内包括装卸费用，即货物由承运人负责配载装卸，承托双方不计滞期费和速遣费。

（3）承运人对货物负责的时段是从货物装上船起，到货物卸下船止，即"船舷至船舷"（Rail to Rail）或"钩至钩"（Tackle to Tackle）。

（4）承运双方的权利义务和责任豁免以签发的提单为依据，并受统一的国际公约的制约。

### 2. 租船运输

租船运输，又称租船，是海上运输的一种方式，是指承租人向船东租赁船舶用于货物运输的一种方式。租船运输适用于大宗货物运输，有关航线和港口、运输货物的种类以及航行的时间等，都按照承租人的要求，由船舶所有人确认。承租人与出租人之间的权利义务以双方签订的租船合同确定。

在国际海运业务中，租船运输的方式主要包括定程租船运输、定期租船运输和光船租赁运输。

（1）定程租船运输。又称程租船或航次租船，是以航程为基础的租船方式。是航运实践中最常见、最复杂的一种租船方式。

该租船形式，明显具有水路运输的特征，承租人在船舶的某一航次或某几个航次中享有船舶的使用权，用来运输约定的货物。船舶出租人必须按租船合同规定的航程完成货物运输任务，并负责船舶的运营管理及其在航行中的各项费用开支。程租船的运费一般按货物装运数量计算，也有按航次包租金额计算。

（2）定期租船运输。又称期租船，是指船舶出租人向承租人提供约定的由出租人配备船员的船舶，在约定的期限内，由承租人按照约定的用途使用，并支付租金的一种租船形式。

（3）光船租赁运输。又称船壳租船、净船期租船，是指船舶出租人向承租人提供不配备船员的船舶，在约定的期间内由承租人占有、使用和营运，并向出租人支付租金的一种租船形式。

光船租赁是航运实践中一种典型的租船方式，通过这一方式，承租人不仅有权使用承租的船舶从事水路运输营运，而且暂时占有该船舶。租赁船舶的期限可长可短，长的可达数年之久。

## 二、国际航空货物运输

### （一）航空运输的体系构成

航空运输是指利用飞机或其他航空器从空中航线运送旅客和货物的一种运输方式。航空运输速度快、运量小、运输成本高，适合对时间要求高的高价值货物的运输。

航空运输的体系构成如下：

（1）运载工具。航空运输体系中的运载工具是各种飞行器，主要是各种民用飞机。

（2）装卸场所。主要是指各个机场。

（3）运输通道。即空中航线。

（4）管理系统。即空中交通管理系统。

### （二）航空运输的特点

与其他运输方式相比，航空运输有以下特点。

**1. 速度快**

在各种运输方式中，航空运输速度最快，这也是航空运输的最大特点和优势。其时速为 1 000km 左右，且距离越长，其速度快的优势体现得越明显，能够节省的时间也越多。因而航空运输适合于中长距离的旅客运输、邮件运输、贵重货物以及鲜活易腐物品的运输。

### 2. 机动性大

飞机在空中运行，受航线条件限制的程度相对较小，可跨越地理障碍实现两地旅客和货物的空间位移。航空运输的这一优点使其成为执行救援、急救等紧急任务中必不可少的手段。

### 3. 安全、破损率低

采用航空运输的货物本身价值较高，航空运输的地面操作流程环节比较严格，管理制度比较完善，这就使货物破损率很低，安全性较好。

### 4. 运量小、成本高

飞机机舱容积和载重量都比较小，运载成本和运价比其他运输方式高，所以航空运输适合小批量、高价值货物的运输。

### 5. 受气象条件限制较大

飞机飞行往往受气象条件影响比较大，比如大雾天气等，会影响其准时性。

(三) 国际航空货物运输的种类

在国际航空货物运输中，航空货物运输方式主要有班机运输、包机运输、集中托运和航空快递等。

### 1. 班机运输

班机是指在固定的航线上定期航行的航班，因此班机运输是利用班机开展的运输业务，有固定的始发站、目的站和途经站，按照业务对象不同，班机运输可分为客运航班和货运航班。客运航班通常采用客货混合型飞机，货舱容量较小，运价较高，但由于航期固定，有利于客户安排鲜活商品或急需商品的运送；货运航班只承揽货物运输，一般使用全货机，通常由一些规模较大的航空公司在货运量较为集中的航线上开辟。

### 2. 包机运输

通常，当货物批量较大，班机运输不能满足需要时，则采用包机运输。包机运输可分为整包机和部分包机两类。

（1）整包机。整包机，即包租整架飞机，是指航空公司或包机代理公司，按照与租机人约定的条件和费率，将整架飞机租给租机人，从一个或几个航空站装运货物至指定目的地的运输方式。

（2）部分包机。部分包机，是指航空公司按照约定的条件和费率，将整架飞机租给若干个包机人，从一个或几个航空站装运货物至指定目的地的运输方式。

相对而言，部分包机适合于运送 1t 以上且货运量不足整机的货物，在这种形式下，货物运输费用比班机运输低，但由于需要等待其他货主备好货物，因此运送时间较长。

### 3. 集中托运

是指集中托运人将若干批单独发运的货物集中成一批向航空公司办理托运,填写一份航空总运单集中发送至同一目的港,由集中托运人在目的港指定的代理人收货,再根据集中托运人签发的航空分运单分拨给各个实际收货人的运输方式。它是航空货物运输中开展的最普遍的一种形式。

### 4. 航空快递

航空快递是指航空快递企业利用航空运输,收取发件人的快件并按照向发件人承诺的时间将其送交指定地点或者收件人。如 DHL、UPS 等国际型快递公司都经营全球航空快递业务。

## 三、国际铁路货物运输

### (一)铁路运输基本要素

铁路运输基本要素包括铁路线路、机车和车辆、铁路车站。

#### 1. 铁路线路

火车行驶的线路称为铁路线路,是机车、车辆和列车运行的基础。它是由路基、桥隧建筑和轨道组成的整体工程结构。

目前世界各国都在广泛采用无缝线路,就是把若干根标准长度的钢轨焊接成为每段 800 米~1 000 米或更长的长钢轨线路。无缝线路接头少,并且有行车平稳、轨轮磨损及线路养护工作量少等优点,因此是轨道现代化的内容之一。

#### 2. 铁路机车和车辆

铁路机车就是人们常说的火车头,它是铁路运输的基本动力装置。按照机车的原动力分,可分为蒸汽机车、内燃机车和电力机车三种。

铁路车辆是运送旅客和货物的工具,一般没有动力装置,需要把车辆连挂在一起由机车牵引,才能在线路上运行。铁路车辆可分为客车和货车两大类。

铁路车辆按规定重量、长度及编挂条件编成车列,挂有机车和规定的列车标志,配备列车服务员,并指定列车车次时,称为铁路列车。铁路列车按运输性质和用途分为旅客列车、货物列车和客货混合列车。简单来说,专门用于货物运输的列车称为铁路货运列车。

#### 3. 铁路车站

铁路车站是从事铁路客、货运输业务和列车作业的处所,是铁路运输部门的基层单位,俗称火车站。铁路车站按其业务性质分为客运站、货运站和客货混用站。其中专门办理货物运输业务或以办理货物运输业务为主的车站即为铁路货运站。

## （二）铁路货物运输的特点

铁路货物运输具有下列特点：

（1）运输过程的连续性强、计划性强。铁路运输受气候影响较小，运输连续性比较强。但铁路运输需要提前提报计划、车辆编组等，因此计划性比较强。

（2）运输过程的安全性高。与公路和水路比较起来，铁路运输的安全性相对较高。

（3）运输能力大、费用低廉。在众多运输方式中，铁路运输仅次于水路运输，运输能力非常大，适合大批量货物中长距离运输，运输费用相对低廉。

（4）节能环保。

（5）始建投资大，建设时间长。铁路建设初期需要铺路基、铁轨，建设桥梁隧道等，始建投资非常大，建设的周期也比较长。

（6）始发与终到作业时间长，不利于运距较短的运输业务。铁路货物运输在始发站需要集货并办理相关手续，终到站需要发货并办理相关手续，因此始发、终到作业时间比较长，适合中长途货物运输。

（7）受轨道限制，灵活性差，必须由其他运输方式为其集散货物，不能直接实现"门到门"服务。

（8）大量资金、物资用于建筑工程，如路基、站场等，一旦停止营运，不易转让或回收，损失较大。

## （三）国际铁路货物联运

### 1.国际铁路货物联运的概念

国际铁路货物联运，是指使用一份统一的国际联运票据，由铁路当局负责经过两国或两国以上的铁路全程运送，并且由一国铁路向另一国铁路移交货物时，不需发货人、收货人参加的运输方式。

国际铁路联运牵涉面广、手续复杂，从发货站发运货物时起，须经过出口国的国境站、经过国的进口和出口国境站，直到进口国的进口国境站到达站，环节多，交接复杂。因此，为使联运货物顺利运送，要求每批货物的包装要适合长途运输的要求，票据要规范、清晰，随附各项单证必须齐全、完备，运送车辆为国际列车，设备必须完好无损。

### 2.国际铁路货物联运的范围

（1）同参加《国际货协》国家铁路之间的货物运输。参加《国际货协》各国铁路办理联运的车站，除了阿尔巴尼亚、朝鲜铁路外，凡开办国际货物运营的车站，都办理国际铁路货物联运。

由于国际货协参加国铁路轨距不同或铁路互不连接，所以联运货物的运送方式也不同：在相同轨距各国铁路之间，可用发送国车辆直接过轨，不必换装而直通运送；在不同轨距各国铁路之间，由接收站及时准备适当车辆，货物在国境站换装或更换货车轮后继续运送;在铁路不连接的国际货协参加国铁路之间,其货物运输可以通过参加国铁路某一车站予以转运。

(2)同未参加《国际货协》国家铁路间的货物运送。发货人在发送站用国际货协票据办理至参加《国际货协》的最后一个过境铁路的出口国境站的运送,由国境站站长(或发、收货人)委托的收转人办理转送至最终车站。

(3)通过港口的货物运送。我国通过塔林、里加,波兰铁路格丁尼亚、格但斯克、什切青或德国铁路扎斯尼次、罗斯托克等港口站向芬兰、瑞典、挪威和丹麦等国发送货物;或朝鲜、蒙古、俄罗斯和越南等国,通过中国铁路大连、新港、黄埔等港口站向阿尔巴尼亚或日本等国发货,或相反方向发货时,发货站和港口之间用国际货协票据办理,由发货人或其委托在港口站的收转人办理转发送。

### 3. 国际铁路货物联运的种类

国际铁路货物联运办理种类分为整车、零担和大吨位集装箱货物。

(1)整车货物。整车货物是一份运单托运的按体积、重量或种类需要单独车辆运送的货物。下列货物不得按零担办理托运:

需要冷藏、保温或加温运输的货物;规定按整车办理的危险货物;易于污染其他货物的污秽品;蜜蜂;不易计算件数的货物;未装容器的活动物;一件货物重量超过2吨,体积超过3立方米或长度超过9米的货物。

(2)零担货物。按一份运单托运的一批货物,重量不超过5 000千克,按其体积或种类不需要单独车辆运输的货物称为零担货物。一批货物种类超过5 000千克或一件重量不足10千克、体积小于0.01立方米的货物不能按零担办理。

中朝铁路相互间和从朝鲜通过中国运往越南、蒙古及相反方向运输的零担货物,不受《国际联运》里有关每批零担货物重量不应超过5 000千克的规定限制,但每批货物重量不得超过29吨,体积不得超过62立方米。中朝间一件重量不足10千克的零担货物可以运送,不受国际货协规定的限制。

中越铁路间运送一批重量超过5 000千克,但体积不超过32立方米,或一件重量不足10千克,但体积不少于0.01立方米的货物,如不需要单独车辆运送时,均可按零担货物办理。

(3)集装箱货物。铁路集装箱分为小吨位、中吨位和大吨位箱。

容积 $1 \sim 3m^3$,最大容许总重小于2.5吨的箱称为小吨位集装箱。容积 $3 \sim 15m^3$,最大容许总重2.5~5吨的箱称为中吨位集装箱。20英尺箱、30英尺箱、40英尺箱称为大吨位集装箱。

我国铁路目前只办理整车运送的铁路5吨箱和零担运送的铁路1吨箱以及货主自备大吨位集装箱装运的进口货物,出口货物可利用返还的集装箱运到集装箱所属路,也可用货主自备箱装运。中俄间铁路大吨位集装箱作为货主自备箱按国际货协规定办理。

## 四、国际公路货物运输

### (一) 公路运输基本要素

公路运输的基本要素包括公路和汽车。

**1. 公路**

公路主要是供汽车行驶的道路。按照管理系统分,可把公路分为国家公路、省级公路、县级公路、乡级公路和专用公路;按照交通流量及使用任务、性质分,可把公路分为高速公路、一级公路、二级公路、三级公路和四级公路。

**2. 汽车**

汽车是公路运输的主要交通工具。汽车按使用的燃料不同分为汽油车和柴油车;按照设计用途分为乘坐车和载货汽车。这里所说的公路货运主要是使用载货汽车运输货物。

### (二) 国际公路运输的特点

国际公路运输的主要任务是出口物资的收购入库和集货;进口物资的疏运;国际多式联运的首、尾段运输;边境贸易的过境运输等,因此,国际汽车运输具有以下明显的专业特点:

(1) 点多面广,季节性强;

(2) 运距短,单程货多,运输任务不均衡;

(3) 鲜活易腐食品要随产随运,有很强的时间性;

(4) 集装箱运输发展迅速,公路运输集装箱比重增大;

(5) 边境公路运输政策性强。

公路运输是实现国际货物"门到门"运输不可缺少的环节,因此必须组织好运力,为客户提供优质运输服务。

### (三) 国际公路运输业务的种类

国际公路运输按其工作性质,大致可以分为以下几类:

(1) 出口物资的集港(站)运输,指出口商品由原产地或商品所在地经中转仓库或港口仓库至船边、铁路专用线或航空收货点的运输,即我们通常所说的集港(站)运输。

(2) 进口货物的疏港(站)运输,指按进口货物代理人的委托,将进口货物由港(站)运至指定交货地点。

(3) 国际多式联运的首、末段运输,指国际多式联运国内段的运输,即将出口货物由内陆集装点装运至出口港(站),或将进口货物由港(站)运至最终交货地。

(4) 边境公路过境运输,指在我国与濒临国家(地区)设有直通公路过境口岸地区,如广东的深圳、珠海,新疆的图尔戈特、霍尔果斯,黑龙江的漠河、黑河等,经向海关申请办理指定车辆、驾驶员和过境路线，在海关规定的指定地点停留，接受海关监督和检查，按有关规定办理报检、完税、放行后运达目的地的运输。

## 第三节 国际多式联运

### 一、国际多式联运的概念及特征

1980 年 5 月，在联合国国际货物多式联运公约第二期会议上，一致通过了《联合国国际货物多式联运公约》。在这个公约中，对国际多式联运做了如下定义："国际多式联合运输，是按照国际多式联运合同，以至少两种不同的运输方式，由多式联运经营人将货物从一国境内接管货物的地点，运送至另一国境内指定交货的地点。"

从上述概念，可以概括出国际多式联运具有以下特征：

（1）国际多式联运必须使用全程的联运提单；

（2）国际多式联运经营人，对货主承担全程运输责任；

（3）国际多式联运的经营人，以单一费率向货主收取全程运费；

（4）国际多式联运必须是国际间的货物运输，而这种运输必须是采用两种以上不同的运输方式，衔接组成一个连贯的运输，来完成跨越国界的货物运输。

### 二、国际多式联运的优越性

#### 1. 手续简便

不论距离远近，运输环节多少，多式联运货主只需签订一份货运合同，办理一次托运，支付一笔运费，取得一份联运提单，即可把货物从始发地运至目的地。一旦发生运输问题，也只需找多式联运经营人便可以处理问题，这对货主而言非常方便。

#### 2. 安全可靠

国际多式联运以集装箱运输为主，货物需要经过长途运输，多次装卸，但不需要将货物逐件装卸，可以减少货损货差。同时，货物装在集装箱里，可以防止污染和盗窃，从而安全可靠地完成全程运输。

#### 3. 提早结汇，降低成本

货物在始发地装上第一程运输工具后，托运人就可以取得多式联运提单进行结汇了。这不仅有利于加速货物占用资金的周转，而且可以减少利息的支出，从而降低企业成本。

#### 4. 提高运输管理水平，实现运输合理化

国际多式联运过程中，货物从始发地到目的地的各段运输，都由联运经营人同各段分承运人事先做好运输安排。所以货物可以迅速地从一个运输环节转换到另一个运输环节，有利于提高运输管理水平，实现运输合理化。

## 三、国际多式联运的组织与经营形式

**1. 组织形式**

国际多式联运是采用两种或两种以上不同运输方式进行联运的运输组织形式。这里所指的至少两种运输方式可以是海——陆、陆——空、海——空等。由于国际多式联运严格规定必须采用至少两种运输方式进行联运，因此这种运输组织形式可以综合利用各种运输方式的优点，充分体现社会化大生产、大交通的特点。

目前，具有代表性的国际多式联运组织形式主要有以下几种。

（1）海陆联运。海陆联运是国际多式联运的主要组织形式，也是远东／欧洲多式联运的主要组织形式之一。目前组织和经营远东／欧洲海陆联运业务的主要有班轮公会的三联集团、北荷、冠航和丹麦的马士基等国际航运公司，以及非班轮公会的中国远洋运输公司、长荣航运公司和德国那亚航运公司等，这种组织形式以航运公司为主体，签发联运提单，与航线两端的内陆运输部门开展联运业务，与大陆桥运输展开竞争。海陆联运还有以下两种特殊形式：

1）铁路和海运的复合运输。最早期的铁路和水运所使用的联运系统是指在河川或海洋间无可提供铁路跨越的桥梁，便在水运码头由铁路货车驶入船舱内，由船舶越过江海。现在普遍采用的海铁复合运输的方式始于 1984 年 APL 海运公司，将其所载运的远东地区的集装箱，由美国铁路以双层载集装箱车辆，从西海岸运送至芝加哥、纽约等地。

2）公路和海运的复合运输。也称为船背运输（Fishy-back），是指直接将集装箱载运于货车拖车上，通过岸上所架的跳板驶入船舱，集装箱与拖车共同留在船上一起运载，待到达目的地靠岸后，再由拖车直接将集装箱拖出，故称为驶进驶出 RO/RO（Roll on/Roll off）。

（2）陆桥运输。在国际多式联运中，陆桥运输起着非常重要的作用。它是远东／欧洲国际多式联运的主要形式。陆桥运输是指采用集装箱专用列车或货车，把横贯大陆的铁路或公路作为中间"桥梁"，使大陆两端的集装箱海运航线与专用列车或卡车连接起来的一种连贯式运输方式，如从远东到欧洲的集装箱运输，先将集装箱经过太平洋运到美国东岸港口，由铁路横越美国，再以集装箱船经过大西洋运至欧洲。严格来讲，陆桥运输也是一种海陆联运形式，只是因为其在国际多式联运中的独特地位，因此将其单独列为一种运输组织形式。

（3）海空联运。海空联运又被称为空桥运输（Air-bridge）。在运输组织方式上，空桥运输与陆桥运输有所不同：陆桥运输在整个货运过程中使用的是同一个集装箱，不用换装，而空桥运输的货物通常要在航空港换入航空集装箱。运输距离越远，采用海空联运的优越性越大，因为同完全采用海运相比，其运输时间更短；同完全采用空运相比，其费率更低。

（4）空运和公路的复合运输。也称为鸟背运输，适用于高价值货物的快速门到运输，即将货车直接驶入机舱，飞机到港卸货时再驶离机舱的运输组织形式。货车与航空的货物联运，若有装卸货动作的，则称为路空联运。

### 2. 经营方式

多式联运是国际间货物的联合运输，因此联运线路两端必须在两个不同的国家，在线路的两端及中间各个转接点上要有由功能齐全的派出机构或代理机构等组成的网络，以完成货物的交接、运输衔接及服务事宜，提供必要的信息，完成单证传递等业务。在这种情况下，承担多式联运业务的企业（即多式联运经营人）的经营方式通常有以下三种。

（1）企业独立经营方式。即企业在各线路两端及中间各转接点均设有自己的子公司或办事处等形式的派出机构或分支机构，作为全权代表处理揽货、交接货、订立运输合同协议，办理有关服务业务等运输和衔接中所需要的一系列事务。

（2）两企业间联营方式。企业由分别位于联运线路两端国家的两个或几个类似企业联合经营，联营的双方互为合作人，分别在各自国内开展业务活动，揽到货物后，按货物的流向及运输区段划分双方应承担的工作。两企业联合经营的紧密程度由双方协议确定，可有互为代理、互付佣金直到双方分享利润、分摊亏损等不同形式。

（3）代理方式。在线路的两端和中间各个衔接点委托国外（内）同行业多式联运代理，办理或代安排全程运输中的分承担工作和交接货物，签发或回收多式联运单据，制作有关单证，处理和交换信息，代收、支费用和处理货运事故或纠纷等。这种代理关系可以是相互的，也可以是单方面的。在这种情况下，一般由多式联运经营人向代理人支付代理费用，不存在分享利润、分摊亏损等问题。

上述第一种经营方式多适用于货源数量较大而稳定的线路，一般要求多式联运经营人具有较强的经济实力和业务基础。后两种方式多适用于多式联运经营人的经济实力不足以设立众多的海外办事处或分支机构，或线路的货源不够大、不太稳定的情况。

### ◎ 案例分析

#### 郑欧班列开启中欧"新丝绸之路"

2014年5月8日上午，在郑州经开区的郑州铁路集装箱货运中心站大门前，司机于师傅驾驶着海关铅封的监管车，经过22个小时的长途跋涉，从成都来到郑州。"这一车货很值钱，估计有两三千万，都是大品牌的笔记本电脑。"

本来在上海跑运输的于师傅，去年回到河南老家，实现家门口就业。"以前，郑州的货物都是向外拉，现在，各地的货物开始向郑州集中。"这一变化，让于师傅敏锐地看到了背后的商机，回到河南以后，于师傅买了一辆拉集装箱的大货车，自己给自己干。

而于师傅的选择，跟郑欧班列的开行班次有着密切联系。郑欧国际铁路货运班列80861次于2013年7月18日首次发车，这标志着郑州沟通世界的国际铁路物流大通道由此打通，河南省将成为我国中部、西北、华北、东北地区货物的主要集散地和中转站，开启了中国与欧洲的"新丝绸之路"。

去年以来，郑欧班列开行逐渐密集，越来越多的全国各地的货物向郑州集中。"东北的哈尔滨、大连，南到广州、深圳，东到上海，西到咸阳、宝鸡、银川等地，郑欧班列的集货范围覆盖全国各地。"郑州国际陆港开发建设有限公司（以下简称国际陆港公司）相关负责人介绍说。

而且，国外的货物也在向郑州集中，郑欧班列在开行的第24班次中，集货范围首次覆盖至韩国，从韩国启运的过境中转货物经连云港运至郑州铁路口岸，通过郑欧班列，再经阿拉山口口岸出境运往欧洲。

同时，根据郑州市规划局公示的设计方案，在郑州陆港的西部，将建汽车物流管理中心、一站式车辆服务中心、进口汽车检测区、进口汽车零配件仓库和进口汽车口岸作业区。

"目前，通过陆港搞进口汽车整车引进的城市只有北京，而且是通过空运引进汽车，再运送到全国各地，成本较高。"国际陆港公司相关负责人表示，郑州国际陆港建好后，郑州市就可以通过郑欧班列，从欧洲直接引进进口汽车，再通过"多式联运"体系，运送到全国各地。

**案例思考题**

1. 上述案例中于师傅所运货物从成都——郑州——欧洲，采用的是何种联运方式？
2. 上述案例中郑州国际陆港在整个联运过程中起到什么作用？
3. 郑欧铁路班列具有哪些特点？

## 本章小结

国际运输是国际物流运作过程中非常重要的一个环节。本章在介绍了国际货物运输的概念、特点、分类、地位和作用的基础上，介绍了各种运输方式、国际货物运输的基本要素、优缺点和运输种类，旨在让学生在了解基础知识的前提下，掌握各种运输方式、国际运输的业务种类和办理条件，如国际海运的班轮运输和租船运输、国际空运的班机运输和集中托运、国际铁路联运等，以期在国际物流实际运作过程中结合各种运输方式的优缺点选择合适的运输方式。

除此之外，本章还对国际多式联运的概念、特征和优越性做了简单介绍，并在此基础上重点介绍了海陆联运、陆桥运输、海空联运、复合运输等典型的多式联运类型，让学生在把握各种单一运输方式国际运输种类的基础上，对国际多式联运有更深入的理解和掌握。

# 第八章 Chapter8

# 海关作业管理

### 学习目标

1. 了解海关的起源和概念。
2. 理解海关的性质、任务和权力。
3. 掌握海关监管货物进出境海关作业内容。

### 导入案例

**3 000 头澳大利亚奶牛月夜通关**

2013年9月20日农历八月十六日晚上8点半,青岛海关下属日照海关值班关员小韩在圆月的映照下迎来了一批特殊的通关客人:3 000头纯种进口奶牛。这批进口奶牛来自澳大利亚,总价值逾6 000元万人民币,将被用来改良国内奶牛品种。这也是日照海关今年来首次验放种用奶牛。

由于奶牛数量多,为减少企业滞港时间,让奶牛尽快走出船舱,该关关员急事急办,通过提前了解船舶靠港时间、监装监卸、车船直取、船边验放等一系列措施,在确保监管到位的同时,实现船舶进境、奶牛登陆的"零待时"。

据悉,在完成所有手续后,这3 000头奶牛陆续上岸,它们将在专业隔离检疫区封闭生活45天后,运往东营等地。

## 第一节　海关概述

### 一、海关沿革

#### (一)外国

最早的外国海关机构出现在公元前5世纪中叶古希腊城邦雅典。11世纪以后,西欧威尼斯共和国成立以"海关"命名的机构即威尼斯海关。在漫长的封建社会，各国除继续在沿海、沿边设置海关外，在内地水陆交通要道也设置了许多关卡。资本主义发展前期（17～18世纪），海关执行保护关税政策，重视关税的征收，并建立一套周密繁琐的管理、征税制度。19世纪，为发展对外贸易，欧洲各国先后撤除内地关卡，废止内地关税，并且基本停止出口税的征收。海关历史悠久的发达国家有法国、英国、荷兰、意大利、德国、日本和美国等。发展中国家大部分分布于亚洲、非洲和拉丁美洲。这些国家曾经长期遭受殖民主义国家的侵略和剥削，经济比较落后。发展中国家的对外贸易与海关，除向发达国家发展各种方式斗争外，还对该国现代海关制度进行开发和科技运用。

（二）中国

中国海关历史悠久，早在西周和春秋战国时期，古籍中已有关于"关和关市之征"的记载。秦汉时期进入统一的封建社会，对外贸易发展，西汉元鼎六年（公元前111）在合浦等地设关。宋、元、明时期，先后在广州、泉州等地设立市舶司。清政府宣布开放海禁后，于康熙二十三至二十四年（1684～1685），首次以"海关"命名，先后设置粤（广州）、闽（福州）、浙（宁波）、江（上海）四海关。1840年鸦片战争后，中国逐渐丧失关税自主权、海关行政管理权和税款收支保管权，海关变成半殖民地性质的海关，长期被英、美、法、日等帝国主义国家控制把持，成为西方列强掠夺中国的一个重要工具。直至1949年中华人民共和国建立以后，人民政府接管海关，宣告受帝国主义控制的半殖民地海关历史结束，标志着社会主义性质海关的诞生。中华人民共和国政府对原海关机构和业务进行彻底变革，经历曲折的发展过程，逐步完善海关建制。

## 二、海关的性质和职能

（一）海关的性质

海关是依据本国（或地区）的法律、行政法规行使进出口监督管理职权的国家行政机关。英语Customs一词，最早是指商人贩运商品途中缴纳的一种地方税捐，带有"买路钱"或港口、市场"通过费"、"使用费"的性质。这种地方税捐取消后，Customs一词则专指政府征收的进出口税，the Customs是征收进出口税的政府机构，即海关，是对出入关境的一切商品和物品进行监督、检查并照章征收关税的国家机关。

我国以立法的形式明确规定了中国海关的性质和任务。《中华人民共和国海关法》（以下简称《海关法》）第二条规定："中华人民共和国海关是国家的进出关境（以下简称进出境）监督管理机关。"这一规定明确了海关的性质，其包括了以下三层含义。

**1. 海关是国家行政机关**

海关是国家的行政机关之一，从属于国家行政管理体制，属于我国最高国家行政机关——国务院的直属机构，海关对内对外代表国家依法独立行使行政管理权。

### 2. 海关是国家进出境监督管理机关

海关依照有关法律、行政法规并通过法律赋予的权力，制定具体的行政规章和行政措施，对特定领域的活动开展监督管理，以保证其按国家的法律规范进行。

海关实施监督管理的范围是进出关境及与之有关的活动，监督管理的对象是所有进出境的运输工具、货物、物品。

关境（Customs Territory）是世界各国海关通用的概念，指适用于同一海关法或实行同一关税制度的领域。《国际海关术语汇编》中定义关境为一个国家的海关法得以全部实施的区域。在一般情况下，关境与国境的关系分为三种：

（1）关境的范围等于国境。

（2）关境的范围大于国境。对于结成关税同盟的国家，其成员国之间货物进出国境不征收关税，只对来自和运往非同盟成员国的货物在进出共同关境时征收关税，此时应认为每个成员国的关境大于国境，如欧盟。

（3）关境的范围小于国境。通行的观点认为，若在国内设立了自由港、自由贸易区等特定区域，因进出这些特定区域的货物都是免税的，因而该国的关境小于国境。

关境与国境一样，包括其领域内的领水、领陆和领空，是一个立体的概念。我国的关境范围是除享有单独关境地位的地区以外的中华人民共和国的全部领域，包括领水、领陆和领空。目前我国的单独关境有香港、澳门和台、澎、金、马单独关税区。在单独关境内，其各自执行单独的海关制度。因此，我国的关境小于国境。本教材所称的"进出境"除特指外均指进出我国关境。

### 3. 海关的监督管理是国家行政执法活动

海关通过法律赋予的权力，对特定范围内的社会经济活动进行监督管理，并对违法行为依法实施行政处罚，以保证这些社会经济活动依照国家的法律规范进行。因此，海关的监督管理是保证国家有关法律、法规实施的行政执法活动。海关执法的依据是《海关法》和其他有关法律、行政法规。海关事务属于中央立法事权，立法者为全国人大及其常务委员会和国务院。海关总署也可以根据法律和国务院的法规、决定、命令，制定规章，作为执法依据的补充。省、自治区、直辖市人民代表大会和人民政府不得制定海关法律规范，地方法规、地方规章也不是海关执法的依据。

#### （二）海关的职能

各国政治、经济情况不尽相同，海关职责也有差异，即使同一国家，各个历史时期海关职责也有变化。但以下几项职责是绝大多数国家海关基本都具备的：①对进出口货物、旅客行李和邮递物品、进出境运输工具，实施监督管理，有的称作通关管理，有的称作保障货物、物品合法进出境管理。②征收关税和其他税费。许多国家海关除征收关税外，还在进出口环节代征国内税费，例如增值税、消费税和石油税等。有些国家海关，还征收反倾销税、反补贴税和进口商品罚金等。③查缉走私。各国海关都对逃避监管、商业瞒骗、偷逃关税等行为进行查缉，尤其对走私禁止和限制进出境的货物、物品，特别是毒品，每一个国家海关都加大查缉力度。此外，部分或个别国家海关还具有一些特殊职能：如编制对外商品贸易统计、保税管理、沿海巡逻警戒等。21世纪初，有些国家除对传统的有形贸易（实物）监管外，还对无形贸易（服务贸易）进行监管。许多国家政府指令该国海关履行国际出口管制制度，即对高科技产品、导弹技术产品、核相关双重用途产品、生化武器、常规武器、环境污染物质和有毒废料、濒危物种、文物等进行管理。

根据《海关法》规定，中国海关有4项职能：监管、征税、缉私和统计。

### 1. 监管

海关监管是指海关运用国家赋予的权力，通过一系列管理制度和管理程序，依法对进出境运输工具、货物、物品的进出境活动所实施的一种行政管理。海关监管是一项国家职能，其目的在于保证一切进出境活动符合国家政策和法律的规范，维护国家主权和利益。海关监管不是海关监督管理的简称，海关监督管理是海关全部行政执法活动的统称。

根据监管对象的不同，海关监管分为运输工具监管、货物监管和物品监管三大体系，每个体系都有一整套规范的管理程序和方法。

监管作为海关四项基本职能之一，除了通过备案、审单、查验、放行、后续管理等方式对进出境运输工具、货物、物品的进出境活动实施监管外，还要执行或监督执行国家其他对外贸易管理制度的实施，如进出口许可制度、外汇管理制度、进出口商品检验检疫制度、文物管理制度等，从而在政治、经济、文化道德、公众健康等方面维护国家利益。

### 2. 征税

征税是海关的另一项重要职能。海关征税工作的基本法律依据是《海关法》、《中华人民共和国进出口关税条例》（以下简称《关税条例》）以及其他有关法律、行政法规。征税工作包括征收关税和进出口环节海关代征税。

关税是国家中央财政收入的重要来源，是国家实施宏观经济调控的重要工具，也是世界贸易组织允许各缔约国保护其境内经济的一种手段。关税的征收主体是国家，《海关法》明确将征收关税的权力授予海关，由海关代表国家行使征收关税的职能。因此，未经法律授权，其他任何单位和个人均不得行使征收关税的权力。

关税的课税对象是进出口货物、进出境物品。

进口货物、物品在办理海关手续放行后，允许在国内流通，应与国内货物同等对待，缴纳应征的国内税。为了节省征税人力，简化征税手续，严密管理，进口货物、物品的国内税由海关代征，即我国海关对进口货物、物品征收关税的同时，还负责代其他机关征收若干种类的进口环节税。目前，由海关代征的进口环节税包括增值税和消费税。

### 3. 缉私

走私是指进出境活动的当事人或相关人违反《海关法》及有关法律、行政法规，逃避海关监管，偷逃应纳税款、逃避国家有关进出境的禁止性或者限制性管理，非法运输、携带、邮寄国家禁止、限制进出口或者依法应当缴纳税款的货物、物品进出境，或者未经海关许可并且未缴应纳税款、交验有关许可证件，擅自将保税货物、特定减免税货物以及其他海关监管货物、物品、进境的境外运输工具在境内销售的行为。

查缉走私是海关为保证顺利完成监管和征税等任务而采取的保障措施。查缉走私是海关依照法律赋予的权力，在海关监管场所和海关附近的沿海沿边规定地区，为发现、制止、打击、综合治理走私活动而进行的一种调查和惩处活动。

### 案例鉴赏 8-1　昆明海关查获走私毒品罂粟壳 1.44 吨

2014 年 2 月 16 日凌晨，昆明海关下属的腾冲海关在腾冲猴桥口岸巡查过程中拦截一辆从境外驶入的无号牌货车，从车上查获毒品罂粟壳 1 440 千克、未经灭活的罂粟籽 520 千克。

经鉴定，上述查获的罂粟壳含有毒品吗啡成分。罂粟壳俗称"大烟壳"，是罂粟植物开花后结的果实割取鸦片汁后的干壳，长期食用罂粟壳将对人体肝脏、心脏有一定毒害作用，使人产生依赖性甚至瘾癖。

近年来，昆明海关针对罂粟壳等毒品走私趋势，积极开展口岸调研巡查、边境堵卡查缉和群众禁毒宣传工作，力争将毒品堵在境外、查在边境，2013 年至今共计查获走私毒品罂粟壳 6 吨。

鉴赏分析——不法分子走私的意图一般包括三种（或其中几种兼有）：一是逃避缴纳关税和其他税费；二是偷运国家禁止或者限制进出口的货物物品，走私分子在没有许可证明的情况下通过走私手段，运输、携带或者邮寄相关物品、货物进境；三是骗取核销、出口退税等其他目的。走私是以逃避监管、偷逃关税、牟取暴利为目的，扰乱经济秩序，冲击民族工业，腐蚀干部群众，毒化社会风气，引发违法犯罪，对国家危害性极大，必须予以严厉打击。

《海关法》规定："国家实行联合缉私、统一处理、综合治理的缉私体制。海关负责组织、协调、管理查缉走私工作。"这一规定从法律上明确了海关打击走私的主导地位以及有关部门的执法协调。海关是打击走私的主管机关，查缉走私是海关的一项重要任务。海关通过查缉走私，制止和打击一切非法进出境货物、物品的行为，维护国家进出口贸易的正常秩序，保障社会主义现代化建设的顺利进行，维护国家关税政策的有效实施，保证国家关税和其他税、费的依法征收，保证海关职能作用的发挥。为了严厉打击走私犯罪活动，根据党中央、国务院的决定，我国组建了专司打击走私犯罪的海关缉私警察队伍，负责对走私犯罪案件的侦查、拘留、执行逮捕和预审工作。

根据我国的缉私体制，除了海关以外，公安、工商、税务、烟草专卖等部门也有查缉走私的权力，但这些部门查获的走私案件，必须按照法律规定，统一处理。各有关行政部门查获的走私案件，应当给予行政处罚的，移送海关依法处理；涉嫌犯罪的，应当移送海关侦查走私犯罪公安机构或地方公安机关依据案件管辖分工和法定程序办理。

4. 统计

海关统计是以实际进出口货物作为统计和分析的对象，通过搜集、整理、加工处理进出口货物报关单或经海关核准的其他申报单证，对进出口货物的品种、数（重）量、价格、国别（地区）、经营单位、境外目的地、境内目的地、境内货源地、贸易方式、运输方式、关别等项目分别进行统计和综合分析，全面、准确地反映对外贸易的运行态势，及时提供统计信息和咨询，实施有效的统计监督，开展国际贸易统计的交流与合作，促进对外贸易的发展。我国海关的统计制度规定，实际进出境并引起境内物质存量增加或者减少的货物，列入海关统计；进出境物品超过自用、合理数量的，列入海关统计。对于部分不列入海关统计的货物和物品，则根据我国对外贸易管理和海关管理的需要，实施单项统计。

海关统计是海关依法对进出口货物贸易的统计，是国民经济统计的组成部分，是国家制定对外经济贸易政策、进行宏观经济调控、实施海关严密高效管理的重要依据，是研究我国对外经济贸易发展和国际经济贸易关系的重要资料。

1992 年 1 月 1 日，海关总署以国际通用的《商品名称及编码协调制度》（Harmonized Commodity Description and Coding System，简称《协调制度》或 HS）为基础，编制了《中华人民共和国海关统计商品目录》（简称《统计商品目录》），把税则与统计目录的归类编码统一起来，规范了进出口商品的命名和归类，使海关统计进一步向国际惯例靠拢，适应了我国对外开放和建立社会主义市场经济体制的需要。

总之，海关的四项基本职能是一个统一的有机联系的整体。监管工作通过监管进出境工具、货物、物品的合法进出，保证国家有关进出口政策、法律、行政法规的贯彻实施，是海关四项基本职能的基础。征税工作所需的数据、资料等是在海关监管的基础上获取的，征税与监管有着十分密切的关系。缉私工作则是监管、征税两项基本职能的延伸，对在监管、征税工作中发现的逃避监管和偷漏税款的行为，必须运用法律手段予以制止和打击。统计工作是在监管、征税工作的基础上完成的，它为国家宏观经济调控提供了准确、及时的信息，同时又对监管、征税等业务环节的工作质量起到检验把关的作用。

## 三、海关的权力

海关权力是指国家为保证海关依法履行职责，通过《海关法》和其他法律、行政法规赋予海关的对进出境运输工具、货物、物品的监督管理权能。

（一）海关权力的特点

海关权力作为一种行政权力，除了具有一般行政权力的单方面性、强制性、无偿性等基本特征外，还具有以下特点：

（1）特定性。海关权力的特定性是指海关对进出关境的活动进行监督管理的权力，其他任何机关和个人都不具备行使这种权力的资格。同时这种权力只适合进出关境监督管理领域，而不能在其他领域行使。

（2）独立性。海关权力的独立性是指海关依法独立行使职权，向海关总署负责，这是《海关法》明确规定的。海关是垂直领导体制，海关行使职权只对法律和上级海关负责，不受地方政府、其他机关、企事业单位和个人的干预。

（3）效力先行性。海关权力的效力先行性是指海关行政行为一经做出，就应推定符合法律规定，对海关本身和海关管理相对人都具有约束力。在没有被国家有关权力机关宣布为违法或无效之前，即使海关管理相对人认为海关行政行为侵犯其合法权益，也必须遵守和服从。

（4）优益性。海关权力的优益性是指国家为保障海关有效地行使权力而赋予海关职务上、物质上的优益条件。

（二）海关权力的内容

根据《海关法》及有关法律、行政法规的规定，海关权力主要有五项20多种权利。

（1）行政许可权。包括对企业报关权以及从事海关监管货物的仓储、转关运输货物的境内运输、保税货物的加工、装配等业务的许可和对报关员的报关从业许可等权力。

（2）税费征收权。包括代表国家依法对进出口货物、物品征收关税和其他税费；根据法律、行政法规及有关规定，依法对特定的进出口货物、物品减征或免征关税；以及对海关放行后的有关进出口货物、物品，发现少征或者漏征税款的，依法补征、追征税款的权力。

（3）行政监督检查权。海关履行其行使行政监督管理职能的基本权力。主要包括：

1）检查权。海关有权检查进出境运输工具；检查有走私嫌疑的运输工具和有藏匿走私货物、物品的场所；检查走私嫌疑人的身体。

海关对进出境运输工具的检查不受海关监管区域的限制；对走私嫌疑人身体的检查，应在海关监管区和海关附近沿海沿边规定地区内进行，并应得到海关关长的批准；对于有走私嫌疑的运输工具和有藏匿走私货物、物品嫌疑的场所，在海关监管区和海关附近沿海沿边规定地区内，海关人员可直接进行检查，超过这个范围，在调查走私案件时，应经海关关长批准，才能进行检查，但不能检查公民住宅。

2）查验权。是指对进出口货物、物品海关有查验权。

3）查阅、复制权。包括查阅进出境人员的证件，查阅复制与进出境运输工具、货物、物品有关的合同、发票、账册、单据、记录、文件、业务函电、录音录像制品和其他有关资料。

4）查问权。海关根据法律、行政法规的规定，对违反海关规定的当事人进行查问，调查其违法行为。

5）查询权。海关在调查走私违法案件时，经海关关长批准，可以查询当事人在金融机构、邮政企业的存款、汇款。

6）稽查权。海关根据《海关法》、《稽查条例》的有关规定，自进出口货物放行之日起3年内或者保税货物、特定减免税货物的海关监管年限内及海关监管年限期满的次日起3年内，对有关企业进行稽查。

（4）海关行政强制权。包括：

1）扣留权。海关对违反《海关法》或者其他有关法律、行政法规的进出境运输工具、货物、物品以及有关的合同、发票、账册、单据、记录、文件、业务函电、录音录像制品和其他有关资料，可以扣留。

在海关监管区和海关附近沿海沿边规定地区，对有走私嫌疑的运输工具、货物、物品和走私嫌疑人，经海关关长批准，可以扣留；对走私犯罪嫌疑人扣留时间不得超过24小时，在特殊情况下可以延长至48小时。

在海关监管区和海关附近沿海沿边规定地区以外，对其中有证据证明有走私嫌疑的运输工具、货物和物品，可以扣留。

海关对查获的走私嫌疑案件，应扣留的走私犯罪嫌疑人，移送海关缉私局调查和处理。

2）滞报金、滞纳金征收权。海关对超过规定时限向海关申报的货物，征收滞报金；对逾期缴纳进出口税费的纳税人，征收滞纳金。

3）提取货样、施加封志权。根据《海关法》规定，海关认为必要时可以提取货样；海关对未办结海关手续、处于海关监管状态的运输工具、货物、物品有权施加封志，任何人不得擅自损毁封志和擅自提取、转移、动用在封的货物、物品和运输工具。

4）提取货物变卖、先行变卖权。进口货物自进境之日起超过3个月未向海关申报的，海关可以提取依法变卖；进口货物收货人或其所有人声明放弃的货物、物品，海关有权提取依法变卖；海关依法扣留的货物、物品不宜长期保存的，经海关关长批准，可以先行变卖。

5）强制扣缴和变卖抵缴税款权。海关对超过规定期限未缴纳税款的纳税人或其担保人，经海关关长批准，可以书面通知其开户银行或者其他金融机构在其存款内扣缴税款；或者将应税货物依法变卖，以变卖所得抵缴税款；或者扣留并依法变卖其价值相当于应纳税款的货物或其他财产，以变卖所得抵缴税款。

6）税收保全措施。税收保全措施是指海关在征税以前依法采取的保证税款依法征收和及时入库的措施。一般海关采取的税收保全措施有：责令纳税义务人向海关提供担保；海关通知纳税人开户银行冻结其相当于税款的存款；或者扣留纳税人相当于应纳税款的其他财产。

海关责令纳税义务人提供纳税担保，而纳税义务人不能提供担保的，经海关关长批准，海关可以采取下列税收保全措施：书面通知纳税义务人的开户银行或其他金融机构暂停支付纳税义务人相当于税款的存款；或者扣留纳税义务人价值相当于应纳税款的货物或其他财产。

（5）海关行政处罚权。海关对尚未构成走私罪的走私行为以及尚未构成走私的违反海关法规的行为，有权按照《海关法》《海关行政处罚实施条例》及有关的海关规章进行处罚。

除上述海关权力以外，海关还有佩戴和使用武器权；进出境运输工具或者个人违抗海关监管逃逸的，海关有连续追缉权；对知识产权实施边境海关保护权；海关缉私局还有对走私案件的调查权、侦查权、对走私罪嫌疑人执行逮捕权和预审权等。

### （三）海关权力的行使原则

海关权力作为国家行政权的一部分，一方面，海关权力运行起到了维护国家利益，维护经济秩序，实现国家权能的积极作用；另一方面，由于客观上，海关权力的广泛性、自由裁量权较大等因素，以及海关执法者主观方面的原因，海关权力在行使时任何的随意性或者滥用都必然导致管理相对人的合法权益受到侵害，从而对行政法治构成威胁。因此，海关权力的行使必须遵循一定的原则。一般来说，海关权力行使应遵循的基本原则如下。

**1. 合法原则**

权力的行使要合法，这是行政法的基本原则——依法行政原则的基本要求。按照行政法理论，行政权力行使的合法性至少包括：

（1）行使行政权力的主体资格合法。即行使权力的主体必须有法律授权。例如，涉税走私犯罪案件的侦查权，只有缉私警察才能行使，海关其他人员则无此项权力。又如，《海关法》规定海关行使某些权力时应"经直属海关关长或者其授权的隶属海关关长批准"，如未经批准，海关人员不能擅自行使这些权力。

（2）行使权力必须有法律规范为依据。《海关法》第二条规定了海关的执法依据是《海关法》、其他有关法律和行政法规。无法律规范授权的执法行为，属于越权行为，应属无效。

（3）行使权力的方法、手段、步骤、时限等应合法。

（4）一切行政违法主体（包括海关及管理相对人）都应承担相应的法律责任。

**2. 适当原则**

行政权力的适当原则是指权力的行使应该以公平性、合理性为基础，以正义性为目标。因国家管理的需要，海关在验、放、征、减、免、罚的管理活动中拥有很大的自由裁量权，即法律仅规定一定原则和幅度，海关关员可以根据具体情况和自己的意志，自行判断和选择，采取最合适的行为方式及其内容来行使职权。因此，适当原则是海关行使行政权力的重要原则之一。为了防止自由裁量权的滥用，目前我国对海关自由裁量权进行监督的法律途径主要有行政监督（行政复议）和司法监督（行政诉讼）程序。

### 3. 依法独立行使原则

海关实行高度集中统一的管理体制和垂直领导方式，地方海关只对海关总署负责。海关无论级别高低，都是代表国家行使管理权的国家机关，海关依法独立行使权力，各地方、各部门应当支持海关依法行使职权，不得非法干预海关的执法活动。

### 4. 依法受到保障原则

海关权力是国家权力的一种，应受到保障，才能实现国家权能的作用。《海关法》规定：海关依法执行职务，有关单位和个人应当如实回答询问，并予以配合，任何单位和个人不得阻挠；海关执行职务受到暴力抗拒时，执行有关任务的公安机关和人民武装警察部队应当予以协助。

## 四、我国海关的管理体制和机构

海关机构是国务院根据国家改革开放的形势以及经济发展战略的需要，依照海关法律而设立的。改革开放以来，随着我国对外经济贸易和科技文化交流与合作的发展，海关机构不断扩大，机构的设立从沿海沿边口岸扩大到内陆和沿江、沿边海关业务集中的地点，并形成了集中统一管理的垂直领导体制。这种领导体制为海关从全局出发，坚决贯彻执行党的路线、方针、政策和国家的法律、法规以及贯彻海关"依法行政，为国把关，服务经济，促进发展"的工作方针提供了保证。

### （一）海关的管理体制

海关作为国家的进出境监督管理机关，为了履行其进出境监督管理职能，提高管理效率，维持正常的管理秩序，必须建立完善的管理体制。新中国成立以来，海关的管理体制几经变更。在1980年以前的30年间，除了在新中国成立初期，海关总署作为国务院的一个职能部门和组成部分，在海关系统实行集中统一的垂直领导体制外，其余大部分时间海关总署都是划归对外贸易部领导，各地方海关受对外贸易部和所在省、自治区、直辖市人民政府的双重领导。1980年2月，国务院根据改革开放形势的需要做出了《国务院关于改革海关管理体制的决定》。该决定指出："全国海关建制归中央统一管理，成立中华人民共和国海关总署作为国务院直属机构，统一管理全国海关机构和人员编制、财务及其业务。"从此，海关恢复了集中统一的垂直领导体制。

1987年1月，第六届全国人民代表大会常务委员会第十九次会议审议通过的《海关法》规定，"国务院设立海关总署，统一管理全国海关"，"海关依法独立行使职权，向海关总署负责"，确定了海关总署作为国务院直属机构的地位，进一步明确了海关机构的隶属关系，将海关集中统一的垂直领导体制以法律的形式予以确立。海关集中统一的垂直领导体制既适应了国家改革开放、社会主义现代化建设的需要，也适应了海关自身建设与发展的需要，有力地保证了海关各项监督管理职能的实施。

《海关法》以法律形式明确了海关的设关原则："国家在对外开放的口岸和海关监

管业务集中的地点设立海关。海关的隶属关系，不受行政区划的限制。""对外开放的口岸"是指由国务院批准，允许运输工具及所载人员、货物、物品直接出入国（关）境的港口、机场、车站，以及允许运输工具、人员、货物、物品出入国（关）境的边境通道。国家规定，在对外开放的口岸必须设置海关、出入境检验检疫机构。"海关监管业务集中的地点"是指虽非国务院批准对外开放的口岸，但是海关某类或者某几类监管业务比较集中的地方，如转关运输监管、保税加工监管等。这一设关原则为海关管理从口岸向内地，进而向全关境的转化奠定了基础，同时也为海关业务制度的发展预留了空间。"海关的隶属关系，不受行政区划的限制"，表明了海关管理体制与一般性的行政管理体制的区域划分无必然联系，如果海关监督管理需要，国家可以在现有的行政区划之外考虑和安排海关的上下级关系和海关的相互关系。

（二）海关的组织机构

海关机构的设置为海关总署、直属海关和隶属海关三级。隶属海关由直属海关领导，向直属海关负责；直属海关由海关总署领导，向海关总署负责。

**1. 海关总署**

海关总署是国务院的直属机构，在国务院领导下统一管理全国海关机构、人员编制、经费物资和各项海关业务，是海关系统的最高领导部门。海关总署下设广东分署，在上海和天津设立特派员办事处，作为其派出机构。海关总署的基本任务是在国务院领导下，领导和组织全国海关正确贯彻实施《海关法》和国家的有关政策、行政法规，积极发挥依法行政、为国把关的职能，服务、促进和保护社会主义现代化建设。

**2. 直属海关**

直属海关是指直接由海关总署领导，负责管理一定区域范围内海关业务的海关。目前直属海关共有41个，除香港、澳门、台湾地区外，分布在全国31个省、自治区、直辖市。直属海关就本关区内的海关事务独立行使职权，向海关总署负责。直属海关承担着在关区内组织开展海关各项业务和关区集中审单作业，全面有效地贯彻执行海关各项政策、法律、法规、管理制度和作业规范的重要职责，在海关三级业务职能管理中发挥着承上启下的作用。

**3. 隶属海关**

隶属海关是指由直属海关领导，负责办理具体海关业务的海关，是海关进出境监督管理职能的基本执行单位，一般都设在口岸和海关业务集中的地点。

**4. 海关缉私警察机构**

为了更好地适应反走私斗争新形势的要求，充分发挥海关打击走私的整体效能，根据党中央、国务院的决定，由海关总署、公安部联合组建缉私局，设在海关总署。缉私局既是海关总署的一个内设局，又是公安部的一个序列局，实行海关总署和公安部双重领导，以海关领导为主的体制。海关总署缉私局下辖广东分署缉私局、各直属海关缉私局，直属海关缉私局下辖隶属海关缉私分局。

## 第二节 海关监管货物的通关作业

### 一、概述

(一)海关监管货物

**1. 含义**

海关监管货物是指自进境起到办结海关手续止的进口货物,自向海关申报起到出境止的出口货物,以及自进境起到出境止的过境、转运和通运货物等应当接受海关监管的货物,包括一般进出口货物、保税货物、特定减免税货物、暂准进出境货物,以及过境、转运、通运货物和其他尚未办结海关手续的货物。这是海关对进出境货物实施监督管理在法律意义上的时间、范围的限制规定。

**2. 分类**

按货物进出境的不同目的划分,海关监管货物可以分成六大类:

(1)一般进出口货物,包括一般进口货物和一般出口货物。一般进口货物是指办结海关手续进入国内生产、消费领域流通的进口货物;一般出口货物是指办结海关手续离境到境外生产、消费领域流通的出口货物。

(2)保税货物,是指经海关批准未办理纳税手续进境,在境内储存、加工、装配后复运出境的货物。保税货物又分为保税加工货物和保税物流货物两类。

(3)特定减免税货物,是指经海关依法准予免税进口的用于特定地区、特定企业、有特定用途的货物。

(4)暂准进出境货物,包括暂准进境货物和暂准出境货物。暂准进境货物是指经海关批准凭担保进境,在境内使用后原状复运出境的货物;暂准出境货物是指海关批准凭担保出境,在境外使用后原状复运进境的货物。

(5)过境、转运、通运货物,是指由境外起运,通过中国境内继续运往境外的货物。

(6)其他进出境货物,是指上述货物以外尚未办结海关手续的其他进出境货物。

海关按照各种监管货物的不同要求,分别建立了相应的海关监管制度。

(二)报关与通关

一般而言,报关是指进出口货物收发货人、进出境运输工具负责人、进出境物品的所有人或者他们的代理人向海关办理货物、物品或运输工具进出境手续及相关海关事务的过程。

报关是与运输工具、货物、物品的进出境密切相关的一个概念。在国际物流、国际交流和交往活动中,往往存在着运输工具、货物、物品和人员进出境的情况。国际贸易合约的履行是通过国际物流活动来完成的。《海关法》规定："进出境运输工具、货物、物品，必须通过设立海关的地点进境或者出境。"因此，由设立海关的地点进出境并办理规定的海关手续是运输工具、货物、物品进出境的基本规则，也是进出境运输工具负责人、进出口货物收发货人、进出境物品的所有人应履行的一项基本义务。《海关法》对海关行政管理相对人办理运输工具、货物、物品进出境等海关事务表述为"办理报关纳税手续"，"办理报关手续"，"从事报关业务"，"进行报关活动"或者直接称为"报关"。

需要说明的是在进出境活动中，我们还经常使用"通关"这一概念。通关与报关既有联系又有区别。两者都是针对运输工具、货物、物品的进出境而言的，但报关是从海关行政管理相对人的角度，仅指向海关办理进出境手续及相关手续，而通关不仅包括海关行政管理相对人向海关办理有关手续，还包括海关对进出境运输工具、货物、物品依法进行监督管理，核准其进出境的管理过程。

本教材侧重于从海关行政管理相对人的角度介绍海关监管货物的通关作业。

（三）报关基本程序

**1. 含义**

报关程序是指进出口货物收发货人、进出境运输工具负责人、进出境物品的所有人或其代理人按照海关的规定，办理货物、运输工具、物品进出境及相关海关事务的手续和步骤。本章所指的报关程序主要限于进出境货物的报关程序。

货物进出境应当经过审单、查验、征税、放行4个海关作业环节。与之相适应，进出口货物收发货人或其代理人应当按程序办理相对应的进出口申报、配合查验、缴纳税费、提取或装运货物等手续，货物才能进出境。但是，这些程序还不能满足海关对所有进出境货物的实际监管要求。比如加工贸易原材料进口，海关要求事先备案，因此不能在"申报"和"审单"这一环节完成上述工作，必须有一个前期办理手续的阶段；如果上述进口原材料加工成成品出口，在"放行"和"装运货物"离境的环节也不能完成所有的海关手续，必须有一个后期办理核销结案的阶段。因此，从海关对进出境货物进行监管的全过程来看，报关程序按时间先后可以分为3个阶段：前期阶段、进出口阶段和后续阶段，如表8-1所示。

表8-1 四大类别海关监管货物的不同报关阶段

| 海关监管货物类别 | 前期阶段 | 进出口阶段 | 后续阶段 |
| --- | --- | --- | --- |
| 一般进出口货物 | 无须办理 | 申报（海关审查）<br>↓<br>配合查验（查验）<br>↓<br>缴纳税费（征税）<br>↓<br>提取货物（放行） | 无须办理 |
| 保税货物 | 备案、申请登记电子账册或电子化手册 | | 办理核销手续 |
| 特定减免税货物 | 申请并申领减免税证明 | | 办理解除海关监管手续 |
| 暂准进出境货物 | 暂准进出境货物备案申请 | | 办理销案手续 |

**2. 基本程序**

（1）前期阶段，是指进出口货物收发货人或其代理人根据海关对进出境货物的监管要求，在货物进出口之前，向海关办理备案手续的过程。比如，保税加工货物进口之前，进口货物收货人或其代理人办理加工贸易备案手续，申请建立加工贸易电子化手册或电子账册等。

（2）进出口阶段，是指进出口货物收发货人或其代理人根据海关对进出境货物的监管要求，在货物进出境时，向海关办理进出口申报、配合查验、缴纳税费、提取或装运货物手续的过程。

（3）后续阶段，是指进出口货物收发货人或其代理人根据海关对进出境货物的监管要求，在货物进出境储存、加工、装配、使用、维修后，在规定的期限内，按照规定的要求，向海关办理上述进出口货物核销、销案、申请解除海关监管等手续的过程。比如，保税加工货物，进口货物收货人或其代理人在规定期限内办理申请核销的手续等。

## 二、一般进出口货物的通关

### （一）一般进出口货物概述

**1. 含义**

一般进出口货物是一般进口货物和一般出口货物的合称，是指在进境环节缴纳了应征的进口税费并办结了所有必要的海关进口手续，海关放行后不再进行监管，直接进入生产和消费领域流通的进口货物和在出口环节缴纳了应征的出口税费并办结了所有必要的海关出口手续，海关放行后离境的出口货物。

需要注意的是，一般进出口货物并不完全等同于一般贸易货物。一般贸易是国际贸易中的一种贸易方式。在我国的对外贸易中，一般贸易是指中国境内有进出口经营权的企业单边进口或单边出口的贸易。按一般贸易交易方式进出口的货物即为一般贸易货物。一般进出口货物，是指按照海关一般进出口监管制度监管的进出口货物。一般贸易货物在进口时可以按一般进出口监管制度办理海关手续，这时它就是一般进出口货物；符合条件的，可以享受特定减免税优惠，按特定减免税监管制度办理海关手续，这时它就是特定减免税货物；经海关批准保税的，也可以按照保税监管制度办理海关手续，这时它就是保税货物。

**2. 特征**

一般进出口货物有以下特征：

（1）进出境时缴纳进出口税费。一般进出口货物的收发货人应当按照《海关法》和其他有关法律、行政法规的规定，在货物进出境时向海关缴纳应当缴纳的税费。

（2）进出口时提交相关的许可证件。货物进出口时受国家法律、行政法规管制并需要申领进出口许可证件的，进出口货物收发货人或其代理人应当向海关提交相关的进出口许可证件。

（3）进口货物海关放行即办结海关手续，出口货物海关放行后离境即办结海关手续。海关征收了全额的税费，审核了相关的进出口许可证件，并对货物进行实际查验（或做出不予查验的决定）以后，按规定签章放行。这时，进出口货物收发货人或其代理人才能办理提取进口货物进入国内市场或者装运出口货物离境的手续。

对一般进口货物来说，海关放行就意味着海关手续已经全部办结，海关不再监管，可以直接进入生产和消费流通领域。对一般出口货物来说，海关放行后离境才意味着海关手续全部办结。

### 3. 范围

海关监管货物按照货物进、出境后是否复运出、进境，可以分为两大类：一类是进境、出境后不再复运出境、进境的货物，我们称为实际进出口的货物；另一类是进境、出境后还将复运出境、进境的货物，我们称之为非实际进出口的货物。

实际进出口的货物，除特定减免税货物外，都属于一般进出口货物的范围，具体包括一般贸易进口货物、一般贸易出口货物；转为实际进口的保税货物、暂准进境货物；转为实际出口的暂准出境货物；易货贸易、补偿贸易进出口货物；不准予保税的寄售代销贸易货物；承包工程项目实际进出口货物；外国驻华商业机构进出口陈列用的样品；外国旅游者小批量订货出口的商品；随展览品进出境的小卖品；实际进出口货样广告品；免费提供的进口货物（外商在经济贸易活动中赠送的进口货物、免费提供的试车材料等；我国在境外的企业、机构向国内单位赠送的进口货物）。

### （二）一般进出口货物的报关程序

一般进出口货物报关程序没有前期阶段和后续阶段，只有进出口阶段，由4个环节构成，即进出口申报、配合查验、缴纳税费、提取或装运货物。

所有的进出境货物报关程序都有进出口阶段，因此一般进出口货物的报关程序除缴纳税费环节外也适用于其他所有进出境货物的报关。

### 1. 进出口申报

（1）申报的含义。进出口申报是指进出口货物的收发货人或其代理人，依照《海关法》及有关法律、行政法规和规章的要求，在规定的期限、地点，采用电子数据报关单和纸质报关单的形式，向海关报告实际进出口货物的情况，并接受海关审核的行为。

（2）申报单位。申报单位包括进出口货物收发货人或其代理人，申报单位必须要在海关注册登记，并对其向海关申报的内容负法律责任。

（3）申报地点。一般情况下，进口货物应当由收货人或其代理人在货物的进境地海关申报，出口货物应当由发货人或其代理人在货物的出境地海关申报。

转关运输的情况下，经收发货人申请，海关同意，进口货物的收货人或其代理人可以在设有海关的货物指运地申报，出口货物的发货人或其代理人可以在设有海关的货物起运地申报。

以保税货物、特定减免税货物和暂准进出境货物申报进境的货物，因故改变使用目的从而改变货物性质转为一般进口时，进口货物的收货人或其代理人应当在货物所在地主管海关申报。

> **案例鉴赏 8-2**
>
> 2013 年 8 月，营口某单位从日本经大连口岸进口一批汽车零部件，经申请海关同意该批货物转关运输至营口，请问该批货物应该在哪儿申报？
>
> 鉴赏分析：该案例属于转关运输的情况，进口货物的收货人或其代理人可以在设有海关的货物指运地——营口海关申报。

（4）申报期限。进口货物的申报期限为自装载货物的运输工具申报进境之日起 14 日内（从运输工具申报进境之日的第二天开始算，下同）。申报期限的最后一天是法定节假日或休息日的，顺延至法定节假日或休息日后的第一个工作日。进口货物自装载货物的运输工具申报进境之日起超过 3 个月仍未向海关申报的，货物由海关提取并依法变卖。对属于不易长期保存的货物，海关可以根据实际情况提前处理。

出口货物的申报期限为货物运抵海关监管区后、装货的 24 小时以前。

经电缆、管道或其他特殊方式进出境的货物，进出口货物收发货人或其代理人按照海关规定定期申报。

（5）申报日期。申报日期指海关接受进出口货物收发货人或其代理人申报数据的日期。不论是以电子数据报关单方式申报，还是以纸质报关单方式申报，海关接受申报数据的日期即为申报日期。

以电子数据报关单方式申报的，申报日期为海关计算机系统接受申报数据时记录的日期。电子数据报关单经过海关计算机检查被退回的，视为海关不接受申报，进出口货物收发货人或其代理人应当按照要求修改后重新申报，申报日期为海关接受重新申报的日期。海关已接受申报的报关单电子数据，送人工审核后，需要对部分内容进行修改的，进出口货物收发货人或其代理人应当按照海关规定进行修改并重新发送，申报日期仍为海关原接受申报的日期。

以纸质报关单方式申报的，申报日期为海关接受纸质报关单并对报关单进行登记处理的日期。

（6）滞报金。进口货物收发货人未按规定期限向海关申报产生滞报的，由海关按规定征收滞报金。滞报金的征收，以自运输工具申报进境之日起第 15 日为起始日，以海关接受申报之日为截止日。滞报金按日计征，起始日和截止日均计入滞报期间。

进口货物收货人在向海关传送报关单电子数据申报后，未在规定期限或核准的期限内提交纸质报关单，海关予以撤销电子数据报关单处理，进口货物收货人因此重新向海关申报产生滞报的，滞报金的征收，以自运输工具申报进境之日起第 15 日为起始日，以海关重新接受申报之日为截止日。

进口货物收货人申请并经海关依法审核，必须撤销原电子数据报关单重新申报产生滞报的，滞报金的征收以撤销原电子数据报关单之日起第 15 日为起始日，以海关重新接受申报之日为截止日。

进口货物因收货人在运输工具申报进境之日起超过 3 个月未向海关申报，被海关提取作变卖处理后，收货人申请发还余款的，滞报金的征收，以自运输工具申报进境之日起第 15 日为起始日，以该 3 个月期限的最后一天为截止日。

滞报金的日征收金额为进口货物完税价格的 0.5‰，计征单位为人民币"元"，不足 1 元的部分免于计征，起征点为人民币 50 元。征收滞报金的计算公式为：

$$滞报金 = 进口货物完税价格 \times 0.5‰ \times 滞报天数$$

滞报金的计征起始日如遇法定节假日，则顺延至其后的第一个工作日。因不可抗力等特殊情况产生滞报的，可以向海关申请减免滞报金。

（7）申报步骤。

1）准备申报单证。准备申报单证是报关员开始进行申报工作的第一步，是整个报关工作能否顺利进行的关键一步。申报单证可以分为报关单和随附单证两大类，其中随附单证包括基本单证和特殊单证。

报关单是由报关员按照海关规定格式填制的申报单，是指进出口货物报关单或者带有报关单性质的单证，比如特殊监管区域进出境备案清单、ATA 单证册、过境货物报关单、快件报关单等。一般来说，任何货物的申报，都必须有报关单。

基本单证是指进出口货物的货运单据和商业单据，主要有进口提货单据、出口装货单据、商业发票、装箱单等。一般来说，任何货物的申报，都必须有基本单证。

特殊单证主要有进出口许可证件、加工贸易电子化手册和电子账册、特定减免税证明、外汇收付汇核销单据、原产地证明书、贸易合同等。某些货物的申报，必须有特殊单证，比如租赁贸易货物进口申报，必须有租赁合同，而别的货物进口申报则不一定需要贸易合同，所以贸易合同对于租赁贸易货物申报来说是一种特殊单证。

准备申报单证的原则：基本单证、特殊单证必须齐全、有效、合法；报关单填制必须真实、准确、完整；报关单与随附单证数据必须一致。

2）申报前看货取样。进口货物收货人，向海关申报前，为了确定货物品名、规格、型号等，可以向海关提出查看货物或者提取货样的书面申请。海关审核同意后，派员到场监管。

涉及动植物及其产品和其他须依法提供检疫证明的货物，如需提取货样，应当按照国家的有关法律规定，事先取得主管部门签发的书面批准证明。提取货样后，到场监管的海关工作人员与进口货物的收货人在海关开具的取样记录和取样清单上签字确认。

3）申报。进出口货物收发货人或其代理人可以选择终端申报方式、委托 EDI 方式、自行 EDI 方式、网上申报方式四种电子申报方式中适用的一种，将报关内容录入海关电子计算机系统，生成电子数据报关单。进出口货物收发货人或其代理人在委托录入或自行录入报关单数据的计算机系统上，一旦接收到海关发送的"接受申报"报文和"现场交单"或"放行交单"通知，即表示电子申报成功。如果接受到海关发送的"不接受申报"报文后，应当根据报文提示修改报关单内容后重新申报。

进出口货物收发货人或其代理人应当自接到海关"现场交单"或"放行交单"通知之日起 10 日内，持打印的纸质报关单，备齐规定的随附单证并签名盖章，到货物所在地海关提交书面单证并办理相关海关手续。

海关接受进出口货物的申报后，报关单不得修改或者撤销。确有正当理由的收发货人或其代理人向海关提交书面申请，经海关审核批准后，可以进行修改或撤销。

**2. 配合查验**

海关查验是指海关为确定进出口货物收发货人向海关申报的内容是否与进出口货物的真实情况相符，或者为确定商品的归类、价格、原产地等，依法对进出口货物进行实际核查的执法行为。

海关通过查验，检查报关单位是否伪报、瞒报、申报不实，同时也为海关的征税、统计、后续管理提供可靠的资料。

（1）查验地点。通常情况下，查验应该在海关监管区内。特殊情况下，比如因货物易受温度、静电等自然因素影响，不易在海关监管区内实施查验，或有其他特殊原因的，经当事人申请、海关同意，也可以在海关监管区外进行查验，海关派员到海关监管区外实施查验。

（2）查验时间。当海关决定查验时，即将查验的决定以书面形式通知进出口货物收发货人或其代理人，约定查验的时间。查验时间一般约定在海关正常的工作时间内。但对一些进出口业务繁忙的口岸，海关也可接受进出口货物收发货人或其代理人的请求，在海关正常工作时间以外实施查验。

对于危险品或鲜活、易腐、易烂、易失效、易变质等不宜长期保持的货物，以及因其他原因需要紧急验放的货物，经进出口货物收发货人或其代理人申请，海关可以优先实施查验。

（3）查验方法。海关实施查验可以是彻底查验，也可以是抽查。彻底查验，即对一票货物逐件开箱（包）查验，对货物品种、规格、数量、重量、原产地、货物状况等逐一与申报单详细核对。抽查，即按一定比例有选择地对一票货物中的部分货物验核实际状况。

查验操作可以分为人工查验和设备查验。

人工查验包括外形查验、开箱查验。外形查验是指对外部特征直观、易于判断基本属性的货物的包装、运输标志和外观等状况进行验核;开箱查验是指将货物从集装箱、货柜车箱等箱体中取出并拆除外包装后对货物实际状况进行验核。

设备查验是指利用技术检查设备为主对货物实际状况进行验核。

海关可以根据货物情况以及实际执法需要,确定具体的查验方式。

(4)复验和径行开验。有下列情形之一的,海关可以对已查验的货物进行复验:①经初次查验未能查明货物的真实属性,需要对已查验货物的某些性状做进一步确认的;②货物涉嫌走私违规,需要重新查验的;③进出口货物收发货人对海关查验结论有异议,提出复验要求并经海关同意的;④其他海关认为必要的情形。

已经参加过查验的查验人员不得参加对同一票货物的复验。

径行开验是指海关在进出口货物收发货人或其代理人不在场的情况下,自行开拆货物进行查验。海关行使"径行开验"的权利时,应当通知货物存放场所的管理人员、运输工具负责人到场协助,并由其在海关的查验记录上签字确认。有下列情形之一的,海关可以径行开验:①进出口货物有违法嫌疑的;②经海关通知查验,进出口货物收发货人或其代理人届时未到场的。

海关径行开验时,存放货物的海关监管场所经营人、运输工具负责人应当到场协助,并在查验记录上签名确认。

(5)配合查验。海关查验货物时,进出口货物收发货人或其代理人应当到场,配合海关查验。配合查验应当做好如下工作:①按照海关的要求负责搬移货物、开拆和重封货物的包装等;②了解和熟悉所申报货物的情况,回答查验海关关员的询问,提供海关查验货物时所需要的单证或其他资料;③协助海关提取需要作进一步检验、化验或鉴定的货样,收取海关出具的《取样清单》;④查验结束后,认真阅读关员填写的《海关进出境货物查验记录单》,注意以下情况的记录是否符合实际:开箱的具体情况;货物残损情况及造成残损的原因;提取货样的情况;查验结论。

查验记录准确清楚的,应即签名确认。配合查验人员如不签名,查验人员应当在查验记录中予以注明,并由货物所在监管场所的经营人员签名证明。

(6)货物损坏赔偿。在查验过程中,或者证实海关在径行开验过程中,因为海关查验人员的责任造成被查验货物损坏的,进出口货物的收发货人或其代理人可以要求海关赔偿。海关赔偿的范围仅限于在实施查验过程中,由于查验人员的责任造成被查验货物损坏的直接经济损失。直接经济损失的金额根据被损坏货物及其部件的受损程度确定,或者根据修理费确定。

### 3.缴纳税费

进出口货物的收发货人或其代理人将报关单和随附单证提交给货物进出境地指定海关,经海关审核报关单,并对需要查验的货物查验无误后,海关根据申报的货物计算税费,并开具税款缴款书和收费票据。进出口货物收发货人或其代理人在规定的时间内,持缴款书或收费票据向指定银行办理税费交付手续,或在网上进行电子支付。

一旦收到银行缴款成功的信息，即可报请海关办理货物放行手续。

**4. 提取或装运货物**

（1）海关进出境现场放行和货物结关。海关进出境现场放行是指海关接受进出口货物的申报、审核电子数据报关单和纸质报关单及随附单证、查验货物、征收税费或接受担保以后，对进出口货物做出结束海关进出境现场监管决定，允许进出口货物离开海关监管现场的工作环节。

货物结关是进出口货物办结海关手续的简称。进出口货物收发货人或其代理人向海关办理完所有的海关手续，履行了法律规定的与进出口有关的一切义务，就办结了海关手续，进口货物可以提取，出口货物可以离境，海关不再监管。

海关进出境现场放行有两种情况：一种情况是放行时已经结关，对于一般进出口货物，放行时进出口货物收发货人或其代理人已经办结了所有海关手续，因此海关进出境现场放行等于结关；另一种情况是放行时尚未结关，对于保税货物、特定减免税货物、暂准进出境货物、部分其他进出境货物，放行时进出口货物收发货人或其代理人并未办完所有的海关手续，海关在一定期限内还需进行监管，所以该类货物的进出境现场放行不等于结关。

（2）提取或装运货物。进口货物收货人或其代理人签收海关加盖海关放行章戳记的进口提货凭证，凭以到货物进境地的港区、机场、车站、邮局等地的海关监管仓库办理提取货物的手续。

出口货物发货人或其代理人签收海关加盖海关放行章戳记的出口装货凭证，凭以到货物出境地的港区、机场、车站、邮局等地的海关监管仓库，办理将货物装上运输工具离境的手续。

（3）申请签发报关单证明联。进出口货物收发货人或其代理人，办理完提取进口货物或装运出口货物的手续以后，如需要海关签发有关货物的进口、出口报关单证明联的，均可向海关提出申请。

## 三、保税加工货物的通关

### （一）保税加工货物概述

**1. 保税加工货物的含义及范围**

保税加工货物通常被称为加工贸易保税货物，是指经海关批准未办理纳税手续进境，在境内加工、装配后复运出境的货物。加工贸易保税货物不完全等同于加工贸易货物，加工贸易货物只有经过海关批准才能保税进口。经海关批准准予保税进口的加工贸易货物才是保税加工货物。保税加工货物具体包括：

（1）专为加工、装配出口产品而从国外进口且海关准予保税的原材料、零部件、元器件、包装物料、辅助材料（简称料件）；

（2）用进口保税料件生产的成品、半成品；

（3）在保税加工生产过程中产生的副产品、残次品、边角料和剩余料件。

#### 2. 保税加工货物的特征

保税加工货物有以下特征：

（1）料件进口时暂缓缴纳进口关税及进口环节海关代征税，成品出口时除另有规定外无须缴纳关税。

（2）料件进口时除国家另有规定外免予交验进口许可证件，成品出口时凡属许可证件管理的，必须交验出口许可证件。

（3）进出境海关现场放行并未结关。

#### 3. 海关对保税加工货物的管理

海关对保税加工货物的管理，主要可以归纳为商务审批、备案保税、纳税暂缓、监管延伸和核销结关五个方面。

（1）商务审批。加工贸易业务须经过商务主管部门审批才能进入海关备案程序。大体上有两种情况：

1）加工贸易合同审批。加工贸易经营企业在向海关办理加工贸易合同备案建立电子化手册之前，先要到商务主管部门办理合同审批手续。经审批后，凭商务主管部门出具的"加工贸易业务批准证书"和"加工贸易企业经营状况和生产能力证明"两个单证及商务主管部门审批同意的加工贸易合同到海关备案。

2）加工贸易经营范围审批。加工贸易经营企业在向海关申请建立电子账册之前，先要到商务主管部门办理审批加工贸易经营范围的手续。经审批后，凭商务主管部门出具的"经营范围批准证书"和"加工贸易企业经营状况和生产能力证明"到海关申请建立电子账册。

（2）备案保税。加工贸易料件经海关批准才能保税进口。海关批准保税是通过受理备案来实现的。凡是准予备案的加工贸易料件进口时可以暂不办理纳税手续，即保税进口。电子化手册和电子账册管理下的保税加工货物报关都有备案程序，海关通过受理备案实现批准保税。

（3）纳税暂缓。国家规定专为加工出口产品而进口的料件，按实际加工复出口成品所耗用料件的数量准予免缴进口关税和进口环节增值税、消费税。这里所指的免税，是指用在出口成品上的料件可以免税。但是在料件进口的时候无法确定用于出口成品上的料件的实际数量，海关只有先准予保税，在产品实际出口并最终确定使用在出口成品上的料件数量后，再确定征免税的范围，即用于出口的部分不予征税，不出口的部分征税，然后再由企业办理纳税手续。

（4）监管延伸。海关对保税加工货物的监管，在地点和时间上都进行了延伸。

从地点上说，保税加工的料件运离进境地口岸海关监管场所后进行加工、装配的地方，都是海关监管的场所。

从时间上说，保税加工的料件在进境地被提取并不意味着海关保税监管的结束，海关一直要监管到加工、装配后复运出境或者办结正式进口手续最终核销结案为止。

（5）核销结关。保税加工货物的核销是非常复杂的工作，向海关的报核，不仅要确认进境的料件和出口的成品、半成品在数量上是否平衡，而且还要确认复运出境的成品、半成品是否由进口料件生产。保税加工货物经过海关核销后才能结关。

（二）电子化手册管理下的保税加工货物报关程序

电子化手册管理模式的主要特征是以合同为单元进行监管，主要面向中小型加工贸易企业，其报关基本程序是合同备案、进出口报关和合同报核。

**1. 合同备案**

（1）合同备案的含义。加工贸易合同备案是指加工贸易企业持经批准的加工贸易合同到主管海关备案，申请保税并建立加工贸易电子化手册或领取其他准予备案的凭证的行为。

海关受理合同备案是指海关根据国家规定在接受加工贸易合同备案后，批准合同约定的进口料件保税，并把合同内容转化为手册内容建立电子化手册或核发准予备案的凭证。对不予备案的合同，海关应当书面告知经营企业。

（2）合同备案的企业。国家规定开展加工贸易业务应当由经营企业到加工企业的所在地主管海关办理加工贸易合同备案手续。

经营企业，是指负责对外签订加工贸易合同的各类进出口企业和外商投资企业，以及经批准获得来料加工经营许可的对外加工装配服务公司。加工企业，是指接受经营企业委托，负责对进口料件进行加工或者装配，且具有法人资格的生产企业，以及由经营企业设立的虽不具有法人资格，但实行相对独立核算并已经办理工商营业执照的工厂。经营企业和加工企业有可能是同一个企业，也可能不是同一个企业。

（3）合同备案的步骤。加工贸易企业到主管海关进行合同备案的程序为：

首先，将合同相关内容预录入与主管海关联网的计算机。

然后，由海关审核确定是否准予备案。准予备案的，由海关确定是否要开设加工贸易银行保证金台账。需要办理开设台账手续的，应向银行办理台账保证金专用账户设立手续。已设立台账保证金专用账户的企业，凭"海关注册登记证明"向银行进行一次性备案登记；不需要开设台账的，直接由海关建立电子化手册或核发其他备案凭证。

（4）异地加工贸易合同备案。异地加工贸易是指一个直属海关的关区内加工贸易经营企业，将进口料件委托给另一个直属海关关区内的加工生产企业加工，并组织出口的加工贸易。

开展异地加工贸易应在加工企业所在地设立台账，由加工贸易经营企业向加工企业所在地主管海关办理合同备案手续。海关对开展异地加工贸易的经营企业和加工企业实行分类管理，如果两者的管理类别不相同，按其中较低类别管理。

**2. 进出口报关**

电子化手册管理下的保税加工货物报关，适用进出口报关阶段程序，有进出境货物报关、深加工结转货物报关和其他保税加工货物报关等三种情形。

（1）进出境货物报关。保税加工货物进出境由加工贸易经营单位或其代理人持电子化手册编号或其他准予合同备案的凭证向海关申报。

保税加工货物进出境的报关程序与一般进出口货物一样，也有4个环节，其中申报、配合查验、提取或装运货物3个环节与一般进出口货物基本一致。有区别的是，保税加工货物进境报关程序第3个环节不是缴纳税费，而是暂缓纳税，即保税。

（2）深加工结转货物报关。加工贸易深加工结转是指加工贸易企业将保税进口料件加工的产品转至另一个加工贸易企业进一步加工后复运出口的经营活动。其进出阶段报关程序分为计划备案、收发货登记、结转报关等3个环节。

1）计划备案。加工贸易企业开展深加工结转，转入、转出企业应当向各自主管海关提交保税加工货物深加工结转申请表，申请结转计划。

2）收发货登记。转出、转入企业办理结转计划申请手续后，应当按照经双方海关核准后的申请表进行实际收发货，并就实际结转情况在登记表上进行如实登记，并加盖企业结转专用名章。

3）结转报关。转入企业在实际收货后，凭申请表、登记表等单证向转入地海关办理结转进口报关手续，并在结转进口报关后的第二个工作日内将报关情况通知转出企业；转出企业自接到转入企业通知之日起10日内，凭申请表、登记表等单证向转出地海关办理结转出口报关手续。

（3）其他保税加工货物报关。其他保税加工货物是指履行加工贸易合同过程中产生的剩余料件、边角料、残次品、副产品和受灾保税货物。对这些保税加工货物，企业必须在手册有效期内处理完毕。处理的方式有内销、结转、退运、放弃、销毁等，除销毁处理外，其他处理方式都必须填制报关单报关。有关报关单是企业报核的必要单证。

**3. 合同报核**

（1）报核和核销的含义。加工贸易合同的报核，是指加工贸易企业在加工贸易合同履行完毕或终止合同并按规定对未出口部分货物进行处理后，按照规定的期限和规定的程序，向加工贸易主管海关申请核销要求结案的行为。

加工贸易合同核销，是指加工贸易经营企业加工复出口并对未出口的货物办妥有关海关手续后，凭规定单证向海关申请解除监管，海关经审查、核查属实且符合有关法律、行政法规的规定，予以办理解除监管手续的海关行政许可事项。

（2）海关受理报核和核销。加工贸易经营企业应当在规定的期限内将进口料件加工复出口，并自加工贸易电子化手册项下最后一批成品出口之日起或手册到期之日起

30日内向海关报核。若经营企业对外签订的合同因故提前终止的，应当自合同终止之日起30日内向海关报核。

海关对企业的报核依法进行审核，对不符合规定的，书面告知企业不予受理的理由，并要求企业重新报核；符合规定的予以受理。海关自受理企业报核之日起20个工作日内核销完毕，特殊情况下，可以由直属海关关长或授权的隶属海关关长批准，延长10个工作日。经核销准予结案的，海关向经营单位签发"核销结案通知书"。

（三）电子账册管理下的保税加工货物报关程序

**1. 电子账册管理简介**

（1）含义。电子账册管理是加工贸易联网监管中海关以加工贸易企业的整体加工贸易业务为单元对保税加工货物实施监管的一种模式。海关为联网企业建立电子底账，联网企业只设立一个电子底账。

（2）电子账册的建立。电子账册的建立要经过加工贸易经营企业的联网监管的申请和审批、加工贸易业务的申请和审批、建立商品归并关系和电子账册等3个步骤。

首先，加工贸易经营企业在向海关申请联网监管前，应当先向企业所在地商务主管部门办理前置审批手续，由商务主管部门对申请联网监管企业的加工贸易经营范围依法进行审批。经商务主管部门审批同意后，加工贸易企业向所在地直属海关提出书面申请，并提供相关文件。主管海关接到联网监管申请后，进行审核和确认，经审核符合联网监管要求的，主管海关制发"海关实施加工贸易联网监管通知书"。

其次，联网企业的加工贸易业务由商务主管部门审批。商务主管部门收到联网企业申请后，对非国家禁止开展的加工贸易业务，予以批准，并签发"联网监管企业加工贸易业务批准证"。

最后，联网企业凭商务主管部门签发的"联网监管企业加工贸易业务批准证"向所在地主管海关申请建立电子账册。海关以商务主管部门批准的加工贸易经营范围、年生产能力等为依据，建立电子账册。

**2. 报关程序**

（1）备案。企业要凭商务主管部门的批准证通过网络向海关办理"经营范围电子账册"和"便捷通关电子账册"备案手续。

（2）进出口报关。电子账册模式下联网监管企业的保税加工货物报关与电子化手册模式一样，适用进出口报关阶段程序的，也有进出境货物报关、深加工结转货物报关和其他保税货物报关3种情形，参照电子化手册管理的进出口报关。

（3）报核和核销。电子账册采用的是以企业为单元的管理方式，一个企业只有一个电子账册，因此，对电子账册模式的核销实行滚动核销的形式，即对电子账册按照时间段进行核销,将某个确定的时间段内企业的加工贸易进出口情况进行平衡核算。企业必须在规定的期限内完成报核手续,确有正当理由不能按期报核的,经主管海关批准可以延期,但延长期限不得超过 60 天。

### 四、转关货物的通关

#### (一)转关概述

**1. 转关的含义**

(1)转关。转关是指海关监管货物在海关监管下,从一个海关运至另一个海关办理某项海关手续的行为。

(2)进口转关。进口转关是指货物由进境地入境,向海关申请转关,运往另一个设关地点进口报关的转关行为。

(3)出口转关。出口转关是指货物在起运地出口报关,然后运往出境地,由出境地海关监管出境的转关行为。

(4)境内转关。境内转关是指已经办理入境手续的海关监管货物从境内一个设关地点运往境内另一个设关地点报关的转关行为。

**2. 转关的方式**

(1)提前报关转关

1)进口提前报关转关:货物先在指运地申报再到进境地办理转关手续;

2)出口提前报关转关:货物未运抵启运地监管场所前先申报,货物运抵监管场所后再办理转关手续。

(2)直转转关

1)进口直转:货物先在进境地办理转关手续,到指运地后办理进口报关手续;

2)出口直转:出境货物在运抵启运地海关监管场所报关后,再向出境地海关办理转关手续。

(3)中转转关

1)进口中转:具有全程提运单,需换装境内运输工具的进口中转货物由收货人或其代理人先向指运地海关办理进口申报手续,再由境内承运人或其代理人批量向进境地海关办理转关手续。

2)出口中转:具有全程提运单,需换装境内运输工具的出口中转货物由发货人或其代理人先向起运地海关办理出口申报手续,再由境内承运人或其代理人按出境运输工具分列舱单向起运地海关批量办理转关手续,并到出境地海关办理出境手续的转关。

**3. 转关条件**

不是所有的货物都有资格申请转关,申请转关必须满足一定的条件。

（1）申请转关应符合的条件

1）转关货物的指运地和起运地必须设有海关；

2）转关货物的指运地和起运地应当设有经海关批准的监管场所；

3）转关承运人应当在海关注册登记，承运车辆符合海关监管要求，并承诺按海关对转关路线范围和途中运输时间所作的限定将货物运往指定的场所。

（2）不得申请转关的货物

1）进口固体废物（废纸除外）；

2）进口易制毒化学品、监控化学品、消耗臭氧层物质；

3）进口汽车整车，包括成套散件和二类底盘；

4）国家检验检疫部门规定必须在口岸检验检疫的商品。

（二）转关货物的申报期限

**1. 提前报关方式转关的申报期限**

（1）进口报关货物应在电子数据申报之日起的5日内，向进境地海关办理转关手续，超过期限仍未到进境地海关办理转关手续的，指运地海关撤销提前报关的电子数据。

（2）出口转关货物应于电子数据申报之日起5日内，运抵启运地海关监管场所，办理转关和验放等手续，超过期限的，启运地海关撤销提前报关的电子数据。

**2. 直转方式转关的申报期限**

（1）进口货物在运输工具申报进境之日起14日内，向进境地海关办理转关运输。

（2）在海关规定的期限内运抵指运地之日起14日内，向指运地海关办理报关。

（三）转关运输的报关程序及所需单据

**1. 进口转关**

（1）收货人或其代理人在指运地填报录入《进口货物报关单》，计算机自动生成《进口转关申报单》，传输至进境地海关。

（2）指运地海关接受《进口货物报关单》提前报关，提前对报关单进行电子审单、风险布控。

（3）提前报关的转关货物，进境地海关按以下流程作业：①调阅审核进口转关数据，核销进境舱单；②输入境内运输工具的编号及车牌号或船名；③施加关锁，录入关锁号；④在《汽车载货登记簿》或《船舶监管簿》上批注转关申报单号及有关内容，并签章；⑤在提货（运）单上加盖放行章，凭以办理提货手续；⑥在《进口转关货物核放单》上批注、签章后与《进口转关申报单》复印件留存归档。

（4）货物运抵指运地海关后，指运地海关按以下流程作业：①签注《汽车载货登记簿》或《船舶监管簿》；②在计算机中核销转关货物和运输工具；③验核关锁；④受理纸质单证的接单、征税、查验、放行等通关全过程。

（5）对在同一转关申报单下，由多个集装箱或多辆运输工具承运的货物，所施封的全部关锁号应在该转关申报单上列明，关锁号可以不与集装箱号或运输工具号一一对应。

（6）收货人或其代理人在进境地办理直转手续时，持一式三份《进口转关申报单》向进境地海关办理转关手续。货物运抵指运地后，填报录入《进口货物报关单》，向指运地海关办理进口报关手续。

（7）直转方式的进口转关货物，进境地海关接受转关申报后，将一份《进口转关申报单》留存归档，二份封入关封随货带交指运地海关，并按上述第（3）条第①至⑤项规定办理转关手续。

（8）直转货物运抵指运地海关后，指运地海关收取进境地海关签发的关封，按上述第四条流程办理有关报关手续。

（9）中转的进口转关货物，应由承运人或其代理人向进境地海关办理转关手续，由收货人或其代理人向指运地海关办理报关手续。

**2. 出口转关**

（1）提前报关和直转的出口转关货物，发货人或其代理人向启运地海关填报录入《出口货物报关单》，计算机自动生成《出口转关申报单》并传输至出境地海关。

（2）提前报关和直转的货物，启运地海关按以下流程办理转关手续：①根据转关预录入号审核《出口转关申报单》电子数据；②对转关货物或运输工具施加海关关锁、录入关锁号；③批注《汽车载货登记簿》或《船舶监管簿》；④签发转关关封，内附二份经海关签章的《出口货物报关单》和一份《出口转关申报单》；⑤将电子数据发送至出境地海关。

（3）提前报关和直转的货物运抵出境地后，出境地海关按以下流程作业：①调阅、审核启运地海关传输的《出口转关申报单》数据；②核对关锁；③批注《汽车载货登记簿》或《船舶监管簿》，向启运地海关发送转关核销的电子回执；④在运单上加盖海关放行章，交由发货人或其代理人办理货物的装运出境手续；⑤货物实际离境后，核销清洁舱单，向启运地海关结关反馈。

（4）中转的出口转关货物，应由发货人或代理人在启运地海关办理出口报关手续，由境内承运人或其代理人向启运地海关办理转关手续。

（5）中转的出口转关货物，启运地海关按以下流程作业：①根据转关预录入号核对《出口货物报关单》和承运人录入的《出口转关申报单》（即境内运输工具的舱单）的电子数据；②录入关锁号，对集装箱货物施加关锁，在《出口转关申报单》上批注关锁号；③制作关封（内附经海关签注的《出口转关申报单》一式二联），并将转关数据传送至出境地海关。

（6）中转货物运抵出境地后，出境地海关按以下流程作业：①向启运地海关发送货物核销的电子回执;②调阅启运地海关传输的《出口转关申报单》数据;③核对关锁;④批注《汽车载货登记簿》或《船舶监管簿》;⑤签发《出口中转通知书》,办理货物出境手续;⑥核销清洁舱单,反馈启运地海关。

(7)出口转关货物运抵出境地后,运输工具名称、航次(班)、提(运)单号待定或已发生变化时,可在出境地补录入实际出境的运输工具名称、航次(班)、提(运)单号。

## 第三节 海关关税及其他税费的征收

进出口税费是指在进出口环节中由海关依法征收的关税、消费税、增值税等税费。依法征税是海关的任务之一,依法缴纳税费是有关纳税义务人的基本义务。进出口税费征收的法律依据主要是《海关法》、《关税条例》及其他相关法律、行政法规。

### 一、进出口税费概述

#### (一)关税

关税是国家税收的重要组成部分,是由海关代表国家依法对准许进出关境的货物和物品向纳税义务人征收的一种流转税。我国关税的纳税义务人是进出口货物收发货人和进出境物品的所有人,课税对象是进出关境的货物和物品。

**1. 进口关税**

进口关税是指一国海关以进境货物和物品为课税对象所征收的关税。进口关税分为进口正税和进口附加税。前者是按《进出口税则》中的进口税率征收的关税;后者是指国家由于特定需要对进口货物除征收关税正税外另行征收的一种进口税,包括反倾销税、反补贴税、保障措施税、报复性关税等,一般具有临时性。

进口关税的计征方法包括从价税、从量税、复合税和滑准税等。

(1)从价税。从价税是以货物、物品的价格作为计税标准,以应征税额占货物价格的百分比为税率,价格和税额成正比例关系的关税。从价税是包括我国在内的大多数国家使用的主要计税标准。我国对进口货物征收关税主要采用从价税计税标准。

(2)从量税。从量税是以货物和物品的计量单位(如重量、数量、容量等)作为计税标准,按每一计量单位的应征税额征收的关税。我国目前对冻鸡、石油原油、啤酒、胶卷等类进口商品征收从量税。

(3)复合税。复合税是在《进出口税则》中,一个税目中的商品同时使用从价、从量两种标准计税,计税时按两者之和作为应征税额征收的关税。我国目前对录像机、放像机、摄像机、非家用型摄录一体机、部分数字照相机等进口商品征收复合关税。

(4)滑准税。滑准税是在《进出口税则》中预先按产品的价格高低分档制定若干不同的税率，然后根据进口商品价格的变动而增减进口税率的一种关税。当商品价格上涨时采用较低税率，当商品价格下降时则采用较高税率，其目的是使该类商品的国内市场价格保持稳定。

**2. 出口关税**

出口关税是指海关以出境货物、物品为课税对象所征收的关税。征收出口关税的主要目的是限制和调控某些商品的过度、无序出口，特别是防止本国一些重要自然资源和原材料的无序出口。为鼓励出口，世界各国一般不征收出口税或仅对少数商品征收出口税。

我国出口关税主要以从价税为计征标准。除法律法规有明确规定可以免征出口关税外，对出口应税商品一律照章征收出口关税。

**（二）进口环节海关代征税**

进口货物、物品在办理海关手续放行后，进入国内流通领域，与国内货物同等对待，所以应缴纳应征的国内税。进口货物、物品的一些国内税依法由海关在进口环节征收。目前，进口环节海关代征税主要有增值税和消费税两种。

**1. 增值税**

（1）含义。增值税是以商品的生产、流通和劳务服务各个环节所创造的新增价值作为课税对象的一种流转税。进口环节的增值税由海关依法向进口货物的法人或自然人征收，其他环节的增值税由税务机关征收。

进口环节增值税以组成价格作为计税价格，征税时不得抵扣任何税额。进口环节的增值税组成价格由关税完税价格加上关税税额组成，应征消费税的货品的增值税组成价格要另加上消费税税额。进口环节增值税的起征点为人民币50元，低于50元的免征。

（2）征收范围和税率。在我国境内销售货物（销售不动产或免征的除外）或提供加工、修理修配劳务以及进口货物的单位和个人，都要依法缴纳增值税。我国增值税的征收原则是中性、简便、规范，采取基本税率再加一档低税率的征收模式。适用基本税率17%的范围包括：纳税人销售或进口除适用低税率的货物以外的货物，以及提供加工、修理修配劳务。适用低税率13%的范围是指纳税人销售或进口下列货物：

①粮食、食用植物油；②自来水、暖气、冷气、热水、煤气、石油液化气、天然气、沼气、居民用煤炭制品；③图书、报纸、杂志；④饲料、化肥、农药、农机、农膜；⑤国务院规定的其他货物。

**2. 消费税**

（1）含义。消费税是以消费品或消费行为的流转额作为课税对象而征收的一种流转税。

在中华人民共和国境内生产、委托加工和进口《消费税暂行条例》规定的消费品

（以下简称应税消费品）的单位和个人，以及国务院确定的销售应税消费品的其他单位和个人，为消费税纳税义务人。我国消费税由税务机关征收，进口的应税消费品的消费税由海关代征，由纳税义务人在报关进口时向海关申请纳税。

消费税采用从价、从量和复合计税的方法计征。消费税的税目、税率，依照《消费税暂行条例》所附的《消费税税目税率表》执行；消费税税目、税率的调整，由国务院决定。进口环节消费税的起征点是人民币 50 元，低于 50 元的免征。

（2）征收范围。消费税的征收范围，仅限于少数消费品。应税消费品大体可分为以下四种类型：①一些过度消费会对人的身体健康、社会秩序、生态环境等方面造成危害的特殊消费品，如烟、酒、酒精、鞭炮、焰火等；②奢侈品、非生活必需品，如贵重首饰及珠宝玉石、化妆品等；③高能耗的高档消费品，如小轿车、摩托车、汽车轮胎等；④不可再生和替代的资源类消费品，如汽油、柴油等。

## 二、进出口税费的计算和缴纳

### （一）进出口关税税款的计算

**1. 进口关税税款的计算**

（1）从价税

1）计算公式

$$应征税额 = 进口货物完税价格 \times 进口从价税税率$$

2）计算实例

【实例 8-1】国内某公司从大连购进日本产丰田轿车 20 辆，成交价格为 CIF 大连 25.5 万美元。已知小轿车的汽缸容量 2 000cc，经查原产国日本使用最惠国税率 25%；设 1 美元＝人民币 6.150 1 元，计算应征进口关税。

根据上述公式，则：

$$应征进口关税税额 = 进口货物完税价格 \times 进口从价税税率$$
$$= 25.5\,万美元 \times 6.150\,1\,元/美元 \times 25\%$$
$$= 392\,068.88\,元$$

（2）从量税

1）计算公式

$$应征税额 = 进口货物数量 \times 单位税额$$

2）计算实例

【实例 8-2】国内某公司从大连购进日本产的彩色胶卷 50 000 卷（宽度 35 毫米，长度 1.8 米），成交价格为 CIF 大连 8.431 元/卷；以规定单位换算表折算，该规格的彩色胶卷 1 卷 = 0.057 75 平方米，经查此类胶卷原产国日本适用最惠国税率 22.00 元/平方米，计算应征进口关税。

根据上述公式，则：

应征税额＝进口货物数量 × 单位税额
＝ 50 000 卷 × 0.057 75 平方米 / 卷 × 22.00 元 / 平方米
＝ 63 525.00 元

（3）复合关税

1）计算公式

应征税额＝进口货物数量 × 单位税额＋进口货物完税价格 × 进口从价税税率

2）计算实例

【实例 8-3】国内某公司从日本购进该国产的广播级电视摄像机 50 台，其中有 20 台成交价格为 CIF 大连 4 000 美元 / 台，其余 30 台成交价格为 CIF 大连 5 500 美元 / 台，设 1 美元＝人民币 6.150 1 元，经查关税税率为：完税价格不高于 5 000 美元 / 台的，关税税率为单一从价税率 35%；完税价格高于 5 000 美元 / 台的，关税税率为 3%，加 12 000 元 / 台从量税，计算应征进口关税。

根据上述公式，则

应征税额＝进口货物数量 × 单位税额＋进口货物完税价格 × 进口从价税税率
＝ 30 台 × 12 000 元 / 台＋ 30 台 × 5 500 美元 / 台 × 6.150 1 元 / 美元 × 3%
＋ 20 台 × 4 000 美元 / 台 × 6.150 1 元 / 美元 × 35%
＝ 562 645.80 元

（4）滑准税

1）计算公式

从量应征税额＝进口货物数量 × 暂定关税税率
从价应征税额＝完税价格 × 暂定关税税率

2）计算实例

【实例 8-4】国内某公司购进配额外未梳棉花 2 吨，原产地为美国，成交价格为 CIF 天津 1 012.27 美元 / 吨。企业已向海关递交由国家发改委授权机构出具的"关税配额外优惠关税税率进口棉花配额证"，经海关审核确认后，征收滑准关税：当棉花完税价格低于 14 元 / 千克时，暂定关税税率＝ 8.23 ÷ 完税价格（元 / 千克）＋ 3.235% × 完税价格（元 / 千克）－ 1，若此公式计算值高于 40% 时取 40%；当棉花完税价格高于或等于 14 元 / 千克时，按 0.570 元 / 千克计征从量税。设 1 美元＝人民币 6.150 1 元，计算应征进口关税。

根据上述公式，由于该棉花的完税价格＝ 1 012.27 美元 / 吨 × 6.150 1 元 / 美元 ÷ 1 000 千克 / 吨＝ 6.226 元 / 千克，鉴于 6.226 元 / 千克低于 14 元 / 千克，计算该货物的暂定关税税率为：

暂定关税税率＝ 8.23 ÷ 完税价格（元 / 千克）＋ 3.235% × 完税价格（元 / 千克）－ 1
＝ 8.23 ÷ 6.226 ＋ 3.235% × 6.226 － 1 ＝ 0.523

由此，该滑准关税税率计算后为52.3%，大于40%，则按照40%的关税税率计征关税：

$$应征关税税额 = 完税价格 \times 暂定关税税率$$
$$= 1\,012.27\,美元/吨 \times 6.150\,1\,元/美元 \times 2\,吨 \times 40\%$$
$$= 4\,980.45\,元$$

#### 2. 出口关税税款的计算

（1）计算公式

$$应征出口关税税额 = 出口货物完税价格 \times 出口关税税率$$

（2）计算实例

【实例8-5】国内某企业从上海口岸出口硅铁一批，申报完税价格为47 633.72元，出口税率为25%，计算出口关税。

根据上述公式，则：

$$应征出口关税税额 = 出口货物完税价格 \times 出口关税税率$$
$$= 47\,633.72 \times 25\%$$
$$= 11\,908.43\,元$$

### （二）进口环节海关代征税的计算

#### 1. 计算公式

（1）消费税税款计算公式

1）从价征收的消费税

$$消费税组成计税价格 = (完税价格 + 进口关税税额) / (1 - 消费税税率)$$
$$消费税应纳税额 = 消费税组成计税价格 \times 消费税税率$$

2）从量征收的消费税

$$消费税应纳税额 = 应税消费品数量 \times 消费税单位税额$$

（2）增值税税款计算公式

$$增值税组成计税价格 = 完税价格 + 进口关税税额 + 消费税税额$$
$$增值税应纳税额 = 增值税组成计税价格 \times 增值税税率$$

#### 2. 计算实例

【实例8-6】某进出口公司进口一批货物，经海关审核其完税价格为1 340.50美元，设1美元＝人民币6.150 1元。已知该批货物的关税税率为12%，消费税率为10%，增值税率为17%，计算应征消费税、增值税税额。

根据上述公式，则：

$$应征关税 = 完税价格 \times 关税税率$$

$$= 1\,340.50 \text{ 美元} \times 6.150\,1 \text{ 元 / 美元} \times 12\%$$
$$= 989.31 \text{ 元}$$

应征消费税税额＝（完税价格＋进口关税税额）/（1－消费税税率）× 消费税税率
$$= (1\,340.50 \times 6.150\,1 + 989.31) / (1 - 10\%) \times 10\%$$
$$= 1\,025.95 \text{ 元}$$

应征增值税税额＝（完税价格＋进口关税税额＋消费税税额）× 增值税税率
$$= (1\,340.50 \times 6.150\,1 + 989.31 + 1\,025.95) \times 17\%$$
$$= 1\,744.11 \text{ 元}$$

### （三）进出口税费的缴纳和滞纳金的计算

**1. 进出口税费的缴纳**

按照规定，海关征收关税、进口环节代征税等，进出口货物的纳税义务人应当自海关填发税款缴款书之日起 15 日内缴纳税款；如纳税义务人或其代理人逾期缴纳税款的，由海关依法征收滞纳金。

在实际计算纳税期限时，应从海关填发税款缴款书之日的第二天起计算。缴纳期限的最后一日是周六、周日或法定节假日的，关税缴纳期限顺延至其后的第一个工作日。如果税款缴纳期限内含有周六、周日或法定节假日的，则不予扣除。

**2. 滞纳金的计算**

（1）计算公式

$$\text{关税滞纳金金额} = \text{滞纳关税税额} \times 0.5\permil \times \text{滞纳天数}$$

$$\text{进口环节税滞纳金金额} = \text{滞纳的进口环节税税额} \times 0.5\permil \times \text{滞纳天数}$$

其中，滞纳天数从缴纳期限最后一日的第二天起，按照实际滞纳天数计算，滞纳期限内的周六、周日或法定节假日一并计算。纳税义务人应自海关填发滞纳金缴款书之日起 15 日内向指定银行缴纳滞纳金。

（2）计算实例

【实例 8-7】国内某公司从宁波进口日本丰田轿车一批，已知该批货物应征关税为 352 793.52 元，应征进口环节消费税为 72 860.70 元，增值税为 247 726.38 元。海关于 2013 年 3 月 4 日填发海关专用缴款书，该公司于 2013 年 3 月 30 日缴纳税款。计算应征的滞纳金。

根据上述公式，缴纳税款期限的最后一天为 2011 年 3 月 19 日（星期二），3 月 20 日～3 月 30 日为滞纳期，共滞纳 11 天，则：

$$\text{关税滞纳金} = \text{滞纳关税税额} \times 0.5\permil \times \text{滞纳天数}$$
$$= 352\,793.52 \times 0.5\permil \times 11$$
$$= 1\,940.36 \text{ 元}$$

$$\text{消费税滞纳金} = \text{滞纳消费税税额} \times 0.5\permil \times \text{滞纳天数}$$

$$= 72\,860.70 \times 0.5‰ \times 11$$
$$= 400.73 \text{ 元}$$
增值税滞纳金 = 滞纳增值税税额 × 0.5‰ × 滞纳天数
$$= 247\,726.38 \times 0.5‰ \times 11$$
$$= 1\,362.50 \text{ 元}$$

## 案例分析

### 法国红酒宁波港进口清关代理操作案例

根据中国出入境检验检疫局的要求，食品红酒进口必须在进口口岸做收货人备案。对于宁波口岸，收货人只需要有进出口权就可以备案下来。红酒进口具体报关流程如下：

（1）货物在国外采购好，安排运输到进口口岸，即宁波港。货物到港后，需要去船公司换单，换单是需要支付船公司一些费用的，基本上目的港都会产生一些费用。

（2）换好单后，就报检，由于红酒进口的监管条件是A/B，那就意味着是法检货物，需要法检，出通关单，一般通关单出来都需要2～3天，这个视乎商检的审单速度跟品名的多少。

（3）出了通关单，就该报关了。海关对于货物的监管主要是审核单证、审核价格、查验货物。一般进口的货物查验的几率是80%，特别是首次进口的。海关审单完结后，要查验的，就会开出查验单，就需要货代负责报关的人员把柜子打开，把货物掏出来查验，主要是查验货物的真实性，看柜子里有没走私货物。查验完毕，海关就会写查验报告，然后货代负责报关的人员需要把查验报告交给最终审单的。接下来就是审价了，价格关系着税金，税单出来，进口商就需要缴税，然后海关放行。

（4）海关放行，但商检局还需要对红酒抽样化验。海关放行后，负责报关的人员需要把柜子从码头拖到食品监管仓库，然后商检局食品科工作人员到仓库进行抽样，正常情况下，每个品种的红酒都需要抽取3瓶。顺便提一下，海关查验的时候，海关人员也会需要抽样的。商检抽样完毕后，送到专门的化验室做化验。接下来就等着化验结果出来。

（5）制作标签。很多客户会问：能不能在等化验结果出来的过程中先贴好标签？建议最好不要，特别是针对品种多的红酒。为什么呢？因为担心红酒化验出来的结果跟申报的不一致。主要会出错的是红酒的类型，那么红酒的类型有多少种呢？其实很多人习惯把葡萄酒叫红酒，正确的来说是葡萄酒有几种类型呢？葡萄酒分为干型、半干型、甜型和半甜型。而干型又分为干红、干白，如此类推。比如：干红葡萄酒，那么类型就是干型。对于葡萄酒来说，类型最好的就是干型了。但有时候国外的供应商可能会把半干型葡萄酒当作干型葡萄酒卖给你，所以导致最后的化验结果跟申报不一致，这样一来，如果你先把标签贴好，那么结果出来不一致的话，是需要重新贴的，这样就增加了成本跟麻烦，所以如果不是很着急的情况下还是等着化验结果出来再贴标签。

（6）由仓库的人员贴好标签，商检检查过标签后，货物就可以安排派送到指定的目的地了，一票红酒进口清关的手续就算全部结束了。

**案例思考题**

1. 上述案例中法国红酒通关的基本程序是什么？
2. 上述案例中法国红酒在通关过程中是先报检还是先报关？是否所有进口货物都必须报关和报检？
3. 上述案例中法国红酒属于哪一类海关监管货物？

## 本章小结

国际物流运作的对象多是跨越一国关境的各种类货物，在货物进出关境的时候就必然涉及通关作业。本章首先概括性地介绍了海关的概念、性质、职能和海关权力等基础知识，在此基础上，重点介绍了一般进出口货物、保税加工货物和转关货物等三大类海关监管货物的通关程序。旨在让学生掌握一般进出口货物、保税加工货物和转关货物在通关的时候需要遵循的程序、所需的单据和海关对相应程序的一些规定和要求，以期学生在今后的国际物流通关作业中有扎实的理论基础。

本章的最后一部分内容是关税及其他税费的计算和缴纳。税费的计算和缴纳是通关作业的重要一环，因此该部分内容在简单介绍了关税、增值税、消费税的概念、适用对象等基础知识后，重在让学生把握关税、增值税、消费税和滞纳金等相关费用的计算，并掌握海关对各种税费缴纳的时间和期限的相关规定。

# Chapter 9 第九章

# 保税物流与供应链金融

## 学习目标

1. 了解保税物流、物流金融的产生背景和发展过程。
2. 理解保税物流、物流金融的概念。
3. 掌握保税物流、供应链金融的具体运作和业务模式。

## 导入案例

### 天津港保税区国际物流的发展

天津港海港保税区于 1991 年 5 月 12 日经国务院批准设立，规划占地面积 5 平方公里，主要有国际贸易、保税仓储、临港加工和商品展销四大功能。在保税区注册的企业可以从事国际贸易、转口及过境贸易；境外设备、原材料、零部件及商品进区免税，不实行配额、许可证管理；区内中外资企业均可开立外汇现汇账户，企业经营所得外汇实行意愿结汇，保税区内与境外之间的贸易不办外汇核销手续；在保税区展销境外货物，不需缴纳关税抵押金；出口加工贸易不设保证金台账。

独具优势的运作模式与国家级经济区域的双重优势，使天津港保税区成为投资环境较好的经济地区，在全国保税区中综合排名仅次于上海，位居第二。截至 2004 年底，保税区累计完成国内生产总值 412.66 亿元，实现合同外资额 86.87 亿美元，实际利用外资 41.46 亿美元，完成工商税 65.34 亿元，完成固定资产投资 180.79 亿元。来自 97 个国家和地区，全国 27 个省市区和 47 个国资委直属的大型企业集团在保税区投资兴办了 4 800 多家企业，其中包括世界 500 强中的 56 家企业。

2001 年，为了实现海港、空港联动，建设中国北方最大航空货运基地，保税区与民航管理局合作在天津滨海国际机场开发建设了天津空港国际物流区，占地 0.95 平方公里，该区依托天津滨海国际机场的基础设施条件和保税区的功能政策优势，发展航空货物的分拣、仓储、分拨、配送、加工、展销等业务。截至 2004 年底，已完成 0.55

平方公里基础设施建设，企业服务中心、海关监管库已经建成投入使用，公共保税库正在建设之中，20多家物流企业开始运营。

2002年10月，天津市委、市政府批准保税区设立天津空港物流加工区，作为天津港保税区的扩展区。空港加工区位于天津滨海国际机场东北侧，距市区3公里，距港口30公里，距北京110公里，与干线铁路相连，一期规划占地面积23.5平方公里。按照总体规划，空港加工区划分为保税仓储加工区、高新技术工业区、商务服务区和商住生活配套区四大功能区，并与国际高尔夫球场、东丽湖旅游度假区相连，具有良好的投资环境和生态环境。根据现有的产业布局规划，设有电子信息工业园、生命科学工业园、汽车零配件工业园、高新纺织工业园、新材料工业园等。目前，招商引资形势喜人，部分企业已建成投产，一批重点项目正在建设中。

天津港保税区充分发挥自身独特的区位优势和功能优势，立足天津，服务全国，努力构筑多层次、多元化的国际物流体系，为货物的大进大出提供便捷的交易平台。2004年分拨、销售进口汽车5.2万台，是全国最大的整车进口集散地。另外，植物油、挖掘机、化工原料和电子产品等货物流量均实现较快增长，其中，植物油和挖掘机分别实现同比增长83.2%和1.4倍，逐步形成多种产品的分拨配送中心。

2004年8月，国务院批准在天津港保税区内建设天津保税国际物流园区，成为全国港区联动的试点。园区紧邻天津港集装箱码头，享有境外货物免征关税和国内物流入区给予出口退税的优惠政策。园区现已通过国家验收，正式投入运营。天津港保税区正在努力尝试向自由贸易区转型。

## 第一节 保税物流概述

### 一、保税物流产生的背景

自2005年12月11日起，随着中国物流市场对外资的全面开放，国内物流市场对外资的政策障碍已成为历史。跨国物流公司全面参与国内物流市场竞争，将带动新一轮国际物流业务的快速增长。与此同时，随着我国开放型经济逐步向纵深发展，2005年我国进出口加工贸易企业的进出口额已经超过进出口总额的一半，而我国发展成为全球制造业中心，将对国际物流的需求进一步扩大，对国际采购、国际中转、分拨配送、物流信息处理等配套物流服务需求也越来越迫切。这些都要求我国加快建设符合国际惯例的、配套的保税物流服务体系，即能实现全球采购、转口贸易、国际配送、流通性简单加工和增值服务、物流信息处理等一站式服务功能的载体，便于使货物以最快的速度、最小的成本、最低的风险分拨配送到各目的地。可以说，加速发展保税物流是推动我国现代物流发展、促进加工贸易转型升级的客观要求。

## 二、保税物流的定义

所谓保税是指货物进口后，暂不缴纳相应关税的一种状态。而物流是指物品从供应地向接收地的实体流动过程。根据实际需要，将运输、储存、装卸、搬运、包装、流通加工、配送、信息处理等基本功能实施有机结合。因此保税物流可以定义为货物在进出口过程中处于保税状态，在海关的监管下进行的运输、存储、加工等物流活动。

保税制度是指经海关批准的境内企业所进口的货物，在海关监管下，在境内指定的场所储存、加工、装配，并暂缓缴纳各种进口税费的一种海关监管业务制度。保税制度始创于英国，由于企业暂时免交税赋、减少企业资金占用与利息支出、降低贸易成本，有利于促进国际贸易的发展，从而在全世界推广开来。保税不等于免税，目前我国的保税制度适用于三种情况：未办清手续（暂免纳税）、复运出口和加工制造。

## 三、保税物流的特点

保税物流与一般的物流系统没有本质区别，都是以追求降低运营成本、提高运作效率与反应速度为目的。它主要有以下几个特点：

**1. 物流要素扩大化**

一般的物流要素包括仓储、运输、配送、信息服务等。保税物流除了一般的物流要素外，还包括口岸、保税、加工、退税、海关、监管共7个要素。两者紧密结合形成了完整的保税物流体系。

**2. 通关流程不同**

一般贸易货物通关流程是申报、查验、征税、放行。保税的通关流程是合同备案、进口货物、复运出口、核销结案。它是从进口、存储或加工到复运出口的线性管理过程。

**3. 系统边界交叉**

保税物流货物在地理上是在一国的境内（领土），从移动的范围来看应属于国内物流，但保税物流也具有明显的国际物流的特点，例如保税区、保税物流中心及区港联动都是"境内关外"的性质，所以可以认为保税物流是国际物流与国内物流的接力区。

**4. 二律背反性**

保税物流是在海关的监管下进行的物流运作，这是它不同于其他物流的本质所在。海关为了达到监管的效力，严格的流程、复杂的手续、较高的抽查率必不可少，但这与现代物流便捷、高效率、低成本的运作要求相背。因而海关监管的严格性与物流运作的效率性存在"二律背反"，使得保税物流在实际运作中难度提高。

## 第二节 保税物流的发展过程

随着加工贸易产业链条的延伸和国务院及海关总署对保税物流发展模式的创新，保税物流发展很快，逐渐形成了保税物流园区、保税物流中心（A、B型）、保税港区、跨境工业区、保税区、出口加工区、保税仓库和出口监管仓等多种海关特殊监管区域和保税物流场所，并初步形成了"以保税港区为龙头和先导，以保税区、保税物流园区、出口加工区、保税物流中心（A、B型）为骨干和枢纽，以出口监管仓库、公共型和自用型保税仓库为基础和网点的三个层次、多元化的保税物流监管体系"的多元化保税仓储物流监管体系，如图 9-1 所示。从总体上看，我国保税物流是随着海关保税监管区域或场所的发展与改革创新而逐步成长起来的。其发展可以划分为传统保税物流与现代保税物流两个阶段。

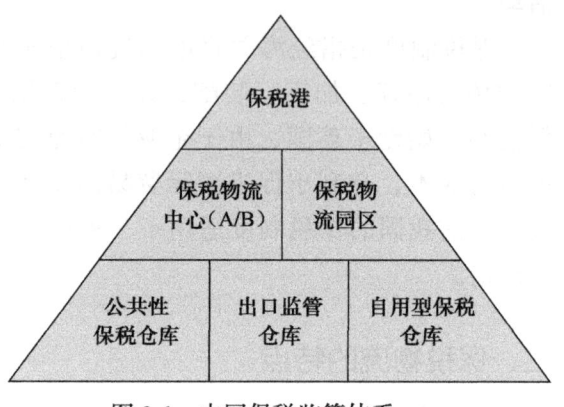

图 9-1 中国保税监管体系

### 一、传统保税物流阶段（20 世纪 80 年代初至 2002 年）

20 世纪 80 年代初，我国开始实行对外开放政策。为了鼓励企业开展进出口贸易，我国开始推行保税仓库制度，保税仓库是指经海关批准设立的专门存放保税货物及其他未办结海关手续货物的仓库。其中，按照使用对象的不同可划分为公共型保税仓库和自用型保税仓库。这是我国保税物流的雏形，主要对进境货物起暂存保税的作用。

为了适应出口贸易不断增长的需求，从 1989 年开始，海关总署批准在深圳、上海、天津和青岛等沿海口岸试办出口监管仓库，以满足出口企业的物流仓储需求。出口监管仓库是指存放已按规定领取了出口货物许可证或批件，已对外卖断结汇并向海关办完全部出口海关手续的货物的专用仓库。存放在该仓库内的货物为出口监管仓库货物。由于出口监管仓库一般只在沿海口岸及边境口岸设立，内地和未设关地点并不设立，因而这种仓库数量很少，且经营面积十分有限。

1990 年 9 月，国务院批准建立了第一个保税区，即上海外高桥保税区，专门提供出口加工、国际转口贸易和仓储物流、商品展示等贸易服务。现在，中国已建有上海外高桥、天津港、深圳福田、深圳沙头角、深圳盐田港、大连大窑湾、广州、张家港、海口、厦门象屿、福建马尾、宁波北仑港、青岛、汕头、珠海等 15 个保税区。十多年来，全国 15 个保税区的保税仓储、转口贸易、商品展示功能有了不同程度的发展，具备了一定规模的国际物流基础。

2002年，国务院首次批准设立的15个出口加工区，经过验收开始投入运营。出口加工区的设立，不仅推动了进出口贸易的快速发展，而且带动了与出口加工相关的保税物流发展，引发了对保税物流的巨大需求。

## 二、现代保税物流阶段（2002年至现在）

传统保税物流在20余年的发展历程中，虽然发挥了应有的积极作用，但由于制度、政策、功能和区位等的局限，又具有明显的缺陷，难以适应我国开放型经济的飞速发展。首先，保税仓库、出口监管仓库的功能十分单一、相对隔离，无法适应进出境货物整合配送的需要；其次，由于全国仅有15个保税区，又基本上分布在东部沿海一线，对内陆地区的辐射不够，并且主要从事保税加工生产，不能充分发挥其仓储物流功能，对发展国际物流的局限性很大；最后，出口加工区的功能定位决定了保税物流服务只是其辅助性功能，也难以满足不断增长的保税物流需求。

另外，随着新一轮全球生产要素优化重组和产业转移进入高潮，跨国公司开始将更高技术水平更大增值含量的加工制造环节和研发机构向外转移，生产布局和产业链的全球化成为下一轮加工贸易发展的空间，即不仅把加工贸易作为承接新一轮产业转移的载体，更要采取措施进一步提升加工贸易发展水平，以加工贸易的形式介入高新技术产业价值链中的某些环节，在附加值较高的产业领域，要通过对加工贸易产品的深加工、精加工，提高加工程度，延长加工贸易的产业链。而这一切都必须借助强大的保税物流功能才能得以实现，使本地生产以更低成本融入全球。

针对传统保税物流模式的缺陷，国务院和海关总署从2002年开始积极探索保税物流管理制度的创新和发展新模式，并取得了可喜的成果。

（1）2003年，国务院批准上海外高桥保税区作为第一个区港联动试点，专门进行货物采购与分拨等保税物流服务。2004年，国务院又批准青岛、宁波、大连、张家港、厦门象屿、深圳盐田港、天津港保税区及其邻近港区作为第二批区港联动试点，开始探索保税物流园区发展新模式。

区港联动是指在毗邻保税区的港区划出专门供发展仓储物流产业的区域。开展该联动的目的是将保税区的政策优势、功能优势及港口区位优势进行整合，海关通过区域化、网络化、电子化通关管理，优化海关监管模式，打破保税区与港区长期以来的分离机制和瓶颈制约。一方面，拓展港口的配套服务功能，形成保税区与港口的良性互动，着力吸引国际中转、国际配送和临港增值服务等高附加值业务向我国转移；另一方面，赋予保税物流园区齐全的物流功能，满足跨国公司普遍采用零库存、JIT、VMI、无缝隙对接等现代新型生产方式、管理方式、营销方式需求，使加工制造业与物流业同步协调发展，为促进加工贸易转型升级提供配套的保税物流服务。

从功能优势上分析，保税物流园区充分考虑了现代国际物流的特点和需求，具有保税区和出口加工区的政策叠加优势，在一定程度上具备了国际上自由贸易区"境内关外"的基本特征，即实行"一线放开（区域与境外之间进出的货物，简称'一线'

货物)、二线管住(区域与境内区外之间进出的货物,简称'二线'货物)、区内自由、入区退税"。保税物流园区重点发展国际中转、国际配送、国际采购和国际转口贸易四大功能。园区的基础设施建设项目所需的设备、物资等;园区企业为开展物流业务所需的机器、装卸设备、仓储设施、管理设备及其维修用零部件等和园区企业自用合理数量的办公用品予以免税。加工贸易进口货物;未办结海关手续的一般贸易货物;转口货物和国际中转货物,园区企业开展物流业务所需的货物及其包装物料;检测,维修货物等按照保税货物管理。利用保税物流园区政策,企业可以开展过去无法做的一些业务,比如拼箱业务;而且可以彻底改变以往保税区加工贸易存在的"境外一日游"现象。同时,由于保税区的地理限制,导致了进出口货物的二次报关问题,即货物由两个海关进行监管,需两次报关、两次查验、两次放行,与港口无联动,降低了通关的效率,增加了企业的物流成本。2003年区港联动的政策被提出,即利用保税区的政策优势和港口的区位优势,在两者之间建立起一个信道,保税区与港口之间进行无缝隙对接。在全封闭的监管条件下,海关通过区域化、网络化、电子化通关模式,最大限度地简化通关手续,实现境内关外的自由贸易区功能。区港联动实行"一次申报,一次查验,一次放行"的通关模式、"园区管理,卡口管理,港区管理融为一体"的监管模式,"EDI无纸报关,无人自动卡口放行,无EDI事后放行"的信息共享模式,保税物流园区就此出现。

尽管保税物流园区在很大程度上促进了国际物流的发展,但由于其处于设有保税区的港口区域,而且基本上分布在东部沿海一线,无法满足大部分内陆地区发展国际物流的需求。

(2) 2005年6月,海关总署颁布了《中华人民共和国海关对保税物流中心(A型)的暂行管理办法》、《中华人民共和国海关对保税物流中心(B型)的暂行管理办法》,旨在改变保税仓库、出口监管仓库分别专门存放进境、出口货物且相互隔离的状态,以集成、拓展二者的功能。

保税物流中心(A型)是由一家物流企业在一个保税场所内开展保税货物仓储、简单加工、配送、转运、检测维修和报关等,它主要适应一家跨国公司满足本集团所属企业的国际物流运作要求。该类型已经在上海闵行区开展试点。保税物流中心(B型)是由多家保税物流企业在空间上集中布局的公共型场所,是物流集结区。它按照专业化、规模化的原则组织物流活动,将众多物流企业集中在一起,共享相关的基础设施和配套服务设施,发挥整体优势和互补优势,实现物流运作的专业化、集约化和规范化。这种模式目前在江苏省苏州工业园区进行试点。

由于保税物流中心(A、B型)的设立没有区位的限制,只要具备物流需求相对强烈、加工贸易企业比较集中、交通便利等条件即可,因此有利于内陆地区发展国际物流。

从功能上看,保税物流中心同保税物流园区一样,也可以开展保税仓储、流通性简单加工和增值服务、国际物流配送、国际采购、进出口贸易、国际中转、转口贸易、物流信息处理等活动;而且也具备保税物流园区的口岸功能,中心内的企业可以直接在中心主管海关办理报关手续，中心内货物能直接辐射国际、国内两个市场；境内货物进入中心视为出口，享受出口退税政策，并在进入中心环节退税，境外货物进入中心予以保税；中心内货物内销境内时，办理进口报关手续；中心内货物可在中心企业之间及中心与保税区、出口加工区、保税仓库、出口监管仓库等其他特殊监管区域或场所之间进行自由转移、跨关区报关提取；物流中心内货物自由流通，不征增值税和消费税；物流中心内企业可以对所存货物进行简单流通加工和物流增值服务，包括分类、分拣、组合包装等。海关总署的这种创新，把保税物流园区区港联动的区位优势、功能优势、政策优势从港口转移到内陆保税物流中心，使内陆地区也具备了从事相关国际物流的基础条件。

（3）经济技术的发展以及全球化的进程，对海关特殊监管区的发展与创新提出了更高要求，主要表现在两方面：一是各类海关特殊监管区域享受不同的政策、定位于不同的功能，且彼此相互独立、封闭。出口加工区主要从事加工制造的保税，保税物流园区主要进行物流贸易的保税并享受出口退税政策，保税区虽然同时具备出口加工和物流贸易功能，但没有出口退税政策。这些都影响和制约了相关贸易、物流、制造业务的发展；二是国际港口竞争的压力，"港口＋自由贸易区"模式已经成为国际港口竞争的重要制度模式，没有设置自由贸易区的港口必然会在竞争中失去优势，而大型自由贸易区的发展通常也会完全依靠港口来推动。

为此，2005年6月，国务院新批准设立国内首个保税港区，即上海洋山保税港区，实现了港口物流功能和保税区特殊政策的结合。

上海洋山保税港区在政策上，实现了出口加工区、保税区、港区的"三区合一"；在功能上，实行以国际贸易为导向，以物流为基础，具有口岸、物流、加工三大主要功能，具体包括保税仓储、出口加工、转口贸易、国际配送、国际采购、国际中转、港口作业、商品展示、检测和售后维修等各种功能。保税港区的设立，不仅是一种概念上的创新，而且从空间上延伸了"区港联动"政策，是我国港区逐步接近自由贸易港目标的一种创新。

自2005年国务院批准设立上海洋山保税港区以来，我国共有14家保税港区，分别是上海洋山、天津东疆、大连大窑湾、海南洋浦、宁波梅山、广西钦州、厦门海沧、青岛前湾、深圳前海湾、广州南沙、重庆两路寸滩、张家港、烟台以及福州保税港区。14家保税港区从南至北分布于我国海岸线的战略性港口，分别在东北、华北、华东、华南四大区域。因此，从这些区位布局可以看出，保税港区的设立与发展，不仅是保税区发展的延续，更是支持我国港口战略发展的重要举措。

（4）综合保税区。对于国内的无港保税区，为拓展发展空间也积极谋求转型，享受保税港区三区合一的政策功能。为此，我国对于这类保税区开展了具有保税港区综合保税功能的海关特殊监管区域试点——综合保税区，并于2006年12月17日批准苏州工业园区进行首家试点。

自2006年苏州工业园综合保税区设立以来，我国综合保税区共有16家，包括潍坊、成都、苏州工业园、天津滨海新区、北京天竺、海南海口、广西凭祥、黑龙江绥芬河、上海浦东机场、江苏昆山、重庆西永、广州白云机场、苏州高新技术产业开发区、陕西西安、河南新郑和新疆阿拉山口综合保税区。综合保税区绝大多数是分布在内陆无港城市，这些城市经济发展迅猛，原有空间已经不能满足当地经济发展的需要，但因为没有港口，经济发展空间的拓展受到阻碍。国家设立综合保税区，使其拥有保税港区同样的功能，无疑将为这些城市的发展提供更广阔的空间。

各种海关特殊监管区域的政策比较，如表 9-1 所示。

表 9-1 保税港区与其他特殊区域的政策功能比较

| 区域内容 | 保税港区 | 保税区 | 出口加工区 | 保税物流园区 |
| --- | --- | --- | --- | --- |
| 集装箱港口功能 | 集装箱枢纽港在区域内 | 无 | 无 | 通过专门通道和卡口与港口相联系 |
| 海关管理 | 一个海关统一监管 | 港口与区域分属两个海关监管，以转关方式实行监管衔接 | 港口与区域分属两个海关监管，以转关方式实行监管衔接 | 港口与区域分属两个海关监管，卡口通行涉及两个海关监管 |
| 贸易和物流 | 有 | 有 | 无 | 有 |
| 加工制造 | 有 | 有 | 有 | 无 |
| 出口退税 | 国内货物入区视同出口，进入保税港区就可以办理退税 | 国内入区货物离境后才能办理退税 | 国内货物入区退税 | 国内货物入区退税 |
| 集装箱增值业务 | 国际航线汇集，区内可以开展集装箱拆拼箱、中转等增值业务 | 无 | 无 | 可开展集装箱拆拼箱等增值业务。中转条件有限 |
| 多式联运 | 具备直接的海铁联运、水水联运条件 | 无 | 无 | 间接和有限的水水联运 |
| 区域空间 | 大（接近 $10km^2$） | 大（$10km^2$） | 小（$2km^2$ 左右） | 小（$1km^2$ 左右） |

## 第三节 保税物流的具体运作

在前面介绍的各种海关特殊监管区域的功能基础上，本节再详细阐述一下具体保税物流的运作，如国际中转、国际配送、国际采购和国际转口贸易等功能，以便我们在实际中掌握并应用。

### 一、国际采购与国际配送

**1. 业务设计与流程设计**

经济全球化导致经济资源在全球范围内重组和配置。国际采购是指利用全球的资源，在全世界范围内去寻找供应商，寻找质量最好、价格合理的产品与服务。国际分销是指利用全球性的网络，将产品与服务提供给世界各地的消费者。在当前中国越来越成为全球采购园区及重要的国际市场的背景下，利用保税物流的相关优惠政策，通过保税物流园区（中心）或保税港区来打造国际采购与分销平台，不失为国内外企业利用国内外两种资源、两个市场的一条便捷途径。而保税物流园区（中心）或保税港区如何进行国际采购与分销功能设计，满足国内外企业的需求，是其运作成功的关键点之一。

保税物流园区在国际保税物流园区（中心）或保税港区在国际采购与分销中扮演的角色是通过专业的物流服务，成为跨国企业与其供应商或客户沟通的桥梁，从而融入跨国公司全球供应链当中。保税物流园区（中心）或保税港区要想实现自己的商业价值，重要的是与跨国企业建立一种利益共享的关系，在理解其需求的基础上提供相应的服务。

保税物流园区（中心）或保税港区加强与国际采购商的合作，为其在中国采购的商品提供物流服务。

此业务的类型将涉及：将在中国采购的成品，在保税物流园区（中心）或保税港区进行简单的加工、处理、包装等，再发送到海外市场；将在华采购成品，在保税物流园区（中心）或保税港区进行仓储、加印条码、拼箱等，然后按销售进度发往境外销售点；将在华采购的物品与在海外采购的物品运至保税物流园区（中心）或保税港区，进行仓储、拼箱、加印条形码等，然后运送到海外分销商；在华采购零部件，在保税物流园区（中心）或保税港区分类、打包，运到海外进行装配。

保税物流园区（中心）或保税港区加强与国际制造及商业企业的合作，为其产品进入中国提供分销配送服务。

此业务的类型将涉及：国外工厂将成品发往保税物流园区（中心）或保税港区，利用自有及合作伙伴网络将产品配送到各销售点；国外统一采购，在保税物流园区（中心）或保税港区分类，发送到在华的数家加工企业；在华采购成品，在保税物流园区（中心）或保税港区处理后，返销国内市场；将从国内外进入保税物流园区（中心）或保税港区半成品进行组装或不同成品按客户分类后向国内外配送；利用保税物流园区（中心）或保税港区的保税功能，将配件及维修品存放于保税物流园区（中心）或保税港区，在有需求时才完成清关手续，运至客户。

国际采购物流的主要流程为：

进入园区或保税港区的货物有两种来源，国内与国外；国内货物到港后，进行出口报关与检验检疫，通过后进入园区或保税港区；境外货物到港后，通过港口的检疫查验后，进入保税物流园区或保税港区，海关备案；国内货物进入园区或保税港区后，可立即获得退税；经过配送前的处理及其他增值服务后，将有两个流向：离境（销售国外）与出园区或保税港区（销售国内）；离境（销售国外）货物出园区或保税港区前，需进行报检及海关备案；（销售国内）货物出园区或保税港区前，需进行报检及报关；可采取分批出园区或保税港区、集中报关的模式。

"分批出区、集中报关"直接在海关卡口登记放行，再每周定期集中办理报关、纳税等正常通关手续，其最主要的特征是变单票申报为多票集中申报，极大缩短了出区货物的通关时间，降低企业成本。

国际分销配送主要流程为：

货物到港后，通过港口海关的查验及商检；通过港口的查验后，进入保税物流园区或保税港区，保税物流园区或保税港区进行海关备案。境外进入园区或保税港区的货物与园区或保税港区内现有货物可进行统一的分拣、分配、分送与增值服务；经过配送前的处理后，将有两个流向：离境与出园区或保税港区（国内配送）。离境的，分拨或配送到国外的目的地，需海关备案；国内配送可采取分批出园区或保税港区、集中报关的模式。

国际采购与分销物流一体化流程：

实际上国际采购与分销在本质上是相辅相成的，是同一商业交易行为的"一体两面"。故其物流也可以用统一的流程来概括，如图 9-2 所示。

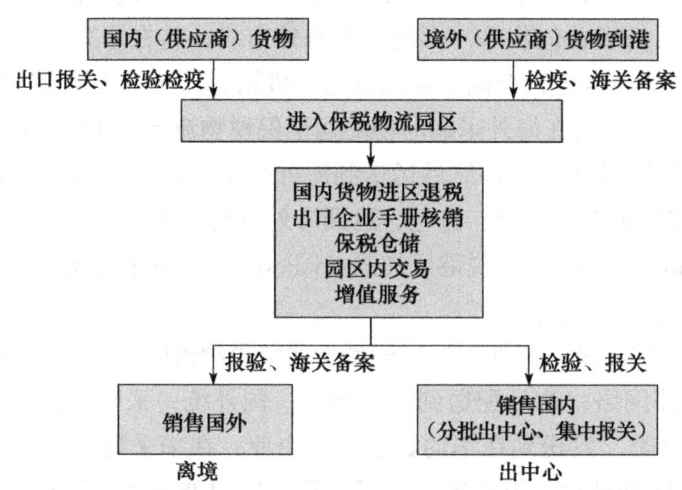

图 9-2　国际采购与分销物流一体化流程

### 2. 运作实例

（1）某国际知名企业在苏州设立加工工厂，其 90% 的原材料由境外供应，通过手册方式报关进口，在国内进行保税生产。生产完成之后的产成品 100% 出口，再由境外的分公司（经销商）依据订单，将一部分产品再返销国内。这样的模式导致采购周期过长、生产柔性不足以及成品在途时间过长、物流成本浪费等问题（见图 9-3）。

新的模式对物流运作进行了优化。通过运用保税物流园区灵活的政策及便利的区位优势，在保税物流园区设立 VMI 仓库，境外原材料供应商直接在保税物流园区的 VMI 仓库保有库存，由专业第三方物流公司按照生产进度向工厂补货。成品出口至保税物流园区，完成出口核销。如是国内客户，将直接以一般贸易从保税物流园区再进口（见图 9-4）。

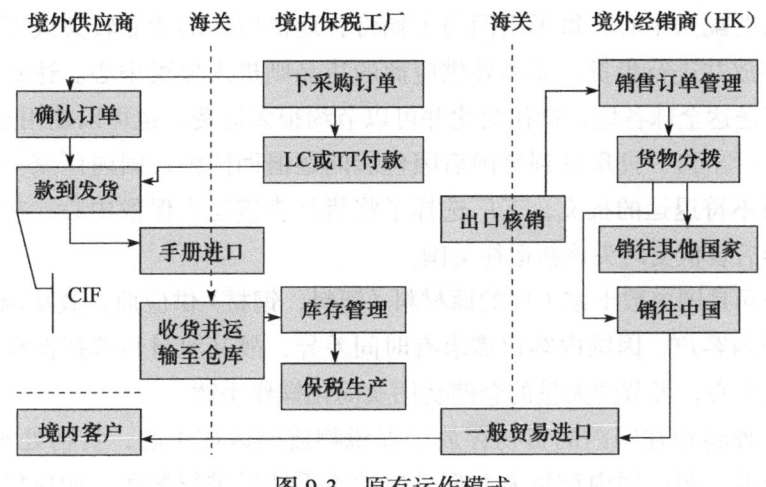

图 9-3　原有运作模式

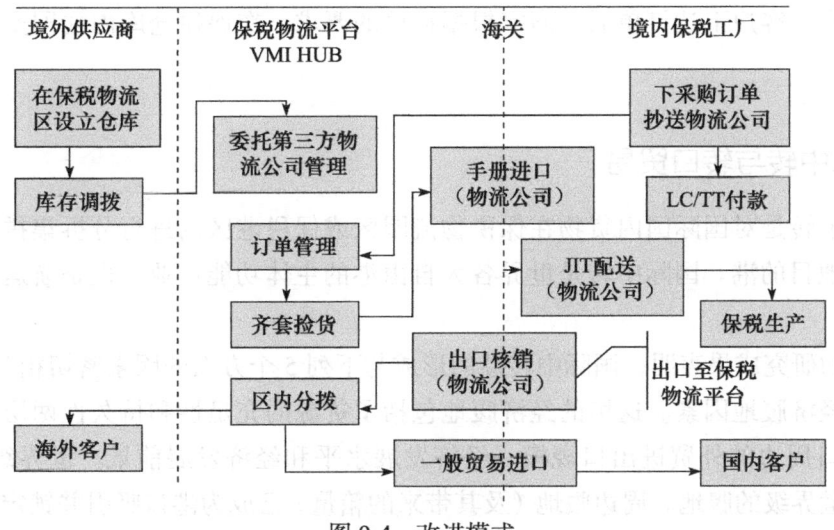

图 9-4　改进模式

改进后的模式成功地使企业的整体营运成本降低了 17%，并使资金利用率大幅提高：缩短了原材料在途时间，实现了 JIT 原材料配送。由于原料从供应商到工厂的在途时间缩短，工厂实现本地零库存，加快了工厂资金周转。由第三方物流商负责从保税物流园区至工厂的手册报关和国内配送的一条龙服务，简化供应商管理。产品出口不必再先运至境外或香港，直接通过保税物流园区进行出口核销，节省了大量的物流成本。直接由国内第三方物流公司取代原境外经销商在区内进行出口产品分拨和集拼，大大降低了营运成本。

（2）某国内大型进出口公司，从海外进口大量需要批文的产品，过去由于批文和产品均存在季节性问题，因此公司在直接进口销售中折损不少利润。采用保税中心，淡季进货，旺季清关销售，大大降低了运营成本，提高了企业的市场竞争力。

某跨国公司在国内有遍布各地的数十个原材料供应商，他选择了保税中心作为东南亚地区的采购配送中心。每天用国内车辆将各地供应商的货品转关或直接出口交货至保税中心存放并进行集货，而海外供应商的货品则进入保税中心。达到一定量后再根据需要整柜送达全球各地，操作简化并可以节约很多运费。也可以使用延迟技术。

（3）某工厂出口一批玩具到美国后因包装问题退回国内，国内厂家一时无法向海关申请到质量不符退运的批文，工厂选择了将货品直接运入保税中心，在仓库改换包装，改换完毕后装柜交码头重新运往美国。

（4）某公司是国内数十家工厂的原材料（塑料，钢材）供应商，其从国外批量采购后分批交给国内客户，因国内客户需求有时间差异，故其原材料选择保税物流园区或中心作为配送中心，可节约大量的仓储费用及简化操作手续。

国外供货商将销往国内的货物存放于保税物流园区或中心，货物处于保税状态。当国内有订货时，再由国内订货人办理进口纳税手续后进行配送。如果货物不适销对路，再退回国外也很方便。采用海关集中报关分批出货、分批出货集中报关。可以采用延迟技术，客户下达订单后，商家根据订单的要求，在保税仓库内立即安排装配并及时送达。

## 二、国际中转与转口贸易

国际中转是对国际国内货物在保税物流园区或保税港区内进行分拆集拼后转运至境内外其他目的港。国际中转是世界各大自由港的主体功能产业，也是航运中心实力的体现。

大量的研究成果表明，国际中转港的形成与下列 5 个方面的因素密切相关。

（1）经济腹地因素。这里的经济腹地包括了货源的充足性和持久性两层意思。这取决于港口周边的外贸进出口规模、经济发展水平和经济发展前景。世界级的港口，必须要有世界级的腹地。周边腹地（及其带来的箱量）已成为港口吸引并锁定大航商的关键筹码之一。

（2）水深与设施条件因素。这实际是港口本身的硬件条件问题。现代国际海运船舶的大型化对港口航道的水深条件要求大致在负 15 米左右。另外，港口设施是否完善，是否能够充分提供进出口及转运需求（包括是否拥有充足的码头、泊位和高效率的装卸机具等）也是影响港口货运量的重要因素。

（3）港口的自由度因素。这实际是自由贸易港区（或自由港、自由贸易区）的设立问题，在软件方面的要求中，一个关键的因素是通关的条件，这就需要赋予港口开放度更大的自由港政策。设置自由贸易港区具有免除关税障碍、促进货物自由流通、吸引中转货物等作用。港口的自由度越高，越有条件吸引国外货物在此进行加工、仓储和转运活动，因而越能吸引货源和船舶挂靠。

（4）港口的地理位置因素。这里的地理位置因素包含港口的自然地理和经济地理位置两层意思。自然地理位置主要是指港口是否位处内陆主要出海口、河海转运连接点，及其在一定区域范围内的垄断程度（即周边港口的数量）；经济地理主要是指港口是否位于国际贸易中心点、世界主要贸易路线。港口是否位于国际贸易主航线上已成为国际中转港的一个基本条件。

（5）港口的作业成本与效率因素。最直接的作业成本就是港口的收费率，包括船舶进港吨位费、领航费、码头费、卸货费和仓储费等。随着港口竞争的加剧，全球港口收费率的差距正趋于缩小，港口的作业成本和效率因素对于国际中转港的影响将大大下降。

高雄、香港和新加坡是全球知名的国际中转港，其具体运作实例如下。

### 1. 高雄

（1）经济腹地方面：高雄港背靠工业发达的台湾岛和大陆东南沿海的福建等地。20世纪80年代，高雄港凭借腹地经济的先发优势，率先在亚太地区确立国际中转港地位。

（2）港口水深和设施条件方面：全港面积2 683公顷，有两个进出港口及航道，航道全长18公里。港口水深为-10米至-16米，拥有116个码头，全长26.2公里，可同时提供153艘各类船舶作业。

（3）港口自由度方面：为扩大港口规模和国际中转业务，台湾当局于2004年初正式批准了酝酿多年的高雄自由贸易港区提案。

（4）地理位置方面：高雄港扼台湾海峡与巴士海峡交汇之要冲，是南北航线和环太平洋航运的必经之地，也是亚太地区6大主要港口（高雄、新加坡、香港、马尼拉、上海、东京）海运的中心点。

（5）港口作业成本和效率方面：自2001年起至2003年，高雄港针对集装箱码头实施各项弹性费率优惠措施，例如免收空箱装卸管理费、集装箱码头免收转口装卸管理费、放宽合作兴建投资报酬率、调降土地使用费等。目前，高雄港对3 000TEU集装箱船的港口收费约为12.4万美元。

### 2. 新加坡

（1）经济腹地方面：新加坡港背靠西太平洋地区，特别是东南亚新兴工业化国家。这些国家如马来西亚、印尼和泰国等为新加坡提供了大量的货源。

（2）港口水深和设施条件方面：新加坡岸线长100多公里，拥有东南亚最长的码头岸线，码头总长度13公里，水深在9.4～15米之间。现拥有4个集装箱港区，港区总面积为583平方公里，有46个深水泊位和70个油船泊位，是世界上最大的集装箱港区之一。预计2027年巴西班让码头完工后，新加坡港货柜装卸能量可达3 600万TEU。

（3）港口自由度方面：新加坡早在19世纪就开始实施自由港政策。

（4）地理位置方面：新加坡是北美航线及欧洲、地中海航线之起始港和目的港，且处于东南亚国家的中心，也是南北近洋航线的必经之地。凭借优越的地理条件，新加坡港除了承揽东南亚地区如泰国、马来西亚、印度尼西亚等支线港口的大量接驳业务以外，还充当了不同货运航线间的交汇中转港，吸引不少国际知名的欧美及日本远洋航线竞相挂靠。

（5）港口作业成本和效率方面：目前，新加坡对 3 000TEU 集装箱船的港口收费约为 15.7 万美元。

### 3. 香港

（1）经济腹地方面：长期以来，内地尤其是珠三角为香港提供了大量的货源。

（2）港口水深和设施条件方面：香港港自然条件优良，港区水域辽阔，可同时靠泊 50 艘巨轮。香港葵涌码头是世界上最繁忙的集装箱码头，可同时容纳 18 艘大型货柜船在泊位装卸集装箱。码头前沿水深均为 -12 米以上，其中有 11 个泊位水深达到 -14.5 米，能够满足世界上最大集装箱船的靠泊。

（3）港口自由度方面：香港长期实行自由港政策，所有货物的流动、储存、加工、制造均是自由的。政府不干预港航企业的经营，船舶开放登记，现有 2 700 余家航运企业在香港注册，是世界上最大的船东总部。

（4）地理位置方面：香港地处东亚大陆海岸中部，位于南亚与东北亚航线要冲，向东横跨太平洋可抵达美洲大陆，向西经印度洋是通往欧洲的最便捷通道。香港一直以来是南中国的主要对外窗口，她既是通往珠江三角洲出口和我国华南地区的主要门户，也是沟通海峡两岸客货运的中转站。

（5）港口作业成本和效率方面：香港的港口作业成本过高，3 000TEU 集装箱船的港口收费约为 20.5 万美元。比深圳高了 2～2.5 倍，比广州则要高 4 倍。但香港港口的作业效率居世界前列。在货柜码头靠泊的货柜船，例行周转时间为 10 小时以内，而系泊在浮标装卸货物的普通船只，平均留港期仅为 1.8 天，装卸效率较高。

从以上国际知名中转港的实例可以看出，港口自由度方面十分重要。我国很多的保税港区目前在经济腹地、港口水深和设施条件、地理位置方面均具有国际中转港的条件，可以进一步通过近似自由港的政策，提高港口服务效率，降低作业成本，从而实现国际中转的具体运作。

转口贸易又称中转贸易，是指国际贸易中进出口货物的买卖不是在生产国与消费国之间直接进行，而是通过第三国转手进行的贸易。这种贸易对中转国来说是转口贸易。交易的货物可以由出口国运往第三国，在第三国不经过加工（改换包装、分类、挑选、整理等不作为加工论）再销往消费国；也可以不通过第三国而直接由生产国运往消费国，但生产国与消费国之间并不发生交易关系，而是由中转国分别同生产国和消费国发生交易。转口贸易有货物集散地、仓库、堆栈之意，它属于再出口贸易和过境贸易中间接过境的一部分。

转口贸易对中间商所在国而言，一般必须具备两个条件。

（1）自然条件：中转国的港口必须是深水港、吞吐能力强，地理位置优越，处于各国之间的交通要冲或国际主航线上。

（2）人为条件：要求中转国对中转地采取特殊的关税优惠政策和贸易政策，如自由港、自由贸易区等，使中转费用不致过高。同时，要求该地的基础设施、交通、金融和信息等服务系统发达且完备，以利于转口贸易的进行。

转口贸易的发生，主要是由于地理的、历史的、政治的因素，其所处的位置适合于作为货物销售中心，也可能是由于经济、法律、文化的因素，这些与国际贸易惯例和国际贸易规则都有关系。新加坡、香港、伦敦、鹿特丹等，都是国际著名的中转地，拥有数量较大的转口贸易。这些国家（或地区）输入大量货物，又再出口到邻近国家和地区。商人们通过转口贸易除了可以得到可观的转口利润和仓储、运输、装卸等收入外，同时也推动了当地金融、交通、通讯等行业的发展。

我国目前的很多保税港区具有很好的自然条件，再加之近似自由港的优惠政策，可以实现转口贸易的运作。具体如：从海运进口的货物，入保税中心（园区）或港区拆箱保税，重新包装后暂存，根据委托人指令装箱海运发往其他国家。

### 三、成套设备的销售和展示模式及其他

成套设备的销售和展示模式是一种对大型设备的销售和售后服务，如数控机床、数控巨型喷绘打印系统等在保税物流园区（中心）或港区内的演示和对客户的培训，并及时提供维修配件和服务。该模式充分利用保税物流园区（中心）或港区进口保税的特点，开设长期、不闭幕的展示会和培训班，有力地促进销售。采用这种模式的企业有松下电器机电（上海）有限公司、诺尔巨喷打印系统（上海）有限公司等。

针对一般贸易的应急处理：某工厂出口一批玩具到美国后因包装问题退回国内，国内厂家一时无法向海关申请到质量不符退运的批文，工厂选择了将货品直接运入保税物流园区（中心）或港区，在仓库改换包装，改换完毕后装柜交码头重新运往美国。

集运业务：国外的货代公司在国外收取拼箱货物，货物到港后，由于有不同的收货人且提货时间不同，可运至保税物流园区（中心）或港区拆箱后，每个提货人分别报关提货。

## 第四节　保税物流的未来发展趋势

目前，我国保税物流经历了从保税区、区港联动的保税物流园区（中心）到保税港区的发展历程。虽然从政策、区域面积到功能不断得以完善和扩大，但距离最终的目标——自由贸易（港）区仍有一些差距。我国保税物流的未来发展趋势是建立自由贸易（港）区，下面对自由贸易（港）区做详细的介绍。

### 一、自由贸易区概述

#### 1. 自由贸易区的定义

在世界多边贸易组织的规则中，有两个概念的自由贸易区：一是 WTO 界定的自

由贸易区（free trade area），二是世界海关组织（WCO）定义的自由贸易区（free zone/free trade zone），两者的内涵是不同的。

前者是指两个或两个以上的国家通过达成某种协定或条约取消相互之间的关税和与关税具有同等效力的其他措施的国际经济一体化组织。对应的英文是 FREE TRADE AREA（简称 FTA）。

后者指在某一国家或地区境内设立的实行优惠税收和特殊监管政策的小块特定区域，是指在主权国家或地区的关境以外划出特定的空间区域，准许外国商品豁免关税自由进出。对应的英文为 FREE TRADE ZONE（以下简称 FTZ）。

本节所介绍的自由贸易区指的是 FTZ。FTZ 是一个国家（单独关税区）内部设立的、有隔离的、置于海关管辖之外的、实行自由贸易的特殊经济区域。

自由贸易港和自由港是可以互换的概念，是指全部或绝大多数外国商品可以免税进出的港口。这种港口划在一国关税国境（即关境）以外，外国商品除进出港口时免缴关税外，且可在港内自由改装、加工、长期储存或销售。自由贸易港经常是与自由港同义的自由贸易区，我国目前和未来设立的自由贸易区实际上也是指自由贸易港。

**2. 自由贸易区的特点与作用**

自由贸易区通常具有以下特点：

（1）位于港口周围。
（2）基础设施优越。
（3）区内经营企业多以出口活动为主。
（4）存在财税激励。
（5）制度环境便利、高效等。

自由贸易（港）区对一国经济有着重要的促进作用，主要表现为：

（1）促进出口增长及丰富出口多样性。
（2）增加一国外汇收入。
（3）增加直接和间接就业。
（4）吸引外商投资。
（5）增加政府收入。
（6）提升技术水平。
（7）提高一国产业竞争力。
（8）对其他地区的示范效应及区域改革的促进作用等。

同时自由贸易（港）区也会产生一些问题，如对劳动力的过度利用，对假冒伪劣产品和违法产品的监管不当、环境污染及破坏等。

**3. 自由贸易区的业务**

为辅助和促进贸易活动，自由贸易（港）区开展一系列业务，如：装卸、仓储、加工、分拨、展示、拆包以及再包装、贴标签、挑选、组装、制造、零售、转运及服务等。但由于地理位置、政策目标不同，各国或地区自由贸易（港）区侧重有所不同，具体如表 9-2 所示。

表 9-2 各国（地区）自由贸易（港）区主要业务

| 类 型 | 重点业务 | 代表国家或地区 |
|---|---|---|
| 自由港型 | 装卸、仓储、销售、包装、加工制造 | 吉布提、中国香港 |
| 转口集散型 | 集散、转运 | 汉堡 |
| 出口加工型 | 加工为主，贸易、仓储、运输为辅 | 菲律宾 |
| 贸工结合型 | 贸易和简单加工、制造结合 | 伊斯坦布尔 |
| 保税仓库型 | 保税仓储、允许再包装、分级、挑选、抽样、混合、处理 | 意大利 |
| 商业零售型 | 商品展示、零售 | 智利 |
| 边境自由工业区 | 加工 | 墨西哥 |

从表 9-2 可知，自由贸易（港）区的业务虽种类多样，但在各国地区自由贸易（港）区的实践中，仍主要集中在加工、仓储业务上。随着自由贸易（港）区的探索和发展不断深入，各自由贸易（港）区的业务种类将不断丰富，并且附加值高的业务将不断增加，如金融服务等。

**4. 自由贸易区的形成与发展**

自由贸易区是自由港发展而来的，通常设在港口的港区或邻近港口的地区，尤以经济发达国家居多，如美国有对外贸易区 92 个。世界上搞得好的自由贸易区（FTZ）大多与港口连在一起，一般都实行港区一体化管理。目前世界上有 600 多个自由贸易港，荷兰、美国、新加坡、日本、韩国和中国香港等国家和地区，都有自由贸易港或类似的贸易经济区，成为主导国际间贸易的枢纽、集散地和交易中心。世界著名的自由贸易港有中国香港、新加坡、亚丁、贝鲁特、汉堡、巴拿马等 20 多个。

综合全球自由贸易区形成的一般规律，其建设发展一般需要具备下述几方面条件：一是优良的港口，便利的交通，良好的基础设施，包括能源、运输、通信和住宅；二是高效的服务体系，包括银行、保险、海关、商检、仓储等服务部门以及良好而充足的专业人员；三是坚持自由贸易政策，大力倡导国际贸易自由化，反对贸易保护主义，一般进口或出口货物均无须缴付任何关税，也不设任何增值税或一般服务费，对货物的进出口经营权不设限制；四是发达的银行金融，实行自由汇兑制度，完全开放外汇及黄金市场，无论实行何种汇率制度，本地资金和外国资金均可自由进出，自由流动，外汇市场发展成熟，交投活跃，这大大促进了金融业的发展，而货币市场以金融机构的批发活动最为活跃；五是良好的投资环境，即对本地公司及外商一视同仁，实行少干预、无补贴政策，为所有运营商公司提供公平的经营环境，对大部分新投资项目不设任何管制，政府一站式服务有助于投资者节省时间和减低触犯政府规例的风险；六是良好的管理体制，体现在政府对自由贸易区如何管理和自由贸易区自身如何管理两个方面；七是多方面的优惠制度，包括优惠的投资政策，完善的法律、法规等，为了使自由贸易区吸引国内外投资者，促进自由贸易区的繁荣和发展，各国政府尤其是发展中国家的政府,在制定自由贸易区政策时,往往制定许多优惠制度;八是适当的监管制度,其中海关监管制度是重点,自由贸易区和其他区域的重大区别之一就是避免由于关税和复杂的海关手续所造成的贸易障碍,国际上对自由贸易区海关监管的核心思想可以概括为"一线放开,二线管住,区内不干预"。

## 二、自由贸易区的通关流程

在货物进口通关流程部分,自由贸易港区和一般货物进口及传统免税区的进口流程最大的不同,即在于通关流程的简化,以加速整个通关速度,缩短通关所需的时间。以下将分别叙述一般货物及自由贸易港区的货物进口通关流程。

### 1. 一般进口货物通关流程

一般进口货物通关流程,如图9-5所示。

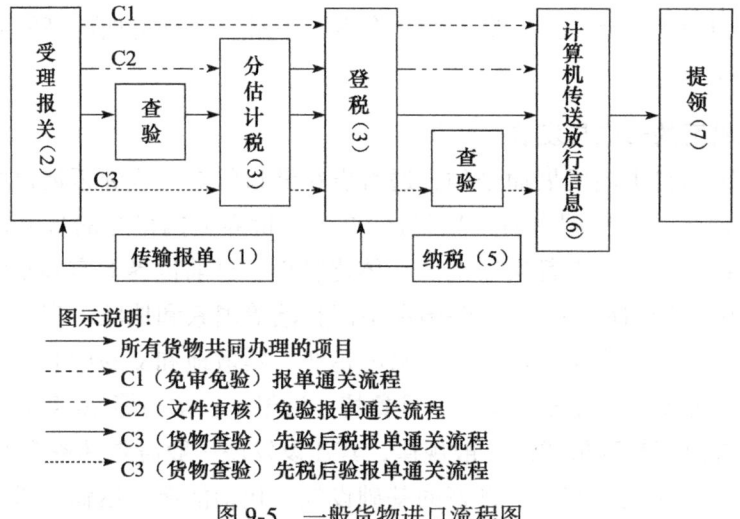

图9-5 一般货物进口流程图

(1)进口人以报关单向货物存放地海关报运进口(须依关税法委托报关业者办理)。

(2)海关计算机接收报关单信息,核定通关方式(C1、C2、C3)。

(3)核定为C1者,免审免验,征税放行;核定为C2者,应审免验,通知报关行递送报单及相关文件,报关行按通知于"次日办公时间结束以前"向海关递送报单等文件,海关核对无误,征税放行;核定为C3者,应审应验,报关人应将书面报关单送交海关,并派员会同查验,查验完毕经审核无误后,征税放行。

(4)海关核发(或报关行自行打印)税款缴纳证。

(5)纳税义务人向银行缴纳(或用电子转账)税款,并传输通知海关。

(6)海关将放行信息传输至报关行及货栈。

(7)报关人持运送文件到货栈提领货物。

## 2. 货物进入自由贸易港区通关流程

货物进入自由贸易港区通关流程，如图 9-6 所示。

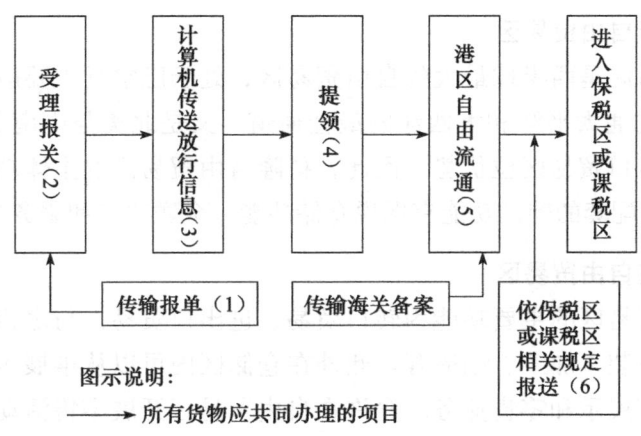

图 9-6　货物进入自由贸易港区通关流程

（1）国外货物进出自由贸易港区向所在地海关通报（需依关税法委托报关业者办理）。

（2）海关计算机接收信息，响应备案后放行。

（3）海关将放行信息传输报关行及港区货栈后可以提领。

（4）报关人持"放行通知"及运送文件到港区货栈提领货物。

（5）港区内转口货物、进行简易加工或重新包装等业务需由报关业者向海关通报，经海关记录备案，凭此办理。

（6）港区货物进入保税区或课税区需由纳税义务人向海关传输报单，完成通关，取得放行信息后，凭此出区，并依照国外货物进出口保税区及课税区的相关规定办理。

## 三、世界各国自由贸易区概况

近年来，世界各国为了促进贸易全球化与自由化，纷纷设立自由贸易区。不同国家和地区的自由贸易区，根据各自的区位条件、基础设施和进出口贸易发展水平，进行相应的功能定位，并且随着国内外经济形势的发展而采取一定的调整措施。

### 1. 美国对外贸易区

根据 1934 年最初的《对外贸易区法案》，美国将对外贸易区的主要功能定为进出口贸易、转口贸易及仓储。1950 年美国国会修订了该法案，进一步拓展其功能，允许进行展销和加工制造，从而使对外贸易区由纯贸易型发展为贸工型贸易区。1980 年国会再次调整法案，允许用美国零部件和外国原材料装配而成的制成品，其增值部分免税，目的是进一步鼓励在对外贸易区内发展加工工业。为了适应对外贸易发展的新需求，1991 年美国对外贸易区委员会颁布了自由贸易区新的管理条例。至此，美国对外贸易区的主要功能有：进出口贸易、保税仓储、简单商业性加工、商品展销、混合加工和制造及转口贸易等。

### 2. 巴拿马科隆自由贸易区

科隆自由贸易区是西半球最大的自由贸易区，处于巴拿马主要航道巴拿马运河的咽喉地带，既是沟通太平洋和大西洋的最佳通道，又是北美与中南美洲的连接要点，具有极其优越的转口贸易区位优势。因此，科隆自由贸易区的主体功能定位为转口贸易，而为主体功能配套的辅助功能有保税仓储功能、金融功能和服务功能等。

### 3. 智利伊基克自由贸易区

伊基克自由贸易区的主要功能为转口贸易、进出口贸易，与之相配套的辅助功能为仓储、装配、组装、加工、制造等。此外在仓储区内可以从事展示、批发作业，在商业区内可以从事展示和零售业务。允许在自由贸易区开展零售活动是智利自由贸易区区别其他自由贸易区的一大特色。消费者在零售展销厅可以任意选购，同时支付6%的消费税。该项税收由摊主代收代缴。消费者购买的货物如带出国外或仅在伊基克市所在的第一行政大区内使用，没有关税。如消费者将货物带出第一行政大区进入智利其他地区时，不满500美元价值的可以免税，超过部分则需缴纳11%的关税，并在此基础上加18%的增值税。允许在自由贸易区开展零售业务，通过税收赚取外汇，不仅促进了自由贸易区的自身发展，而且繁荣了地区经济，推动了旅游业的发展。

### 4. 中国香港自由贸易区

香港本身就是一个自由贸易港区（或简称为自由港），进出口香港的货物只有四项需要课税，其他都是自由流通不受限制，不论是转口、重新包装，还是再制加工都不需要报关。这种先天的优势，确实是吸引许多外国公司愿意进入香港的重要因素。

但是随着中国内地经济的快速发展，再加上中国政府陆续在沿海地区成立保税区域，许多本来由香港出口的货物，现在直接由其他沿海的港口出口，其中以上海港的发展最为明显。加上香港附近的港口，如盐田港的开发也即将完成，对于香港的货量而言势必会受到不小的冲击。

中国内地与香港于2003年6月29日签署"更紧密经贸关系安排"（CEPA），主要内容有三大项：货物贸易、服务贸易及贸易投资便利化。货物贸易的主要内容为：从2004年1月1日起，内地（CEPA通称为"内地"）对原产香港进口的273项产品实施零关税，涵盖的香港产品，包括部分电机及电子产品、塑料产品、纸制品、纺织制品及成衣、化学制品、药物、钟表、首饰、化妆品和金属制品等。除此之外，有将近4 000项产品于2006年1月1日前享有零关税待遇。对于所谓"香港产品"的原产地规则的制定及原产地证签发程序和监管事项也于2004年1月1日前由双方磋商确定。

前述的273项香港制产品于2004年1月1日免关税进入内地，这些产品约占香港产品出口大陆的六成，连同内地在加入WTO承诺于2004年1月1日的零关税安排，占出口到内地的港货九成。这些产品原来的进口关税介于3%~35%，香港年节省7.5

亿港元。虽然不同类别产品的原产地规则有所不同，但 CEPA 的精神是为香港生产商提供最大的弹性，使其尽量把握进入大陆市场的机会。

至于 CEPA 对香港与内地货物贸易的影响，除了免关税外，可望为香港创造约 9 000 个就业机会，并吸引部分制造业尤其是高增值行业由大陆回流香港，以打开内地市场。但有关协议的好处，要中长期才可以浮现。高增值产品包括珠宝、钟表、品牌成衣及中药等。然而由于港商需要进一步部署，一般要八至九个月，才可以看到港商回流。此外香港公司会成为不少外国公司的合伙对象；另外会影响部分在东南亚，特别是在印度尼西亚、马来西亚、菲律宾的成衣港商返回香港生产，因在 2005 年全球配额制被取消，前述的生产地已经不再拥有优势。

就 CEPA 与 WTO 对香港的得益来分析，业内人士指出，香港在 CEPA 中获得的好处，不单是比外资早了 2 年时间，同时还比中国内地加入 WTO 时对外资的承诺更宽松。即使中国内地今后在兑现了对 WTO 的全部承诺后，根据 CEPA 给予港商在内地获得的优惠条件，也比外资更为优厚。因为在内地的入世条款中，有关香港产品进入内地方面，并没有零关税这一项。CEPA 给予香港产品零关税，可以说是给予香港的特别优惠。

**5. 新加坡自由贸易区**

新加坡的自由贸易区政策，对国外"吸引货源"产生了根本的作用。新加坡港口及樟宜机场良好的基础设施，配合四大物流专业园区，能提供制造商高附加价值的物流服务。此外，信息科技的适当运用简化了通关手续，"新加坡海事及海港管理局"高效率的单一窗台服务，以及新加坡人与国际沟通无障碍的语言能力等人力资源上的条件，均成为新加坡成功的关键因素。

在最终成为"全球电子物流中心"（Global E-logistics Hub）的强大目标下，新加坡看准未来趋势，往专业物流的方向一步步努力，期望自由贸易区能为新加坡创造更多就业机会，吸引更多外资流入。

目前新加坡自由贸易港区的功能已经相当健全，尤其在信息科技的运用方面，更胜其他国家一筹。在 2000 年明确规定"全球电子物流中心"（Global E-logistics Hub）为其最终发展目标后，使新加坡自由贸易区的特色更加明显。

自 1969 年实施自由贸易港区政策以来，新加坡施行了许多配套措施。下面就几个较大的政策、与信息科技的运用有关的项目列出，并解释政策施行的目的、信息科技如何运用，让读者能以时间先后的顺序对政策的施行作一了解。

1969 年，设立"自由贸易区"（Free Trade Zone，FTZ）。设立的目的是吸引全世界销往亚太地区的货物集中于新加坡。

1983 ~ 1997 年，实施"提升出口竞争力计划"。此计划包含许多子措施，主要目的在于减少通关作业时间，强化自由贸易区的设施，提升政府的作业效率。主要措施如下：

（1）1989年，激活"贸易网络（Trade Net）计划"。开始将EDI（电子资料交换系统）运用于通关作业程序上。

（2）1993年，实施"全球贸易商业中心计划"。健全自由贸易区内的贸易功能，以吸引外资设立国际采购办公室、营运总部等。

（3）1996年，推动"单一箱台服务中心计划"。节省航商停留时间，使其所有需要的服务都能在自由贸易区内一次完成。

（4）1997年，新加坡港务局（Port of Singapore Authority，PSA）民营化、LEAP（Logistics Enhancement Applications Program）计划。

（5）为吸引转口货运，加强物流园区（District park）的基础建设，并提供工业仓储用地。1998年，推动"航空货运追踪系统"（Air Pallet Trailer）。航空货运追踪系统是另一项信息科技的运用，能增加顾客对货运业者的信心。

1999年，全力推动电子商务、成立LEAP99、物流专业人才培育计划（Logistics Specialist Manpower Programme，LSMP），开始确定其信息科技运用的特色。上述三项措施都是为了增加其在"全球电子物流"方面的专业性。

2000年，IT Action Plan明确定位为e-logistic hub，确立未来发展目标。

2001年，Trade Net Plus建构完整网络交易系统，强化其信息科技的系统，突显该自由贸易区的与众不同。

新加坡目前有7个自由贸易区，其中6个属海港货运，一个属空港货运，自国外进口的货物，在区内从事储存、重新包装、分类、拆装封集装箱及制造等为免征关税及消费税。实务上，货物在同一自由贸易区内自由移动，海关不加干涉。自由贸易区内为传统的集装箱进出口货物提供72小时的免费仓储，并且为转口或复运出口货物提供28天的免费存储，使仓储贸易与转口贸易蓬勃发展。

在自由贸易区内，新加坡港务公司（PSA）能够提供200多万平方米的封闭和露天储存场所。在所规划的自由贸易区均以围墙方式和外界有所区别，进出自由贸易区的出入口均有海关检查站，加以控管。海关人员有权随时进入自由贸易区内的集装箱站，检查存放于区内的货物或集装箱。在实务上，海关极少进到区内检查，多在货物或集装箱离开自由贸易区时，在海关检查站执行文件的检查或随机检查货物。储存在区内的货物进行重贴标签、重新包装、应税货物的填装或拆装、抽样样品的分类等活动的许可，应将申请函传真至海关港口办事处（Port Branch）。

实务上，只要货物未离开自由贸易区，除应税货物外，货主或托运业者对于货物进行简易的重新包装等行为，均不需向海关汇报备案。

新加坡是自由贸易区中的典范，是真正落实"自由"的自由贸易区，配合新加坡的转口枢纽港（Hub Port）的地位，提供相当附加价值的服务，包括仓储、港埠、加工、贸易、物流、金融等，使得新加坡吸引了大量货物，与中国香港并列为亚洲重要的自由港。24小时的货物报关服务，4～6小时的快速货物通关时间，以及海关几乎完全不干涉业务的"境内关外"，都是各国欲设立自由贸易港区的模板。

**6. 韩国自由贸易区**

韩国虽然没有自由贸易区的名称，但是釜山港与光阳港两港的"自由关税区"属于自由贸易区的概念。而目前除了这两个港口之外，还有一个投资上亿美元的自由贸易区在韩国仁川动工兴建。韩国希望借此来吸引外来资金，并同时能增进与中国的贸易交往。从韩国仁川市到北京只需要2个小时的飞行时间，自由贸易区建成后，规划吸引许多在中国设厂的韩国企业，能够到仁川来建立研发中心。

目前，微软、惠普等高科技企业已经与仁川市签署了备忘录，准备在这里建立科技园区。仁川市的官员说，自由贸易区建成后，仁川将成为东京、上海和香港等国际化大都市的有力竞争对手。去年，韩国吸引的外来资金大幅下降了35%。为了吸引外资，韩国计划在仁川、釜山和光阳设立3个自由贸易区，将釜山和光阳从原本的自由关税区提升为自由贸易区，加上新投资的仁川港，预计可以为韩国吸引更多的外资进入韩国进行投资。

最后，将各个国家或地区设立的自由贸易区，按设立目的、法律依据、通关方式等项目进行分析比较，如表9-3所示。

表9-3 自由贸易区设置法规表

| | 设置目的 | 设置法律依据 | 营运机关 | 产业引进 | 通关方式 | 商品流通 | 优惠措施 | 招商方式 |
|---|---|---|---|---|---|---|---|---|
| 中国台湾 | 促进产业"深耕台湾，布局全球" | • 自由贸易港区设置管理条例 | • 公营<br>• 单一窗口 | 进口、转口、经备案可深加工 | 通关申报 | • 港区内自由流通<br>• 制造商自主管理 | 具有优惠措施 | 专责单位负责 |
| 中国香港 | 成为国际物流中心 | • 香港基本法令 | • 民营<br>• 单一窗口 | 进出口及转口贸易 | 事后申报 | • 自由进出<br>• 自主管理 | 具有优惠措施 | 专责单位负责 |
| 新加坡 | 成为物流中心 | • 特别法（Free Trade Zone Act） | • 民营<br>• 单一窗口 | 主要为转口 | 通关申报 | • 自由进出<br>• 自主管理<br>• 重新包装<br>• 贴标签<br>• 组装 | 具有优惠措施 | 专责单位负责 |
| 荷兰 | 提供仓储公司的需求 | • 欧盟及荷兰关税法<br>• 税法 | • 海港公营<br>• 空港民营 | 转口加工须经海关允许 | 通关申报 | • 自由进出 | — | 合作招商 |
| 中国大陆 | 成为东北亚商品集散和分拨中心 | • 行政命令 | • 地方政府 | 加工、制造及国际贸易 | 通关申报 | • 自主管理<br>• 保税<br>• 贴标签<br>• 组装 | 全国一致性及地方自订优惠 | — |
| 美国 | 促进对外贸易，提升竞争力 | • 对外贸易区法案 | • 公、民营企业 | 特定产业只能设在副区（如炼油业、汽车制造业） | 通关申报 | • 自由进出<br>• 保税<br>• 重新包装<br>• 贴标签<br>• 组装 | 具有优惠措施 | — |

（续）

| | 设置目的 | 设置法律依据 | 营运机关 | 产业引进 | 通关方式 | 商品流通 | 优惠措施 | 招商方式 |
|---|---|---|---|---|---|---|---|---|
| 韩国 | 成为国际物流中心基地 | ● 特别法 | ● 中央或地方政府<br>● 单一窗口 | 保管、销售、单纯加工、产品维修、国际物流 | 通关申报 | ● 自由进出<br>● 自主管理<br>● 转口<br>● 仓储<br>● 重新包装<br>● 贴标签<br>● 直接加工<br>● 展示<br>● 再出口 | 租税减免及投资奖励措施 | — |

## 四、上海自由贸易区

上海自由贸易区即中国（上海）自由贸易试验区。中国（上海）自由贸易试验区，是中国政府设立在上海的区域性自由贸易园区，属中国自由贸易区范畴。该试验区于 2013 年 8 月 22 日经国务院正式批准设立，于 9 月 29 日上午 10 时正式挂牌开张。试验区总面积为 28.78 平方公里，相当于上海市面积的 1/226，范围涵盖上海市外高桥保税区、外高桥保税物流园区、洋山保税港区和上海浦东机场综合保税区等 4 个海关特殊监管区域。

**1. 上海自由贸易区的发展背景**

上海对自由贸易园区的探索始于上世纪 90 年代。作为全国经济的改革试验区，上海于 1990 年率先在浦东新区成立了外高桥保税区，以扩大对外开放程度，促进贸易发展。由于外高桥保税区相较世界其他自由贸易园区成立较晚，具有后发优势，其成立之初就已经具备仓储、加工、展示等功能，整体基础较好。随后，由于全球产业分工和中国经济的发展，上海外高桥保税区逐渐在制造业、物流和贸易领域形成自身的比较优势，从而推动了上海进出口增长和周边经济发展。2005 年、2010 年上海相继成立了洋山保税港区、浦东机场综合保税区，并于 2009 年成立了上海综合保税区，统筹管理三区发展，由此初步形成了三区联动的格局。

上海综合保税区作为扩大对外开放程度的一个窗口，已逐渐成为带动地区发展的一个重要增长极。结合外资企业在综保区发展过程中所扮演的重要角色，上海综保区的发展模式更倾向于依靠"外资+外贸"保证和促进当地经济发展。但随着中国经济的发展，企业竞争力将不断提高，国内的自由贸易园区功能也将逐步转向为本土企业服务，为其更好地拓展国内、国际市场提供便利。随着海关真正放松"境内关外"的监管模式，上海自由贸易园区建设才能正式启动。

**2. 上海自由贸易区的建设意义**

（1）中国（上海）自由贸易试验区建设是国家战略，是顺应全球经贸发展新趋势，实行更加积极主动开放战略的一项重大举措。主要任务是要探索中国对外开放的新路径和新模式，推动加快转变政府职能和行政体制改革，促进转变经济增长方式和优化经济结构，实现以开放促发展、促改革、促创新，形成可复制、可推广的经验，服务全国的发展。建设中国（上海）自由贸易试验区有利于培育中国面向全球的竞争新优势，构建与各国合作发展的新平台，拓展经济增长的新空间，打造中国经济"升级版"。

（2）有助于拓展我国对外开放的广度和深度，提高开放型经济水平，改变我国对外开放的格局，推进我国全面融入世界经济、金融、贸易体系。多年来我国在世界经济舞台上处于较被动的境地，缺少深度合作的手段和制定规则的话语权，在国际舞台上难以发挥一个大国应有的地位和作用。上海浦东自由贸易港区战略的实施，可以凸显上海在我国对外开放中的战略地位和作用，有利于在国际舞台进一步充分发挥上海的战略作用。

（3）有助于加强多领域合作，进一步实现深度参与国际分工，构筑我国参与国际竞争的桥梁，促进商品贸易和资本往来，突破商品贸易壁垒，扩大世界范围的市场信息，建立商业信息网络，提高贸易管理水平，提升我国商贸服务业的产业形态，促使上海形成国际商品集散中心和亚太供应链核心枢纽，提高国家和上海在国际贸易中的地位。

（4）自由港将有利于吸引高端制造业，而贸易区将有利于吸引更多的加工、制造、贸易和仓储物流企业聚集，促进中国的产业升级。因此，自由贸易区对于物流的集聚效应将更加显著。

（5）自由贸易试验区的推进将使得海上保险等航运服务业务在上海得以培育和集中，解决航运中心建设中金融支持的问题，这将使得上海获得更多的制度红利。

（6）通过放宽税收、外汇使用等优惠政策，有利于跨国公司内部的全球调拨、产生金融机构在上海集聚的效应。

**3. 上海自由贸易区的功能定位**

（1）商品流通功能。国际性实物商品的集中展示、交易地，是包括国际贸易和国内贸易在内的大流通市场，使国际贸易中的一定比重得以在区域完备的生产体系中获得交易。

（2）商品集散功能。成为全球多种实物商品和全国各地进出口商品物流集散的桥头堡和转运中心。

（3）信息集成功能。成为世界级商品信息交流中心、各类大宗商品定价中心、各类新品信息发布中心、信息服务中心，成为国际客商获得我国、亚太地区乃至全球贸易态势的参照系。

（4）辐射吸引和资源整合功能。以国际贸易和综合服务需求为龙头，通过其辐射吸引作用系统，整合全球范围内的金融、物流、制造业等资源，逐步通过制度创新、流程创新、商务模式创新和价格发现影响国际市场。

（5）经济发展推进功能。浦东自由贸易港区建设是推进上海城市经济转型的重要手段，是为全国提供服务、提升国家竞争力的重要平台。

（6）综合服务功能。浦东自由贸易港区贸易中心以中间产品贸易、转口贸易和离岸服务等服务功能和信息网络为特征，在世界贸易体系中发挥中枢功能的作用。其不仅是国际商品展示、批发、交易中心，而且是国际品牌荟萃和消费流行发祥的国际购物天堂，是国际化的零售批发交易中心、口岸贸易中心、物流配送中心等多项功能的综合体。

**4. 上海自由贸易区的发展重点**

以经济、金融、贸易、航运四位一体融合推进国际自由贸易港区建设，是推动区域经济发展转型的一项系统工程，需要在时空上点、线、面联动，重点推进以"一条流域、两大门户、三个市场、四个环境"的"1234"城市综合服务功能和服务环境建设工程。

（1）全方位构建长江流域商贸走廊。以现代物流的理念，联手长江流域各省市，加强江海联运商贸业硬件和相关服务功能的跨地区、标准化、信息化、系统化软件设施建设，进一步做大做强上海口岸进出口贸易和服务。

（2）积极推进两大国际门户区建设。重点是加快上海浦东国际航空港临空经济区开发建设，与临港产业集聚区建设相呼应，同时借助浦东改革先行先试动力，划出实施自由贸易港区的政策边界，形成具有强势竞争力的海空国际门户外向型高端产业集聚区和高端加工贸易自由港区。

（3）做大做强"现代商品交易市场"、"会展市场"、"产权技术交易市场"三个交易市场，努力将其打造成为东亚最大的商品、会展和技术交易市场，为发展国际商务提供宽厚平台。

（4）努力创造良好的商品交易服务、资本市场服务、转口贸易营运服务条件，从系统的政策设计角度，加快推进商贸法规实施环境、商务交易信用履行环境、管理和服务技术创新支持环境、国际商务复合人才成长培养环境的建设。

（5）将推进国际贸易结算中心、融资租赁、期货保税交割功能、扩大保税船舶登记试点规模、研究建立具有离岸特点的国际账户等十项功能先行先试，即深化国际贸易结算中心试点运作、融资租赁功能全面发展、以期货保税交割功能促进大宗商品产业集聚、扩大保税船舶登记试点规模、推动机场区港一体化迈出实质性步伐、做大洋山保税港区国际中转集拼业务、探索"前店后库"联动模式、试点全球维修检测业务、研究建立具有离岸特点的国际账户。

## 第五节　国际物流金融

随着国际物流企业的逐步发展和成熟，国际物流服务已不局限于提供国际运输、仓储、通关作业等单环节、基础性的服务，而逐渐向价值链的其他环节延伸，如提供国际采购、销售、国际贸易、金融等衍生服务，这些服务都是在国际物流企业提供物流服务的基础上展开的，应该说，国际物流的衍生服务是国际物流企业发展的高级阶段。

从供应链的角度来看，供应链包含四流，即物流、信息流、资金流和商流，要求在具体运作中实现四流合一。而在以前的供应链研究中，偏重于物流和信息流的研究，却忽视了资金流和商流的作用。从未来的发展来看，今天的物流企业将不仅是一个物流企业，它还将是一个能够在提供物流服务基础上，提供融资、结算等功能的金融企业。

国际物流金融是国际物流衍生服务的一个重要方面和内容，是物流与资金流结合的产物。

## 一、物流金融的含义

物流金融是物流服务和金融服务相结合的产物。物流金融，即包括金融服务功能的物流服务，主要指在供应链中，第三方物流企业提供的一种金融与物流集成式的创新服务，其主要服务内容包括物流、流通加工、融资、评估、监管、资产处理和金融咨询等。物流金融不仅能为客户提供高质量、高附加值的物流与加工服务，还为客户提供间接或直接的金融服务，以提高供应链整体绩效和客户经营、资本运作的效率等。

物流金融也是供应链的金融服务创新产品，物流金融的提供商（比如第三方物流企业）可以通过自身或自身与金融机构的紧密协作关系，为供应链的企业提供物流和金融的集成式服务。

物流金融可分为广义物流金融和狭义物流金融。从广义上讲，物流金融就是面向供应链物流的运营过程，通过应用和开发各种金融产品，有效地组织和调剂物流领域中货币资金的运动。这些资金运动包括发生在物流过程中的各种存款、贷款、投资、信托、租赁、质押、贴现、保险、有价证券发行与交易，以及金融机构所办理的各类涉及物流业的中间业务等。从狭义上讲，物流金融仅指物流供应商在物流业务过程中向客户提供的结算和融资服务。

## 二、物流金融的产生背景

### 1. 第三方物流服务的革命

物流金融服务，是物流与金融相结合的产品，其不仅能提高第三方物流企业的服务能力、经营利润，而且可以协助企业拓展融资渠道，降低融资成本，提高资本的使用效率。物流金融服务将开国内物流业界之先河，是第三方物流服务的一次革命。

### 2. 中小型企业融资困境

在国内，由于中小型企业存在着信用体系不健全的问题，所以融资渠道贫乏，生产运营的发展资金压力大。物流金融服务的提出,可以有效支持中小型企业的融资活动。另外,物流金融可以盘活企业暂时闲置的原材料和产成品的资金占用,优化企业资源。

**3. 供应链"共赢"目标**

对于现代第三方物流企业而言,物流金融可以提高企业一体化服务水平,提高企业的竞争能力和业务规模,增加高附加值的服务功能,扩大企业的经营利润。对于供应链企业而言,物流金融可以降低企业的融资成本,拓宽企业的融资渠道;可以降低企业原材料、半成品和产品的资本占用率,提高企业资本利用率,实现资本优化配置;可以降低采购成本或扩大销售规模,提高企业的销售利润。

对于金融机构而言,物流金融服务可以帮助金融机构扩大贷款规模,降低信贷风险,甚至可以协助金融机构处置部分不良资产。

**4. 金融机构创新意识增强**

当前金融机构面临的竞争越来越激烈。为在竞争中获得优势,金融机构,比如银行,不断地进行业务创新。这就促使了物流金融的诞生。物流金融可以帮助银行吸引和稳定客户,扩大银行的经营规模,增强银行的竞争能力;可以协助银行解决质押贷款业务中银行面临的"物流瓶颈"——质押物仓储与监管;可以协助银行解决质押贷款业务中银行面临的质押物评估、资产处理等服务。

总之,物流金融是物流服务的重大创新,物流金融是现代物流发展的迫切要求,是物流与资金流融合的产物。

## 三、国际物流金融业务

**1. 含义**

物流金融发展起源于物资融资业务。英国在近代出现的流通纸币就是可兑付的银矿仓单,国际物流金融与普通的物流金融在服务内容上差别不大,只是国际物流金融是一种跨越两国或两国以上的物流金融,其中蕴藏的风险更大。在物流金融中涉及三个主体:物流企业、客户和金融机构,当物流企业或金融机构是国际物流企业和跨国金融机构时,它们能够提供的跨国物流金融服务即可称之为国际物流金融,其所开展的业务就是国际物流金融业务。伴随着经济全球化和区域经济一体化的发展,物流也呈现出全球化的趋势,未来的物流金融必然也是国际化的。在此,将为"国际物流"提供相关的金融服务称为国际物流金融。

**2. 业务模式**

(1)信用证下进口融资

1)基本含义

授信开证是指开证银行根据开证申请人的要求和指示而出具的一项约定,在该约定项下，当与信用证条款和条件相符时，凭规定的单据，向第三者（受益人，通常为国际贸易中的出口方）或其指定人付款，或承兑并支付受益人出具的汇票；或授权另一家银行付款，或者承兑并支付该汇票；或授权另一家银行议付。由于全额保证金项下，不需占用银行为企业核定的授信额度，因此，授信开证通常是指非全额保证金项下的开证业务。由于保证金仅为开证金额的一部分，故可解决企业资金临时紧张的情况，加速企业资金周转。

授信开证业务对银行来讲属于风险较大的一类授信业务。这是因为银行开出信用证后，就代进口企业承担了有条件的付款责任，即到时只要出口商根据信用证规定的条款和提交了单证一致的单据，开证行就必须付款。为防范业务风险的需要，银行需要给申请人核定授信额度。该额度一般向一些资信好、有清偿能力、进出口业务稳定且频繁的进口企业提供。获得银行的该额度后，进口企业可循环使用。具体额度因企业不同而不同，同时对保证金交纳比例、抵质押担保要求也不同。一般而言，银行对资信好、还款能力强的企业要求的保证金比例较低。反之则较高。银行在提供开证业务时，如果用外汇做保证金，则还要考虑汇率变化趋势的因素。

银行为了防范业务风险，一般要通过控制货权来约束进口商履约，亦即为开证申请人开立的多为可控制货权的信用证：在即期信用证项下，要求提供全套货运单据，或要求非货权单据但银行要指定收货人；在远期信用证项下，要落实好货物控制措施。

国际货物交易协议中通常会对申请人开证的种类、性质、开证时间、开证行、受益人等相关事项做出明确规定。在一般情况下，进口人应在协议装运期开始的第一天以前完成信用证的开立。

2）业务流程

信用证的开立是对交易中的买方提供的信用，属于供应链融资环节，因此，我们对信用证业务流程中的这一环节进行重点阐述。

A. 开证申请人申请开证，提交银行要求的材料。

申请人到银行申请开证，首先需要提交证明其合法身份及证明申请人符合银行规定的开证条件的证明材料，包括开证申请报告、财务资料、进出口商品买卖合同、进口付汇核销单以及工商营业执照、批准其经营进出口业务的批文等资格证明文件。如需担保，还要提交担保人的相关资料；如需抵押，则须提供抵押凭证及公证文件。在特殊贸易形式下，要提交一些特殊材料，如在加工贸易项下，开证申请人要准备加工贸易手册。

在开证申请人提交的材料中，开证申请书起着申请人与开证行之间书面契约的作用。当开证行接受了申请书，承诺了委托请求，实际上两者也就建立了委托关系。可以说，开证申请书是信用证业务的法律基础。开证申请书一般由银行预先印制好，有着固定的格式。申请书正面载明信用证的有关内容，亦即能体现买卖协议要求的条款；背面一般是申请人与开证行之间的协议，主要包括开证申请人向开证行的保证和声明。由于信用证是根据申请书的内容填写的，因此，申请书的内容必须与商品买卖合同规定的内容一致。

开证行一旦开出信用证，就必须承担开证人拒赎单据、拒付货款、破产倒闭、丧失支付能力等一些风险，因此，一般要根据申请人的具体信用状况要求开证人提供保证，如保证金、抵质押等。

B. 银行对申请人的开证申请进行审核。

\* 开证申请人的资格。开证申请人必须是具有进出口经营权的法人和经济实体。如申请人属代理进口，则应审查其是否具有代理权。还要审查开证申请人是否为外管局公布的"对外付汇进口名单名录"中的企业。此外，还要求开证申请人资信状况和经营状况良好，无不良记录，且在本银行开有基本存款账户或一般结算账户。

\* 贸易背景。银行严禁开立无贸易背景的信用证，因此须对申请人的交易真实性进行审查。对国家政策明令禁止进口的商品、泡沫成分较高的商品，在进口开证时应特别注意。

\* 开证申请人的资信情况。包括申请人的信誉、生产经营能力、财务状况、偿债能力、生产经营状况等。

\* 有效凭证。包括进口付汇核销单、购汇申请书、配额许可证或进口证明（对实行配额许可证或进口控制的货物）、登记证明（对实行自动登记制度的进口货物）、海关进料加工手册正本及有关页面（对进料加工业务）等。

\* 开证担保。除减免保证金的情况外，开证申请人可交纳现汇作为开证保证金。如交纳人民币作为开证保证金，须填制购汇申请书，银行对其预批汇或按照申请人的委托和指示售汇，并将其存入保证金账户专户管理。

\* 开证申请书。申请书应该是银行提供的统一格式，申请人应在正反两面加盖与预留印鉴一致的公章并由有权签字人签字。对于更改处，须由申请人的有权签字人签章证实。在条款审查上，主要是审核各条款与商品买卖合同是否一致，各条款之间是否矛盾。条款应报告如下方面：受益人的名称与地址、信用证的种类、信用证开立方式、通知行名称及地址、要求提交单据的种类与份数、单据的必要内容、货物描述条款、信用证金额大小写是否一致、货物起运地和目的地、价格条款、货物运输条款和信用证有效期等。

C. 银行审批。

银行须根据授信管理政策要求按照规定的流程进行审批。一般是先由经办人员填写授信审批表，按照规定权限逐级审批。

D. 银行开证。

开证行接受开证申请人的开证申请书并审批同意后，应按照申请书规定的内容向指定的受益人开立信用证。在国际上开证方式有信开和电开两种方式，可选择使用。目前，大多采用全电开证。在开立信用证时，应重点关注以下内容：对外开立信用证的正文内容必须加注"依照《跟单信用证统一惯例》UCP 开立"文句（不包括使用 SWIFT 开证格式），并选择自己的代理行或资信好的国际大银行作为通知行。若开出了信用证指定付款行，则应向指定的付款行发出授权偿付书，授权该行凭议付行的索偿给予偿付；若开出的信用证允许电索，则应在信用证偿付条款中加具"收到索偿电××工作日付款"字样，并要求议付行声明单证相符。

E. 登记。

信用证开出后，经办人员应该在进口开证登记簿上记录，并将信用证副本交给开证申请人。

F. 信用证的传递。

信用证的传递随所开立信用证种类的不同而有所差异，但就基本环节而言，均是通过通知行送达受益人。通知行收到开证行开出的信用证后，确认表面真实性后向受益人发出信用证通知书。

3）风险防范措施

A. 加强授信额度管理。开证额度通常有两种：一种是可循环使用额度，即银行为开证申请人核定开证额度后，开证申请人的开证余额只要在该额度内，就可多次开证；另一种是不可循环使用额度，即银行为开证申请人一个或几个贸易协议核定一次性开证额度，不能循环使用。银行一般根据业务性质、贸易特点及开证申请人资信状况确定给予何种额度。

B. 在开证前，加强对相关资料的审核，包括审核开证申请人的基础资料及其他资料、审核信用证对应业务的贸易背景、了解开证申请人的资信和出口方受益人的资信及双方的履约能力、了解进口商与出口商之间的关系（贸易关系建立时间长短及业务关系稳定性、是否为关联公司等）、用以交易的商品特性、申请人的保证金及付款计划以及开证申请人填写的开证申请书的内容。在背对背信用证中，要了解主证的开证行状况，以判断其是否具有偿付能力。对新证及来单中有不符条款、资信较差的中间商及易产生贸易纠纷的商品，应从严办理背对背信用证。

C. 谨慎选择开证方式与通知行。开证行可根据申请人的要求，选择费用相对低廉但安全性较好的开证方式。目前在我国普遍使用的是 SWIFT 方式。通知行一般根据申请人的意见确定，而申请人的意见往往取决于受益人的意见，受益人则往往会选择自己的账户行作为通知行。在通知行选择中，开证行也应积极参与，应确保选择通知行为信誉较佳的出口地银行。

D. 进口开证风险较大，在适当时，可要求进口开证申请人增加第三方担保、房产抵押等其他风险防控措施，以备风险万一发生时，能够将开证行的风险损失降低到最低限度。

E. 为申请人开立信用证后，开证行应重视后续管理工作。包括即期信用证项下，只有进口商付款后方可赎单，远期信用证项下，严格按事前确定的监管方式对进口商品实施监管，并监控进口商将回笼货款存入指定账户以归还货款；如进口单据存在不符点，应及时对外拒付，以解除第一性付款责任；业务出现风险时，要求开证申请人采取增加保证金以及其他措施。

（2）进口信用证项下押汇

1）基本含义

进口押汇是指信用证开证行在收到出口商或其银行（议付行或交单行）寄来的合格单据后，进口商（开证申请人）由于资金周转关系无法及时付款赎单，开证行在对进口商保留追索权或货权质押的前提下，向进口商提供的由开证行直接支付给出口商或国外银行用以进口商提货的短期融资。进口商将货物销售后，用销售货款来偿还开证行的融资。

对进口商而言，如果在办理进口开证后叙做进口押汇，就可既推迟了信用证项下用自有资金进行付款的时间，又能收取信用证项下单据所代表的货物，能够完全利用银行的信用和资金进行商品进口并销售，在不占用任何自有资金的情况下即可进行交易，因此受到进口商的普遍欢迎。对开证行来讲，需重点关注进口商的销售渠道和还款资金来源，确保能够按时偿还开证行的垫款资金。在业务实践中，进口押汇资金是专款专用，进口押汇额度一般包含在开证额度之内，银行对进口商的信用和短期偿债能力要求极高。

开证银行为进口商办理押汇，通常不收取手续费，而仅收取利息。利息在押汇到期后，随押汇本金一同归还。每笔押汇的最高金额应不超过国外来单索汇的总金额（通常为国外受益人提供的汇票金额或商业发票所显示的金额），押汇资金的用途仅限于有履行进口信用证项下的货款支付。押汇时间的确定相对灵活，一般根据押汇申请人筹措到信用证项下付汇资金的天数来确定，但一般不超过3个月。

2）业务基本流程

进口信用证项下押汇的业务流程如下，如图9-7所示。

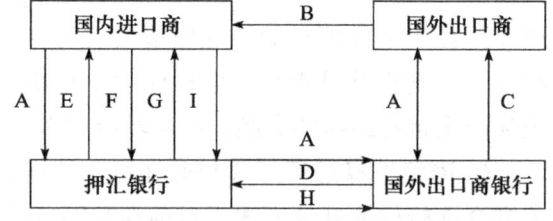

图9-7 进口押汇业务流程图

A. 国内进口商通过国内开证银行开出以国外出口商为受益人的信用证，并通过国外出口地银行通知国外出口商。

B. 国外出口商向国内进口商发货。

C. 国外出口商向国外出口地银行提供出口项下单据，国外出口地银行审核单证相符。

D. 国外出口商银行向国内开证银行提示单据，经国内开证银行审核单证相符。

E. 国内开证银行向国内进口商提示单据，请国内进口商确认同意付款。

F. 国内进口商向国内开证银行确认同意对外付款，并向国内开证银行申请进口押汇（国内进口商也可在向开证行申请开立信用证的同时向开证行提出进口押汇申请）。

G. 开证行对进口商提交的进口押汇申请书等资料进行审查，确认国内进口商是否符合进口押汇条件；并根据进口商的短期偿债能力及资信核定押汇金额。如国内进口商符合开证方进口押汇条件，则国内开证行与进口商签署进口押汇协议。

H. 国内开证行对国内进口商叙做进口押汇，将押汇所得款项直接通过出口地银行（寄单行）向受益人付款，而不再进入押汇申请人账户。

I. 进口商凭借信托收据向开证行借出单据，凭单据提货并进行销售。销售后归还贷款本息，换回信托收据。国内进口商到期偿还银行贷款。

信托收据是进口商在未付款之前向银行出具的凭以领取货款单据的凭证，亦是进口商与银行之间关于物权处理的契约、将货物抵押给银行的确认书。该凭证表明，进口商所提取货物的所有权属于银行，进口商的法律权限仅限于保管和销售货物。因此，信托收据实质上是开证申请人将自己货物所有权转让给银行的确认书。在业务实践中，一般作为银行防范风险、从法律上保证其对货物拥有所有权的一种手段，在进口开证项下押汇、提货担保、进口代收押汇等业务中均有应用。

进口商与代收行或开证行签署信托收据并办妥相关手续后，在未付清进口项下的货款前，就能向押汇借出单据，从而及时进行报关、提货和销售等活动。此时，进口商是"借单行事"，即处于代替银行保管货物的地位，是代保管人和被信托人，其取得的货款仍属银行所有。若远期付款交单尚未到期，该款则由银行保管或另外开立保证金账户，或提前付款，赎回信托收据。进口商只有向银行付款并赎回信托收据后，物权才归其所有。进口商应该将信托收据项下的货物和其他货物分开存仓、保管、运输、加工、销售及保险，保险单列明的第一受益人为银行，货物一旦出险，保险所得赔偿归银行所有。由于进口商仅处于代管地位，故也不能将该货物抵押给他人。进口商需承担保管期间产生的所有费用，如保险、仓储、运输、码头费用等。未经银行授权，进口商不得以任何方式（包括延期付款或任何非货币方式或低于市场价值方式）处置该货物，也不得将货物销售给银行无权向其进行索偿的任何第三方。

作为信托人，银行可以随时取消信托，收回借出的商品，或从进口商开立在银行的账户上直接扣款。银行也有权以任何合法方式对进口商进行监督，包括随时派人在任何时候对货物进行检查。如商品已经被销售，可随时收回货款；如进口商破产，则对货物和货款拥有优先权。借出单据后，银行应加强对货物存仓、保险、销售、收款直至赎回整个业务过程的管理，力避钱货两空。对信托收据，银行可采用额度管理方式进行管理，即根据进口商的信誉、抵质押物状况核定授信额度，并在核定的额度内与进口商签署信托收据。

3）风险防范措施

开证行代替申请人对外垫付了货款，又在申请人没有支付货款的情况下将货物的使用权给予申请人，倘若申请人到期因种种原因无法归还进口押汇款及货物，开证行就要承担较大的风险，因此，进口押汇业务属于风险系数较大的一个业务品种。防范风险的措施主要包括：

A. 进口押汇业务的风险主要在于进口商的短期偿债能力，而短期偿债能力又主要取决于进口货物的销售情况。因此，对押汇银行来讲，应重点了解押汇申请人（进口商）的经营能力、资信状况，还要对进口商品的市场状况有清晰的了解。放单提货后，押汇银行应重点关注进口商品的销售情况，确保销售回笼资金能用来归还欠款。

B. 进口押汇资金应该专款专用，仅限有信用证项下的对外付款，不能向其他押汇一样结成本国货币使用。

C. 由于申请人的经营收益是其归还押汇资金的唯一来源，因此应对押汇申请人的经营能力、资信状况及进口产品特性进行深入了解。如果进口产品属于市场销路好的产品，则可适当放宽押汇条件。需要时，增加如抵押、第三方担保等其他风险防范措施。

D. 加强对申请人进口货物销售回款的监控，确保回款资金及时用于归还押汇资金。当出现预警信号时，及时采取措施，防范或减少损失。

（3）基于存货的融资

1）静态存货抵质押贷款

静态存货抵质押贷款指客户以自有或第三人合法拥有的动产为抵质押物的授信业务，银行委托第三方物流公司对客户提供的抵押品实行监管，抵押品不允许以货易货，客户必须打款赎货，具体业务流程如图9-8所示。

特点：批量进货，分次销售，保证金赎货，适用于除了存货外没有其他合适的抵质押物的贸易型客户。

利用这种方式，客户可以将原本积压在存货上的资金盘活，扩大经营规模。对于银行而言，抵质押物的变现能力相对较强，银行的风险较小。

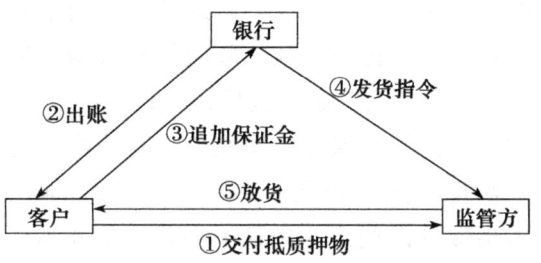

图9-8　静态存货抵质押贷款业务流程

风险要点：
- 抵质押商品的市场容量和流动性。
- 抵质押商品的产权是否清晰。
- 抵质押商品的价格波动情况。
- 抵质押手续是否完备。

2）动态存货抵质押贷款

动态存货抵质押贷款是静态存货抵质押贷款的延伸产品，指客户以自有或第三人合法拥有的动产为抵质押物的授信业务，银行对于客户抵押品价值设定最低限额，允许在限额以上的商品出库，客户可以以货易货，具体业务流程如图9-9所示。

特点：适合于库存稳定、货物品类较为一致、抵质押物的价值核定较为容易、进出货频繁的生产型客户。

对于客户而言，由于可以以货易货，故抵质押设定对于生产经营活动的影响相对较小。对银行而言，该产品的保证金效

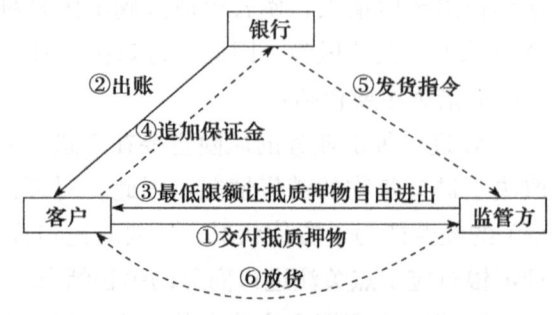

图9-9　动态存货抵质押贷款业务流程

应相对小于静态抵质押授信，但是操作成本明显小于静态抵质押授信，因为以货易货的操作可以授权第三方物流企业进行。

风险要点：
- 静态抵质押授信的相关风险要点
- 货物价值必须易于核定，以便仓库等物流监管方操作
- 以货易货过程中防止滞销货物的换入
- 根据价格波动，随时调整最低库存临界线

业务流程：

A. 抵质押

B. 出账

C. 最低限额让提货

D. 低于最低限额追加保证金

E. 通知监管方

F. 最低限额下提货

（4）出口融资

1）信用证下出口融资

A. 打包贷款

**\* 基本含义**

打包贷款是出口地银行为支持出口商（即信用证受益人、打包贷款申请人）按期履行协议、出货交运，向收到合格信用证的出口商提供的用于采购、生产和装运信用证项下货物，以信用证项下收汇作为第一还款来源的专项融资。该业务以出口商收到的信用证正本作为还款凭证和抵押品来向银行申请融资，属于装船前短期融资，使得出口商在自有资金不足或无法获得进口商的预付贷款的情况下仍可办理采购、备料、加工、包装以及发货。由于此种贷款最初用于向信用证受益人提供包装货物费用，故称打包贷款。

银行办理打包贷款通常不收手续费，仅仅收取贷款利息。贷款金额一般根据信用证金额打折确定，具体折扣可由放款银行根据自己的业务实践经验和内部规定及出口企业的情况等因素而定。一般而言，出口企业信用越好，折扣越高。打包天数按打包放款日至信用证最迟装运日的天数外加 30 天来确定。

**\* 业务特点**

i）打包贷款为"单前融资"，即其发放贷款的时间为收到信用证之后、向出口地银行提交信用证规定的单据之前。

ii）打包贷款期限一般不超过一年，属于短期融资。

iii）打包贷款资金主要用于出口商生产或收购商品的开支，不得用于固定资产的投资及归还贷款等资本性支出。

iv）如果借款企业不能从国外进口商那里正常收回货款，则需动用其他资金来偿还

打包贷款的本金及利息，或允许放款银行直接从其银行账户中扣收打包贷款的本金及利息。

**\* 基本流程**

ⅰ）国内出口商与国外进口商签订贸易合同。

ⅱ）国外进口商通过国外开证方开出信用证，并通过打包贷款银行通知国内出口商。

ⅲ）国内出口商持信用证来打包贷款银行申请出口打包贷款，提交材料包括信用证及其项下的有关附件、信用证对应的国外销售合同和国内采购协议、自身的财务报告、针对特定商品的出口批文以及打包贷款业务申请书，申请打包贷款。

ⅳ）打包贷款银行考察国内出口商的资信情况，产品在国外市场的销售情况。打包贷款银行对信用证正本及开证行资信进行审查同意后签约放款，并在信用证上特别注明"已办理打包放款"。

ⅴ）国内出口商向国外进口商发货。

ⅵ）国内出口商持全套出口单据来打包贷款银行办理出口收汇。

ⅶ）打包贷款银行审核单据后，向国外开证行索汇。

ⅷ）国外开证行向打包贷款银行付款，打包贷款银行扣收向国内出口商发放的打包贷款。打包贷款结清后，打包贷款银行应在信用证上注明贷款已还，并将信用证归还国内出口商。如果信用证到期，国内出口商尚未完成出口变单，或信用证项下的单据被开证行拒付，打包贷款银行可追究国内出口商的违约责任。

具体业务流程如图 9-10 所示。

**\* 风险防范措施**

ⅰ）银行重点考察借款人的信誉。打包放款的银行虽然持有出口商收到的信用证，但就业务实质来讲，打包放款是一种信用放款，因为信用证仅仅表明出口商在"单证相符"的条件下，能够较有把握地收到货款。至于能否真正收回

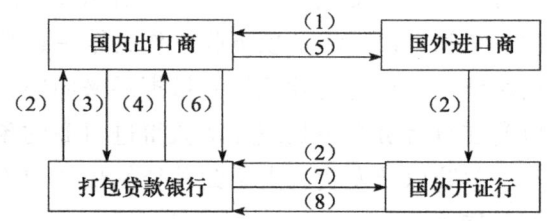

图 9-10　打包贷款业务流程图

货款，则取决于出口商能否按期履约及制做出口单据的水平和能力。如果出口商不能或不愿履约，或因制做出口单据的水平与能力较差，则极有可能无法做到按时收回贷款。此时，能否按时归还银行贷款，仍取决于借款人的还款能力与信誉。因此，放款银行需重点考察借款申请人组织货源、完成销售合同列明的交货任务的能力以及资信是否良好，在银行有无不良记录。一般情况下，放款银行要求借款人提供有实力的担保或合法足额的质押或抵押。

ⅱ）正常情况下借款人的还款来源是信用证项下的收汇，因此放款银行最好是议付行、通知行，以便放款银行在向受益人议付或付款时可以用扣除放款本息的方式收回贷款。

ⅲ）银行应加强对信用证真实性、合法性和有效性方面的审查。信用证的真实性可

从以下方面考察：以信（函）开立的信用证的有权签字人的签字与留存的签字样本是否相符；以电传、电报开立的信用证其密押是否正确。对不能确定真实性的信用证不要办理打包贷款。一般来讲，通过环球同业银行金融电讯协会（SWIFT）系统开立的信用证安全系数较高。合法性与有效性则主要通过审核信用证条款来判断，看其是否符合信用证开立的国际规范及信用证条款有无瑕疵。

iv）银行应了解信用证项下的货物是否在借款人的经营范围之内。如果不是借款人经常经营的商品，则银行应特别加以关注，防范借款人欺诈风险。

v）银行应要求借款人在融资协议中做如下保证：协议项下的全都商品应向银行认可的保险公司投保，如有意外，保险赔偿金优先用于偿还银行贷款；银行有权检查、监督借款人对资金的使用。

vi）发放打包贷款后，放款银行需留存信用证正本，以确保打包贷款的申请人在放款银行交单，也便于放款银行监督信用证的执行。

vii）对信用证条款进行审查。用于打包贷款的信用证一般条款要简单，便于出口商获得货款。此外，应重点关注信用证有无软条款、不利条款，信用证有无足够余额、付款期限是否超过一年，信用证是否已过装船期或装船期离打包放款的日期太近、信用证是否载有其他影响银行正常收汇的条款、是否为不可撤销信用证等。对于已过装船期、有效期或没有足够余额的信用证，原则上不能叙做打包贷款；对于载有软条款、不利条款的信用证，则应谨慎办理打包放款或降低放款金额比例。此外，银行应该只为不可撤销的信用证办理打包放款，这是因为出口商为转让信用证项下的第二受益人时，由于其制作的单据可以根据国际惯例被第一受益人替换，因此能否做到"单单相符、单证相符"受制于第一受益人。

viii）了解开证行及其所在国家或地区的政治、经济情况，判断开证行的偿付能力，考察开证行所在国家或地区的整体风险。如果开证方信誉较好，其所在国家或地区政治、经济稳定，则该信用证项下的货款收回的概率较大，打包后还款来源也较有保障。反之，则收汇及还款保障系数较小。为科学判断开证行及所在国家或地区的风险，放款银行需尽可能地多收集信息，对开证行进行授信，对开证行所在国家和地区进行评级。信息来源主要有三条：公开出版物、放款银行内部历年收汇记录及银行内授信额度或评级结果。

ix）加强授信后管理。在放款期间及放款后，放款银行要与借款人保持密切联系，了解借款人进出口协议的执行情况，认真监控贷款用途，确保贷款用于销售合同或信用证上列明的商品的进货、生产和装运，并督促借款人及时发货、交单议付，在办理押汇或收回货款后及时归还打包贷款的本金及利息。

B. 出口押汇

**\* 基本含义**

信用证项下的出口押汇是指出口方凭进口方银行开来的信用证将货物发运后，向押汇银行（通常为议付行）提交信用证要求的全套货运单据，银行应出口方要求向其提供以出口单据为抵押的有追索权的在途资金融通,属于对出口商提供的在未收妥国外银行付款前的短期融资。其业务实质是在受益人对出口项下的信用证及其相关单据仍然拥有所有权的情况下,以该单据作质押从押汇银行取得融资的行为。当出口方不能如期还贷时,押汇银行享有对质权物的优先受偿权。由于有开证行凭单证相符单据必须付款的信誉保证,因此对押汇银行来讲,业务风险较小。

**\* 业务特点**

i) 出口押汇是"单后融资",即银行是在申请人(出口方受益人)收到信用证并出具信用证规定的单据之后、在收到国外银行支付的货款之前发放的融资。

ii) 出口押汇是以出口单据作抵押发放的贷款。出口单据中一般含有代表货物所有权的提单,这就使得银行可以把出口单据视作"未来的资产"用以进行抵押放款。

iii) 出口押汇使得申请人(出口商)在收到国外货款之前从银行获得垫款,加速了出口商的资金周转,扩大了出口贸易规模。

iv) 出口押汇是规避汇率风险的一个手段:在本国货币有升值趋势的情况下,运用出口押汇可以提前将外汇结成本国货币,从而规避汇率风险。

v) 出口押汇的资金并不像打包放款那样规定有明确的用途,出口押汇资金可以用来进行生产经营、归还打包贷款本息,甚至进行固定资产投资。

vi) 融资期限较短,一般不超过一年。

vii) 出口押汇一般由出口地议付方或单据处理行办理,因为如由其他银行办理,则较难判断单据及贸易背景的真实性,且也不易获得较高的业务综合收益。

viii) 出口押汇的第一还款来源为信用证项下收汇款,在借款人不能正常从国外收回货款的情况下,借款人必须从其他渠道筹集还款资金。

ix) 确定押汇金额、押汇利率和押汇天数。押汇金额通常为汇票金额的一定比例。押汇利率一般按伦敦、中国香港银行同业拆借利率加点确定,也可按外汇流动资金贷款利率计收。押汇天数要与信用证的收汇条件相匹配,一般为办理押汇日到预计信用证的收汇日的天数不超过 10 天确定。

**\* 业务基本流程**

i) 国内出口商向国外进口商发货;国内出口商与押汇银行签署出口押汇总质押书。该质押书应载明以下事项:如果出口汇票遭到付款人拒付,银行有权出售买单时出口商提供的抵押品(货物和单据)。

ii) 出口商根据信用证制单,并向押汇银行提交信用证项下的全套单据和有关资料,填写出口押汇业务申请书。有关资料主要是指营业执照、有权签字人签字的授权书及签字样本、出口商财务报表、税务登记证、进出口业务许可证等。押汇银行根据出口商交来的单据,审单后决定是否提供融资。对于单证无误、开证行信用程度高、索汇有保障的业务,银行应同意叙做。银行的审查要点包括:出口商信用程度(对有诈骗嫌疑的出口商应拒绝提供融资)、开证行信誉及所在国经济政治状况、信用证中是否存在影响收汇的条款、信用证项下单据是否与信用证要求相符、物权凭证是否可靠等。押汇银行审核同意后，国内出口商与押汇银行签署押汇协议书等法律文件。出口押汇协议需规定押汇币种、金额、期限、费用、违约事件、双方权利与义务等内容。

iii）国内出口商向押汇银行出具"出口押汇质押书"，主要明确押汇银行如从国外不能收回货款，可向出口商行使追索权以及对货物的处理权。

iv）押汇银行在计算押汇金额扣除押汇利息、有关手续费、邮费等费用以后，向出口商办理结汇，发放贷款，同时做好相关登记工作。

v）押汇银行向进口方银行（开证银行）交单索汇。

vi）国外进口商银行向国外进口商提示出口单据，由国外进口商承兑到期付款。

vii）国外进口商银行向押汇银行立即付款或于承兑到期日付款，押汇银行收到国外付款后扣收押汇款。

具体业务流程如图 9-11 所示。

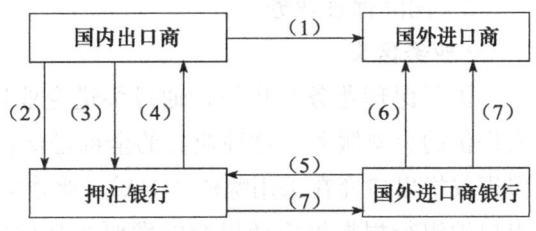

图 9-11　出口押汇业务流程图

**\*风险防范措施**

i）认真了解押汇申请人的资信、还款能力、所出口货物的特点、收汇记录、出口资格与能力等。出口押汇的还款来源为单据的收汇款，但有些拒付风险来自受益人本身而非单据，如受益人有诈骗嫌疑或根本没有出口。在这种情况下，银行风险仍然很大，因此银行在办理出口押汇时，应对申请人的资信情况做深入了解，包括：是否为新建企业、是否经营该种商品、是否有足够的履约能力等。

ii）认真了解开证行的资信，关注其经营作风、往来记录及开证行所在国家或地区的政治、经济形势。由于开证行信誉欠佳，无理拒付或受益人提交的单据存在瑕疵，则可能导致受益人无法收回贷款。因此，在出口单据作为"未来的资产"的情况下，由于开证行的资信问题，仍有可能使"未来的资产"变为"未有的资产"，做好开证行的资信审核仍然很重要。

iii）对信用证及其项下的单据认真审核，确定无瑕疵可接受后才予以办理业务。对于直接或间接否认开证行具有"凭单付款"第一性付款责任的信用证（如规定进口方在收到货物并验收合格后才付款的信用证），应拒绝办理押汇。对不能完全拥有货权的单据，应谨慎办理。此外，还应注意交单期与信用证有效期是否合理匹配，要保证交单期不能超过信用证有效期。

iv）对非海运提单项下的押汇应谨慎办理，因为空运提单、陆运单、邮局收据等不能代表物权，故收汇出现风险时，银行不能像处理海运提单那样，通过变卖出口商的货物来补偿押汇款，从而减少或补偿损失。

v）对转让信用证中第二受益人的押汇申请，应谨慎办理。这是因为第二受益人很难做到"单证一致"，难以得到开证行确定的付款承诺，即使能做到"单证一致"，也不一定能及时收到贷款。

vi）运用标准版本的《出口押汇协议》，明确双方权利与义务。

vii）做好押汇后管理。银行在办理放款后，应密切关注开证行的有关信息，包括是否无理拒付、是否接受单据等。在开证行无理拒付时，银行要根据国际惯例与开证行据理力争，同时告知押汇申请人有关情况；在单据有实质性不符情况下，请押汇申请人主动联系开证申请人接受单据。

viii）出口信用证为押汇银行可接受的正本信用证及修改正本。银行不接受的信用证，不能用来办理出口押汇。信用证不能用于抵押，包括打包贷款。已办理打包贷款的信用证项下单据也不能再用来申请出口押汇（办理出口押汇以归还打包贷款的情况除外）。

ix）谨慎为不与银行在同一地的申请人办理押汇融资。

2）国际保理业务

\* 业务含义

国际保理业务是指银行通过买进企业以发票表示的对债务人的应收账款而向债权人提供的金融服务。这种业务的全称是保付代理业务，简称保理业务。从融资角度讲，保理仅指出口商在采用赊销（O/A）、承兑交单（D/A）等信用方式向进口商销售货物时，出口地银行根据供应商提交的发票及其他资料，向出口商提供与发票一定比例金额的融资。但有时，银行从提高综合收益角度出发或为满足企业的综合需求，一般在为企业提供融资服务的同时，也向企业提供销售分账户管理、信用销售控制、债务回收、坏账担保中的一种或全部。

\* 业务分类

i）出口保理与进口保理

根据银行所提供的服务内容及方式的不同，国际保理业务分出口保理和进口保理等品种。

出口保理是指银行作为出口保理商向出口商提供融资的保理业务品种。出口保理根据出口保理商及进口保理商提供的服务不同，可分为无追索权出口保理、有追索权出口保理等多个品种。其中，无追索权出口保理是由进口保理商提供坏账担保，并根据出口商的要求提供融资的保理业务品种；有追索权出口保理是对出口商不提供坏账担保、不承担进口商信用风险、可为出口商提供融资，并享有对出口商追索权的保理业务品种。

根据是否有保理商参与，有追索权出口保理可分为有追索权出口双保理和有追索权出口单保理。有追索权出口双保理，即在出口保理业务过程中有进口保理商参与，但不提供坏账担保的保理融资；有追索权出口单保理，即在保理业务中银行作为出口保理商，无其他保理商为进口商提供信用担保额度时，银行可为出口商提供保理融资的保理融资。

进口保理是指银行应国外出口保理商的申请，为某一特定的进口商核定信用额度的保理业务品种。

ii）隐蔽型保理和公开型保理

隐蔽型保理项下，出口商向出口地银行提交单据办理应收账款转让时暂不通知进口商应收账款转让事宜，但是出口地银行保留要求出口商按照其指示随时通知进口商或者由进/出口地银行直接通知进口商应收账款转让事宜的权利。

公开型保理项下，出口商必须事先通知进口商应收账款转让事宜，并按照进口地银行提供的格式和实质内容向进口商发出《应收账款债权转让通知书》，出口商需将已履行应收账款转让通知手续的书面证明文件，如经快运机构及有出口商有效签章的寄送该转让通知的快邮收据或进口商签署的回执等相关单据提交给出口地银行。在进/出口地银行同意的情况下，出口商可以通过出口地银行授权进口地银行代为寄送上述文件，但是相关费用由出口商承担。

iii）有追索权保理和无追索权保理

有追索权保理是指银行无法从进口商处收回保理融资贷款时，银行可按协议约定向出口商追索。在有追索权保理业务中，银行不负责为出口商核定信用额度和提供坏账担保，仅提供包括融资在内的其他保理服务。

无追索权保理是指银行无法收回融资款项时，银行根据协议约定无法向出口商追索。在无追索权保理业务中，银行可为出口商核定信用额度和提供坏账担保。在该额度中，由债务人资信等问题造成的坏账损失由银行承担。

iv）单保理和双保理

单保理是指仅涉及一方保理商的保理，适用于出口商所在国家或地区未有保理商的情况（进出口商所在国家或地区有无保理商是指当地银行是否加入国际保理商联合会，即FCI）。

双保理是指涉及进出口双方保理商的保理，适用于进出口商双方所在国家或地区均有保理商的情况。

* **业务办理的基本原则**

i）客户认真筛选和应收账款科学确认原则

国际保理项下的相关各方必须符合下列条件：出口商/进口商具有进出口经营权；出口保理项下的出口商及进口保理项下的国外保理商向银行提出书面委托及/或申请；出口商产品/服务质量稳定、销售渠道畅通、履约能力强，且其进口商业务相对集中、资信优良、业务量增长稳定、付款记录良好；无追索权出口保理业务项下进出口商非关联企业；境外保理商必须符合银行代理行政策，其中无追索权出口保理项下的进口保理商须已被核定了同业授信额度。

出口保理项下出口商或进口保理项下国外出口保理商申请转让给银行叙做保理业务的应收账款必须满足下列条件：具有真实合法的基础交易背景；以赊销（O/A）或承兑交单（D/A）为付款方式进行的国际货物买卖交易；付款期限原则上不超过90天；基础交易合同不得含有合同/应收账款禁止转让条款；出口商未采取保留所有权或寄售的方式进行销售；未被用于任何形式的担保，也不存在任何争议；应收账款是尚未到期的应收账款。

ii）符合外汇管理政策要求原则

国际保理业务项下结、售、付汇等业务，应根据国家外汇管理的有关规定办理并按国际收支申报的要求申报，其中有追索权出口保理项下必须在实际收汇后方可出具出口核销联，无追索权出口保理项下根据实际情况可以在融资当日出具出口核销联。

iii）遵循国际惯例原则

国际保理业务应遵循国际保理商协会 FCI 制定并颁布的《国际保理业务通用规则》（GRIF）等相关国际惯例。在与国外保理商的通信往来中需使用 EDIFACTORING.COM，并遵循《EDIFACTORING.COM 报文规格与业务规则》办理。

* 业务操作流程

一笔完整的、有进出地双方银行参与的保理业务，应按以下流程操作：

i）出口商与国外进口商签署进出口协议，并向出口地银行提交叙做保理业务的书面申请。

ii）出口地银行联系进口地银行，并将出口商本身及业务信息告知进口地银行，要求进口地银行对进口商核定保理额度。进口地银行则根据自身对相关信息的收集与评价决定是否给予进口商保理额度。核定后，将授信额度通知出口地银行。

iii）出口地银行确认后，将信用额度核准通知书告知出口商。

iv）出口商将出口货物形成的对进口商的债权（即将附有转让条款的出口商业发票及其他出口单据）转让给出口地银行，并通知进口商债权已转让给出口地保理商，以后进口商付款须通过进口地银行。

v）出口地银行将出口商提交的出口商业发票及其他相关出口单据交进口地银行。出口商如有融资需求，则向出口地银行提出书面申请，出口地银行则提供与发票一定比例金额的融资款。

vi）进口地银行将从出口地银行处收到的出口商业发票及其他相关出口单据交进口商，进口商则按照合同约定通过进口地银行付款。

vii）进口地银行在扣除进口保理费用后将剩余款项付给出口地银行，出口地银行则在扣除出口保理费用、邮寄费、电信费等费用以及融资款后，将余款付给出口商。

## 案例分析

### 深圳发展银行的"进口全程货权质押授信业务"

深圳发展银行（以下简称深发展），针对进口供应链特点推出"进口全程货权质押授信业务"，为进口企业提供了盘活"货权"这一类资产的融资解决方案，助力破解贸易顺差困局。

深发展推出的"进口全程货权质押授信业务"是基于进口贸易过程中的"在途货物"以及到港"仓储货物"设定质押，给予大宗商品进口企业授信。与传统"货押"业务不同的是，该业务既可以现货质押融资，还可以"未来货权"质押融资。

深发展方面的人士解释说，凡与国外相对固定的交易商有一定合作历史，以信用证和进口代收方式，进口大宗商品如原油、矿石、金属、木材、粮油、汽车等的进口商，可将

"未来货权"质押给银行,即通过向深发展提出融资需求并获得该行审核,进口商在缴纳部分保证金后,即可向国外供货商开出信用证或完成对外款项支付。此产品的推出,对于流动资金相对紧张的中小型进口商而言,将缓解原材料资金短缺或资金占用为其带来的资金压力。另外,进口商通过信用证方式一次性大量采购还可能从商品卖方处获得较高折扣,甚至有可能提前锁定价格,降低价格风险。

专家认为,深发展"进口全程货权质押授信业务"最大的创新体现在"全程"服务上,该项业务所提供的授信可以覆盖客户进口的开证(信用证方式)、到单、通知、报关、报检、货物运至仓库直至销售的全过程,将未来货权质押开证、进口代收项下货权质押授信、进口现货质押授信集合在一起,极大地延伸了银行对进口企业融资需求的服务周期。

这种"全程"授信模式与传统模式相比,打破了仅针对进口开证、现货贸易融资等单个交易环节融资的局限,不但可以缓解资金占用压力,同时还可以通过同一批货物一次性设定货权质押贯穿贸易链条,借助银行创新产品大大提高作业效率。

据了解,深发展"全程"授信模式实际上是银行通过内部作业组织重组、流程优化来替代企业的重复作业环节,深发展已经在系统内部形成成熟的营销组织、专业审批、货押监管、作业系统,来支持包括"进口全程货权质押授信业务"在内的供应链贸易融资业务,实现高效作业。

专家认为,通过深发展"进口全程货权质押授信业务",可以在传统的抵押、担保信贷之外,无论生产型企业还是贸易型企业都可以分享到一种创新的、更容易从银行获取授信支持的融资路径。深发展"进口全程货权质押授信业务"目前支持的 L/C 信用证、D/P(付款交单)是大宗商品进口目前使用较多的结算方式。

### 案例思考题

1. 上述案例中深发展开展的是哪种模式的物流金融业务?
2. 上述案例中涉及的物流金融业务模式的大致业务流程是什么?
3. 上述案例中涉及的物流金融业务模式存在哪些方面的风险?如何防范?

## 本章小结

国际物流在运作过程中,物流、资金流、信息流缺一不可,部分符合条件的货物在进出关境时可以暂时免于缴纳关税,即保税,本章主要就探讨保税物流和国际物流金融两大主题。

本章前几节在简单介绍了保税物流产生的背景、定义、特点、发展过程等知识后,着重从国际采购与国际配送、国际中转与转口贸易两个角度探讨了保税物流的具体运作流程和运作实例,最后就保税物流未来的发展趋势进行了展望。在该部分着重介绍了自由贸易区的形成和发展所必须具备的条件,以及自由贸易区货物的通关流程。本章的最后一节重点讲解国际物流金融,就国际物流金融的概念和产生背景进行了简单介绍,重点希望学生理解并掌握国际物流金融的业务模式、业务流程和风险防范措施,以期在今后的国际物流运作过程中有该方面的知识储备和操作设计能力。

# 第十章 Chapter10

# 逆向物流管理

### 学习目标

1. 了解逆向物流的分类和驱动因素。
2. 理解逆向物流的内涵和特点。
3. 掌握逆向物流的具体运作。

### 导入案例

#### 宝马在华召回 23 万多辆汽车

2014 年 4 月 2 日，宝马汽车宣布，根据《缺陷汽车产品召回管理条例》的要求，向国家质检总局备案了召回计划，决定自 2014 年 6 月 18 日起，召回部分装配有 N52K、N52T、N55 发动机的汽车，共计 232 098 辆，涉及车型多达 1 系、3 系、5 系、6 系、7 系、X1、X3、X5、X6 以及 Z4。

召回范围内的部分车辆，主要是发动机可变气门正时机构（VANOS）外壳上的固定螺栓设计原因，发动机运转过程中，固定螺栓有可能松脱甚至断裂，导致发动机可变气门正时机构（VANOS）的密封性受到影响而发生异常或失效，在特定情况下，发动机可能因此无法启动或产生机械损坏，存在安全隐患。

在此次召回事件中，主要涉及了逆向物流哪些方面的知识？逆向物流的哪些驱动因素促使宝马召回如此多问题汽车？

## 第一节 逆向物流概述

### 一、逆向物流的内涵和构成

#### （一）逆向物流的内涵

关于逆向物流的内涵说法有多种。

最早提出"逆向物流"这个名词的是 Stock，他在 1992 年给美国物流管理协会的一份研究报告中指出：逆向物流是一种包含了产品退回、物料替代、物品再利用、废弃处理、再处理、维修与再制造等流程的物流活动。

1992 年，美国物流管理协会（Council of Logistics Management）首次正式给出了逆向物流的定义：逆向物流是指在循环利用、废弃物处置和危险物质管理方面的物流活动，它广义上包括废弃物的源头削减、循环利用、替代利用及重新利用与处置等方面与物流相关的一切活动。

1998 年，欧洲逆向物流工作委员会（European Working Group on Reverse Logistics）对逆向物流的定义如下：逆向物流是指原料、在制品及成品从制造厂、配送站或消费地向回收点或其他处置场所的流动而进行的规划、实施和控制过程。

《中华人民共和国国家标准物流术语》（GB/T 18354—2006）对逆向物流的定义：逆向物流也称反向物流（Reverse Logistics），是指物品从供应链下游向上游的运动所引发的物流活动。

综上所述，虽然不同的学者对逆向物流的定义表达不同，但其主要思想是一致的，概括起来主要包括以下四个方面的内容：

（1）逆向物流的最终目的是为了重新获取废弃产品或有缺陷产品的使用价值，或是对最终的废弃物进行正确的处理。

（2）逆向物流的运作对象是产品、包装容器（材料）等及与之相关的信息，将他们从供应链下游反向流动到相应的回收点或处理场所等。

（3）逆向物流活动包括对上述运作对象的回收、检测、分类、再制造和报废处理等。

（4）尽管逆向物流是指物品在供应链上的反向流动，但同正向物流一样，逆向物流活动中也伴随着资金流、商流和信息流。

#### （二）逆向物流的构成

逆向物流由回收物流和废弃物流两部分构成。逆向物流的物资中，那些可回收并再生利用的部分，称为再生资源，由其形成的逆向物流即为回收物流；那些在循环利用过程中，基本或完全丧失了使用价值，形成无法再利用的最终排泄物，称为废弃物，由其形成的逆向物流即为废弃物流。

## 二、逆向物流的特点

逆向物流和正向物流是循环物流系统的两个子系统,两者相互联系、相互作用和相互制约。逆向物流是在正向物流运作过程中产生和形成的,没有正向物流,就无所谓逆向物流;逆向物流的流量、流向、流速等特征是由正向物流属性决定的。如果正向物流利用效率高、损耗少,则逆向物流必然流量小、成本低,反之则流量大、成本高。另外,正向物流与逆向物流在一定条件下可以相互转化,正向物流管理不善、技术不完备就会转化成逆向物流;逆向物流经过再处理、再加工、改善管理方法制度等,又会转化成正向物流。

但是逆向物流作为企业价值链中特殊的一环,与正向物流相比,又有着自身的特点。

### 1. 逆向物流产生的地点、时间和数量是难以预见的

废弃和回收物流产生的时间、地点和数量是难以预见的。正向物流系统一般只涉及市场需求的不确定性,而逆向物流系统不仅要考虑市场对再生产品需求的不确定性,而且还要考虑废品回收供给和处理的不确定性。逆向物流的不确定性可以大致分为两个方面:企业内部不确定性和外部不确定性。企业内部不确定性主要是指产品质量水平、企业内部正向物流运作的效率、完整性等;企业外部的不确定性主要是指顾客对产品的接受与否、退货的比例、退换货的时间、数量等。这些因素都使得逆向物流的产生具有难以预见性。

### 2. 逆向物流产生的原因通常与产品的质量或数量异常有关

通常情况下,由于企业投放到市场的产品质量达不到消费者满意,或者存在安全隐患,才会出现产品的退回或召回,进而产生逆向物流。此外,由于从货品的生产地往接收地转移的过程中产生的数量差异,比如投放市场的货量远远大于消费者需求的数量等,也需要货品沿着供应链反向流动,即形成逆向物流。

### 3. 发生逆向物流的地点较为分散、无序,不可能集中一次向接收点转移

逆向物流可能产生于生产领域、流通领域或生活消费领域,可能涉及任何领域、任何部门、任何个人,在社会的每个角落都在日夜不停地发生,具有极大的分散性和无序性。而正向物流则是按量、准时和指定发货、收货点,具有规律性,并且易于操作。

和正向供应链结构相反,逆向供应链是由多到少的结构,使用过的、有缺陷的、出现差错的产品是逆向物流供应链的开始,众多产品的消费者都是逆向供应链的供应者,汇集到企业或回收点是逆向供应链的终点,因此逆向物流产生的地点较为分散、无序且数量小,不能集中一次向接收地转移。

### 4. 逆向物流的处理系统与方式复杂多样,不同处理手段对恢复资源价值的贡献差异显著

逆向物流的处理系统和方式复杂多样,可以对逆向物流货品进行再制造、维修、再利用或维修后再利用、回收销毁或回收后销售获取残值、直接再利用、再生等,这

些处理方式所涉及的部门、企业或个人多种多样，逆向物流的渠道或物流系统也不尽相同，当然不同的处理手段对恢复资源价值的贡献差异也比较显著。

### 三、逆向物流的驱动因素

有四个方面的因素决定了企业从事逆向物流管理实践。

**1. 政府立法**

近年来，政府不断加强在环境方面的立法，政府的环境立法使得企业必须对他们所制造的产品的整个生命周期负责。顾客对全球气候变暖，温室效应和环境污染的关注加深了这种趋势。

目前，已有多个国家通过立法要求企业收回使用生命周期结束 EOL（End of Life）产品。例如欧盟的《废旧电子电器设备条例》规定了生产企业回收和处理废弃电子电器设备的标准，并要求企业为这些活动提供资金；美国在过去几年中议会引入了超过 2 000 个固体废品的处理法案；1997 年日本国会通过了强制回收某些物资的法案等。

积极的立法工作仅仅处于开始阶段，聪明的企业并没有消极地应对强制性法规的实行，而是为下一代的环境法案做准备，积极地思考他们在产品管理上的地位、责任和机会。

**2. 日益缩短的产品生命周期**

产品生命周期正在变得越来越短，这种现象在许多行业都变得非常明显，尤其是计算机行业。新品和升级换代产品以前所未有的速度推向市场，推动消费者更加频繁地购买。当消费者从更多的选择和功能中收益时，这种趋势也不可避免地导致更多的退货和回收问题。缩短的产品生命周期增加了进入逆向物流的浪费物资和管理成本。

**3. 新的分销渠道的出现**

电视购物和网络购物时的消费者可以通过更加便捷的新的分销渠道购买商品。根据市场研究公司尼尔森（Nielsen）发布的调查报告显示，近年来全球跨境电子商务市场增速明显。2013 年全球跨境电子商务交易额为 1 050 亿美元，5 年内有望达到 3 070 亿美元。但这些新的分销渠道也大大增加了退货的可能性，要么是因为产品在运输过程中被损坏，要么是由于实际物品与在电视上或网上看到的商品不同，顾客收到货物后发现并不符合心意而要求退回，使得退货物流量大幅度上涨。

**4. 供应链中的力量转移**

竞争的加剧和产品供应量的增加意味着买家在供应链中的地位提升。零售商可以而且的确在拒绝承担未售出商品和过度包装品的处理责任。在美国，大多数返还给上层供应商的商品都被最初的供应商收回，由他们对这些产品进行再加工和处理。这种趋势在所有行业都有所发生，即便是航空业，航空公司也会要求供应商收回并处理不需要的包装物品。

#### 5. 经济因素

经济效益也是企业开展逆向物流的主要驱动力，主要体现在以下两个方面。

（1）通过逆向物流可以提高顾客满意度，提高企业竞争优势。对于最终消费者来说，逆向物流能够确保不符合订单要求的产品及时退货，有利于消除顾客的后顾之忧，增加其对企业的信任感及回头率，扩大企业的市场份额。例如现在国际知名的大卖场和零售店普遍运用各种退货政策甚至无理由和自由退货方式来吸引和留住顾客，以此来提高顾客满意度，从而提高其竞争优势。

（2）降低企业的生产成本。企业通过逆向物流可以获得直接和间接的经济效益。成本节约是企业的重要目标，如果能够很好管理逆向物流从而降低成本，企业因此可以获得成本竞争优势。据统计，目前世界上每年生产的钢铁有40%是使用废钢铁炼出来的；工业发达国家耗用大量铝合金用于易拉罐生产，倘若不及时回收则将难以保证铝的供应；西方国家再生铜已占精铜产量40%以上；美国年耗三百多万吨新闻纸，其中100多万吨都是来自废纸再生；日本废旧高分子材料回收率在48%以上。这些逆向物流过程中回收的物料为企业降低了大量的生产成本，带来了巨大的经济效益。

## 第二节　逆向物流的运作

针对不同的领域，逆向物流的特点和运作流程都不相同，本章重点就制造业领域、商业领域、废旧包装和废弃物逆向物流的运作进行阐述。

### 一、制造业领域逆向物流运作

制造业领域逆向物流主要是产品召回所产生的逆向物流。

#### （一）产品召回的概念和分类

##### 1. 召回的概念

依据国家质检总局起草的《缺陷产品召回管理条例》2009年送审稿对召回的定义如下：

召回，是指按照规定程序和要求，对缺陷产品，由生产者通过警示、补充或者修正消费说明、撤回、退货、换货、修理、销毁等方式，有效预防、控制和消除缺陷产品可能导致损害的活动。

这里所指的缺陷产品，是指因设计、生产、指示等原因在某一批次、型号或者类别中存在具有同一性的、危及或者造成人体健康和生命安全的不合理危险的产品。

##### 2. 召回的分类

根据产品召回的启动原因，可以分为主动召回和强制召回。

主动召回，也称自愿召回，是指确认产品存在缺陷的，生产者立即停止生产销售存在缺陷的产品，依法向社会公布有关产品缺陷等信息，通知销售者停止销售存在缺陷的产品，通知消费者停止消费存在缺陷的产品，并及时实施召回的为主动召回。比如 2014 年 4 月份，宝马公司宣布主动召回 23 万多辆在华存在一定安全隐患的汽车。

强制召回，也称责令召回，是指主管部门发现并认定某种产品存在危险，经过一定的程序，向制造商发布指令，要求制造商必须采取的召回措施。比如 2013 年 8 月，国家质检总局发布公告责令召回 31 批次缺陷玩具。

（二）产品召回中逆向物流的特点

缺陷产品召回过程中的逆向物流呈现出四大特点。

（1）缺陷产品召回突发性强、规律性差。虽然，对产品召回采取主动态度的企业可以有充足的时间为召回做准备，但是，引起召回的产品质量缺陷对企业来讲还是突发性的。一个对社会负责的企业不可能让自己出现连贯的有规律的缺陷。因此，企业每一次的产品召回的原因都不会相同，而且在时间上也没有规律可循。所以每次产品召回都是始料未及的，也都是新的内容。

（2）缺陷产品召回中的逆向物流操作量大、处理难度大。与退货相比，产品召回在物流方面的处理难度要大得多。例如雅培奶粉的产品召回，雅培公司要根据生产记录确定受影响的产品品种、数量和批号；物流中心要在最短的时间内确定受影响的产品的详细流向；回收装车时更要仔细清点数量，辨认品名、批号，并一一与回收清单核对，防止回收遗漏；货物装车需要按经销商贴不同的标志，防止不同经销商回收货物之间的混淆；回收到物流中心后，还需要对产品按照经销商、品种、批号进行清点，并将最后的明细与雅培公司的发货记录及销售记录进行核对；产品销毁则是按照环保及相关技术规定，在政府技术监督部门监督下严格进行，不但产品销毁，产品包装同样需要销毁。这样一个严密的环环相扣的物流操作过程，却要在最短时间内完成，时间紧，操作量大，中间任何环节都不能出错；物流和生产地信息记录不但要完整，而且还要可以准确迅速地逆向查询。所以，产品召回物流无论是在生产控制环节还是物流操作环节，其工作量大、精度要求高、时间控制紧的特点对实际处理难度都构成了巨大的挑战。

（3）召回的产品数量大、涉及地域跨度广，逆向物流成本大。缺陷产品通常涉及某一批次、型号或者类别，数量巨大，而且由于全球经济一体化的发展，产品销售或流动范围往往已经超过一国之界，具有跨区域性。如宝马汽车自 2013 年 2 月开始，连续宣布全球召回，涉及约 75 万辆不同类型的汽车，其中在美国市场召回数量约为 50 万辆，加拿大、日本及南非等地区也有涉及，创近 1 年来最大召回规模。一旦发生产品召回事件，生产厂商在一次召回事件中所发生的费用从数亿到数十亿不等，逆向物流成本巨大，致使很多企业难以承担。

（4）缺陷产品召回逆向物流需要高水平的信息管理系统。以从产品缺陷确定受影响产品范围为例，确定产品缺陷后，需要尽快知道该缺陷影响了哪些产品及各自的数量。这就需要生产信息系统要对产品生产的时间、批次、配方、所用材料等各类细节信息都有完整的记录，并且记录要与实际生产活动完全一致，绝不能有任何遗漏或不符，否则将无法确定产品缺陷实际造成的影响范围有多大。而且产品信息各个不符之间必须共享而且高度关联。生产信息系统必须足够灵活，能从任何一个产品信息为突破口，在短时间内查到生产链条中与之相关联的信息，如能给出一个生产时段内生产班次、产品种类、产品数量、产品状态以及产品所用的原材料等，而且对物流系统的信息化水平也有同样高的要求，只不过物流系统所判断的是产品的流向、流量等信息。

（三）产品召回管理

缺陷产品的召回应当包括信息收集、缺陷调查、风险评估与确认、召回过程管理及召回效果评估等工作。

（1）缺陷产品信息收集。一次成功的产品召回在较大程度上依靠于有效的信息收集。产品召回制度的重要价值就在于能够尽快地发现产品缺陷，并针对该缺陷采取措施，真正做到防患于未然，把对消费者可能造成的损失降到最低。当某项有缺陷的产品被投放到市场后，消费者可能通过各种通信、联络方式向包括生产商、销售商以及政府主管部门、消费者权益保护部门进行投诉。生产商应建立投诉信息的专门收集、处理机构以及广泛的信息交流网络，以迅速、高效的收集缺陷产品相关信息，对产品事故做出迅速反应。

（2）缺陷调查及确认。有下列情况之一的，生产者应当组织开展产品缺陷调查：收到有关产品人身伤害的消费者投诉；获知产品人身伤害事故；接到质检部门进行缺陷调查的通知；生产者认为产品可能存在与人身安全有关的缺陷的；生产者通过其他途径获知可能存在缺陷的。

生产者应当及时向质检部门报告缺陷调查结果；确认存在与人身安全有关的缺陷的，应及时报告缺陷的形式、产生原因、影响范围等，立即主动采取措施控制与消除缺陷。

（3）风险评估与确认。在对产品缺陷调查过程中，应当对缺陷产品可能导致人体健康和生命安全伤害的风险进行评估，控制与消除缺陷的召回措施应当与风险评估结果相适应。

（4）召回过程管理。生产者应当根据缺陷调查和风险评估的结果采取以下召回措施进行控制与消除该缺陷：

1）依法向社会发布警示信息，告知消费者停止消费或者使用，或者补充、修正消费说明；

2）通知其他有关生产经营者停止对该缺陷产品的销售、租赁等经营活动，对销售者尚未售出的存在该缺陷的产品，通知其停止销售并予以撤回；

3）对已经售出的缺陷产品，进行修理、更换、退货等。

（5）召回效果评估。生产者应当在完成召回后规定期限内，向质检部门提交召回总结报告。质检部门应当对生产者递交的召回总结报告进行审查，对召回的效果进行评估；认为生产者进行的主动召回未取得预期效果的，可以要求生产者再次进行召回，或者依法采取其他更为有效的措施消除缺陷。

生产者应当对召回的缺陷产品依法进行无害化技术处理，对严重危害人体健康和生命安全的缺陷产品，应当予以销毁。

## 二、商业领域逆向物流运作

商业领域逆向物流主要是退货逆向物流。

### （一）退货逆向物流的概念及退货类型

**1. 商业退货逆向物流的概念**

商业退货逆向物流一般是指已进入流通领域的商品，因为各种原因（如产品质量缺陷等）而产生的从消费者回到零售商的退货，以及从零售商等中间渠道商（如批发商、代理商等）返回上游供应链节点，进行分类处理和再利用的过程。

由于新的分销渠道的出现、日益宽松的退货政策和物流作业系统不完善等因素的驱动，商业领域的退货逆向物流呈现出量大、频繁、逆向物流管理成本不断增长等特点。

**2. 退货的类型与原因分析**

（1）无缺陷产品的退货。无缺陷退货主要包括来自消费者的无缺陷退货和零售商或分销商的无缺陷退货两种类型。要分析无缺陷退货的原因，必须从消费者和零售商或分销商入手。

对于消费者的无缺陷退货，主要是因为随着市场竞争的日益激烈，为了赢得市场和提高消费者的忠诚度，商家推行自由退货政策，且这种退货在规定的期限内是没有条件的，因而消费者可能因产品的外观、型号、功能不满意，以及安装困难、产品不易操作或与消费者原有产品不兼容等原因改变想法，从而产生退货。消费者的无缺陷退货成为当前退货中非常重要的一类。

对于零售商或分销商的无缺陷退货，其原因在于，尽管零售商或分销商充分利用已经掌握的各种信息进行分析和预测，以及采取延迟订货策略，但预测和实际需求仍然可能存在较大的误差。需求预测不准确使得零售商或分销商可能多订货，从而多余的卖不出去的库存也会产生退货，并成为退货逆向物流的另一个重要组成部分。

（2）缺陷产品的退货。产品主要是由于生产技术或质量管理方面的原因导致产品质量功能方面存在缺陷。这种产品的质量功能缺陷可能是消费者在使用过程中发现的，也可能是生产企业自己事后发现的。当消费者在使用过程中发现质量功能缺陷后，一般都会要求退货；而商家为了提高企业的形象和满意度，一般都会给予消费者退货。当生产企业自己事后发现产品有质量功能缺陷时，不少大型知名企业大都采取主动召回政策，对缺陷产品如数收回。

（3）装卸、运输过程中损坏产品的退货。据中国仓储协会 2004 年公布的《中国物流市场供需调查报告》，国内生产企业和商业企业在物流运作过程中的货损率在 2% 左右。这种损坏一方面是由于物流操作不当，如野蛮装卸等原因引起的产品包装、外表以及其他形式的货物损坏；另一方面是由于运输过程中引发的货物损坏，如由于车辆颠簸或车辆事故引发的产品损坏。对于装卸、运输过程中损坏的产品，货物接受单位肯定会拒收，最终货物只能退回，从而产生退货逆向物流。

（4）订单处理失误或包装过程失误的退货。由于企业内部管理不善，员工在订单处理方面可能出现失误，如人工输入订单时出现产品或数量错误，把供应链下游企业没有订购的产品发货出去，或没有按照实际订货的数量发货，出现多发货的情况，这些错发或多发的货物也将会被下游企业或消费者退回。另外，在产品包装过程中，还可能产品包装完好，但内部配件缺少的问题，这也将导致消费者的退货。

（5）交货延迟导致的退货。有些产品具有很强的时效性，错过销售季节，产品将不能销售出去或只能以很低价格处理甚至报废。这要求制造商能够准时交换，但在现实生活中，可能会出现产品生产的延迟或产品运送的延误而不能准时交货，这些延迟交货的产品将会被拒绝接收，只能退回。

（二）退货逆向物流的流程

位于供应链上的不同环节的渠道商，其退货逆向物流的流程有所不同，下面介绍几个退货逆向物流具有代表性的环节。

（1）消费者和零售商或连锁零售企业的门店之间的物流。该环节的逆向物流基本上属于供应链退货逆向物流中最主要的组成部分。通常由于产品缺陷或商家推行的自由退货政策，消费者将有缺陷产品或跟自己意愿不符的产品退回给零售商或连锁零售企业的门店。这一环节的物流通常由消费者自行将要退货的产品送至零售商或连锁零售企业的门店，零售商或连锁零售企业的门店无须组织相应的运输等工作。

（2）零售商或连锁零售企业的门店与（逆向）物流配送中心之间的物流。该环节主要是零售商或连锁零售企业的门店将从消费者手中收到的无法再继续销售的退换货返还至（逆向）物流配送中心，（逆向）物流配送中心将有价值的商品退回配货区进行再次配送，或集中到特定销售点进行折价销售，把有缺陷的或无法再销的商品退回给供应商或进行其他处理。

（3）零售商或连锁零售企业的门店与供应商之间的物流。主要针对一些有供应商直接配送至零售商或连锁零售企业的门店的商品，由零售商或连锁零售企业的门店将不符合要求的商品直接退回给供应商。

（三）退货逆向物流模式

退货物流与传统的正向物流的差别较大，所以在构建退货逆向物流系统时所采用的模式要综合多种因素来决定。目前国内外所采用的模式主要有以下几种形式，每种形式都有自己的优劣势，企业在选择的时候要综合考虑退货商品的种类和数量以及对退货的处理方式等因素后做出决定。

### 1. 逆向物流和正向物流共用一套物流系统

如果商业流通企业在整个供应链中对于退货不负主要责任或者退货量比较小，对企业的经营影响不大，这种情况下，企业可以采用已有的正向物流系统处理退货。此种模式，企业可以省去重新构建逆向物流系统的成本，操作起来相对简单，但采用此种模式会使企业忽视退货的存在，不重视退货物流，而且一旦退货量增加，会造成企业的物流系统的混乱，不但处理不好退货逆向物流，而且会影响正向物流系统的正常运行。

### 2. 采用返品中心专门处理退货物流模式

这是国外比较流行的退货处理模式。1990年开始，美国的一些大型连锁零售商为了提高返品处理效率，按照专门化和集约化的原则，仿照正向物流管理中的商品调配中心（Direct Center）的形式，分区域设立"返品中心"（Reverse Center）以集中处理返品业务。这就是返品物流管理的开始。返品中心的主要功能是（1）接收系统内各零售店的所有返品。（2）对返品进行甄别。按照返品的实际状况把它们分为：可整修后重新销售；可降价批发销售；可向生产厂家退货；可作慈善捐赠用（在美国慈善捐赠可抵减税收）；可作废品利用及无利用价值等几类，并作相关处理。返品处理中心内设有相当规模的再生工厂，把可整修后重新销售的返品进行整修、包装后重新融入正向物流销售。（3）对返品涉及的资金往来进行统一结算。（4）对各厂家、各销售店、各类商品的返品状况及产生原因、返品的变动趋势等信息进行综合统计分析，并及时向总部提交相关报告。

许多美国大型零售公司累计在全美各地设立了近百个规模不等的返品中心。其中沃尔玛公司就设立了10家，凯玛特公司拥有4家，Universal公司拥有2家，其他如宜家、Target公司等较大的连锁零售商也都有自己的返品中心。此外，一些规模较小的连锁商业公司则采取几家合伙的形式，设立返品处理中心。目前，美国通过返品中心处理的返品已占总数的6成以上，集约化处理已成为返品物流管理的主导方式。返品中心的出现确实给零售商带来了很大的好处。首先，它提高了返品的流通效率，降低了返品物流耗费的成本，加速返品资金的回收。据分析，由于采用了返品的集中配送、返品票据的统一处理、发掘废弃商品残值等方式，返品物流管理每年可为商家降低销售总成本的0.1%~0.3%，以沃尔玛公司为例，通过返品物流管理每年平均就可节约资金7.3亿多美元。其次，集中处理返品还可以大大减轻零售店和生产厂家的工作量，充分利用零售店卖场空间，同时也有利于收集掌握与返品相关的商业动态。

### 3. 采用中间仓库的形式

如果退货是由于中间销售商没能准确预测市场形成过量进货引起的，这些退货是可以继续在其他市场销售的，如果不分原因就将退货收回到供货商的库房或退货中心内进行处理，将给供应链上的相关企业带来巨大的逆向物流成本。在这种情况下，如果采用中间仓库的形式，供应商在接到中间销售商的退货请求后，虽然接受了退货，但仍将退货放在中间销售商的仓库或放在一个第三方的仓库（即中间仓库）里一段时间。放在中间仓库里的退货可以用来满足同一送货网络的其他零售商的紧急订单或同一地区零售商的补货订单，当超过一定时间后，如果退货没有被其他销售商订购，就把退货送回至供应商处等待进一步处理。这种模式可以通过供应链上各个企业的协商来共担成本，并共享此种模式带来的效益，达成共赢局面。

### 三、废旧包装和废弃物逆向物流运作

#### （一）废旧包装回收物流

**1. 废旧包装回收利用的概念和种类**

废旧包装回收利用是指把即将变为废旧物或已进入垃圾场中的废弃包装或包装材料收集起来，再做包装或通过各种技术与工艺使之成为有用的材料，如收集玻璃包装瓶再用于包装等。

废旧包装材料的回收利用按用途可以分为以下四类。

（1）包装利用，即将废弃的包装进行回收后，再用于包装，可分为同物包装利用和更物包装利用。前者是指原来用于什么物品包装，回收后仍用于同样物品的包装，如饮料/啤酒玻璃瓶的回收利用；后者指某物品的包装废弃物经过加工用作其他物品包装，如饮料/洗发水塑料瓶等，可能被用于洗洁精、汽油的包装。

（2）材料利用，即将回收来的包装通过回收处理得到有用的材料使之重新发挥作用，如纸包装、塑料包装的回收再利用等。

（3）能源利用，即将废弃包装用作燃料或提炼能源性物质，主要有两大类：热能利用和动力能利用。热能利用，主要对包装废弃物可燃部分通过焚烧得到热能，比如制成沼气等；动力能利用主要是将包装废弃物处理，而得到动力设备必需的能源——气体、液体（如汽油、柴油等）及电力。

（4）其他利用，指废弃包装回收后用于上述三种以外的用途。

**2. 废旧包装回收渠道**

企业生产的产品种类不同，所用包装种类繁多。包装随产品分散到全球各地、各行业及最终消费者，回收起来难度相当大。但就商品的流向来看，商品包装与商品的流向是一致的，也就是说，什么地方有商品，什么地方就会有废旧的包装物可以回收。具体来说，废旧包装物的回收渠道主要有以下几个方面。

（1）商业部门渠道。商业部门主要经销生活资料商品，是企业废旧包装回收的主要渠道。如各级百货商店、纺织品公司、五金交电公司、副食品公司及零售商店等，都有较大的废旧包装回收潜力；医药、中药材、医疗器械，也有大量的商品包装可供

回收;各种粮油的专用包装、进口商品的各种包装都可以回收利用。

(2)生产资料产品销售部门。这些部门主要是经营各级生产资料的机电设备公司、轻化工材料公司、建筑材料公司、交通配件公司等,大都有废旧包装物。其中相当一部分是专用包装,如平板玻璃木箱、化工原材料铁桶、电缆盘等。

(3)社会废旧物资回收公司或社会上的回收队伍。利用社会废旧物资回收公司或社会上的回收队伍,可以回收那些专业回收单位或综合回收机构不回收的旧包装,如各种杂乱玻璃瓶、塑料瓶和其他棉、麻、金属制品包装。

(4)企业废旧包装物回收渠道。①由企业设立专门的回收门市部门,在固定的地点、时间专门回收各种产品包装。②企业上门回收。企业定期定点或预约时间到交回包装的单位上门回收包装。③企业在产品销售部门设回收包装柜台。产品销售部门在出售商品时,要求消费者交回已购买使用过的旧包装,以押金的形式相约束,如用空瓶换瓶装啤酒、酱油、醋等办法来回收旧包装。④企业与销售使用单位对口交回由产品销售部门或使用部门直接负责回收的产品旧包装,交给生产企业重新使用,中间不经过旧包装回收单位。

### 3. 废旧包装的存储和运输

根据我国《包装资源回收利用暂行管理办法》,回收包装资源的存储和运输应按以下要求实施:

(1)对回收来的包装资源应作好储存、清洗、分类、整理打包等工序;避免雨淋、曝晒、受潮、虫蛀和污染。

(2)危险品包装应单独储存和运输。

(3)可降解塑料包装制品与非降解塑料包装制品也应分开储存和运输。

(4)运输回收包装的车辆应保持清洁卫生。

## (二)废弃物物流

### 1. 废弃物及废弃物物流的概念

废弃物指生产建设、日常生活和其他社会活动中产生的在一定时间和空间范围内,基本或完全失去了使用价值,无法回收利用的排放物。废弃物种类繁多,组成复杂,从不同角度可进行不同分类,从废弃物产生的来源可分为生产废弃物、流通废弃物和生活废弃物。

废弃物物流是指将经济活动中基本或完全失去使用价值的物品,根据实际需要进行收集、分类、加工、搬运、储存等,并分送到专门处理场所过程中形成的物品实体流动。

### 2. 废弃物物流的特点

(1)废弃物物流的主体"物"的特点

1)无使用价值或使用价值较低。废弃物在物流过程中,本身不增值,但物流费用支出较大，如生活废弃物目前主要由市政环卫部门处理，费用由政府财政支付等。

2）呈现出复杂性、多样性、分散性、普遍性、无主性的特征。由于废弃物成分复杂，来源多种多样，产生并存在于社会的每一个环节，分散在各处需要收集，而且找不到具体责任者，因此增加了废弃物物流的处理难度。

3）污染环境。废弃物处理不当会给环境造成严重危害，主要体现在：侵占大量土地资源；污染农田；污染地下水；污染大气；传播疾病等。

（2）废弃物物流"流"的特点。主要体现在以下几点：①它处于供应链的最后一个环节；②废弃物物流系统的功能要素（见图10-1）同一般物流有很大区别；③废弃物物流系统的物资基础要素，如物流设施、物流装备、物流工具、组织及管理等也有自己的特点。

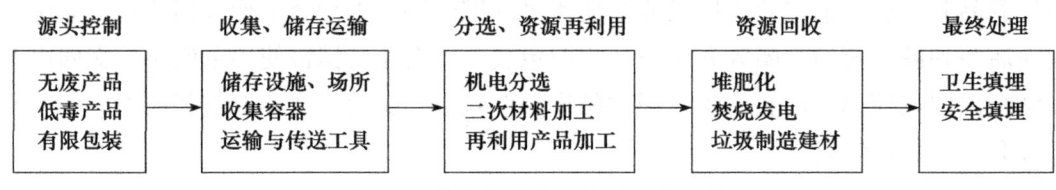

图 10-1  废弃物物流系统的功能要素

### 3. 废弃物的收集、包装、贮存和运输

（1）收集是将分散的废弃物收拢聚集在一起，存入特定的堆放场地的物流过程。收集是整个废弃物物流系统的第一个环节，也是同一般物流最大的区别所在。

废弃物的收集方法按照废弃物产生源分布情况可分为集中收集和分散收集，前者是针对量多的废弃物，后者是针对量少的废弃物。

（2）包装指将废弃物包裹或装进特定的容器中，主要是为了防止废弃物在运输过程中泄露、散失。

（3）贮存是指通过废弃物堆放场、收集站、中转站等，对废弃物进行集中、压缩处理、消毒、干燥脱水和暂时存放，以便于废弃物收集、运输和处理的物流环节。

（4）运输指废弃物从产生地或收集点到堆放场或处理、处置地点的运送过程，应根据废弃物的特性、数量和产生地等选择适宜的运输方式，最普遍的是公路运输（固体废弃物）和管道运输（液体废弃物）。

### 4. 废弃物物流的合理化

要实现废弃物物流合理化，要做到以下几方面：

（1）实现废弃物的减量化，主要是通过适宜的手段减少和减小废弃物的数量、容积、比例和排放量，尽量使废弃物减量化。

（2）实现废弃物的无害化，主要是将废弃物通过处理达到不危害人体健康，不污染周围环境的目的。

（3）实现废弃物的资源化，即尽量从废弃物中回收有用的物料和能源。

## 第三节　国内外逆向物流发展现状及未来发展趋势

### 一、国外逆向物流发展现状

从 20 世纪 90 年代开始，国外经济发达国家就已经对逆向物流领域进行了深入的探索和研究。欧、美、日等国家已经强制立法，责令生产商对产品的整个生命周期负责，要求他们回收处理所生产的产品或包装物品等。

德国是欧盟国家中节能减排法律框架最完善的国家之一。早在 1972 年德国就制定了《废弃物处理法》。1991 年德国政府颁布的《包装废弃物处理法》，以立法的方式明令产品生产及销售者负责回收包装废弃物。欧盟明确要求 95% 的包装物必须是能够回收利用的物质。2003 年 2 月，欧盟又颁布了《废弃电子电器设备指令》和《电子电器设备中限制使用某些有害物质指令》，规定从 2005 年 8 月 13 日起，生产者负责回收处理废旧电子电器设备。2005 年，欧盟正式实施废弃电子电气设备指令（WEEE），旨在解决急速增长的电子电气设备废弃物问题。荷兰则要求汽车制造商对所有的旧汽车实行再生。

日本早在 1979 年就颁布了《节约能源法》，该法对能源消耗标准作了严格的规定，并奖惩分明，之后又对该法进行了多次修订，最近一次是在 2006 年。2001 年 4 月，日本开始实施《推进建立循环型社会基本法》、《有效利用资源促进法》、《家用电器再利用法》，争取控制垃圾数量，实现资源再利用。2003 年 10 月，日本又规定了对家用电脑实施强制回收，在销售环节缴纳回收处理费。明确规定生产企业必须回收再利用废弃家电的比例为：空调 60% 以上，电视机 55% 以上，冰箱 50% 以上，洗衣机 50% 以上。

美国于 1966 年制定的《国家交通与机动车安全法》规定了缺陷产品召回制度，汽车制造商在发现其产品由于设计或制造等方面的原因存在缺陷、不符合相关法律法规，有可能带来安全或环保问题时，必须公开发布汽车召回的信息，将情况通报给用户和交通管理部门，进行免费维修。在之后的近 40 年的时间里，美国的缺陷产品召回对象从汽车逐步拓展到多项涉及消费者安全和健康的产品，包括玩具、食品、药品、化妆品等。除美国之外，目前实行召回制度的国家有日本、韩国、英国、法国、加拿大、澳大利亚等。

### 二、我国逆向物流发展现状

立法方面，我国已经颁布了《节约能源法》和《清洁生产促进法》及相关法规，《循环经济促进法》正在立法进程中。2003 年我国出台并开始实施《电子垃圾回收利用法草案》，该《草案》明确规定制造商有义务对废旧产品回收再处理，其他相关的法规也将陆续出台。2009 年国家质检总局起草的《缺陷产品召回管理条例》送审稿从法律角度规定了企业对缺陷产品应负的责任，这些草案虽有相关的法律法规，但企业并未严格执行。

实践方面，在我国，虽然还尚未单独对逆向物流方面进行有关的数据统计，但是这一领域在我国发展也非常迅速，目前诸如食品、医药、电子商品、工业品、快速消费品、化工商品等行业商品的生产企业以及流通企业早已开始了在逆向物流领域的积极探索与实践。比如上海宝钢冶金建设公司对废旧金属资源的综合利用；联想公司与美集物流公司合作并延伸至"逆向物流"及医药、食品、电器等行业对退货的处理和主动召回；神龙汽车公司在废物的逆向物流作业中，遵循既不污染厂区及环境、又争取变废为宝的原则，充分利用废物的回收价值，达到了环保和净化的目的；鞍新钢将逆向物流管理战略纳入企业管理战略，取得了良好的社会和经济效益，实现了正向到逆向物流的完满循环；华为公司的逆向物流作业和管理平台实现了从退货接收、到货验收、分流入库、库存评审、库存管理，维修作业过程操作和管理，维修物料领用管理，入库和发货操作和管理等逆向物流的相关业务流程。

但从整体上来看，逆向物流管理在我国还只是处于开始阶段。相对发达国家来说，逆向物流并未引起我国企业的广泛重视，大多数企业的逆向物流意识淡薄，只有很少的企业有自己的产品回收体系。而且由于第三方物流业在我国的发展本身并不成熟，现阶段我国第三方物流公司中开展过逆向物流服务的较少。但随着一些环保方面的法律法规相继出台，企业环保方面的压力将逐渐增大；WTO 的市场规则也导致企业的激烈竞争，企业不得不面对回收物流管理方面受到的严重挑战，所以我国的逆向物流需求也很旺盛。

## 三、逆向物流的未来发展趋势

已经步入新一个千年的企业知道，建立一个快速、高效和低成本的逆向物流系统是势在必行的。一些机构已经开始在这方面进行投资，目的是发现能够加强逆向物流系统能力的机会。逆向物流的发展对生产制造企业本身，以及逆向物流运作都将有巨大的影响。

（一）逆向物流将促使企业做出改变

**1. 企业将用可分解的思想设计产品**

从白色家电厂商到汽车制造商的一大批厂商正在研究新的方法，用可分解的思想设计他们的产品。这项研究分为三个方面：如何实现为了分解目的的新品设计；现有产品如何分解；增加回收产品及部件的机会。制造系统一般都是为了实现高效装配过程而设计的，但是现在的要求却是产品的设计和制造能够适应处理和回收的要求，可以方便进行产品分解工作。例如重新设计装配件，减少装配过程中螺栓的使用数量（当然不能牺牲功能），这样会加快产品的分解过程。当企业可以分解大多数产品时，产品设计的目标必须是使产品分解的成本低于部件带来的收入。还应注意，不同的分解部件有不同的获利机会。BMW 已经宣布了一个战略目标：在 21 世纪设计出一种面向分解的汽车，当产品生命周期结束时，BMW 的经销商可以将汽车回收后分解，然后把分解后的部件投入到新车的生产线中。

### 2. 企业将从回收产品中获取更多有利用价值的物资

许多行业正在给那些允许他们回收更多物资的系统投资。汽车工业是最为突出的。例如在1992年，通用汽车公司成立了美国汽车研究委员会，福特和克莱斯勒则在新技术中引入了预竞争理论研究。其中的一个研究机构——汽车回收合作组织，不仅仅由主要的汽车制造商参与，而且也依赖于供应商、原材料制造商、大学和相关工业协会的参与。这个合作组织正在编制废旧汽车零件和原料数据库，以辨识如何回收并利用物资。废料经销商已经在每年1 000万辆的废旧车辆中提取了95%的铝和钢铁以及主要的黄铜和紫铜，然后把它们卖给二级回收市场。现在，残余的汽车材料，例如橡胶挡风雨条、泡沫坐垫和合成塑料和玻璃被当作无用品处理，而汽车回收合作组织正在积极地考虑怎样把这些物品回收和再利用。

### 3. 企业将进一步想办法延长产品生命周期

为了延长产品生命周期，许多公司正在采用模块化的设计技术并使用标准化的产品接口。由大量标准化零部件组装而成的产品可以方便地进行升级，而不是废弃，仅仅用新部件替代过期部件就可以达到这样的目的。以老型号产品中的标准化部件和模块为基础进行新产品的设计制造，给企业有机会利用老型号产品中的零部件。企业分解一种老型号产品时，就有很多机会把老部件重新应用到新产品之中。在过去的几年当中，企业在产品之中应用回收物资方面取得了显著的进步。这些物资带来了直接的效益，减少了长期的废品处理成本。

### 4. 将对企业的财务产生影响

把逆向物流管理由战术执行层系统推向企业业务战略高度的主要原因就是它对企业运作的财务将产生影响。重新分配产品责任的趋势正在对传统的产品所有权和责任的转移的本质发起挑战，而且正在改变传统的买家和卖家之间的动态关系。将来，可能有许多产品是租用给用户，而不是卖给他们，例如移动电话。用户不会因为产品过时而烦恼，而且更为重要的是，制造商能够追溯产品的流向，在产品的生命结束之时，可以重新收回并对之进行处理。

## （二）逆向物流网络未来的趋势

随着越来越多的最佳业务实践出现在前向供应链系统的发展趋势中，一流的逆向物流的发展仍将继续。

### 1. 逆向物流网络将变得复杂

组织必须确保他们的逆向系统与前向物流具有同样的成效。尽管企业还需要一段时间进行发展逆向物流系统，对于他们来说，建立一个允许他们快速收回物品，同时尽可能地降低成本的物流网络十分重要。这可能意味着最好由第三方组织管理逆向系统，或者由那些专注于配送中心建设的组织提供逆向物流服务。与单独的业务链相比，逆向物流系统将会变成一个复杂的网络。它将包含两个层次的用户，因为有些顾客购买的是新产品，而另外一些只买部件和再销售的产品。在某些情况下，顾客将成为供应商。随着越来越多的专注于废品处理和产品回收的供应商加入到逆向系统中，逆向网络将变得更加复杂。

### 2. 逆向物流系统对信息技术提出更高的要求

发展逆向物流系统的一个最重要的环节是应用信息技术。新技术和尖端技术可以帮助企业收集被回收产品的信息。信息的流动与产品本身的流动一样重要。将来，可以采用二维条码技术搜集产品信息。这种条码包含着产品所有权等多重信息，可以应用到单个产品上甚至是产品中的一个零部件。将微型条码应用于小件物品上意味着即便是个人电脑的芯片也是可以跟踪的。对于逆向物流系统，使用条码技术使得物品管理非常简便。在任何时候都可以对所有产品进行追踪，实时的产品状况和损坏信息可以帮助物流经理理解逆向物流系统的需求。数据管理可以使企业追踪产品在客户之间的流动信息，同时也允许企业辨识出于回收目的的产品返回比例。这些信息将会被利用到提高产品可靠性以及识别逆向物流系统中的特殊问题上。信息同样也可以运用到提高产品供应的预测水平上去。

## 案例分析

### UPS 为 MBS 提供的图书退货逆向物流服务

MBS 是一家规模庞大的教材交易公司，其下有一家经营网上虚拟书店的分公司，该书店向附近地区的培训机构、高校及中学提供教材及课辅资料的供应。为支持其日益增长的业务，该公司利用 UPS 的专业服务以增强客户服务管理和退货管理。

MBS 直销在线书店允许学生购买所需的某门功课的新书、旧书或学习资料；一旦该课程学习结束，学生们还可以将这些书再卖给 MBS 直销书店。因此，其退货业务与销售业务同样的频繁。

该公司创立于 1992 年，现已发展壮大成为一家经营范围涉及 250 000 门课程、服务对象超过 130 万学生、遍布美国、加拿大、波多黎各的大型企业。面对仍在继续发展的业务，MBS 面临着更大的挑战，即如何进行图书跟踪、退货管理和资产管理，如何处理跨国际的图书资料的双向物流。为此，MBS 将其整个物流服务活动外包给 UPS，利用 UPS 的专业化服务，来提高客户服务水平，降低退货处理成本，更有效地进行资产管理。

为提高图书退货处理的效率，UPS 开发了一套基于 Web 网的 UPS 回收管理系统，为准备退书的学生提供一个网络入口。在课程即将结束的前几周，MBS 直销店给那些购买书的学生发封 e-mail，将 UPS 服务入口的链接提供给这些学生。学生们可以点击链接，浏览 MBS 的退书报价。如果决定接受报价，只需再点击就可创建一个 UPS 退货标签，学生们可将该标签贴在他们的退书包裹上。另外，学生还可根据网络上的说明，安排 UPS 的收货计划。

贴有标签的包裹可以送交 UPS 的任何一个司机或 UPS 的任一服务网点。这使得学生的退货非常方便。打印的标签含有 MBS 编制的条形码，其中包含了报价信息、一套客户服务信息、国内账号、目录清单等信息。MBS 一旦收到 UPS 送来的退货，通过扫描标签，系统将自动通知 MBS 的会计部门处理支票兑付问题，学生也会很快收到通知，告之：退书已经收到，书款已经付出，等等。UPS 的专业服务帮助 MBS 直销书店大大提高了客户服务满意度和退货管理水平。项目实施 4 个月，新的系统就处理了 110 000 个退货标签，比上一年同期水平增加了 300%。另外，MBS 直销书店预测，新的系统将帮助企业取得年 15% 的业务增长率。

**案例思考题**

1. 上述案例中 UPS 为 MBS 提供的图书逆向物流属于哪种类型的逆向物流？
2. 简单描述 UPS 为 MBS 提供的图书逆向物流的流程。
3. UPS 为 MBS 提供的图书逆向物流成功的关键因素是什么？

## 本章小结

随着人们对环境的关注和对物流"第三利润源"的更深入了解，越来越多的企业，尤其是跨国大企业开始关注并运作逆向物流。本章内容首先介绍了逆向物流的概念、构成、特点、驱动因素和所包含的内容等基础知识。其次，重点对具有代表性的制造业领域、商业领域，以及废旧包装和废弃物三个方面的逆向物流运作进行了详细的论述。以期让学生重点掌握制造业领域产品召回过程中的逆向物流、商业领域退货逆向物流，以及废旧包装回收物流和废弃物物流的具体运作特点和运作流程。最后，对国内外逆向物流的发展现状以及未来的发展趋势进行概括性介绍。旨在让学生在了解德国、日本、美国、中国逆向物流运作现状的前提下，从国外逆向物流运作的成功实例中总结经验，从而对我国逆向物流的发展提供借鉴。

# 第十一章 Chapter11

# 国际物流整合规划

## 学习目标

1. 了解物流网络规划的主要问题、延迟策略的 CODP 的定位。
2. 理解物流网络规划的决策分类、延迟策略的应用、牛鞭效应的定义。
3. 掌握物流网络规划的步骤、延迟策略的分类、牛鞭效应的成因和解决方法。

## 导入案例

### 日本的物流网络体系

企业物流体系。企业物流体系主要是制造业企业。日本的 9 大综合商社因为只做一级批发商,且主要在集团内交易,因此它们的物流体系也可以算作企业物流体系。其流程为工厂→仓库→车、船、铁路、飞机运输→流通中心→批发中心→零售商品中心。

配送中心体系。它主要包括以经营鲜活食品为主的超市以及百货商场的鲜活食品部门,由供应厂家把产品送到配送中心。配送中心的结构:牛奶等生产厂家 8 家,生鲜食品材料供给中心 18 家,肉制品供给中心 2 家,米饭供给中心 4 家,冷冻冷藏食品配送中心 5 家,加工食品配送中心 7 家,杂货配送中心 8 家。

专业物流体系。它主要是指以货车为主要运输工具的汽车运输公司。这种物流体系,一般在半径为 5~500 公里的范围内设立物流中心,利用超市连锁店、便利店或街边店铺作为收货代理点,用专门的货车按邮政编码分区直接送到收件人手中。

## 第一节　国际物流网络规划

### 一、物流网络的概述

#### 1. 物流网络的概念

物流网络是物流过程中相互联系的组织和设施的集合，它包含设施和产品两个方面，设施主要包括供应商、生产中心、仓库、配送中心和零售网点；还有在这些设施/物流节点之间流通的原材料、在制品库存和成品，如图 11-1 所示。实际上，物流网络就是通过设立一些固定的设施，使原材料能通过这些设施变成成品并流通到最终消费者的手中的一种网络的规划。

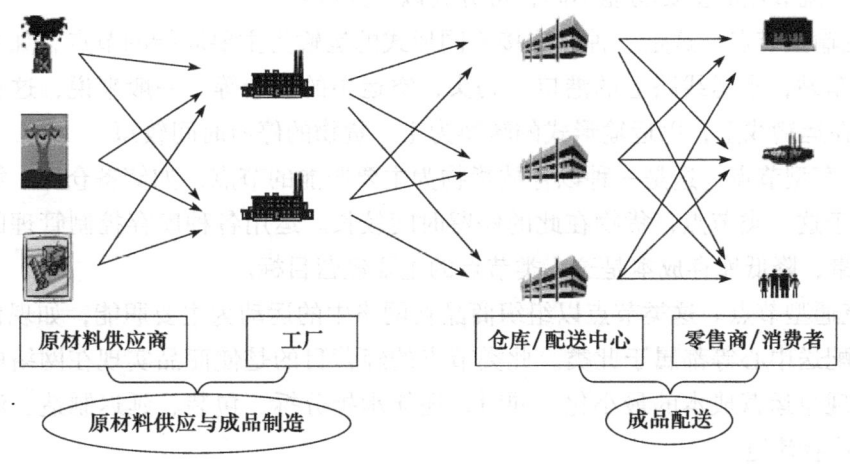

图 11-1　供应链物流网络

#### 2. 物流节点的概述

（1）物流节点的概念。物流节点是物流网络中物流线路的连接处。物流节点是物流系统中非常重要的部分，因为物流的储存、分拣、配货、装卸搬运、包装、流通加工等物流功能要素都要在物流节点上来完成，而且物流线路上的活动也是靠节点组织和联系的。

现代物流网络规划中的物流节点对优化配置整个物流网络起着至关重要的作用。它担负着物资流、信息流和资金流的中转、交换和协调调度，尤其针对国际物流网络的规划更为注重系统性的观念，如何设置、选择和控制管理分布在世界各地物流节点，以实现物流系统的统一协调和畅通，并能够整合优化资源的配置，使整个物流系统的效率提高，成本降低，增强其整体的竞争力。

（2）物流节点的功能

1) 衔接功能。通过合理的节点设置、先进的技术以及管理方法的应用，物流网络以实现多种运输方式的有效连接，从而保证物流网络的顺畅流动和运行。例如，通过转换运输方式衔接不同的运输手段；通过流通加工，衔接干线物流及配送物流；通过储存衔接不同时间的供应物流和需求物流。

2）信息集散功能。物流节点是整个物流系统中物流相关信息传递、收集、处理、发送的集中地。每一个物流节点都是一个重要的信息源，在一个复杂的物流网络中，若干物流节点的信息源与整个网络的信息中心相结合就组成了指挥、管理、调度整个物流系统的信息网络，这也是物流系统实现网络化的重要条件之一。

3）管理功能。大多数的物流节点都是集管理、指挥、调度、信息、衔接及货物处理为一体的综合物流设施，整个物流网络能够有序、正常地运行，物流系统能否达到期望的效率和服务水平，在很大程度上取决于物流节点的管理职能能否有效的实施。

（3）物流节点的分类

按照物流节点的主要功能不同，可分为以下几种：

1）运输型节点。这是一种以连接不同形式的运输为主要职能的节点，如铁路线路上的货站车站，水运线路上的港口、码头，空运中的空港等。一般来说，这种类型的节点都处在运输线上，以运输形式的转换为主，货物的停留时间较短。

2）储存型节点。这是一种以存放货物为主要职能的节点，如储备仓库、第三方仓库等都属于这一类节点，货物在此的停留时间较长。运用各种库存控制管理的方法来降低库存量，降低库存成本是这一类节点的主要经营目标。

3）流通型节点。这类节点以组织商品在网络中的运动为主要职能，如现代化的物流中心、配送中心等都属于此类。此类节点的经营目的是使商品实现在网络中的快速流动，实现总运营成本的最小化，同时，还能承担分拆、包装、延迟制造、流通加工等活动增值物流链。

4）综合型节点。同时具备以上提到的两种或以上特点的网路节点就称之为综合型节点。这种节点能够满足现代物流大量化、复杂化、个性化、精益化的要求，并作为物流网络的中枢型节点而存在。

## 二、物流网络规划的决策分类

物流网络规划设计的问题关系到供应商、工厂、仓库、配送中心、批发商、零售商，而且具有长期效用，属于战略性的决策，其内容包含：精选最佳数量、地理位置、大小的仓库和工厂厂房；决定最佳的资源利用策略（哪个工厂或者是供应商要生产何种产品）；决定最好的分销渠道（哪一个仓库或是分销中心要分销和服务哪一类的客户）；在客户服务水平与总成本之间进行一个平衡；等等。可按照其策略的层次分为：战略决策、战术决策和运营控制。

### 1. 战略决策

战略决策的建立通常涉及主要的固定资产或是物流节点的投资，并且还将具有很长时间的影响。战略决策的内容主要包括要决定新的厂房，配送中心和仓库的数量，位置和大小；需要购买的新生产设备的类型和数量，还要涉及每一个工厂内的工作单元的设计；还涉及运输的设施设备，通信设备和数据处理设备的采购；等等。

### 2. 战术决策

根据战略决策进一步设定和实施战术决策，在一段时间内有效的分配制造和销售的资源。通过以下方式来进行：确定工人总数；确定库存管理的政策；确定分销渠道的组成；在直接运输和转载中进行选择；等等。

### 3. 运营控制

运营控制主要是针对每一天的运营做出决定，包括要对订单进行分配和处理，处理订单流程；进行日常任务分配，即每天根据客户订单的数量和要求，要对每一个机器分配合适的工作量；制定车辆使用的计划和时间表。

## 三、物流网络规划的主要工具

### 1. 绘制地图

- 通过绘制地图能够让你明显地看出你的供应链的设计和方案的效果
- 通过绘制你所提出的解决方案的地图，可以让你更好地明白不同的实施情况
- 带颜色的译码，按比例分配的大小和被利用的指示将有助于你进行更深一层级的分析

### 2. 机械工具

机械设备是构成物流网络节点的重要组成部分，也是完成日常运营控制的主要工具，包括生产的机器设备、仓库的设施设备、运输车辆、装卸搬运设备、通信设备、计算机网络设备等。根据物流网络规划好的方案所选择的机械工具要能够满足方案设计的要求，最大限度地体现物流网络系统的高效率，对资源的优化整合能力，从而达到顺畅、快速、高效的物流整合的效果。

### 3. 数据

一个物流网络的规划会涉及大量的数据，这些数据包括：

◇ 所有产品的清单

◇ 顾客、零售商、仓库、配送中心、生产商和供应商的位置

◇ 所有产品的数量和特殊的运输方式（比如冷冻运输）

◇ 目标消费者的位置，储存商品的储存点和资源

◇ 每一个目标消费市场对每一个产品的需求量

◇ 每种运输模式的运输费率

◇ 仓储的成本

◇ 向顾客发货的频率和运量

◇ 订单的形式和内容，包括订单的频率、大小、季节性

◇ 订单处理的过程所产生的成本

◇ 消费者服务的目标

这些数据能够详细说明整个供应链物流的总成本，能够量化供应链物流网络的改变及其效果，是重要的网络工具。

## 四、物流网络规划的步骤

### 1. 确定物流网络规划的目标

在进行物流网络规划之前，首先要明确物流网络规划的目的是为了降低成本，还是为了提高物流的服务水平？规划中的物流网络将来需要实现什么样的物流服务？具备多大的服务能力？为此，在进行物流网络规划之前，要确定两个问题：一是对未来需求的预测，由于规划中的一些固定设施（如仓库、工厂、配送中心）需要前期大量投资，并将在 3～5 年的较长时间才能达到一定回报率，因此，在规划物流网络时需要预测未来的需求情况；二是服务水平需求，要根据客户对其上游企业的服务水平的需要，制定合理的服务水平标准，比如，配送中心可以通过设定配送中心服务的半径来保证目标客户的服务水平。

### 2. 收集并整理数据阶段

（1）数据的收集。物流网络规划需要来自各方面的大量数据作为决策的基础。具体来说，需要的信息包括以下内容：所有产品的有关性质特征，包括数量、种类、是否需要特殊运输和储存条件等；顾客、零售商、现有和潜在的仓库、配送中心、制造机构和供应商的地理位置；每种运输方式的运输费率；运输规模和配送频率；某区域范围内的顾客对于每一种商品的年需求量；各候选配送中心的相关成本；订单处理成本、订单的频率和批量等。

（2）数据的整合

1）按消费者整合数据。由于企业在物流网络规划时需要收集大量的数据，为了方便使用，通常会采用网格或者其他聚类技术将距离较近的顾客集合起来，被称之为顾客区。也就是把一个消费圈里的所有消费者替换成以一个消费者为中心的圈，把消费者的范围缩小，以点盖面。有关研究表明，将数据整合为 150～200 个，对总运输成本估算值的误差影响通常不会超过 1%，所以说，采用"顾客区"的数据整合技术，可以提高需求预测的准确度。

2）按项目整合数据。如果要把众多的产品整合成一定数量产品的小组，那么要按照一定的项目或者关键词来进行，那么这个项目或是关键词是要在配送的形式和产品的形式上来进行划分的。

- 配送的形式——把所有具有同样的原料来源并且去往相同的消费地的产品进行整合。在具有同种配送模式的产品中，将单品库存的单位体积和重量相似的产品整合为一个产品组

- 产品的类型——所谓不同的产品，可能只是简单的在产品的样式或是风格或是包装上有所不同，那么就把这些产品进行整合

在实践中，这种数据整合的方法可以减少需求的变动，在整合后的层次上进行需求预测会更精确一些。此外，在数据整合过程中通常可以遵循以下指导原则：
- 将需求点整合为150～200个区域
- 确保每个区有大致相等的总需求，这就意味着每个区的面积可能不等
- 将整合的点放在每个区的中心
- 将产品整合成20～50个产品组

### 3. 建立物流网络规划模型，得出优化解决方案

（1）图表技术。图表技术泛指大量的直观方法。虽然这类技术不需要深奥的数学分析，但能够综合反应各种实际的约束条件，如统计图表、加权评分法、电子表格等。借助这些方法，加上分析人员的经验和洞察力，往往能够得到满意的设计方案。

（2）仿真模型。仿真模型在物流网络规划中有着广泛的应用，其优点在于能方便地处理随机性的变量要素，并能对实际问题进行比较全面的描述。物流网络的仿真将成本、运输方式与运输批量、库存容量与库存周转等要素以合理的数量关系加以描述，并通过编制计算机程序进行物流网络的模拟运行。通过对模拟结果的评估分析，可以选出比较优的网络设计方案。

（3）启发式模型。启发式模型在建模上就仿真性与优化模型之间，它能对实际问题进行较为全面的描述，但并不能保证得到最优解。启发式模型追求的是满意解，而不是最优解，在解决物流网络中的一些最困难的决策问题时，该方法具有很好的可操作性。启发式模型在物流网络规划中常使用以下一些基本原则：①物流中心的最佳选择往往在需求量最密集的中心点附近。②对需求量及需求提前期波动很小的产品，应当实行准时化管理，尽量减少库存。③购买量大的顾客，应当由产品的供应源头（如工厂）直接供货，而不必通过中转仓库二次运输。④从配送角度看，那些订货量小而且位于产品配送网络末端的顾客其代价最高。⑤在当前物流网络体系中增加新的设施（如物流中心）的前提条件是，新增加的设施能最大化地节约物流总成本。

（4）优化模型。优化模型通过精确的运筹学方法求出决策问题的最优解。优化模型的主要缺点在于，一个数学模型往往无法包括实际问题所有的约束条件和影响因素，因此，在采用优化模型时，需要在运算能力限制与假设条件个数之间做出权衡。在给定假设前提和足够的数据后，优化模型能够保证求出最优解。许多复杂的模型现在借助计算机程序已经可以方便地求解。

（5）专家系统模型。专家系统也称为人工智能系统，是将人们以往在解决问题中积累的经验、方法与专长转化为计算机程序，把专家的知识与解决问题的逻辑思维以程序的方式"传授"给计算机，借助计算机抢答的计算能力来解决实际问题。开发专家系统的最大阻碍在于如何识别、获取专家的智慧与知识，并将之转化成计算机程序。

## 第二节 国际物流中的延迟策略

> **案例 11-1**
>
> 著名的滑雪服制造商 Obermeyer，每年都设计出新的款式和产品，所以预测的需求量很不确定，一种成功的策略解决了这个问题。将产品分为高风险产品和低风险产品，对于低风险产品，由于其不确定性和价格比较低，所以用长期预测的方式尽量减少成本。而对高风险的产品却一直拖延到有一个明确的客户需求的市场信号后，才开始确定生产的数量。但两种产品运用的是相同的原料布，所以对于原料布需求量的不稳定性以及库存情况也是比较低的。

为适应客户需求日渐多样化、个性化以及竞争的日趋激烈等多方面因素，今天的市场已从传统的相对稳定型市场演变为动态多变型市场，市场竞争呈现出许多新的特点，比如消费者需求多样化、差异化，导致产品寿命周期越来越短；产品品种数飞速膨胀；对交货期的要求越来越高；客户更加关注性价比和产品的定制化，对产品和服务的期望越来越高，但需求的不确定性却在增大；多品种小批量生产比例增大等。这些特点都对制造企业提出了柔性和快速响应的要求。以生产为中心，满足单一、稳定市场的大批量生产方式已经不能适应客户需求千变万化的市场，许多行业逐渐从大规模生产（Mass Production，MP）转向大规模定制生产（Mass Customization，MC）。现在，定制、快速响应甚至即时交付产品和服务、低成本已经成为企业希望实现的目标。而在众多的大规模定制实现手段中，应用最多的是延迟策略，它贯穿于整条供应链，是大规模定制的核心策略。

### 一、延迟策略的定义

延迟策略（postponement）最早是由 Alderson 在 1950 年出版的《营销效率与延迟原理》一文中最先提出的概念，文章指出，产品可以在接近客户购买点时实现差异化，即实现差异化延迟。Alderson 认为，要降低风险成本和不确定成本，最好的办法就是延缓产品差异化的时间。1965 年，Bucklin 对这个概念进行了拓展，他认为：延迟本质上讲是一个关于谁将承担渠道风险的问题，延迟能够将风险转移到上游或者下游。风险是与生产和流通环节中产品的差异性（形式、地点、时间）密切相关的，如果生产和流通环节中的相应过程可以被延迟到获得顾客确切订单之后，那么这些环节中的风险就可以被减少，甚至完全消除。到上个世纪 90 年代左右，延迟成为一个集成营销、制造和物流等的概念，受到研究者关注并产生了很多研究成果。由于延迟策略的研究仍在深入进行，不同的学者分别从不同的角度阐述了延迟的定义，具体如表 11-1 所示。

表 11-1 延迟策略的定义

| 研究机构或学者 | 定 义 |
|---|---|
| Alderson（1950） | 为了降低时间造成的风险与需求的不确定性，消除由于市场不同造成的浪费，企业通过延迟产品的差异、延后产品在结构上的改变，以及在最接近客户的销售点上设立存货位置，将产品的差异点延至客户的订购点 |
| Bucklin（1965） | 通过将制造及物流的部分作业延迟到客户订单确认之后，降低风险及不确定性 |
| Pagh J. 和 Cooper M.（1988年） | 在供应链上推迟制造、包装、发货等活动，直到获得确定的顾客订单或者得到顾客承诺 |
| Emst and Kalnrad（2000） | 在某种意义上，延迟可以定义为对一组最终产品的价值增值过程，追求在客户订单分离点之前共同处理需求的最大化，这样既可以得到规模经济又不牺牲产品的多样性 |
| Van Hoek（2001） | 延迟策略是指将供应链上的客户化活动延迟至接到客户订单时为止，即在时间和空间上推迟客户化活动，实现产品和服务于客户需求的无缝连接，从而提高企业的柔性及客户价值 |
| 中国《物流术语》国家标准 | 延迟策略是指为了降低供应链的整体风险，减少错误生产或不准确的库存安排，有效地满足客户个性化的需求，将最后的生产环节或物流环节推迟到客户提供订单后的一种经营战略 |
| 王海军、马士华等（2005） | 延迟策略是指将部分供应链活动安排在接到客户订单之后，企业根据客户偏好组织最后的生产活动甚至为客户定制产品 |

综上，延迟策略是为了适应大规模定制而采用的一种以客户需求为导向的供应链管理策略，它强调将供应链上的客户化活动（包括产品设计、采购、生产、物流等供应链活动）延迟至接到客户订单为止，也即在时间和空间上延迟客户化活动，实现产品和服务与客户需求的无缝连接，从而提高供应链的柔性，增加客户的价值。延迟策略的核心思想就是尽可能将产品差异点延迟，先把模块化或通用型的产品生产出来，把个性化需求部分延迟到收到订单后再配置。通过延迟差异化，可以在总体需求预测的基础上进行生产计划和库存管理，从而可以有效地应对最终需求的波动。

## 二、延迟策略的分类

Zinn 和 Bowersox（1988）根据产品制造流程把延迟分为五种类型：贴标签（labeling）、包装（packaging）、组装（assembly）、制造（manufacturing）和时间（time）。这五种延迟都是以客户的订单来作为驱动实现最后的流程，如表 11-2 所示。

Lee 和 Billington（1994）提出了延迟策略分为两大类：时间延迟与形式延迟。时间延迟的观念是从时间的角度，尽可能地将制造流程（如制造、组装、定制化、地域化、包装）中的产品差异点延后到客户端。而这种时间延迟的方式，很大程度上只是在时间上将产品差异化延后了，并没有减少产品间的差异。而形式延迟是指以形式上的通用型延迟产品的差异点，即通过标准化的方法减少产品间的差异，以达到产品差异延后的效果。很多企业可以通过重新设计产品和制造流程使零件标准化与制造流程模块化，可使产品差异点延后，提高完成产品的弹性。例如，意大利的成衣制造商班尼顿（Benetton）改变了休闲衫的生产流程：原本的生产流程是先染制不同颜色的线，再编织成不同类型的休闲衫，而新的生产流程是将未染色的胚线编织成线衫，然后再根据客户订单将相同的线衫染成不同的颜色。由于编织的时间比染色的时间长，所以原先先染后织的生产方式无法快速响应顾客端不断变动的需求，当班尼顿改为先织后染的流程，延迟了染色的时间，就既能满足客户多变的要求，又能让产品的生产更具弹性。形式延迟与时间延迟的不同在于产品差异有所减少。

表 11-2　Zinn 和 Bowersox 的延迟策略分类

| 延迟策略 | 含　　义 | 应用实例 |
| --- | --- | --- |
| 贴标签 | 若相同产品在不同地区销售时，需标以不同的商标，因此可以将产品在无标签的状态下，运送到各地区仓库后，当收到订单再贴标签 | 许多跨国销售的全球性产品为了符合各国标示的规定，常采用这种做法 |
| 包装 | 若同一产品将以不同的包装销售，则可以将未包装的产品大批量的运送到仓库，当接到订单后再进行包装 | 小型零售店与大型超市在商品组合的包装上经常根据顾客需求再进行差异化包装等促销手段 |
| 组装 | 不同产品拥有相同的零部件，则可将一些零部件运到仓库后再进行组装 | DELL 将各种电脑部件（如：硬盘、内存、显示屏等）运送到仓库，当接到客户订单后再进行组装 |
| 制造 | 将所有零组件配送到仓库储存，再根据顾客订单进行制造 | 餐厅采购食材放置于仓库，并于顾客点单后厨房才将食材做成所点的餐食 |
| 时间 | 集中库存，提供完整的产品供货能力，并在接到客户订单后再配送 | 在交通日益发达之后，许多跨国企业将各国的仓储点撤销，成品改成大型发货仓库储存，在需求发生后再利用便捷的交通网络及时配送 |

Bowersox 和 Closs（1996）在 Billington 提出的概念的基础上，列出了两种延迟策略：制造延迟（Manufacturing Postponement）和物流延迟（Logistics Postponement），两者的差异在于延迟发生的阶段。制造延迟发生在制造阶段，将所有的制造过程都延迟到订单确定后才做。也就是说在还没有制成成品的必要时，保持原材料形态，以维持顾客需求改变的弹性与避免成品过时的浪费。以油漆的生产为例说明产品制造过程的延迟。一般油漆的生产会依照之前市场的需求与本身的经验预测各种颜色的生产数量。所有的制造过程完成后，各种颜色的油漆便会放在仓库里等待订单再按色出库。油漆的制造过程延迟策略则是油漆的生产过程到了染色前便停止，等到市场需求的颜色确定后才染色，制成成品出货，可减少预测错误而产生的成本和风险。而物流延迟则发生在配送阶段，制造阶段仍按照预测以大批量生产的方式进行，且将成品集中储存于一个或多个仓储中心，仅将最后的配送阶段延迟到订单确认之后再进行。

Pagh 和 Cooper（1998）从制造和物流两个方面结合考虑，得出了四个供应链延迟/预测策略（Postponement/Speculation Strategy）：完全预测策略（Full Speculation Strategy）、制造延迟策略（Manufacturing Postponement Strategy）、物流延迟策略（Logistics Postponement Strategy）和完全延迟策略（Full Postponement Strategy），如表 11-3 所示。

表 11-3　物流延迟／预测策略

|  |  | 物　流 | |
|---|---|---|---|
|  |  | 预测（分散存货管理） | 延迟（集中存货管理与接单配送） |
| 制造 | 预测（存货生产） | 完全预测策略 | 物流延迟策略 |
|  | 延迟（按单生产） | 制造延迟策略 | 完全延迟策略 |

资料来源：Pagh and Cooper，1998 年。

（1）完全预测策略。完全预测策略是根据市场需求来预测生产计划，而顾客发出真实订单的位置处于供应链的最下游，所以，所有的产品均在顾客下达订单之前全部完成（见图 11-2）。为了满足客户的需求以及缩短交货的前置时间，企业通常要将产品储存于最接近客户的仓库或配送中心。这种策略是传统制造企业常用的做法，是与完全延迟策略截然相反的做法。其优点是制造及物流配送具有规模经济，但由于储存的产品为成品，故其库存成本会高，且产品形式相对固定。

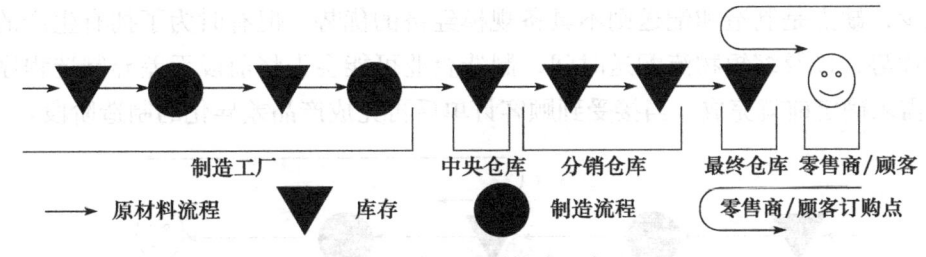

图 11-2　完全预测策略示意图

资料来源：Pagh and Cooper，1998 年。

（2）制造延迟策略。制造延迟策略是指将制造过程中未经最后组装、包装及贴标签的产品，存放到距离客户较近的配送中心，当接到客户订单之后再完成最后的组装、包装及贴标签的作业（见图 11-3）。这种做法的优点是成品库存减少，客户需求满足率高，但缺点是制造成本增加以及客户订单处理成本增加，并且要求下游的物流能力要强，才能满足客户对订货前置时间的要求。

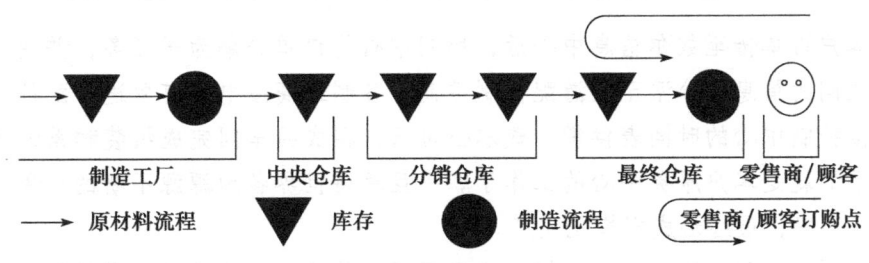

图 11-3　制造延迟策略示意图

资料来源：Pagh and Cooper，1998 年。

（3）物流延迟策略。物流延迟策略（见图 11-4）是指在制造上完全采用预测性生产的方式，即产品在客户下达订单之前便已经生产完成，并集中储存在单一的仓库或者配送中心，当接到客户订单后再直接配送到客户手中。其优点是制造过程拥有规模经济的优势，缺点是对配送中心的物流能力要求较高且配送等物流成本会增加（因为配送的批量小，但频率高，且要求较快的物流效率）。

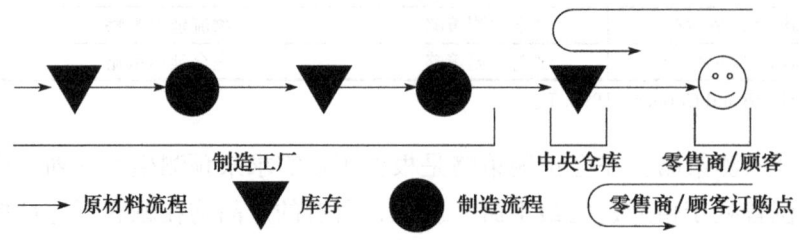

图 11-4　物流延迟策略示意图

资料来源：Pagh and Cooper，1998 年。

（4）完全延迟策略。完全延迟策略是指合并制造延迟与物流延迟的概念，在确定客户订单之后才开始进行制造和物流配送作业（见图 11-5）。此种策略的优点是库存极大地减少，缺点是制造和配送则不具备规模经济的优势。但有时为了拥有生产的规模经济的优势，以及缩短物流配送时间，制造企业可能会先将前段无差异制造程序部分在顾客需求确定前就完成，当接受到顾客订单后再完成产品差异化的制造阶段。

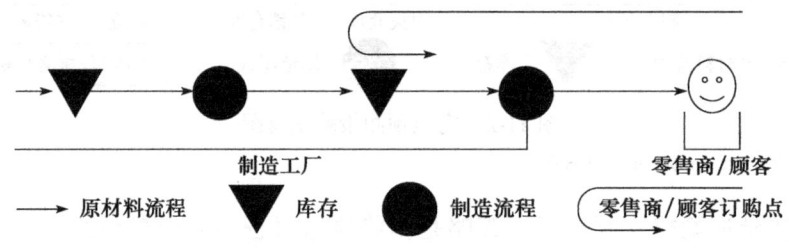

图 11-5　完全延迟策略示意图

资料来源：Pagh and Cooper，1998 年。

> **案例资料　戴尔公司与摩托罗拉公司的延迟策略**
>
> 当客户订单传至戴尔信息中心后，控制中心将订单分解为子任务，并通过互联网和企业间的信息网分派至上游配件制造商。各制造商按电子订单进行配件生产组装，并按控制中心的时间表供货。戴尔公司只需在成品车间完成组装和系统测试即可，剩下的就是客户服务中心的工作了。一旦获得世界各地源源不断的订单，生产就会循环不停，最终形成规模化生产。
>
> 摩托罗拉公司在其手机供应链中应用了延迟策略，这些手机是提供给无线服务提供商的。配送仓库拥有手机产品的库存、服务提供商的标志以及每个服务提供商的印刷品。在收到订单后，产品按照不同的服务提供商定制生产。所有无线服务提供商的需求再配送仓库得到集成，这样摩托罗拉公司就不用为每个无线服务提供商提供专门的库存，从而降低了仓储和运输成本。

## 三、延迟策略的顾客订单分离点的定位

### 1. CODP 的定义

按企业接受订货的方式和顾客要求定制的程度，客户定制点可发生在价值链的不同环节上，形成客户订货分离点。顾客订单分离点（Customer Order Postponement Decoupling Point，CODP）是指生产经营活动中由基于预测的库存生产转向响应顾客需求的定制生产的转换点。

### 2. CODP 的类型

Paul 和 Tang（1992），Wikner 和 Rudberg（2001）提出按照定制点发生在价值链中的位置不同，可以分为按库存生产（make-to-stock，MTS）、按订单装配（assemble-to-order，ATO）、按订单生产（make-to-order，MTO）和按订单设计（engineer-to-order，ETO）四种类型，如图11-6所示。

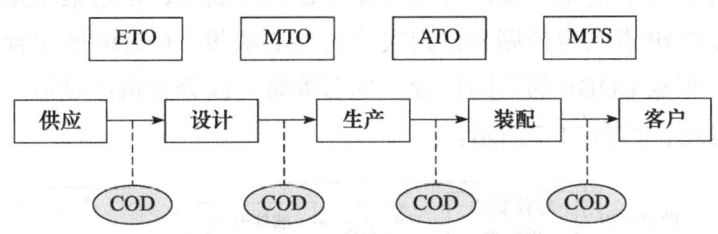

图 11-6　CODP 与供应链生产模式之间的关系

（1）按库存生产（Make-To-Stock，MTS）。按库存生产又可称为按订单销售或者备货生产，只有销售活动是由顾客订货驱动的。通常情况下，大批量的产品按照预测驱动的方式生产出来，CODP 定位于产品成形之后，并沿着分销链逐级推向产品市场，当客户需要时再由产成品仓库发货，实现按客户订单交货。最大的优势是企业完全按照预测形成生产计划，其执行程度较高，且具有批量生产、采购和运输的规模效用；劣势是易形成高库存、低客户服务水平的结果。

（2）按订单装配（Assemble-To-Order，ATO）。按订单装配是指定制化发生在成品装配环节，CODP 定位于半成品形成之后。企业是先根据预测生产出来标准化的半成品，并储存于仓库中，然后接到客户订单后再根据客户具体要求组装成不同的定制化产品，以满足客户要求。如在汽车工业中，用相同的底盘、发动机配以不同的车型和内部装饰，组装成不同型号的产品。在 ATO 环境下，需要对半成品之间的数量进行协调，以满足客户订单中要求组装的半成品之间的匹配问题。

（3）按订单生产（Make-To-Order，MTO）。按订单生产的 CODP 定位于原材料采购之后生产加工之前。产品在接到订单之前并未开始生产，接到客户订单之后才开始生产。由于产品是预先设计好的，原材料及零配件的准备工作是根据市场预测按计划提前进行的，这样做有利于缩短交货期，但如果预测不准确，则会造成原材料及零配

件的库存积压。

（4）按订单设计（Engineer-To-Order，ETO）。按订单设计的CODP定位于产品设计阶段。企业根据客户订单对产品的要求进行设计，直到最终产品加工成型。也就是说，在收到订单后才开始进行产品的设计，之后再进行供应商的选择、材料的采购、生产技术的准备和制造，并最终交付到客户手中。此种方式，生产周期长，运营管理的重点是如何缩短设计周期，提高零部件的标准化和通用化水平，使制造系统的整体响应速度大大提高。

### 3. CODP与延迟策略的关系

CODP是MTS与MTO的转换分离点，也就是生产由"共性"加工部分转向"个性"加工部分的分离点。延迟策略的本质是将CODP往后推迟，即在供应链上尽可能地把定制活动推迟，直至接到确定的订单或者更为准确的信息，增加"共性"生产部分的比例。因此，对于企业来说，实施大规模定制是战略，延迟策略是实施战略所必需的策略，而CODP点的定位则是延迟策略的核心决策。CODP的位置决定了企业实施定制的程度，根据CODP的不同位置，延迟策略可以分为供应延迟、制造延迟、交付延迟和服务延迟，如图11-7所示。

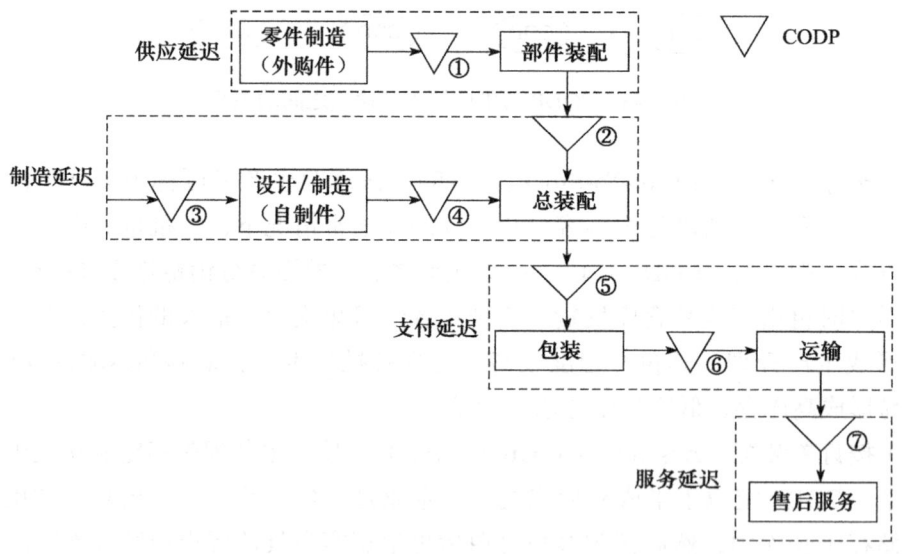

图11-7 CODP在供应链上的定位与延迟策略的分类

（1）供应延迟。在某些MC环境下CODP点定位在总装配活动之前的位置④，这样可以减少成品库存，吸收需求波动。然而在这种模式下，为保证制造商的最终装配，供应商必须保有部件库存，因为对于供应商而言，该部件是为特定制造商定制的，不能交付给其他客户。为消除这一库存，在提前期允许的情况下可以将CODP点移到供应商的内部流程，即介于零件制造与部件装配之间的位置①，这样供应商可以在零件模块化的前提下，在接到制造商订单之后和考虑提前期的基础上制定部件装配计划，大大减少部件库存。

（2）制造延迟。制造延迟发生在制造商业务流程内部，包括产品从原材料到成品，不包括包装的生产过程。制造延迟包括设计延迟和装配延迟。所谓设计延迟是指企业在接到客户订单之后才开始零件的设计和制造过程。这时 CODP 定位在图 11-7 所示位置③。设计阶段的定制体现了较高的定制化程度。设计延迟的实现改变了大规模生产环境下根据市场预测开发新产品和零部件的做法，采用并行工程的方式，由客户参与零部件的设计过程，将零件的设计和制造延迟到接受客户订单之后。装配延迟是一种最常见的延迟策略，也是实现大量定制的最常用手段。在装配延迟中 CODP 定位在图 11-7 所示位置④。在这一模式下，企业将自制和外购的零部件根据客户订单进行快速装配。CODP 被延迟到产品装配之前，使得装配工艺更柔性化并能对需求波动做出快速响应。产品根据订单进行装配，吸收了个性化订单带来的差异化，并消灭了成品库存。

（3）交付延迟。交付延迟主要包括在产品包装和产品运输过程中的延迟。在横向一体化供应链模式下，企业将包装活动延迟到分销渠道，使得分销渠道突破了传统运输和仓储作用而承担起服务功能。首先，物流功能成了服务功能，因为其产出的不是产品而是一种业绩，正如准时送货一样。其次，延迟策略已成为对运输、仓储等核心业务的补充。根据客户的个性化需要，批发商和零售商甚至物流公司可以完成包装任务，然后将经过个性化包装之后的产品交付给不同的客户。在这种延迟模式下 CODP 被定位在图 11-7 所示位置⑤。这种不同的包装特征也构成了产品的差异化和多样化。惠普公司的打印机就实现了包装延迟，它将两种基本型号 26 个版本的打印机根据客户需求，将使用手册、使用软件和其他附件进行差异化包装，结果物流处理效率提高了 187%，仓储空间需求降低了 47%。运输延迟改变的是传统的运输模式。在传统方式下，企业将不同种类的原材料和零部件由各供应商分别运送到分布在各地的制造中心，产成品被分别运送到各分销中心进行销售。而在延迟运输模式下，各供应商将原材料和零部件集中运送到企业定制中心完成定制化生产，定制的个性化产品经过各转运中心运输到客户手中。企业通过运输延迟实现定制化，其 CODP 定位在图 11-7 所示的位置⑥。

（4）服务延迟。服务延迟定义为标准化或是定制化的产品在交付给客户之后的产品寿命周期内的定制化服务。如图 11-7 所示的位置⑦，在这一类型的延迟战略模式下 CODP 位于包装和运输之后，售后服务之前的位置，即个性化服务被延迟到交付之后客户对产品的使用过程之中，这样更有针对性的为客户提供服务，提高顾客满意度。

### 4. 影响 CODP 定位的因素

有关 CODP 定位影响因素方面，许多学者都做了深入的研究，如表 11-4 所示。

表 11-4　CODP 定位影响因素

| 作　　者 | CODP 定位影响因素 |
| --- | --- |
| Sharmen | 市场竞争压力、产品成本、产品多样性 |
| Paul、Tang | 订单数量、订单规模、缺货的风险 |
| Hau L.Lee | 库存成本、处理成本、投资成本 |
| Van Donk | 产品的市场需求特性、流程和库存特性 |
| 柳键、马士华 | 延迟水平、顾客化程度、产品柔性、标准化程度、库存成本、生产效率、快速响应能力 |
| 张志亮、于海江 | 产品特性、定制过程复杂度、定制能力 |
| 夏欣跃、纪雪洪 | 需求特性、客户满意度、生产工序特性、存储特性、产品流程改造成本 |

（1）订单数量。CODP 的位置受订单数量的影响。当企业处于订单数量减少的环境时，它会将 CODP 的位置向供应链的上游移动，从单纯的 MTS 转换成 ATO 等按照订单进行生产的模式。比如，当航空制造业面对低市场需求时期时，通常会选择生产基本样式的"白色飞机"。因此，对于面对季节性需求的企业来说，CODP 的位置会随着其需求的季节性而发生变动，并取决于其某季节需求量的大小。

（2）订单规模。CODP 的位置还受单个订单规模的影响。当标准产品的每个订单规模差别很大时，即方差很大时，企业很有可能采取 MTO 模式而非 MTS。当客户希望通过大批量购买以获取价格优惠时，通常会导致订单规模的增大。

（3）供应链效率和柔性。效率会影响产品的生产成本，而柔性会影响客户的满意度。如果将 CODP 定位在供应链的上游，产品的柔性会得到提高，此时客户会得到更多自己偏好的产品，但随着 CODP 向上游移动，产品柔性的边际贡献将会逐渐降低。相应地，如果将 CODP 定位在供应链的下游，产品的生产成本会降低，客户将得到价格的优惠，但随着 CODP 向下游移动，产品生产成本的边际贡献将会逐渐降低。因此，CODP 的定位应该在效率与柔性之间取得平衡。

（4）P/D 比率 [生产提前期（Production Lead Time，P）/ 交货提前期（Delivery Lead Time，D）] 和需求变动程度（Relative Demand Volatility，RDV）。

（5）缺货风险。CODP 的位置还受缺货风险的影响。显然，当 CODP 定位于供应链的下游时，即采取 MTS 模式时，由于产品以库存形式存在，当接到客户订单时，可以及时地满足订单需求，缺货风险较小。而当 CODP 逐渐向供应链上游移动时，其缺货的风险将大大增加。

（6）突发因素。CODP 的位置还或多或少地受到突发因素的影响。例如，当企业正在以 ATO 组装产品时，订单突然取消；或者已经装运的货物经检查质量不合格等。

## 四、延迟策略的应用

### 1. 影响延迟策略实施的因素

并不是所有的产品和流程都适合实施延迟策略，供应链节点企业实施延迟策略受到诸多因素的影响，例如，流程型加工行业（化工、石油等）不存在初级加工和深加工的问题，若实施延迟策略将意味着延迟最终产品的生产、延长生产周期、增加在制品、丧失规模经济，不能取得良好的经济效益。为此，国内外许多学者对延迟策略实施的关键因素进行了界定，范赫克（2001 年）对其进行了总结，如表 11-5 所示。

表 11-5　影响延迟策略实施的因素

| 影响因素 | | 对延迟策略的影响 |
| --- | --- | --- |
| 技术特征 | （1）最终加工制造简单<br>（2）最终制造技术内容简单<br>（3）模块化产品设计 | （1）通过延迟策略和缩短加工时间，可实现规模经济<br>（2）缩短了准备、换产和加工时间<br>（3）以低加工成本快速实现最终制造，增加产品响应市场的可能性 |
| 生产流程特征 | （1）生产和作业可分离<br>（2）定制不复杂<br>（3）多站点的采购 | （1）生产技术的先决条件<br>（2）缩短准备、换产和加工时间<br>（3）模块的直接整装发运 |
| 产品特征 | （1）模块的高通用性<br>（2）产品有具体的形式和参数<br>（3）产品单位价值高<br>（4）定制后产品的体积或重量增加 | （1）降低库存水平和减少库存积压的风险<br>（2）提高定制化的可能性<br>（3）降低渠道费用和库存持有成本<br>（4）降低运输和库存持有成本 |
| 市场特征 | （1）产品生命周期短<br>（2）销售量波动大<br>（3）提前期短而可靠<br>（4）价格竞争<br>（5）多个市场、多个客户 | （1）更低的库存积压<br>（2）降低库存水平<br>（3）改善配送服务<br>（4）降低成本<br>（5）产品和销售市场更好地定位和细分 |

**2. 实施延迟策略的条件**

（1）产品在供应链中的形成过程要可以分离。延迟策略中最终产品的产生是分成通用化生产阶段和定制化生产阶段的，因此，产品在设计时，就要能分解成相互独立的几种中间产品／模块，并且将这些模块经过加工或者组合形成多样化的最终产品，满足客户的需要。

（2）形成最终产品的中间产品要是通用型的。产品可模块化只是一个先决条件，更重要的是零部件具有标准化与通用化的特征，这样才能从时间上和空间上彻底将产品的生产过程分解为通用化阶段和定制化阶段，保证最终产品的完整生产，并且将模块化部件进行大规模的生产，取得规模效用的优势。此外，由于各模块化产品具有了通用性或者标准化的特性，可将一些技术含量低、增值能力差的模块外包出去，企业自身只生产技术含量高，增值能力强的核心产品，从而从整体上提高供应链的核心竞争力。

（3）产品的定制化过程相对简单。为了提高需求响应能力，定制化过程一般放在离顾客很近的地方，如在配送中心完成，因而要求定制配置过程复杂性低、作业时间短。

（4）产品交付要有适当的交货提前期。产品在未接到客户订单之前是保持中产／通用型产品的状态；在接到客户订单之后才对这些中间产品进行个性化加工或组合，这就要求有一定的提前期作为缓冲时间。所以，一般来说，产品的提前期过短不利于延迟制造的实施，过长的提前期则需要实施延迟策略。

（5）市场需求的不确定性高，产品的生命周期短。产品细分市场多，顾客的需求难以预测，产品的规格、配置、包装不能事先确定，而且产品的更新换代速度很快，采用延迟化供应链有利于减少风险。

## 第三节　国际物流中的"牛鞭效应"

> **案例 11-2**
>
> 　　20世纪90年代初，美国宝洁公司（P&G）的管理人员在考察"帮宝适"牌尿不湿的订单分布规律时，发现了一个很有趣的现象：某个地区的零售商的销售量是非常稳定的，没有哪天或哪个月的需求明显高于或低于其他时期。然而，分销商向工厂所下的订单的波动性却比零售商的销售量的波动性明显很多。同时，当他们考察到宝洁公司向供应商的订单的波动程度更大一些。

### 一、"牛鞭效应"的含义

　　除了宝洁公司，处于其他行业的惠普、通用、福特、克莱斯勒、康柏、IBM等企业也做过类似的调查，同样印证了这一现象的存在。虽然消费者需求只有微小的波动，但经过了零售商和批发商的订货程序后，订货量的波动性被逐级的放大了，越往供应链的上游这种波动性越强烈。因此，这种沿着供应链自下而上的需求波动性逐渐增大的现象就被称之为"牛鞭效应"。1997年，Lee首先提出了牛鞭效应的概念，他认为供应链中以订单形式传送的信息会被扭曲，误导上游成员生产和库存决策。如图11-8所示，这种扭曲以放大的形式向供应链的上游蔓延（方差变大），从而对上游供应链成员的生产库存决策产生误导。

　　"牛鞭效应"在供应链中普遍存在，这一现象在"啤酒游戏"中表现得十分明显。"啤酒游戏"也叫"啤酒分销游戏"（Beer Distribution Game），是MIT斯隆管理学院20世纪60年代所开发出来的一种类似"大富翁"的策略游戏。"啤酒游戏"模拟了一个简单的啤酒分销供应链，游戏的目的是让参与者体会在一种简单的生产和配送渠道中如何进行订购决策，从而理解供应链中物流和信息流的作用及其影响。这个啤酒供应链由供应商、生产商、分销商、批发商、零售商等成员构成，每个成员独立进行40～52周的模拟订购决策，重点是体会每一个节点企业在面临需求波动和供需变化之间，如何做出订单决策。结果表明，虽然消费者的需求只是在第2周变动了一次，然而从零售商到批发商再到制造商，沿着供应链自下而上的各个环节企业都多次面临着相同情况不同程度的危机，就是起初都严重缺货，后来却严重积货，并且这一现象有明显的自下而上逐级放大的效应。

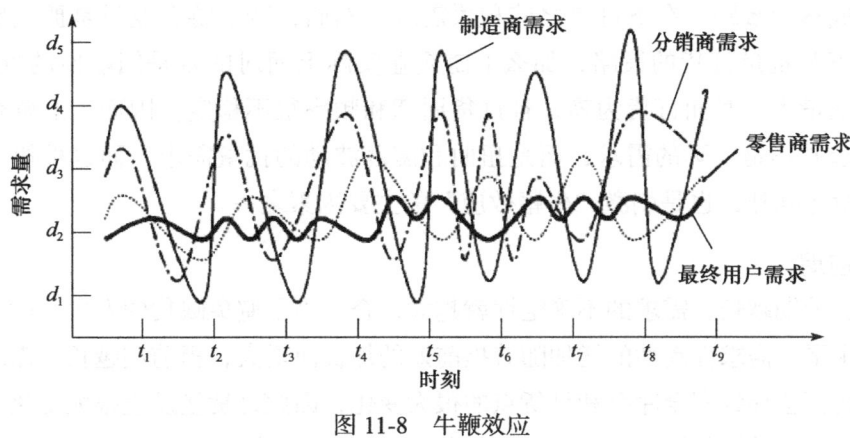

图 11-8 牛鞭效应

## 二、"牛鞭效应"的成因分析

通常来说,"牛鞭效应"在很大程度上归因于供应链各成员之间的信息沟通不畅、合作不紧密。当信息流从最终客户端向上游供应商传递时,无法有效地实现信息共享,使得信息扭曲并逐级放大,导致需求信息出现越来越大的波动。"牛鞭效应"所导致的一个直接结果就是供应链各环节企业中存在过多的库存。然而,由于各环节企业之间信息沟通上存在的障碍,使得过多的库存非但不能有效的满足客户的需求,反而增加了整个供应链的成本,降低了供应链的竞争力。此外,"牛鞭效应"还导致了企业的生产预测不准,由于无法及时处理积压订单,增加了生产计划的不确定性,如若过多地修订计划,又会增加补救措施的费用、加班费用和加快运输等费用。

为了减缓"牛鞭效应"的影响,必须分析和研究导致"牛鞭效应"产生的原因。具体来说,引起"牛鞭效应"的主要原因包括需求预测、批量订货策略、提前期、价格波动、供应短缺和博弈。

### 1. 需求预测

在"牛鞭效应"中主要起作用的是需求信息,这是因为上游企业主要依赖下游企业的订单作为对未来产品需求预测的依据。通常情况下,上游企业会根据下游企业的订单信息通过预测的方法,对未来产品需求和所需安全库存预测。所以,当往物流上游移动时,由于提前期所造成的安全库存增加了"牛鞭效应"的影响程度,同时当提前期越长时,需求预测就会越不准确,这也进一步增加了需求的变动性和更高的安全库存量,使得"牛鞭效应"引起的需求变动的程度更为剧烈。综上所述,利用上游企业的订单来预测需求是导致"牛鞭效应"的主要原因之一。

### 2. 批量订货策略

企业通常采用批量订货的策略是因为大批量的采购、生产和运输能产生规模经济,降低成本,并且订货次数的减少也降低了订货成本。所以不管是供应商或是需求者都会因为此成本的激励,在下订单之前积累需求。然而,若下游企业只是孤立地进行库存管理决策和批量订货的策略,那么上游企业实际上面对的就是间歇性的批量订货,时而订货数量大,时而订货为零,且订货周期和频率很不稳定。因而,上游企业得到的批量需求并不是实际的需求,而是扭曲和震荡波动的批量需求,而这种扭曲的程度越靠近上游越强烈,也是刺激"牛鞭效应"的主要因素之一。

### 3. 提前期

订货提前期越长,需求的不确定性就越大,企业为了避免缺货的发生,就会提高安全库存的水平。需求变动性的增加随着提前期的加长而增大,提前期越长,需求变动性的微小变化都会导致安全库存和订货点的很大变化,因此订货量发生很大变化。这当然就导致了需求变动性的增大。所以说提前期也是引起"牛鞭效应"的一个重要因素。

### 4. 促销策略

市场竞争的激烈导致了许多企业采用各种诸如价格折扣、批量折扣等促销手段来增加销售额,然而,客户会在促销期间购买比实际需求更多的商品进行囤货;当促销结束后,客户会减少或停止购买行为,直到库存耗尽。这说明促销活动使得所谓的"需求"与实际需求相脱节,客户所购买的数量并不能真实地反映其实际的需求量,这种促销策略所产生的需求波动性要远远大于一般的市场需求波动性。同样地,每一个环节的供应商都会为了即将到来的促销,提前下大订单囤货,以满足客户的大量采购的需求,这也就导致了越往上游"牛鞭效应"的影响就越明显。

### 5. 供应短缺和博弈

当产品在市场中出现供不应求的情况时,供应商通常会根据客户的订单需求按比例分配,满足需求方一定比例的订单。然而当需求方意识到这种情况后,就会为了获取更多的产品而夸大其订购量进行博弈。若制造商误以为这些夸大的订单代表市场实际的需求而扩大产能大量生产,等到制造商满足了订购者夸大数量的订单后,订购者便会因为手中商品供过于求而减少订购,造成整个物流中库存数量的增加。在供应短缺的情况下,所有客户都夸大了其真实的需求来进行博弈,这就导致了需求预测的扭曲和变动,从而引起了"牛鞭效应"。

> **案例阅读 "情人"牌啤酒**
>
> 在美国南方的一个小镇上,居民喜欢在下班后到酒吧中休闲娱乐。镇上有很多类似的啤酒馆,每天的啤酒销量大致相当,每种品牌的销量也比较稳定。酒吧老板们每天从零售商那里进货,采取简单的定量订货法来补足库房能容纳的数量。他们一直没有出现什么经营问题。
>
> 有一天,某酒吧的客人开始争相喝一种"情人"牌的啤酒,库存不足导致脱销。

酒吧老板紧急向零售商加订了平时需求量的 20%，但仍然不能满足大家对"情人"牌啤酒的需求。第二天，老板不得不再加大订货量至平时需求量的 1.5 倍。不巧的是，上一级零售商面临着众多的酒吧同样的需求暴涨。于是，众多零售商开始向批发商加大定量，结果得知"情人"牌啤酒已经脱销，增加的订量不可能短期补足，只能补足现在增订量的 50%，也就是说，老板要求增加 100 箱，只能拿到 50 箱，因为制造商不可能马上增加产量。制造商在两周以后开始加班订货、生产、运输和配送，但不管怎么增产，也不能满足当时的需求。而经销商们（酒吧和零售商）不愿意丧失千载难逢的大好销售时机，仍然加大增订量，提至平时需求量的 2 倍，但啤酒总是迟迟不能按照订货量到达，这样的情况持续了整整 8 个星期。

突然"情人"牌啤酒不再受欢迎，销量骤然跌回原来的水平。恰在这时，老板前几周加订的"情人"牌啤酒都补足了，库房都装不下了！迟迟不来的啤酒来得却不是时候，老板损失惨重。有同样遭遇的有酒吧老板、批发商还有配送商，其中损失最大的是"情人"牌啤酒制造商。这条啤酒的供应链条上的四个角色由于损失惨重，不得不坐在一起研究悲剧发生的前因后果。

## 三、减缓"牛鞭效应"的措施

### 1. 实现信息共享

"牛鞭效应"中，上游企业只能接收到下游企业发出的订单并依据其进行预测，而对下游企业收到的订单，甚至最终用户的订单一无所知。解决的方法就是要尽量让各环节企业之间的信息是共享的，如果可以提高最终用户的需求信息在各环节企业中的透明度，那么各环节企业可以利用最终用户的需求信息作为预测的依据，从而大大地减少"牛鞭效应"。通常各环节企业之间可以通过 Internet/EDI 等信息技术的应用来实现实时交流和信息共享，减少和消除信息的不对称性，以便更准确地把握下游的实际需求。例如，戴尔公司早在 1994 年就推出了网上业务，鼓励客户通过网上传递信息来实现直销。1997 年，戴尔又推出了顶级网页（Premier Pages）为公司客户服务，使客户完全可以通过网络直接采购其计算机。到了 2000 年，戴尔从著名的 B2B 软件制造商 Web Methods 那里购进了一套软件，基于该软件创建了一个网络中心，以实现公司内部系统与客户之间的即时通信和信息共享，真正实现了电子采购。

### 2. 缩短订货提前期

Stalk 和 Hout 发现如果提前期缩短 50%，那么预测误差也将减小 50%。沃尔玛也曾做过调查：如果提前 26 周进货，需求预测的误差为 40%，提前 16 周进货，需求预测的误差为 20%，而如果在销售开始时进货，则需求预测的误差为 10%。这说明缩短提前期能够明显地减少"牛鞭效应"。订货提前期是指发出订单到收到货物之间所需的时间，订货提前期又可细分为信息提前期、决策时间、制造时间、运输时间以及各过程中存在的等待时间（见图11-9）。信息提前期是指供应商接收和处理订单所需要的时间；决策时间是指供应商制定生产计划和运输计划所需的时间；制造时间是指当供应商没有库存或在JIT生产方式或定制生产方式下生产订货产品所需的时间；运输时间是指挑选、装卸和运输产品所需的时间；等待时间则是指各个过程中的空闲时间。

针对订货提前期的不同组成部分，可采用不同的措施来缩短时

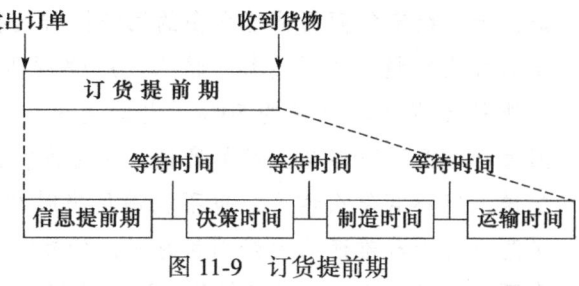

图11-9 订货提前期

间。采用EDI等现代信息技术来缩短信息提前期；使用决策支持系统，例如MRPⅡ、ERP、DRP，来加速决策定制过程；通过加强生产管理、利用现代先进的制造技术、采用平行工程及对现有产品结构和生产流程重新优化设计等措施来缩短产品制造时间；采用现代集成化物流管理技术及第三方物流来缩短物流运输的时间；通过协调各成员的活动、加强管理来缩短各过程之间的等待时间。

### 3. 减少价格的变化性

应对由于企业通过促销活动而引起的价格波动所导致的"牛鞭效应"加剧的最好办法就是制定稳定的价格策略，采用"天天低价"、"全年平价"，取消促销等策略，用一贯性、稳定性的价格来供应产品，从而稳定市场，避免需求的波动，减少"牛鞭效应"。此外，如果我们可以控制零售商的价格变化性小一些的话，那么其上游的分销商、生产商和供应商所受到的"牛鞭效应"的影响也会小一些。因此，对于减少零售商的价格变化性对缓解"牛鞭效应"的影响更是起到事半功倍的效果。

### 4. 合理协调配置库存

为了避免某些企业出现部分商品供过于求，而另一部分商品又出现脱销的现象，零售商、分销商、供应商等环节企业之间可以采用一些诸如：联合库存管理、共建配送中心、分销一体化等方式合理地协调分配资源。也就是说，通过将下游企业的库存资源向上游转移整合，通过上游企业的统一协调分配的能力，可以将一方的库存调拨转运到另一需求方。这种做法一方面可以在各环节企业之间有效的调配资源，降低整体的库存水平；另一方面，可以防止需求变异的系数放大，减少订单的波动性，从而有效地减少"牛鞭效应"的影响。此外，这种做法需要有高效率的物流系统作为前提条件，方能在客户能接受的订货提前期内完成客户订单的调拨。

### 5. 建立战略合作伙伴关系

战略合作伙伴关系可以改变信息共享和库存管理的方式，从而减少或消除"牛鞭效应"。在供应商管理库存（VMI）中，由供应商直接管理零售商的库存，并确定零售商的安全库存和补充数量，并非依赖零售商的订单进行决策，因而避免了"牛鞭效应"。另一方面，当各环节企业之间能够相互合作充分共享信息时，也就能够减少需求

方的短缺博弈行为，从而也减少了由于短缺博弈而造成的"牛鞭效应"。另外，供需双方也可以采用第三方物流伙伴，实现小批量、多批次的物流配送策略，这样就既可以减少需求方的库存费用，也能够平稳供应商的生产，是一种多赢的策略。

## 案例分析

### 惠普公司的供应链延迟策略

一直以来，惠普公司（HP）设在美国华盛顿州的Vancouver市的分部负责生产HP Deskjet系列打印机。整个制造过程分为两个阶段：①组装印刷电路板并进行测试（Printed Circuit-board Assembly and Test，PCAT）；②最后组装并测试（Final Assembly and Test，FAT）。在PCAT阶段，将一些电子元件，如功能化集成电路板、ROM以及印刷电路板等，进行组装并测试。在FAT阶段，则将其他一些子装配件，如马达、墨盒、塑料外壳以及经过PCAT阶段组装后的印刷电路板进行组装并测试。其生产所需的电子元件和子装配件等由HP的其他分部以及外部的全球范围内的供应商提供。

为了满足全球不同国家和地区对于Deskjet系列打印机的需求，Vancouver市的分部在对经过FAT阶段后的产品进行包装时，需要进行一个"当地化"的过程（Localization），包括安装满足不同国家电压要求的电源以及放置不同种文字的操作手册。在以前，这个"当地化"的过程都是由Vancouver市的分部的制造工厂完成的（Factory-Localization，FL）。该工厂生产出符合不同国家特性的打印机后，再将这些打印机分类，运输到惠普的三个不同分销中心（Distribution Center，DC），分别是北美DC、欧洲DC和亚太地区DC。北美DC离Vancouver很近，可以通过陆地上运输很快送到，而欧洲DC和亚太地区DC则必须通过远洋运输送达。

（1）Vancouver市的分部所面临的困境。由于打印机市场的激励竞争，惠普打印机的分销商们希望能持有尽可能少的库存，同时又能尽快地给最终用户提供产品。HP作为制造商承受着不断增加的压力，需要其不同地区的DC给经销商提供很高的产品获得率（High Levels of Availability）。因此，HP的管理层决定在DC采用备货型的方式，设置一个很高的安全库存以及目标库存水平。同时，生产则是拉动式的，由生产计划拉动。其生产计划的目标是及时地给DC供货，以使得DC能够保持目标库存。同时为了保证生产时的原材料的可获得性，HP的Vancouver的分部要持有一些原材料的库存。

在整个HP的这条由供应商、制造商、分销中心、经销商以及最终用户所形成的供应链中有一些不确定性，主要来自三个方面：第一，原材料供应的不确定性（例如，原材料运输的延误、供应商送错货等）；第二，内部生产的不确定性（例如，生产设备的故障等）；第三个就是需求的不确定性。前两个可能导致不能及时地对DC进行补货，而需求的不确定性则会导致DC处的库存增加或者出现缺货。对于供应商和机器故障带来的不确定性，公司通过实行供应商管理，减少工厂机器的故障率以及利用高效的信息技术，这两方面的问题得到了很大的改善。然而，准确地预测不同国家的需求仍然是一件很困难的事情。以设在欧洲的 DC 为例，每个欧洲国家都有不同的打印机的配置要求，包括不同的标签、电源配置、语言使用手册。在 FL 的情况下，HP 公司都是事先预测每个欧洲国家的需求，然后在 Vancouver 的分部制造出适合不同国家配置要求的打印机。虽然 Deskjet 系列打印机只有 6 种通用型号，但是由于不同国家的不同配置，最终却有 138 种版本，更糟糕的是不同版本之间不能转化。比如说，丹麦版本的打印机数量不够，而斯洛文尼亚版本又太多，但是却没有办法把符合斯洛文尼亚要求的打印机转化为符合丹麦要求的打印机。此外，由于从确定生产计划到通过海洋运输到达 DC 需要一个月的时间，企业很难很快地适应需求的变化。

（2）Vancouver 的分部的对策。要想适应需求的变化，Vancouver 的分部管理层首先考虑的办法是减少运输的提前期，如果从制造厂到分销中心的运输时间能够极大地缩小，就能够使得制造厂很快地响应 DC 需求的变化。但是，由于空运到欧洲和亚太地区分销中心的成本实在是太高，管理层觉得这并不是一个很好的办法。

最终，他们决定采用"包装延迟"的策略。对于销往欧洲和亚太地区的打印机，Vancouver 的分部的制造工厂只生产和运输不含电源模块和操作手册的通用的打印机。而由欧洲和亚太地区的 DC 完成最终的"当地化"的过程。由于 Vancouver 离北美 DC 并不远，对于销往北美的打印机则还是采用 FL 的方法，在工厂完成最后的包装。这样，Vancouver 的分部的制造工厂就只生产两种类型的 Deskjet 打印机：①完全美国化的打印机；②没有电源和手册的通用化的打印机，以便在欧洲和亚太地区实现"当地化"，如图 11-10 所示。

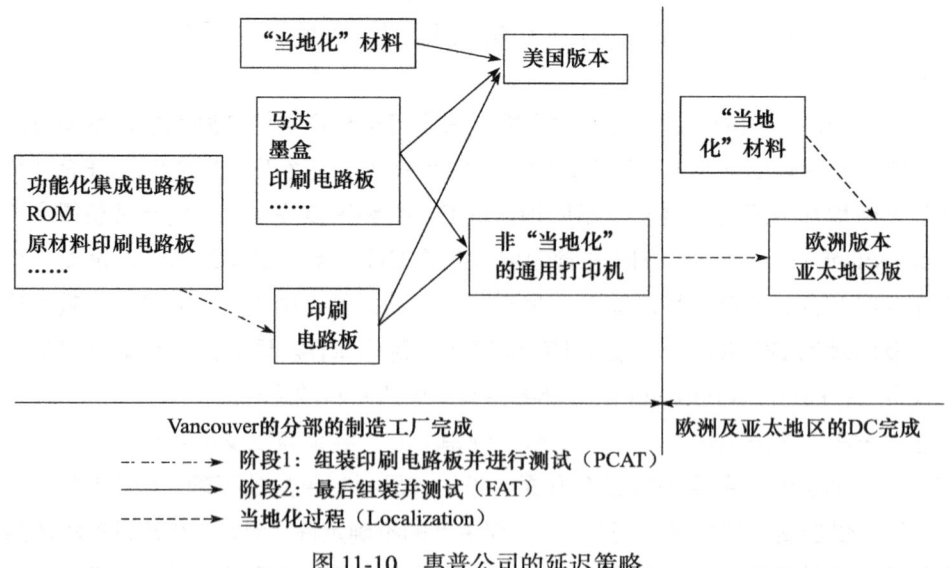

图 11-10　惠普公司的延迟策略

为了执行"包装延迟"的策略，HP 重新设计了产品，使得电源模块成为最后一个安装的部件，并且简化安装电源模块的操作，使其变为一个简单的"插入"过程，这样就很容易在 DC 完成，提高了 DC 的生产效率。由于需要在 DC 完成包装，HP 在 DC 进行投资，使其具有一定的生产能力，原先由 Vancouver 分部的制造工厂所持有的不同版本的电源模块的库存，也改由 DC 持有。上述这些都构成了采用"包装延迟"策略所带来的成本。但是，即便如此，采用"包装延迟"所带来的收益仍远远大于"延迟"的成本。这些收益如下：

1）库存成本的减少。采用"包装延迟"策略后，设在欧洲和亚太地区的 DC 持有通用打印机的库存，可以根据不同国家的需求完成"当地化"的操作，而不需要担心不同国家的版本不能转化的问题，因而可以很快适应不同国家需求的变化。另一个方面，安装电源和打印机说明书的操作时间的减少，使得惠普的分销商们可以很快地获得所需要的打印机，从而 HP 可以降低其在欧洲和亚太地区的 DC 的目标库存量，同时还能保持原有的服务水平。

2）运输成本的减少。运输没有"当地化"的通用打印机到欧洲和亚太地区的成本要比原先运输在 Vancouver 的分部的制造工厂就已完成"当地化"的打印机的成本要低得多。一方面，运输通用的打印机，省掉了货物分拣的过程，可以充分利用集装箱运输的效率；另一方面，通用打印机的包装要求比"当地化"后的打印机的低，这样又节省了包装的费用。此外，电源和说明书可以在当地进行采购，而不再需要运输到 Vancouver 的分部的制造工厂，因而减少了采购的成本。

3）生产的规模经济性。以欧洲市场为例，原来提供给欧洲国家的打印机版本有 138 种之多，不同版本的生产数量相差很大，而现在 Vancouver 的分部的制造工厂只需要生产一种欧洲通用性的打印机，其生产的规模经济性得到了很大的提高。

（3）实施的结果。HP 实施延迟策略后，为了达到原有的服务水平，同时实现在 DC 处进行"当地化"制造，惠普公司的成本增加了 21%。但是，采用"当地化"制造后，收益提高了 24%，并且随着欧洲和亚太地区市场需求的增长，其收益也在不断地增长。从供应链绩效衡量的角度看，还可以减少运输费用和采购费用，HP 整个供应链总的库存投资可以减少 18%，这些都是以百万美元为单位来计算的，因此 HP 采用延迟策略的收益是明显的，它已成为企业成功实施延迟策略的一个经典案例。

**案例讨论题**

1. 试阐述采用延迟策略后的惠普具有哪些好处？
2. 惠普实施延迟策略的必要条件有哪些？
3. 本案例中 DC 的角色和作用是什么？

## 本章小结

本章第一部分内容简单介绍了物流网络规划的概念、分类、规划工具和规划步骤等相关知识；后两部分重点介绍了国际物流中的延迟策略和"牛鞭效应"。在该部分重点要求学生在了解了延迟战略的概念、分类、优势，"牛鞭效应"的定义、产生原因等基础知识的前提下，重点掌握延迟战略的 CODP 的定义、类型、与延迟战略的关系、影响因素和具体应用，以及牛鞭效应的具体解决方法。以期让学生在遇到国际物流整合规划相关问题的时候，意识到牛鞭效应的存在，并且会用延迟战略的思想去思考并解决问题。

# 第十二章 Chapter12

# 国际物流方案设计

## 学习目标

1. 了解国际物流方案设计的必要性。
2. 理解国际物流方案设计的思想。
3. 掌握国际物流方案设计的方法、步骤和工具。

## 导入案例

### 日用消费品行业

#### 一、背景介绍

日化行业的竞争进一步加剧，为取得竞争优势，企业纷纷采取分销渠道深耕细作的市场拓展策略，同时不断通过物流的优化、整合，强化对销售的有力支持，并降低物流的整体成本。目前日化行业的产品物流整体成本基本上在销售额的2%～3%之间。物流各个环节中，配送时效是日化行业最为关注的，构筑配送能力满足配送的及时率、准确率。

#### 二、实施前的状况

1. 物流概况　工厂位于广州，华南地区以公路运输为主，其他地区以铁路运输为主，提供门—门服务。客户下单周期一般江南地区10～17天，江北地区15～50天。服务水平主要取决于货物到达时间，1～15天各地不同。公司与经销商无IT连接，了解库存主要依赖经销商的统计数字。

2. 物流模式　工厂—地级经销商

工厂　　　　　　　　　仓库1个：广州　　　　　　　经销商：72个

### 三、物流现状分析与问题诊断

现有的物流模式与运输方式决定了客户的服务水平较低,订单完成周期过长,无法满足更多经销商快速、小批量补货的要求,不利于分销渠道的深耕细作和生意发展。

客户下单的周期较长,补货时间较长,加上有一定的赊账期,必然使得在经销商中存在较大的库存量,这一方面降低了经销商的资金周转率,同时也加大了企业的库存成本与库存风险。

企业无法对经销商的库存进行实时、准确、有效的监控,必然也加大了企业的库存风险,另一方面,也很难对不合理的订单、不合理的库存进行有效的调配,造成返回物流,或货物短缺。

服务水平主要取决于货物到达时间,全国存在较大差异,无法在客户中形成良好服务、标准服务的品牌形象,不利于经销商的忠诚度建立,及加强企业竞争能力。

目前的物流模式、分销模式可能存在大户操纵的风险。

### 四、目标

1. 总体目标

通过对全国物流的规划和信息技术的应用,在全国构建若干区域分销中心,降低企业库存风险,提高资金周转率,提高产品送达客户的准确度和及时性,提高客户服务水平,支持分销渠道深耕的市场策略。

2. 细分目标

进一步提高产品到达的及时率与准确率,并较大地降低产品在途时间,增强快速补货能力,有力地支持销售渠道深耕的市场策略。

缩短订单完成周期,提高经销商资金周转率,并降低企业在经销商中大库存风险。

增强物流信息传递的快速、准确与实时,保证企业对库存的实时监控,降低企业的库存(财务)成本。

提高补货预测系统的准确性,避免出现缺货或货物长期积压的情况。

逐步地、分阶段地完成集团公司的物流整合,实现一体化运作。

### 五、解决方案

1. RDC 设立的备选方案

具体如表 12-1 所示。

表 12-1　RDC 设立的备选方案

| 方　案　一 | | 方　案　二 | |
|---|---|---|---|
| 北京 | 京、津、冀、蒙、黑、吉、辽 | 北京 | 京、津、冀、蒙、黑、吉、辽 |
| 郑州 | 晋、豫、鲁、徽、鄂、陕 | 郑州 | 晋、豫、鲁、徽、陕 |
| 上海 | 沪、江、浙 | 上海 | 沪、江、浙、徽、鲁 |
| 成都 | 云、贵、川、渝 | 成都 | 云、贵、川、渝 |
| 广州 | 甘、夏、青、新、湘、闽、桂、赣 | 广州 | 甘、夏、青、新、湘、闽、桂、赣、鄂 |

## 2. 方案评估与决策

方案评估与决策，具体如表 12-2 所示。

表 12-2　方案评估与决策

| 地区 | | 负责辐射的中心 | | | | 决策 |
|---|---|---|---|---|---|---|
| | | 北京 | 广州 | 郑州 | 上海 | |
| 鄂 | 费用比 | | 1 | 1.64 | | 由广州覆盖 |
| | 配送时间 | | 1~2天，2天为主 | 3~4天，4天为主 | | |
| 徽 | 费用比 | | | 1.15 | 1 | 安徽省由上海中心覆盖，其中阜阳紧急时可由郑州中心配送 |
| | 配送时间 | | | 2~3天，3天为主 | 2~3天，2天为主 | |
| 鲁 | 费用比 | 1.4 | | 1.5 | 1.35 | 济南、泰安、淄博由北京中心覆盖；菏泽由郑州中心覆盖；其他由上海中心覆盖 |

## 六、实施结果

### 1. 实施后的物流模式

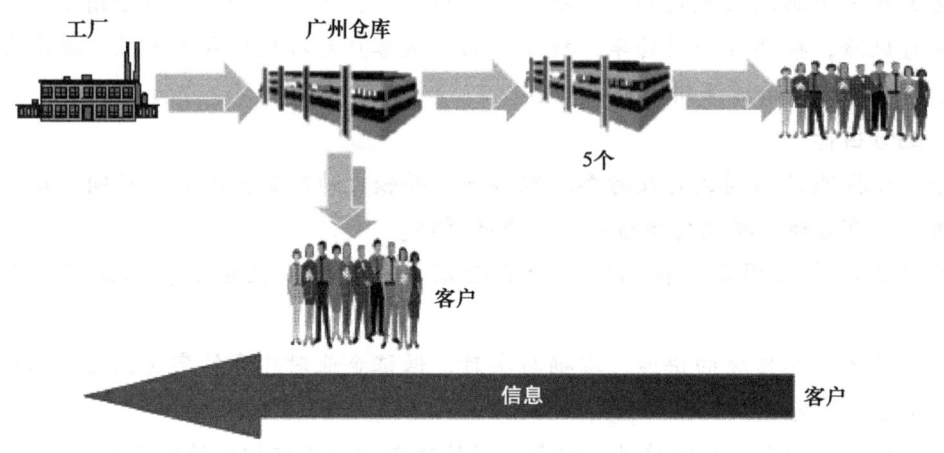

### 2. 新旧模式比较

新旧模式比较，如表 12-3 所示。

表 12-3　新旧模式比较

| 旧模式 | 新模式 | 优点 |
|---|---|---|
| 无设区域配送库 | 设立全国区域配送中心（5个） | 强化库存控制与管理，区域配送，提高资金周转率，降低库存成本和风险 |
| 工厂仓库——经销商（大小批量直送） | 工厂仓库——分销中心（大批量中转） | 集中规模，降低干线运输成本。分销中心之间可以灵活调配，减小库存，避免长期积压 |
| | 分销中心——经销商（小批量配送） | 缩短到货时间，提高补货的及时、准确，提高客户满意度。降低下单周期与批量，提高资金周转率，扩大了经销商，促进了销售 |
| | 工厂仓库——经销商（批量直送） | 对于部分距离 RDC 较远，订单比较大的客户，可采用直送。当附近地区的销量已达一定规模后，再设立相应的二级 DC |

（续）

| 旧 模 式 | 新 模 式 | 优 点 |
|---|---|---|
| 信息 | 一体化的信息在途跟踪、订单处理、库存实时反映等信息系统 | 加快信息反映速度，降低订单处理时间，实施无纸化下单作业。准确反映在途、在库状态，实时监控库存，有利于降低库存和生产计划的安排 |

# 第一节 概 述

物流企业在进行物流运作之前，要对企业原有的物流流程、信息流流程、资金流流程、国际贸易业务流程进行全面的了解和分析，同时认真研究企业顾客的需求，设计出满足顾客需求的一体化的解决方案，称为国际物流方案设计。

## 一、物流方案概述

### 1. 物流方案

在市场经济社会中，人们开展的有关经济活动可以分为两类：一类是周而复始、持续不断的活动，称之为"运作"（Operation），如制造企业日常产品的生产活动；另一类是一次性、临时性的活动，称之为"项目"（Project），如建筑工程、新产品开发、计划举行一项大型活动（如策划组织婚礼、大型国际会议等）等。

运作的特点是按照操作标准和流程，进行每日几乎重复性的工作。对运作的要求是对其效率和质量进行考核，并着重把当前执行情况与前期进行比较，从而发现问题、解决问题，不断提高运作水平。

项目是在一定时间内，满足一系列特定目标的各项相关工作的总称。其特点是一次性、唯一性、多目标性，并具有生命周期性，对项目的要求是要对其时间、质量、成本、风险、技术以及实施计划进行论证，从而谋划出高水平的项目。

物流方案是指对物流项目或运作进行规划的一体化解决方案。

一个完整的物流方案应包括供应链物流规划方案、物流金融解决方案、信息化解决方案和贸易解决方案。

### 2. 物流方案的类型

实践中，根据物流项目的大小以及物流项目所涉及的地域范围、行业领域的不同，会形成不同的物流方案策划类型。根据现实中物流项目的不同属性、范围、功能、作用等指标进行的划分如下：

（1）按照物流策划方案涉及的领域、范围的差异进行分类。这种分类可以划分出物流策划方案的宏观物流策划、中观物流策划及微观物流策划三种类型。

1）宏观物流策划，主要指国内物流策划、国际物流策划和区域物流策划等。

2）中观物流策划，主要是指口岸物流策划（港口、陆港、空港等）、农业物流策划、农村物流策划，农产品物流策划等。

3）微观物流策划，主要包括工业物流策划（制造商采购和制造物流策划）、商业物流策划（批发商和零售商）、物流园区（或物流中心）策划、冷链物流策划、供应链物流系统策划等。

（2）按照物流策划的项目涉及的目标长短进行分类。该分类可划分短期物流策划、中期物流策划和长期物流策划三种类型。

1）短期物流策划，主要是指从策划创意的提出到策划方案的完成再到策划方案的实施，整个过程是比较短的物流策划。短期物流策划比较适合于围绕策划委托人的要求，解决某一具体的、个性化的物流项目，诸如企业物流外包策划、商业企业物流配送策划、制造商采购供应物料配送物流策划、物流招商或招标策划等。

2）中期物流策划，主要是指从策划创意的提出到策划方案的完成再到策划方案的实施，整个过程需要相对较长的时间，一般是1～2年。这主要根据物流项目策划委托人的要求，针对物流园区（物流基地或物流中心）、物流系统策划、各类行业的物流发展规划方面的策划。

3）长期物流策划，主要是指从策划创意的提出到策划方案的实施，全过程持续的时间很长，大约在3年以上的策划，诸如国内及区域物流策划、国际物流策划、农村物流策划、农业物流策划、口岸物流策划等长期性投资的项目。

（3）按照物流策划所涉及的事项及内容多少进行分类。

1）单项物流策划，又称专项或专题物流策划，是指所策划的目标指向某一具体事项，操作起来相对简单的策划。比如，第三方物流企业根据客户服务需求而进行的具有针对性的、个性化物流实施方案的策划、某企业的物流信息系统策划、物流网站信息平台策划。

2）综合性物流策划，主要是指策划的目标指向两个或两个以上的多项事务策划，操作起来相对比较复杂。诸如某个地区的物流产业发展战略策划、企业物流发展战略策划、电子口岸及物流系统策划等。

（4）按照物流策划所预设的内容不同进行分类。

1）物流战略策划，主要是指为了物流业长远发展和总体规划所进行的策划。战略策划是一个立足长远，涉及全局的策划活动，需要各种配套设施与设备的筹划工作。战略策划从时间上来看一般属于中、长期的策划。诸如国家或区域性物流战略规划、企业物流战略策划等。

2）物流管理策划，主要是指以加强政府对宏观经济领域的物流业管理、物流行业管理和物流企业管理及企业物流管理等方面的策划。物流管理策划的目标是加强管理，目的是以最小的管理成本换取最大的物流经济效益和效率。

3）物流系统策划，主要是针对某一行业或某一企业内的物流系统一体化、无缝化要求，提高企业物流环节的对接或实现系统化目标而进行的策划。物流系统策划方案包括将运输、仓储、装卸搬运、流通加工、包装、配送及信息服务等职能要素，在运作中实现系统化和一体化目标的策划。

4）物流资源整合策划，主要是针对某一地区或行业物流发展，如何最大限度地整合内外部物流资源所进行的策划。其目标是促进策划项目最终实现社会化、集约化、综合化的物流体系，加快该地域或领域物流产业化进程，以及市场化的综合服务体系构建。

5）物流供应链体系策划，主要是针对供应链系统中有关物流、信息流和资金流的整体策划，如何最大限度地整合上中下游资源所进行的策划与设计。其目标是将供应链管理的核心思想："系统"思维观和"流"思维观，对供应链中一切活动的优化，并以整体最优为目标，对实现一体化物流管理所需的各项任务、业务流程和战略的策划与设计。

6）物流信息化策划，主要是对物流领域及其组织信息化进行的全方位策划，围绕提高物流企业的经济效益和竞争力，充分利用电子信息技术，不断扩大其在企业经营中的应用和服务，提高信息资源的共享程度。其目标是不断提高企业的开发创新能力、企业经营管理能力和产品智能化、管理一体化和组织有机化所进行策划。

（5）按照物流策划所涉及的领域不同进行分类。

1）物流园区（物流中心或物流基地）和物流配送中心的策划。主要是为物流园区（物流中心或物流基地）和物流配送中心等项目，提供市场调研、可行性研究、项目立项、运作管理、招商管理和市场推广委托管理等方面的整体策划与设计。

2）物流企业项目策划。主要是指物流企业为客户提供第三方物流个性化解决方案、传统运输或仓储企业向现代物流企业转型的策划、现代物流企业创业策划、物流企业服务网点布局与网络体系建设策划、物流招标或投标的全套整体方案策划、物流企业信息化策划与设计、物流企业客户关系管理策划、物流企业跨区域服务联盟及协作体系策划、区域（或市域）物流配送策划等服务。

3）企业物流项目策划。主要是为工商企业提供物理整体解决方案、供应链管理和运作策划、企业物流发展战略策划、企业物流外包及管理策划、企业与物流服务组织建立战略联盟策划、企业物流信息化及系统构建策划。

4）政府及地区物流项目策划。主要是受政府有关部门委托，组织和实施物流业调查与行业统计，提出行业发展规划、行业产业政策、经济立法等建议，并参与相关活动。同时包括参与国家、地方政府及行业的物流标准化的制定、修订及指导意见或建议，以及区域物流发展规划研究、战略规划，承担政府相关部门委托的工作。

（6）按照物流策划所涉及的产业领域不同进行分类。

1）工业物流项目策划，主要是针对工业企业及其组织所进行的为其提高社会资源的综合利用效果，降低企业运营管理成本的策划。通过包括网络技术、通信技术和软、硬件技术的支持，以技术为保障，在供应商与企业之间、功能小组之间、各加工组装工位之间、人员之间以及顾客之间进行以一对一为主要新型发展对象，以多形态并存的协同方式,将供应商和企业的优势资源集中整合起来,为企业和顾客提供优良、快捷的物流服务。

2）商业物流项目策划。主要是针对商品流通领域中批发和零售商业组织的专项物流战略和策略所进行的整体或局部的策划与设计。将各生产企业的产品在一定物流节点集中起来,然后再经过储存、分拣、流通加工、配送等业务,将商品以适当的数量,在适当的时间送到零售商、企业或消费者手中的整个过程的策划服务。商业物流系统的设计根据商品实体的运行渠道,可以分为批发商业物流和零售商业物流两种类型。

3）农业物流项目策划。主要是对以农业生产为核心而发生的一系列物品从供应地向接受地的实体流动和与之有关的技术,组织、管理活动的策划与设计。也就是将农业生产按照其产前、产中、产后等不同阶段,围绕农业生产资料、苗类及农产品的运输、储藏、加工、装卸、包装、流通和信息处理等基本功能实现有机结合的策划服务。

4）服务业物流项目策划。主要是针对服务行业组织经营所必需物品的社会化物流方案策划与设计。随着服务业的市场竞争优势越来越取决于现代物流提供的速度、成本、服务质量以及效率,根据服务业行业组织对物流过程进行控制,规划合理、有效的物流管理,以提高运行效率,获取更大的竞争优势而进行服务。

**3. 物流方案的营销方法**

由于物流市场营销是一种服务营销,即营销的是针对物流客户策划和设计的一体化物流解决方案。它不同于有形产品的营销,如何向客户展示你的物流服务方案,并使客户能够接受你的物流方案,对物流企业来说是非常重要的。

物流方案的营销方法一般采取咨询方法,即对已有的或潜在的客户进行深入调查研究,在了解其需求的基础上,进行物流、资金流、商流以及信息流流程的诊断,分析并梳理其现状,剖析其问题及原因,并据此制定解决问题的一体化解决方案。与客户进行沟通,明确物流方案给他们带来的利益和效果,从而使顾客能够接受你的服务。

## 二、物流方案设计的流程与方法

采用戴维·泰勒（David Taylor）的物流与供应链案例分析框架,如图 12-1 所示。分析的步骤遵循戴维·泰勒教授的分析步骤,即所谓物流案例分析五步曲。

**1. 物流方案设计步骤与方法**

**步骤一：现况分析**

在对企业物流运作改进之前,首先要对目标企业物流运作的现况进行分析。概括起来,戴维·泰勒教授的物流现况分析包括三部分：供应链结构分析、供应链绩效分析、商业环境分析。

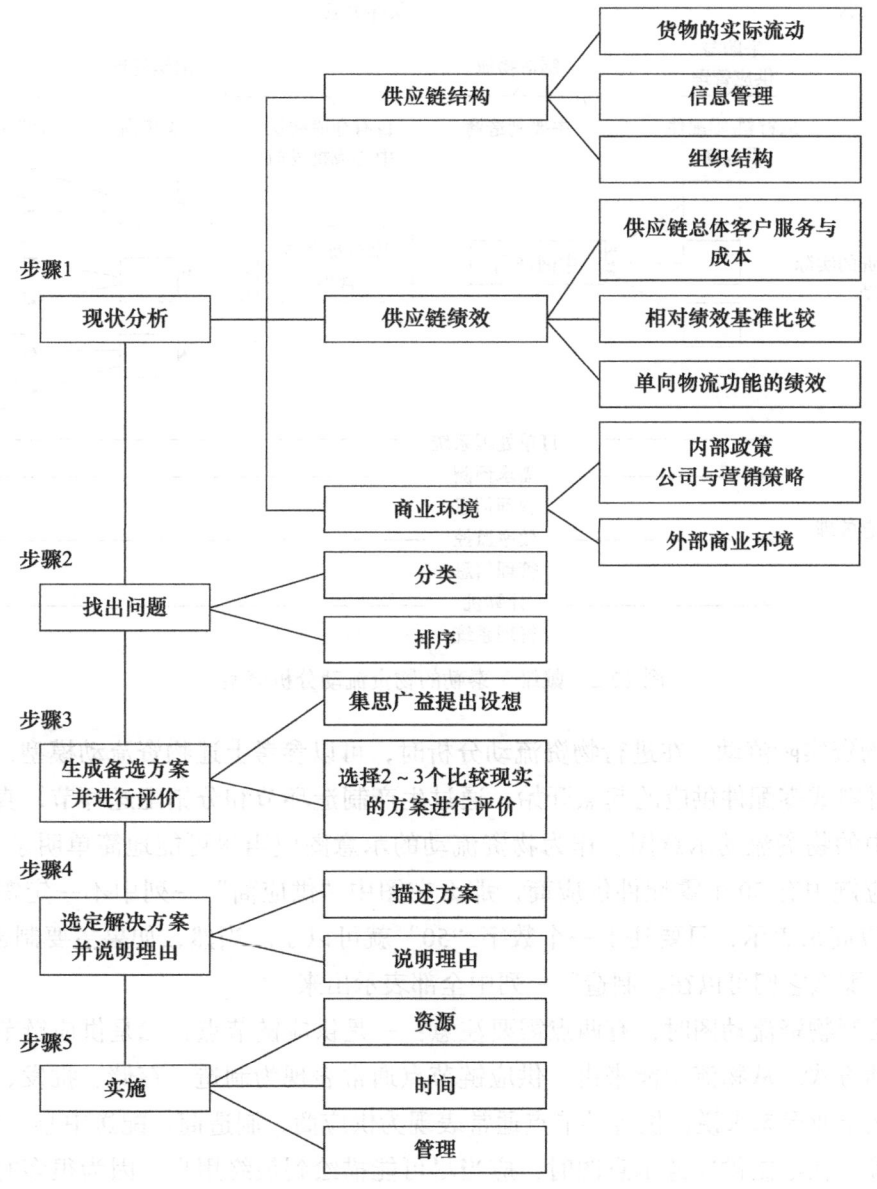

图 12-1　案例分析设计框架

（1）供应链结构分析。在物流方案分析设计中，供应链结构分析也就是对物资的实际流动、物流管理所必备的信息和信息系统、供应链相关的组织与协调机构和机制等领域的分析。

首先探讨供应链中物资实际流动的分析。在介绍物资实际流动分析方法时，首先介绍戴维·泰勒的分析法，随后介绍如何运用 SCOR 模型进行物资实际流动分析。

1）戴维·泰勒物资流动分析模型，如图 12-2 所示。

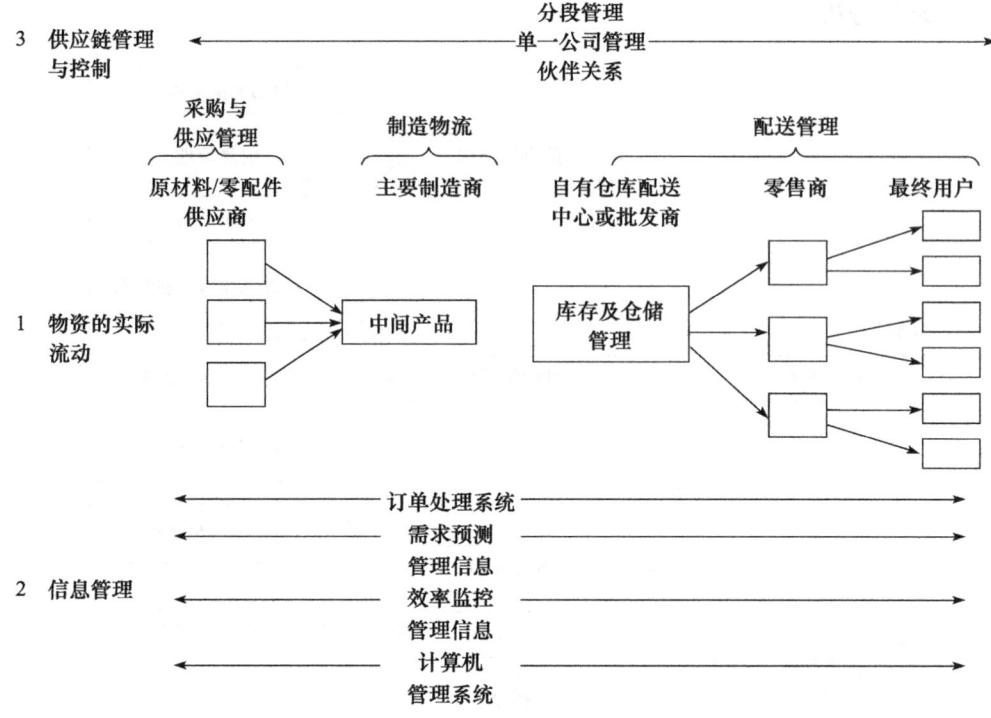

图 12-2　戴维·泰勒的物资流动分析模型

A. 物资实际流动。在进行物资流动分析时，可以参考上述物资流动模型，绘制一个从原材料或零配件供应的起点开始，通过生产制造环节和分销配送环节，直到最终用户手中的物资流动示意图。作为物资流动的示意图应当尽可能地简单明了。例如，假设供应链中有 50 个零配件供应商，那么在图中"供应商"一列中不一定需要画上 50 个供应商来表示，只要注上一个数字"50"就可以了。当然，如果主要制造商有 3 家工厂，那么它们可以在"制造"一列中全部表示出来。

在绘制物资流动图时，有两点需要注意：一是供应链节点，二是供应链节点之间物资移动方式。从物流功能来讲，供应链节点通常表现为制造、存储、批发、零售等功能。从企业形态来说，供应链节点通常表现为供应商、制造商、配送中心、分销商、零售商等。在绘制供应链示意图时，应当尽可能描绘到最终用户。因为很多时候物流管理的难点，比如运输和存货管理等，出现在企业客户与商品实际最终用户之间。在绘制供应链节点以后，需要标明相邻节点之间的运输模式。

B. 信息管理。供应链结构分析的第二部分内容是信息管理。在戴维·泰勒供应链管理模型中，信息管理包括。

a. 订单信息处理：我们在分析时要关注供应链订单处理系统，简言之，就是订单是如何获取的，又如何向供应链上游传递；同时，还要关注随同货物向供应链下游移动所伴随的信息流，比如发货单、发票等信息流动，这部分信息流动的效率也会影响供应链运作。

b. 需求预测信息：我们需要关注企业的需求预测具体由哪一部门执行，比如有些企业由销售部门预测，有些企业由生产部门预测，而有些则由物流部门预测。此外，还要关注预测过程是否有相应的技术支持，比如专业预测软件等。

c. 管理信息：这部分内容往往是物流运作效率改进所必需的信息，而企业以往却经常忽略它，比如大多数企业没有物流领域关键资源的生产率、利用率、成本、可靠性和反应性等信息。在实际企业管理中，日常管理信息主要是围绕财务部门设计和收集的信息，比如 ERP 系统。在这部分财务导向的信息，由于设计主体对物流运作的陌生等原因，往往无助于物流管理改进。

d. 管理信息系统：这里主要是了解物流管理相关的软件系统和计算机硬件系统。物流管理的兴起及其效率的提高，在很大程度上归结和依赖于近年来信息技术的发展。

C. 供应链管理和协调机构与机制。具体分析供应链管理和协调的机构与机制时，我们需要界定企业内部与物流管理相关的部门，需要检查企业是否为这些部门的协调建立相应的机制。公司高层对物流与供应链管理的理念和态度也是考核的内容。

至于从供应链各参与主体来考虑时，则需要确定供应链中的核心企业，也就是整个供应链发挥核心作用的参与体。还要了解供应链运作中是否已经建立了相应的激励和惩罚机制，比如各供应链各参与主体对 CPFR（共同补货、共同计划与共同预测）投入的分担和对收益的分享政策。在具体分析时，应该引起注意的是，理论界通常颂扬的双赢供应链管理模式在现实中是罕见的，更常见的是供应链参与体之间的博弈，以及强势供应链参与体的意志。

2）如何运用 SCOR 模型进行供应链分析。

SCOR（Supply Chain Operations Reference Model）模型提供了另一种分析物流活动的方法。SCOR 是供应链委员会（Supply Chain Council，SCC）——一个非营利机构开发的供应链分析模型，如图 12-3 所示。

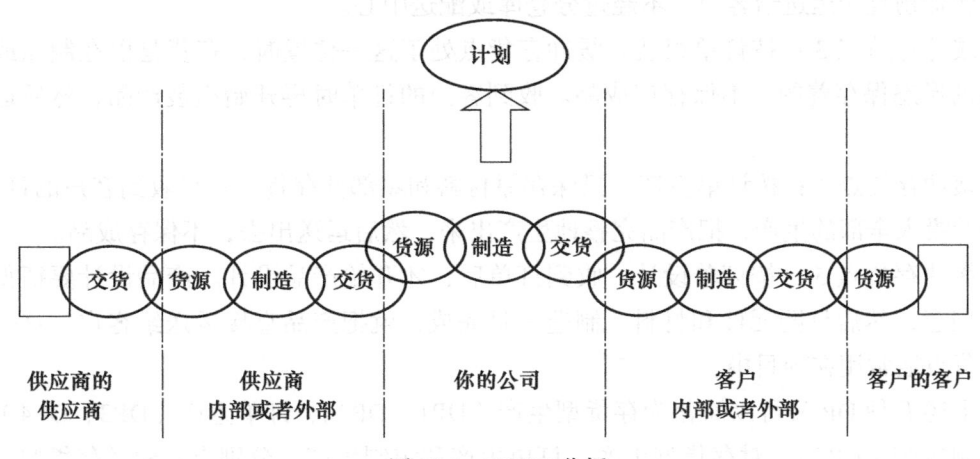

图 12-3　SCOR 分析

SCOR 模型把整个供应链分解为货源搜寻、制造、交货和计划等 4 个流程。这 4 个流程分别简称为 S、M、D 和 P。其中前 3 者成为供应链执行过程。计划流程可以认为是一个核心的流程，它对其他 3 个流程起到整体协调和控制的作用。当然，每一执行过程都需要有一个计划，通常把这些计划过程称之为货源搜寻计划、制造计划和配送计划。现在的新版 SCOR 模型还包括逆向物流。在本阶段活动的分析中暂不考虑逆向物流。

在运用 SCOR 模型绘制供应链图时，需要掌握预备知识为：缓冲存货点。缓冲存货点（Decoupling Points，简称 DP 点）的表现形式，如图 12-4 所示。

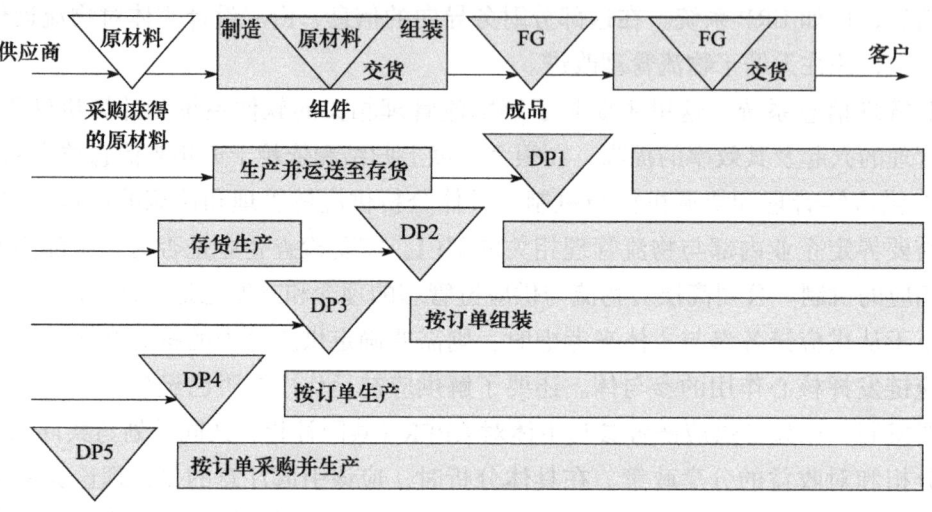

图 12-4　DP 点表现形式

缓冲存货点 1：存货生产并运送到 DC（仓库或配送中心）。在收到客户订单时，从存货中提货，运送出去。在这个缓冲点的存货最靠近客户。企业根据需求预测生产货物，补充存货。

缓冲存货点 2：存货生产。与缓冲存货点 1 相似，但是成品集中存放于工厂内，从这里将货物直接运送给客户，不经过分仓库或配送中心。

缓冲存货点 3：按订单组装。缓冲存货点处于这一位置时，存货是以在制品或半成品的形态保存着的，不保存产成品。收到客户的订单时再开始组装产品，然后运送出去。

缓冲存货点 4：按订单生产。只保存原材料和零部件存货。一旦收到客户的订单，就开始投入全部的生产，把产品完整地生产出来，然后运送出去，不保存成品。

缓冲存货点 5：按订单设计。收到订单后，才开始产品设计。产品设计要征得客户的同意，然后订购元件和材料。制造一旦完成，就把产品直接运送给客户。这一缓冲存货点通常用在项目中。

上述五种 DP 又可以简化为存货型生产（DP1、DP2）、订单生产（DP3、DP4）以及定制生产（DP5）。对存货型生产、订单生产和定制生产，分别有：S1（存货型生产货源搜寻），S2（订单生产货源搜寻），S3（定制生产货源搜寻）；M1（存货型生产），M2（订单生产），M3（定制生产）；D1（存货型生产产品配送），D2（订单生产产品配送），D3（定制产品配送）。应当指出，前述每一流程，比如 S1，又有详细的过程要素。但本阶段绘制供应链流程图时，不需要涉及流程内的详细要素。我们掌握这些流程类别后就可以运用它们描述供应链节点之间的"线条"。每根线条都可以用来描述供应链的结构。通常包括下面步骤：①选择要建立模型的经营实体（地理、产品组合、组织等）。②确定 S（货源搜寻）、M（制造）、D（配送）发生位置。③由"实线"箭头标明供应链节点到节点的物资流。④应用适当的供应链运营流程（即 S、M、D 等）来标明每一供应链节点的活动。⑤描述每一供应链"线条"；供应链线条把物资经过的供应源、制造、配送以及供应链流程联系在一起。我们通过画出不同的供应链线条有助于了解供应链中哪些是共同的执行过程，哪些是独立的执行过程。⑥用虚线表达计划过程，以显示与执行过程的联系。⑦如果信息允许，标注 P1。P1 是通过汇总 P2（货源搜寻计划）、P3（制造计划）以及 P4（配送）而得。

（2）供应链绩效分析。"不能测量，就不能管理"。此话虽有些片面，但说明了绩效管理在企业管理中的重要性。随着企业规模和经营复杂性的日益增高，企业需要从繁杂的信息中整理出有效的指标来标明企业经营的状态和成效。企业绩效考核已经从单纯注重财务效果的绩效考核体系发展到关注企业协调平衡发展的平衡计分卡考核体系，即对企业评价和考评时，除了关注财务指标，平衡记分卡还包括客户发展、企业内部流程以及企业与员工学习和成长的考核内容。作为企业重要的组成部分，物流和供应链部门运作的好坏也影响着企业整体的绩效。

物流绩效管理通常可以分为两个层次。

第一层次是从整体供应链运作上来衡量供应链的管理。鉴于 SCOR 模型的影响性和可比性，本书对供应链整体评价采用 SCOR 模型建议的测量框架。根据 SCOR 模型，整体供应链效果可以从配送可靠性/质量、反应性/灵活性、成本和资产管理效率四个角度考评。具体考核指标，如表 12-4 所示。

表 12-4　供应链考核指标分解

| 供应链管理测量 | 可靠性/质量 | 灵活性/反应速度 | 成　　本 | 资产管理效率 |
| --- | --- | --- | --- | --- |
| 配送绩效 | × | | | |
| 订单完成绩效 | × | | | |
| 　◇完成率 | | | | |
| 　◇订单完成前置期 | | | | |
| 最佳订单完成绩效 | × | | | |
| 供应链反应时间 | | × | | |
| 生产灵活性 | | × | | |
| 物流总成本 | | | × | |
| 增值生产率 | | | × | |
| 保修成本 | | | × | |
| 现金周转期 | | | | × |
| 库存周转天数 | | | | × |
| 资产周转次数 | | | | × |

注：×表示要考核的指标。

第二层次是物流单一功能的绩效衡量。换言之，就是对物流运作中的运输、仓储、采购、客户服务、库存管理等领域进行测量考核。比如运输中的车辆利用率分析、仓储管理生产率测量和分析、仓储管理差异分析、采购绩效衡量、客户服务绩效考核等。在企业实际物流运作中，供应链整体绩效考核由于牵涉面广和投入资源大，不是常备的绩效考核项目。单一物流功能绩效考核由于直接关系到物流日常运营，并且物流管理人员直接能够接触和了解，因而单一物流功能绩效考核是供应链管理经常考核的项目。

供应链绩效考核的目的是了解供应链管理的优劣，找出差距。这里优劣的评价涉及评价标准的问题。企业评价供应链管理优劣时通常以两种基准进行比较。

第一种，是企业自身内部可以找到绩效基准的，比如把现状运行的绩效与自身历史成绩比较；再如企业集团不同业务单元之间的比较。

第二种，是企业自身往往不能提供比较基准的，比如与竞争对手相比、与国际先进水平相比、与行业平均水平相比。企业进行第二种绩效比较时，企业可以通过行业杂志和专业期刊等搜集基准信息，也可以参加一些供应链管理基准比较组织，比如SCC等。企业是否可以展开物流绩效管理，与企业是否建立和积累物流管理信息有关。前文所述的信息管理是物流绩效管理的基础。

对物流绩效管理，首先要回答的第一个问题是，它包括什么，也就是衡量什么的问题。这里需要回顾物流管理的目的。物流管理的目的就是以最低的成本实现物流服务所需要的服务水平。因此我们无论是衡量整体供应链绩效，还是单一物流功能绩效，都需要牢记成本和服务水平这两个关键点。

供应链绩效管理的实质是标杆管理在供应链中的运用，在找出差距后是分析差距产生的原因，分析哪些原因是可控的，哪些原因是不可控的。接着是根据分析的结果制定改进方案，通过方案的实施提高整个供应链的绩效。而这是实行供应链绩效管理的最终目的。同时这个过程也是一个持续不断的过程，只有这样，供应链的绩效才能得到持续不断的改进。

（3）物流与供应链运作的商业环境分析。物流与供应链管理商业环境分析是供应链现状分析最后一个领域。在进行商业环境分析时，可以分为内部商业环境分析和外部商业环境分析。

内部商业环境分析主要关注企业营销政策、注意企业战略目标，主要是关注利润还是市场份额等。通常企业营销政策和企业战略直接影响物流运作，比如物流成本预算、物流资源规划、物流服务水平。

在分析供应链管理外部商业环境时，波特教授"五力模型"分析是一个有效的分析工具，它能反映行业竞争的激烈程度、行业产品生命周期、供应商的谈价能力、客户的谈价能力。这些因素影响到企业中物流管理的重要性，通常竞争越激烈，供应链与物流管理作用也越重要。供应商和客户的力量也会影响到企业存货缓冲点（DP点）的位置。在分析外部商业环境时，更要关注与供应链和物流直接相关的因素，比如我国限载运输法规、燃油上涨、铁路集装箱运力不足、原料市场价格上涨等。这些因素直接影响到企业物流的运作，比如运输方式的选择、物流成本控制等。

**步骤二：问题识别与整理**

物流问题往往和我们前面所讲的物流绩效考核密切相关。物流问题点通常就是不达标的绩效。

在企业实际物流管理中问题交错盘缠，找出关键问题更是难上加难。所以找出问题，并且对问题进行整理，是物流方案分析的重点。找出问题这一步骤，需要对问题进行归类和排序整理。

问题归类可以按照战略层次或按照物流功能来分类。

本书运用绩效评估矩阵和相对绩效矩阵两种分析工具来确定关键问题。

1）绩效评估矩阵。使用绩效评估矩阵（见图12-5）时需要对要考核对象的重要性和表现给出分值。在矩阵图中很重要但表现不好的对象就是要优先解决的问题。

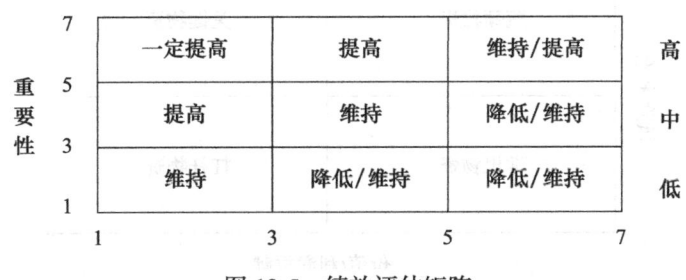

图 12-5　绩效评估矩阵

2）相对绩效矩阵。在相对绩效矩阵中（见图12-6），我们把需要考核的对象与其竞争对手相比较，矩阵中重要性分值很高但与竞争对手差距最大的考核对象就是优先考虑的问题。

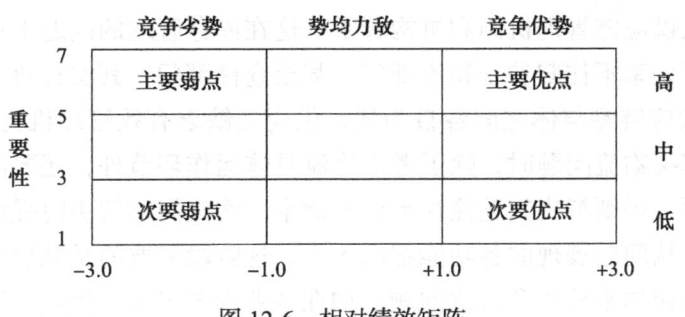

图 12-6　相对绩效矩阵

**步骤三：解决方案的产生**

在识别问题并加以整理后，就进入解决问题对策的阶段。

通常使用的问题对策分析为帕雷托分析法，也就是我们通常所说的 80/20 分析法、ABC 分析法。这一分析方法几乎涉及物流管理所有领域，如成本控制、供应商管理、存货控制、仓库运营等。值得提醒的是，该方法并不是公式，而是一种管理理念，它的核心思想是找出关键因素，从而加强重点管理。不同的部门使用 ABC 分析法时，由于工作的重点和出发点不一样，在针对同一对象进行 ABC 分析时，分析考虑的因素和目的相差甚远。比如针对存货，库存管理部门主要目的是控制库存资金占用，因此库存部门使用 ABC 分析法，主要是找出资金占用最大的品类，然后针对这部分物资找出降低库存水平的对策。而仓储部门目的是为提高仓库运营的效率，所以运用 ABC 分析法时主要是找出流速最快的品类，然后安排库位等。

采购领域的供应象限图（见图 12-7）也是供应链改进分析的一个常用工具。但应该说，它是 ABC 分析法在采购领域的一种变形。该方法主要是根据采购物资获取的风险性和物资对企业利润的贡献来划分采购物资。把供应物资细分为不同的大类，每一种物资需要配以相应的供应和采购策略。

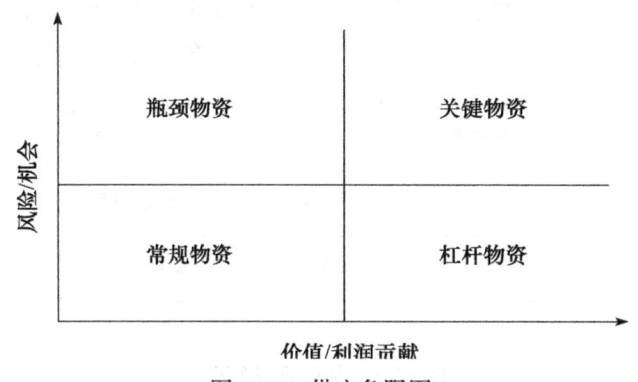

图 12-7　供应象限图

物流管理不善问题往往首先从单项物流功能中表现出来。在解决这些问题时，我们运用了分析工具，比如库存管理 ABC 分析和仓库运作 80/20 分析，并且这些分析工具为我们找到了问题的关键，但是在解决这些问题时，企业除了调整运作中的不良环节外，还必须从供应链管理机制和机构着眼。这在库存管理的问题上更加明显，很多企业把库存管理效率不佳归咎于物流部门，甚至仓储部门，其实存货问题往往起源于部门之间甚至供应链参与体之间各自为战，供应链缺乏有效管理机构和机制所造成。因此，我们在解决物流问题时，除了考虑物流具体运作环节外，还要考虑与问题相关的管理机制问题，否则解决问题往往治标不治本。物流问题解决时强调要从三个层次来分析问题：①从问题表现的各功能部门入手，这阶段采取的是就事论事态度；②从公司部门之间的协作来分析和解决问题，如在企业内部采购、生产、销售、物流部门之间协调机制来分析和解决问题；③从供应链各参与体协调机制来考虑解决问题的途径，比如共享生产信息、供应商管理库存（Vendor Managed Inventory，VMI）等措施。

**步骤四：解决方案的评价与选择**

解决问题的方案提出后，进入到方案可行性分析阶段，也就是方案评价和选择阶段。方案评估除了考虑公司预算、投资回报率等与财务相关的因素外，还要考虑更广泛的领域，比如员工对方案的支持等。

**步骤五：方案实施**

这一阶段要考虑方案所需资源、时间进度、方案实施差异如何监控等。

#### 2. 物流方案设计报告

物流方案设计报告可遵循以下格式。

（1）前言。包括案例的主要问题、主要措施和建议方案预期受益。这部分内容强调言简意赅。

（2）现状描述/正文。这部分主要是对现况进行描述。如果企业需要进行供应链整体分析时，戴维·泰勒教授的供应链结构是一个很好的分析框架。也可以选择SCOR模型来分析物流运作现状。如果方案仅涉及单一物流功能运作，可以根据具体背景撰写这部分内容。

（3）要点分析。对具体企业中表现出来的问题进行分析。

（4）结论。明确产生问题的原因。

（5）建议。提出改进方案。

## 第二节　国际物流方案设计

### 一、国际物流方案设计的含义

国际物流方案设计是指对国际企业的整体供应链物流、资金流和信息流进行一体化规划设计，从而形成满足客户需求的且可行的解决方案的过程。

### 二、国际物流方案设计的内容

国际物流方案设计主要包括国际性产品与包装设计方案、国际企业原材料管理方案、国际企业生产管理方案、全球配送管理方案、国际企业库存与运输管理方案、海关通关方案、保税物流解决方案、国际物流金融解决方案、国际物流信息解决方案及整体国际物流网络规划等。

### 三、国际物流方案设计遵循的条件与原则

一般来说，国际物流方案设计必须遵循以下几个基本条件与原则：

#### 1. 必须考虑企业需求

一般说来，国际企业面临的都是一些一次性的国际物流项目，每个项目都有其特点，需要量身定制其物流解决方案。在国际物流方案设计时，必须与企业及相关部门进行充分沟通，深入了解其物流需求和业务流程，明确存在的问题与服务的目标。只有这样，才能设计出满足企业需要的、具有针对性的国际物流方案。

### 2. 必须分析企业的行业发展水平

不同的行业，其物流管理的特点也有很大的不同。目前，我国就生产企业而言，汽车行业、家电行业、电子行业、制药行业、卷烟行业、食品行业和化妆品行业等，这些行业相对而言物流量大、往来信息非常复杂、供应商和客户的个性化信息相对复杂多变、市场变化和行业竞争非常激烈，就更需要企业具备更为有效地降低成本、提高效率的物流解决方案。

### 3. 必须支持企业的总体战略

近年来，物流的战略作用已经被越来越多的企业所认同。同时，国际物流作为国际企业总体业务的一个组成部分，其方案设计必须有效支持企业的总体战略，不能出现与其相悖或偏离的现象。只有这样，才能获得企业领导与业务部门的支持，同时也可以顺利实施。

### 4. 要考虑物流方案的可操作性

作为物流方案的提供者，其任务不仅仅在于提出一个"良好的方案"，而是在于提出的方案的合理化、有效化。物流管理不仅是一种管理理念，更是一项实践性很强的全面的工作，所以尤其要考虑物流方案的可操作性，使得所有参与该方案相关工作的人员容易领会和良好执行。

### 5. 要注重系统性和整体性

物流方案设计的研究方法是采用系统工程的方法。系统工程研究的对象是系统，是一个整体。这种方法的特点是先看整体、再看部分；先看全局、再看局部；先看长远、再看当前；先看宏观、再看微观。

最优化是系统工程所追求并能够达到的目标，国际物流方案设计需运用系统观点和最优化方法，综合各种学科和技术领域所获得的研究成果，对国际物流系统进行分析设计。

## 案例分析

### 布鲁克林酿酒厂的国际物流方案

#### 1. 基本情况

布鲁克林酿酒厂在美国分销布鲁克林拉格和市郎淡色啤酒，并且已经经营了 3 年，虽然在美国还没有成为国家名牌，但在日本市场却已创建了一个每年 200 亿美元的市面。Taiyo 资源有限公司是 Taiyo 石油公司的一家国际附属企业。在这个公司的 Keiji Miyanmoto 访问布鲁克林酿酒厂之前，该酿酒厂还没有立即将其啤酒出口到日本的计划。Miyanmoto 认为，日本消费者会喜欢这种啤酒，并说服布鲁克林酿酒厂与 Hiroyo 贸易公司全面讨论在日本的营销业务。Hiroyo 贸易公司建议布鲁克林酿酒厂将啤酒航运到日本，并通过广告宣传其进口啤酒具有独一无二的新鲜度。这是一个促销战略，也是一种物流作业，因为物流高成本使得目前还没有其他酿酒厂通过航空将啤酒出口到日本。

### 2. 物流成本管理

（1）布鲁克林酿酒厂运输成本的控制。布鲁克林酿酒厂于1987年11月装运了它的第一箱布鲁克林拉格到达日本，并在最初的几个月里使用了各种航空承运人。最后，日本金刚砂航空公司被选为布鲁克林酿酒厂唯一的航空承运人。金刚砂公司之所以被选中，是因为她向布鲁克林酿酒厂提供了增值服务。金刚砂公司在其J.F.K.国际机场的终点站交付啤酒，并在飞往东京商航上安排运输，金刚砂公司通过其日本报关行办理清关手续。这些服务有助于保证产品完全符合新鲜要求。

（2）布鲁克林酿酒厂物流时间与价格的控制。啤酒之所以能达到新鲜要求，是因为这样的物流作业可以在啤酒酿造后的1周内将啤酒从酿酒厂直接运达顾客手中，而海外装运啤酒的平均订货周期为40天。新鲜的啤酒能够超过一般价值定价，高于海运装运的啤酒价格的5倍。天然布鲁克林拉格在美国是一种平均价位的啤酒，但在日本，它是一种溢价产品，获得了极高的利润。

（3）布鲁克林酿酒厂包装成本控制。布鲁克林酿酒厂将包装改变，通过装运小桶装啤酒而不是瓶装啤酒来降低运输成本。虽然小桶重量与瓶装啤酒相等，但减少了玻璃破碎而使啤酒损毁的机会。此外，小桶啤酒对保护性包装的要求也比较低，这将进一步降低装运成本。

### 3. 布鲁克林酿酒厂国际物流的三大优势

国际物流成本管理的成效使得产品的高价格并没有阻碍啤酒在日本的销售。1988年，即其进入日本市场的第一年，布鲁克林酿酒厂取得了50万美元的销售额。1989年销售额增加到100万美元，而1990年则为130万美元，其出口总量占布鲁克林酿酒厂总销售额的10%。

（1）物流成本管理目标明确。该企业是为了将啤酒销往日本进行总成本管理的，在物流成本方面就形成明确的目标，在保证啤酒新鲜度的前提下，实现物流总成本的优化，从而提升企业产品在日本市场的竞争力。

（2）进行物流成本的分类控制。对于企业来说，物流成本可能是由多个方面的成本构成的。要有效地降低物流成本，就需要认真分析物流成本的构成状况，并针对不同情况采取不同的方法。该企业把物流总成本分解为运输成本、时间成本和包装成本等，分别采取控制方法，实现了预期目标。

（3）把物流成本管理与企业营销和市场拓展战略有机地结合起来，建立和完善一个物流成本管理的标准系统和控制体系。

资料来源：中物流策划网，http://www.56cehua.cn/.

### 案例思考题

1. 上述案例中布鲁克林酿酒厂的国际物流运作过程中是如何控制其包装成本的？

2. 为何布鲁克林酿酒厂的啤酒价格高昂,但仍然在日本市场取得了不菲的销售量?
3. 布鲁克林酿酒厂如何保证到达日本市场上啤酒的新鲜度?

## 本章小结

在学习了国际物流各个方面的知识后,希望学生能够为某个具体国际物流问题给出设计思路和方案。本章开篇先给出一个具体案例,就该案例的背景知识、目前的物流现状和存在问题进行诊断和分析,并结合该案例中企业所要达到的物流目标,给出具体的解决方案,并就方案实施前后的效果进行了比较分析。大致为学生学习物流方案设计的具体理论内容给以引导。然后,本章在对物流方案的概念、类型进行简单介绍后,重点讲述了物流方案设计的步骤和方法,以及如何形成物流方案设计报告。本章最后一部分就国际物流方案的概念、设计内容和设计原则进行了简单介绍。

# 参考文献

[1] Lambert D M, Stock J R, Ellram L M. Fundamentals of Logistics Management[M]. Singapore: McGraw-Hill, 1998.

[2] Bowersox, Donald J, David J Closs. Logistical Management[M]. Singapore: McGraw-Hill International Editions, 1996.

[3] David E W, Spekman R E. The Extended Enterprise: Gaining Competitive Advantage through Collaborative Supply Chain[M]. New York: Financial Times Prentice Hall, 2003.

[4] 林正章. 国际物流 [M]. 北京：机械工业出版社，2006.

[5] 张永强. 物流管理概论 [M]. 北京：电子工业出版社，2006.

[6] 陈兵兵. 供应链管理——策略、技术与实务 [M]. 北京：电子工业出版社，2004.

[7] Ronald H Ballou. Business Logistics Management[M]. Pearson Education, Inc., Upper Saddle River, New Jersey, 2004.

[8] Terry P Harrison, Hau L Lee, John J Neale. The Practice of Supply Chain Management [M]. Kluwer Academic Publishers, 2003.

[9] 陆薇，宋秀丽，高深. 汽车企业物流与供应链管理 [M]. 北京：机械工业出版社，2009.

[10] Simchi-Levi D Kaminsky P, Simchi-Levi E. Designing and Managing the Supply Chain: Concepts, Strategies, and Case Studies[M]. 2nd ed. New York: McGraw-Hill, 2003.

[11] 周际，乌兰木其，李焕. 面向供应链管理的产品设计方法研究 [J]. 计算机应用技术，2005.

[12] 王立志. 系统化运筹与供应链管理 [M]. 台北：沧海出版社，1999.

[13] 大卫·辛奇-利维，菲利普·卡明斯基，等. 供应链设计与管理 [M]. 3 版. 北京：中国人民大学出版社，2010.

[14] Fine, C H, D E Whitney. "Is the Make-Buy Decision Process a Core Competence?" Working paper, Massachusetts Institute of Technology, 1996.

[15] 约翰·科伊尔，爱德华·巴蒂，等. 企业物流管理——供应链视角 [M]. 7 版. 北京：电子工业出版社，2003.

[16] 佃律志. 丰田生产方式 [M]. 北京：东方出版社，2006.

[17] 李杰. 企业区位选择的影响因素研究综述 [J]. 江汉论坛，2008(8).

[18] 崔世娟. 生产管理技术发展历程的回顾与思考 [J]. 企业经济，2004(6).

[19] 郭圣文. 制造业生产经营管理策略的演变 [J]. 江苏机械制造与自动化，1999(4).

[20] 肖智军. 6S 活动实战 [M]. 广州：广东经济出版社，2005.

[21] 王国文. 仓储规划与运作 [M]. 北京：中国物资出版社，2009.

[22] Schary P B, Skjott-Larsen T. Managing the Global Supply Chain[M]. Denmark: Handelshojskolens

Forlag, 1995.
[23] 刘彦平. 仓储和配送管理 [M]. 北京：电子工业出版社，2011.
[24] 王道平，杨岑. 供应链管理 [M]. 北京：北京大学出版社，2012.
[25] 陈功玉. 供应链管理 [M]. 武汉：武汉大学出版社，2011.
[26] 柴庆春. 国际物流管理 [M]. 北京：北京大学出版社，2011.
[27] 沈婷婷，陈斯. 产品生命周期的库存策略研究 [J]. 管理观察，2013(524):126-128.
[28] 卢舜年，邹坤霖. 供应链管理的第一本书 [M]. 台北：商周出版社，2002.
[29] 胡伟. 基于产品生命周期理论的物流需求及对策 [J]. 特区经济，2008(01).
[30] 霍红，等. 国际运输实务 [M]. 北京：中国物资出版社，2007.
[31] 唐渊. 国际物流学 [M]. 北京：中国物资出版社，2004.
[32] 栗丽. 国际货物运输与保险 [M]. 北京：中国人民大学出版社，2012.
[33] 海关总署报关员资格考试教材编写委员会. 报关员资格全国统一考试教材 [M]. 北京：中国海关出版社，2012.
[34] 李贺，等. 报检与报关实务 [M]. 上海：上海财经大学出版社，2013.
[35] 俞玮，罗润华，刘刚. 保税物流园区中的国际采购与分销 [J]. 中国物流与采购，2008(8).
[36] 黄盛. 关于国际中转港形成条件的思考：以高雄、香港和新加坡为例 [J]. 特区经济，2006(7).
[37] 魏德才. 论保税港区的转口贸易及其法律保障 [J]. 广西师范大学学报（哲学社会科学版），2009（45）：6.
[38] 雷仲敏. 上海浦东建设国际自由贸易港区的探讨 [J]. 科学发展，2010(3).
[39] 陈浪南，童汉飞，谢绵陛. 世界自由贸易区发展模式比较 [J]. 税务研究，2005(8).
[40] 郭成. 试析我国保税物流的发展及趋势 [J]. 港口经济，2006(4).
[41] 伍诗莹. 我国保税物流发展研究——以苏州市为例 [J]. 科技管理研究，2013(11).
[42] 宋炳方. 商业银行供应链融资业务 [M]. 北京：经济管理出版社，2008.
[43] 深圳发展银行，中欧国际工商学院. 供应链金融——新经济下的新金融 [M]. 上海：上海远东出版社，2009.
[44] 李金龙，宋作玲，李勇昭，于培友. 供应链金融理论与实务 [M]. 北京：人民交通出版社，2011.
[45] 周哲. 国际物流 [M]. 北京：清华大学出版社，2007.
[46] 肖亮. 国际物流 [M]. 北京：高等教育出版社，2006.
[47] 甘卫华. 逆向物流 [M]. 北京：北京大学出版社，2012.
[48] 张新颖，等. 回收物流 [M]. 北京：中国物资出版社，2003.
[49] 高莉. 国内外逆向物流发展现状探讨 [J]. 商场现代化，2006.
[50] David Simchi-Levi, Philip Kaminsky, Edith Simchi-Levi Designing and Managing The Supply Chain: Concepts, Strategies & Case Studies [M]. New York: The McGraw-Hill Companies, 2003.
[51] Stalk G, Hout T M. Competing against time: how time-based competitions reshaping global markets [M]. New York: Free Press, 1990.
[52] Pagh J D, Cooper M C. Supply Chain Postponement and Speculation Strategies: How to Choose the Right Strategy [J]. Journal of Business Logistics, 1998, 19(2):13-33.
[53] 邵晓峰，等. 供应链管理 [M]. 北京：机械工业出版社，2006.
[54] 邓明荣. 供应链管理：战略与实务 [M]. 北京：机械工业出版社，2012.
[55] 徐天芳，王清斌. 物流方案设计与应用 [M]. 大连：东北财经大学出版社，2006.
[56] 周德科. 物流案例与实践 [M]. 北京：高等教育出版社，2005.
[57] 李学工，等. 现代物流方案策划与设计 [M]. 北京：机械工业出版社，2011.